번역 트러블

이화학술총서

번역 트러블

한국소설과 문화번역

김미현 지음

이화여자대학교출판문화원

| 들어가며 |

바벨탑 이후의 문학과 번역 트러블(trouble)

1. '알리바이(Alibi)'로서의 문화번역

'무엇'을 말한다는 것은 '무엇이 아닌 것'은 말하지 않는다는 뜻이다. 이와 동시에 '무엇이 아닌 것'을 '무엇'으로 말하지 말라는 뜻이기도 하다. 이럴 때는 말해진 것보다 말해지지 않은 것으로 인해 말해진 것의 의미가 더 분명해질 수도 있다. 심지어 말해지지 않는 것이 말해진 것을 결정하거나 변화시키기도 한다. 부재가 현존을 결정하는 것이다. 마치 '현장부재증명'을 뜻하는 '알리바이'처럼. 무엇인가가 말해지지만, 늘 무엇인가가 말해지지 않기도 한다. 모든 것을 말할 수는 없고, 모든 것을 말해도 전부를 전달할 수는 없다. 모든 언어가 불완전하거나 실패한 언어인 이유가 여기에 있다. 아예 말하지 않는 것이 가장 안전하고 완벽한 언어가 되는 아이러니가 발생하는 것도 이 때문이다. 그래서 "무엇을 말하는가에 책임이 있는 것이 아니라, 무엇을 말하지 않으며 어떻게 말하고 있는가에 대해 책임이 있다"[1]는 말에 공감하게 된다.

---

1 Román Álvarez & M. Carmen-África Vidal 엮음, 『번역, 권력, 전복』, 윤일환 옮김, 동인,

예를 들어 세익스피어의 『베니스의 상인』에서 '1파운드의 살'을 통해 이런 언어의 알리바이를 문학적으로 확인할 수 있다. 작품 속에서 안토니오는 친구 밧사니오의 청혼에 필요한 돈을 마련해주기 위해 고리대금업자인 샤일록에게 돈을 빌리면서 그 돈을 갚지 못할 때는 1파운드의 살을 떼어내기로 한 증서를 써준다. 그런데 안토니오가 빚을 갚지 못하게 되자 밧사니오의 연인인 포오샤는 재판관으로 변장하여 상황을 역전시킨다. 1파운드의 살을 떼어내기로 한 것을 실행하되, 말 그대로 살만을 떼어내야지 한 방울의 피라도 흘리면 안 된다는 의미로 각서를 '번역'해서 샤일록의 법적 권리를 무효로 만든 것이다. 이런 번역을 통해 포오샤가 샤일록에게 요구한 것은 '정의'가 아니라 '자비'이다. 때문에 정의보다 가치있는 자비를 거절한 잔악하고 몰인정한 샤일록에 대한 반감이나 비판을 담고 있다는 '번역'이 그동안 이 텍스트에 대해 행해져왔다.

하지만 이런 '번역에 대한 번역'도 가능하다.[2] 1파운드의 살에 대한 기존의 번역에서 유대인인 샤일록에 대한 기독교인인 포오샤의 권력 행사를 엿볼 수 있다는 것이다. 포오샤의 요구는 법과 정의를 수호하려는 유대인 샤일록에게 정신적이고 신적인 자비를 요구함으로써 세속법이 아닌 종교법을 강요하는 것이고, 궁극적으로는 유대인 샤일록의 기독교로의 개종을 강요한 것으로 해석된다. 개종을 의미하는 라틴어 'convertere'에 '번역하다'의 뜻이 포함되어 있다는 근거가 이런 해석을 뒷받침해준다. 때문에 샤일록은 1파운드의 살 대신 3배의 돈을 지불하겠다는 타협안을 거절할 수밖에 없었고, 결국 전 재산을 몰수당하게 된다. 개종을 받아들일

2007, 21쪽.

2 『베니스의 상인』에 대한 재번역 양상은 데리다의 번역론을 소개한 정혜욱의 설명을 참조했다.
정혜욱, 『번역과 문화연구』, 경성대학교출판부, 2010, 76-85쪽 참조.

수는 없었기 때문이다. 그에게는 법 질서에 대한 준수가 더욱 소중했기 때문이기도 하다. 이처럼 샤일록은 직역(直譯)을 행하고 포오샤는 의역(意譯)을 행함으로써 각자의 상황과 가치관을 표현한다. 우월한 기독교인의 입장에서 포오샤는 법과는 차원이 다른 자비라는 가치를 절대화시킴으로써 유대인인 샤일록에게 법에 따른 정의조차 초월하라고 강요한 것이기 때문이다. 이럴 때 샤일록은 비인간적인 채권자가 아니라 억압받는 유대인으로 재번역될 수 있다. 정치나 종교, 민족과 국가 등의 이데올로기가 개입됨으로써 샤일록이 유대인이라는 사실이 그가 기독교인이 아니라는 현실을 의미하는 '번역 아닌 번역'이 이루어지게 되는 것이다.

모든 언어가 순수하지 않듯이 모든 번역도 투명하지 않다. 그리고 번역이 투명하지 않은 이유는 번역 과정에서 정서나 사상, 시대나 사회와 연관된 이데올로기가 침투하기 때문이다. 그래서 언어만이 아니라 문화까지 포함하는 광의의 개념으로서의 '문화번역'이 필요하게 된다. 문화번역은 "서로 다른 두 문화의 차이에 대한 의미 있는 해석을 이끌어내는 행위"[3] 혹은 "언어를 포함하여 다수의 상징 체계, 사유 양식, 서사, 매체 등 여러 차원에서 이루어지는 복합적인 문화 간 이동·횡단·소통의 양식"[4], "무언가를 쓰는 일과 관련된 주관적 선택"[5] 등으로 정의되면서 21세기 들어서 더욱 부상하고 있다. 문화 간의 충돌과 갈등, 반복과 인용, 변화와 확대 등을 통한 새로운 문화의 창조나 수용과 무관하지 않은 것이 바로 문화번역이기 때문이다. "엄격하게 말해서 문화의 번역이 아닌 번역은 없다."[6] 그러나 이 말의 의미는 번역의 범위를 언어뿐만 아니라 문화로 넓힌

3 김현미, 『글로벌 시대의 문화번역』, 또하나의 문화, 2005, 9쪽.

4 이명호, 「문화번역의 정치성」, 『비평과 이론』, 2010, 봄/여름호, 234쪽.

5 조재룡, 『번역의 유령들』, 문학과 지성사, 2011, 149쪽.

6 정혜욱, 「문화번역의 사적 전개 양상과 의의」, 『세계의 문학』, 2011, 가을호, 343쪽.

다는 것만을 의미하는 것이 아니라, 재평가나 다시 쓰기, 갈등과 교란, 변형과 차이를 소거하지 않는 '문화적 전환'이 포함되어야 한다는 뜻이다.[7] 때문에 동일한 언어도 문화번역될 수 있다. 21세기 자체가 다른 문화와 언어, 행동양식, 가치관 등을 교환하는 과정에서 오염과 영향, 차별과 차이를 경험함으로써 평등하거나 위계적인 관계를 맺을 수밖에 없는 시대이기에 문화번역의 중요성은 점점 더 커지고 있다.

물론 이런 문화번역의 개념이 기존에 존재하는 교류나 비교, 수용, 영향, 전유, 변용 등과 관련되는 광의의 '해석' 행위에 포함된다고 볼 수 있다. 그리고 모든 문화 생산물이 이런 해석 행위들을 통해 이루어진다면, 극단적으로 말해 모든 것이 문화번역이기에 어떤 것도 문화번역이 아닐 수도 있다. 번역 개념을 지나치게 확장할 때 생기는 오류가 여기서 발생한다. 그럼에도 문화번역은 일반적인 창조 행위나 해석 행위와는 다르다. 문화를 만드는 창조의 과정이 해석이라면, 문화를 이동시키는 문화번역의 과정은 '해석의 해석'에 해당한다. 때문에 창조나 해석 행위보다 상호적이고 정치적인 활동이다.

보다 구체적으로 문화번역의 특징을 살펴보면 다음과 같다. 첫째 반드시 출발문화(원본)의 존재를 인식하면서 그것을 가시화한다는 것, 둘째 출발문화에 대한 번역이 이루어진 이후에 전개되거나 변화되는 과정에 더 관심을 갖는다는 것, 셋째 출발문화에 대한 객관적이고 충실한 번역이 불가능하다는 것을 인정한다는 것, 넷째 출발문화와 도착문화(번역본) 사이에 발생하는 긴장과 차이 혹은 상호 영향관계에 적극적인 의미를 부여한다는 것 등이다. 이런 특성을 고려할 때 문화번역은 오염이자 얼룩이며, 구멍이자 주름에 해당한다. 있는 그대로의 원본이 아님을 통해 오히려 원

7 정혜욱, 「주디스 버틀러와 문화번역의 과제」, 『비평과 이론』, 2015, 봄호, 144-145쪽 참조.

본의 존재를 상기시키는 '원본부재증명'의 과정이 바로 문화번역의 알리바이인 것이다.

이런 특성으로 인해 문화번역은 기존의 접근 방식이나 개념들과 차별화된 지점을 지닌다. 가령 포스트식민주의에서 강조하는 피지배문화와 지배문화라는 이분법적 대립을 벗어나 피지배문화의 반응을 적극적으로 고려함으로써 상호 간의 영향이나 관계를 강조하거나, 타자 이론이 빠지기 쉬운 상대주의나 피해의식의 위험성으로부터 벗어나고자 좀 더 실천적이고 구체적인 시도를 보이기도 한다. 또한 기존의 다문화주의가 화합이나 평등이라는 기치 아래 오히려 다양한 민족적 갈등을 억압하면서 현실의 위계를 탈정치화하거나 인간적 가면으로 치장하려는 맹점을 비판한다. 이처럼 문화번역은 기존의 포스트식민주의나 타자 이론, 다문화주의 등이 지닌 경계를 문제 삼음과 동시에 그 경계를 넘어서려는 움직임을 동시에 보이는 것이다. 문화번역이 기존의 문화연구나 문화교류, 비교문화 등의 개념과 차별화되면서 이런 이론들의 '이론 이후'의 출발점 역할을 할 수 있는 것도 이런 가능성들 때문이다.

따라서 문화번역은 그 자체로 문화연구의 내용이자 형식일 수 있다. 문화번역을 통해 기존의 경계를 가로지름으로써 문화적 영토 위에 그려진 각종 경계선들과 그 속에 함의된 위계, 그리고 거기서 체계적으로 생산되어온 지배 구조를 문제 삼는 내용적 측면과, 그것의 실천을 위한 구체적이고도 현실적인 형식적 측면을 동시에 고찰할 수 있기 때문이다. 이처럼 문화번역은 원본의 반복이 아닌 '차이의 반복', 즉 '차이의 차이화'를 지향한다. 발터 벤야민(Walter Benjamin)이 번역을 원본의 '후생(後生, after-life)' 즉 원본으로 종결되지 않고 원본 이후에 전개되는 삶과 연결시키면서 문화 사이의 경계선에서 문화적 변형을 중시하는 문화횡단 작업으로 보는 것도 이와 연관된다.[8] 문화번역이 인식론적 '이주'이자 해석학적 '충돌'인 것도 이 때문이다. 이런 과정을 이론과 실제 차원에서 동시에 문제 삼을 수 있는 전략이 바로 문화번역인 것이다.

2. 바벨탑 이후, 한국소설과 문화번역

문화번역의 알리바이는 번역이 불필요한 단일언어의 존재 자체가 불가능하다는 사실을 알려주는 바벨탑 신화와도 연결된다. 구약 성서에 나와 있듯이 노아의 대홍수 이후 인류가 하늘에 이르기 위해 건설한 바벨탑은 단일언어에 의해 소통되는 균질적이고 동일한 사회였다. 그러나 인간의 교만에 대해 분노한 신에 의해 서로 다른 언어를 사용하게 되면서 인간 사이의 소통은 어려워졌고, 인간 사이에는 번역이 필요해졌다. 그래서 번역을 통해 낯선 문화가 들어오면 일차적으로 거부 반응이 일어나는 것은 당연하다. 하지만 바벨탑 이후 언어는 번역되지 않으면 소통될 수 없다. 그래서 바벨탑 이후 우리 모두는 번역자일 수밖에 없다. 한 예로 '희망하는 사람'이라는 뜻을 지닌 언어답게 1887년부터 공표되어 사용되고 있는 '에스페란토(esperanto)'어는 지구상의 모든 민족이 단일언어를 사용함으로써 평등하게 되는 세상을 위해 만들어진 인공언어이다. 그럼에도 여전히 스페인어나 이탈리아어, 프랑스어 등 유럽어에 기반을 두고 있다는 비판과 동시에, 유럽어에는 없는 동양권 언어의 특성도 반영되었다는 옹호도 함께 제기된다. 그런데 '세계공용어'이든 '국제보조어'이든 그 성패와는 상관없이 에스페란토어는 바벨탑 이후에도 사라지지 않는 번역의 불가능성과 가능성을 동시에 보여주는 번역의 현실태이다.

---

8 발터 벤야민, 『언어 일반과 인간의 언어에 대하여/번역자의 과제 외』(발터 벤야민 선집6), 최성만 옮김, 도서출판 길, 2008, 124쪽 참조.

일반적으로는 바벨을 '혼돈'으로만 번역한다. 하지만 자크 데리다(Jacques Derrida)에 의하면 '바(Bar)'는 동양언어에서 '아버지'를 의미하고 '벨(Bel)'은 '신'을 의미하기에, 바벨은 신의 도시 혹은 거룩한 도시를 의미하기도 한다.[9] 이런 바벨의 이중적 의미는 번역의 이중성과도 통한다. 바벨탑을 통해 신은 번역을 금지하지만, 그런 금지를 내린 신조차도 인간의 번역을 통해야만 존재할 수 있다.[10] 이처럼 신조차도 자신에 대한 번역을 금지하지만 계속적으로 번역에 의지할 수밖에 없듯이, 번역 또한 언제나 불완전하지만 항상 필요할 수밖에 없다는 것이다. 이럴 때 바벨탑 신화는 새롭게 번역된다. 혼돈이 아니라 모색이며, 실패가 아니라 가능성과 연결될 수 있기 때문이다. 무엇보다도 문화번역의 입장에서는 일방향의 전달이 아니라 쌍방향의 관계의 측면이 강조될 수 있다. 이를 다음처럼 비유적으로 말할 수도 있다. "출발어와 도착어라고 상정한 두 개의 원을 서로 어긋나게 포개어볼 때 중첩되는 부분을 제외한 보름달 모양의 양쪽이 어떻게 서로를 간섭하는가의 문제를 제기하는 것이 바로 번역"[11]이라는 것이다. 이처럼 문화번역에서는 두 문화 사이의 교집합이 아니라 차집합이 더 중요하다. 기존의 (언어)번역이 등가성이나 충실성에 주안점을 둔다면, 문화번역은 오히려 차이나 비연속성에 주안점을 둔다는 것이다.[12] 거기서 새로운 의미가 모색되고 이로 인해 진정한 관계가 설정될 수도 있기 때문이다. 그래서 문화번역에서는 '등가성의 교환'이 아니라 '합치 없는 등가성'이 더 중요하게 부각된다.

---

9 자크 데리다, 「바벨탑으로부터」, Rainer Schulte & Jokn Biguenet 엮음, 『번역이론』, 이재성 옮김, 동인, 2009, 341쪽 참조.

10 위의 책, 346쪽 참조.

11 조재룡(2011), 앞의 책, 146쪽.

12 정혜욱(2011), 앞의 논문, 345쪽 참조.

한국근대소설사에서 그 자체로 영광이자 상처에 해당하는 이광수 문학은 '차이 나는 반복'으로서의 문화번역 양상을 보여주는 대표적 사례에 해당된다.[13] 1910년대 이후의 식민지 시기에 이광수 문학은 자기희생의 신파성을 보여준다. 일본 제국주의의 지배라는 시대 배경 때문에 현실적으로는 주체일 수 없는 이광수 소설 속 인물들이 오히려 자발적으로 자기희생을 떠맡음으로써 주체의 자리에 서려는 포즈를 취하기 때문이다. 근대의 설계자로서 근대에 대한 강한 열망을 지닌 주체였기에 소극적인 피해자에 머물러만 있을 수 없었던 것이다. 그래서 『무정』과 『재생』, 『흙』, 『사랑』 등의 작품을 거치면서 더욱 강화된 주체들의 도덕적 가혹함은 남의 죄까지 뒤집어쓰는 희생으로까지 발전한다. 이를 통해 이광수는 심지어 가해자인 일본보다 더 우월한 위치에 서고자 하면서 '능동적 피해자'의 모습을 한 민족주의적 영웅으로서의 면모를 추구한다. 이럴 때 이광수의 자기희생의 드라마는 맹목적 위로나 자기연민과 결합됨으로써 미필적 고의로서의 신파성으로 귀결되기 쉬웠다.

이런 식민지 시기의 양상과는 다르게 1960년대에 재소환된 이광수 문학은 탈정치화된 모습을 강조하는 '유사-숭고'적 주체 중심으로 번역된다. 본래 숭고한 주체는 자신에 대한 불쾌나 붕괴, 해체를 통해 새롭게 형성되어야 하는 적극적 주체이다. 반면 1960년대 속에서 새롭게 번역되어 유통된 이광수 문학의 주체는 자존(自尊) 중심의 유아론(唯我論)적 모습이기에 진짜가 아닌 가짜, 즉 '유사-숭고'적 주체이다. 시대나 사회로부터 격리됨으로써 정치성을 거세당한 '고요' 속의 소극적 주체에 가깝기 때문이다. 무조건적인 인내와 금욕만을 강요당함으로써 순수와 순응의 이데

13 이광수 문학의 번역 양상은 박헌호 편저, 『센티멘탈 이광수』(소명출판, 2013)에 토대를 두고, 그중에서 특히 이영미의 「이광수의 신파성 줄다리기」, 서영채의 「자기희생의 구조」, 권보드래의 「저개발의 멜로, 저개발의 숭고」를 집중적으로 참고했다.

올로기를 전파해야 하는 '반(反)개인'과 '반(反)자유'의 시대적 요구를 대변하게 되었다는 것이다. 정신적 고양이나 경건함이라는 외피를 둘렀지만 자유주의에 대한 적대라는 탈정치성을 내장함으로써 1960년대의 개발경제에 이바지하도록 만드는 또 다른 정치성과 결합했기 때문이다. 이런 정치성을 위해 1960년대 이광수 문학 속의 숭고는 추구(追求)해야 하는 것이 아니라 선취(先取)되어야 하는 것으로 오역된다. 때문에 1960년대의 이광수 문학은 개발이데올로기를 위해 단순하게 번역되면서 더욱 건강해지고, 숭고하게 번역되면서 오히려 천박해진다.

이런 이광수 문학의 번역 양상에 대해 지나치게 정치화되었다고 비판하는 것보다 더 중요한 것은, 이런 번역을 통해 이전에 숨겨져 있던 것 혹은 말할 수 없던 것을 끊임없이 다시 말할 수 있게 된다는 사실이다. 이광수를 시대에 따라 다르게 번역하는 독자들이나 이데올로기주체들에게 이광수와 그의 문학은 살아 있는 번역 텍스트를 제공하고 있기 때문이다. 번역은 본질 자체가 아니라 본질이라고 '이상화'된 것을 번역하는 것이다. 그래서 모든 번역은 시대에 따라 확장되거나 다시 좁아지기도 한다. 이를 통해 다시 한 번 왜 완벽한 번역이 불가능한지 확인하게 된다. 물론 완벽한 번역이 불가능하다는 것은 번역을 할 수 없다는 의미가 아니라, 번역을 멈추는 것이 불가능하다는 것을 의미한다. 여기에 번역의 아포리아와 번역자의 과제가 동시에 존재한다. 그래서 바벨탑 이후 모든 번역자들은 아담과 이브처럼 영원한 망명객이나 난민이 되어 바벨탑 주위를 배회할 수밖에 없다. 바벨탑에서의 추방도 이미 태초에 일어났던 아담과 이브의 낙원에서의 추방에 대한 후생의 번역이다. 추방도, 그리고 추방에 대한 번역도 여전히 반복되고 있으며 아직도 진행 중인 것이다.

특히 문화번역의 측면에서 문학을 고찰하는 것은 자국화나 자민족중심주의, 순혈주의나 본질주의를 거부하면서 균질적인 언어가 아닌 이질적인 언어로 다양한 문학에 말 걸기를 시도한다는 측면에서 생산적이고 창조적인 접근법이라고 할 수 있다. 문학 중심의 문화번역은 두 개의 언어나 두 개의 집단이라는 2항 관계 속에서 완료되는 것이 아니라 제3항이나 제4항으로 무한 증식된다. 특정 문화가 다른 문화의 부름에 응답하는 과정 속에서 발생하는 인식의 경계나 포섭할 수 없는 차이를 충실하게 반영하기에 문화번역은 그 자체로 이론이라기보다는 하나의 실천 행위에 해당한다. 즉 문화번역에서는 두 개나 그 이상의 문학적 조류의 합류로부터 새로운 문학의 창조를 의미하는 문학의 '크레올화'가 중요하다. 때문에 한국문학사를 서양문학의 이식으로 파악했던 기존의 혐의로부터 자유로울 수 있게 된다. 계몽이나 문명화라는 미명 하에 주변부 혹은 식민지문학을 폄하했던 서구 중심의 문학사에서 탈피하여 상호 영향 관계나 재전환 및 재가공 중심으로 한국근대문학사를 파악할 수 있기 때문이다. '함께 보기(seeing-together)'의 시각을 통해 한국문학의 특수성이나 보편성을 동시에 고려할 수 있기 때문이기도 하다. 한국근대문학을 '극복(pass-)'이 아닌 '통과(trans-)'의 측면에서, '소비자'가 아닌 '생산자'의 입장에서, 이미 끝나버린 '완성품'이 아니라 아직도 생산이 진행 중인 '생성품'의 입장에서 평가할 수 있는 터전이 문화번역을 통해 마련되는 것이다.

3. '트러블(trouble)' 혹은 '투어(tour)'

주디스 버틀러(Judith Butler)는 『젠더 트러블(*Gender Trouble*)』의 초판(1990) 서문에서 "지배적인 법은 트러블로 우리를 위협하고, 심지어 트러블에 빠뜨리기도 했는데, 이 모두가 우리를 트러블에서 벗어나게 하기 위해서"[14]라고 밝히고 있다. 트러블 자체가 피할 수 없는 과정을 의미한다면 그것의 부정적 가치만을 강조할 필요는 없다는 것이다. 이런 트러블의 의미가 젠더의 영역에만 국한되지는 않을 것이다. 버틀러도 자신의 작업 전체가 사실상 문화번역의 영역에 다름 아님을 밝히면서 본질주의가 아닌 구성주의적 입장에서 단일하고 고정된 모든 정체성들을 거부한다. 규범화된 언어나 문화는 부적절한 수행문을 보일 수밖에 없고, 그러한 규범을 전복하려면 트러블을 피할 수는 없다는 것이다. 때문에 문화번역에서는 복원이 아닌 변형, 조화가 아닌 갈등, 재현이 아닌 표현, 실체가 아닌 실재를 문제 삼기에 원본을 보충하는 '덧붙임'이 아니라 원본의 결여를 드러내주는 '미끄러짐'이 중시된다. 이럴 때는 오히려 "가장 투명하고 자명한 번역 속에 가장 큰 배반이 있"[15]게 된다. 문화번역은 중심부 혹은 주변부의 논리가 아니라 그 사이에서 벌어지는 문화적 경쟁이나 투쟁의 가능성을 열어준다. "번역은 이해나 해석과 달리, 서로가 서로에게 내기를 걸 수밖에 없는 사투"[16]이고, 이로 인해 문화번역은 번역하는 이를 변화시킴으로써 세계를 변화시키는 문학의 비전이자 전략으로 작용할 수 있다.

이처럼 트러블을 '문제'가 아닌 '난제'로, 때문에 '필요한 오류(necessary error)'로 간주할 때 문화번역의 가치는 더욱 확장되고 심화된다. '낯선 것으로부터 오는 시련'에만 주목하지 않고, '시련으로부터 오는 축복'에도 동시에 반응할 수 있는 전략이 가능해지기 때문이다.[17] 이에 대한 시도로서 이 책에서는 한국근대소설에서의 문화번역 양상을 '근대', '민족', '감

---

14 주디스 버틀러, 『젠더 트러블』, 조현준 옮김, 문학동네, 2008, 73쪽.

15 정혜욱(2015), 앞의 논문, 150쪽.

16 조재룡, 『번역하는 문장들』, 문학과지성사, 2015, 14-15쪽.

17 앙트완 베르만, 『낯선 것으로부터 오는 시련: 독일 낭만주의 문화와 번역』, 윤성우·이향 옮김, 철학과 현실사, 2009, 16-17쪽 참조.

정', '젠더'를 중심으로 한 네 가지 측면에서 살펴보고자 한다. 이 네 가지 영역의 경계는 서로 겹쳐지기도 하고 서로를 허물어뜨리기도 한다. 그럼에도 불구하고 한국근대소설사에서 가장 빈번하게 그리고 가장 혼란스럽게 번역되었거나 지금도 번역 중인 대표적 영역이다. 그래서 원본에 대한 향수와 저항의 양가성을 가장 첨예하게 확인해볼 수 있기도 하다. "번역되려면 마찰과 상처가 따르기 마련이다."[18] 어떤 문화도 완전히 순수하거나 동질적이지 않다. 이런 맥락에서 문화번역은 본질주의나 중립주의, 상대주의를 거부한다. 해당 문학을 원래 환경으로부터 분리해서 새로운 환경에 맞게 변화시키는 문화번역 과정에서 정태적이고 고정적인 본질은 거부되고, 객관적인 해석은 불가능하며, 무책임한 상대주의는 비판받는다. 그 대신 중심부와 주변부 혹은 보편주의와 특수주의의 양극단을 비판하면서 상황이나 위치, 맥락에 달라 달라지는 '관점주의'가 대안으로 제시된다. 문학 중심의 문화번역은 이런 관점주의를 통해 단일보편성이 아닌 복수보편성을 중시하기에 문학의 경계는 넓어지고, 문학의 영역은 풍부해질 수 있다.

제1부 근대번역과 다른 여러 근대'들'에서는 근대번역을 통해 확인할 수 있는 한국의 집약적인 근대 체험 혹은 '비동시적인 것의 동시성'을 보여주는 혼종적 근대성을 확인해본다. 근대를 체험하는 일은 누가 경험하고 어떻게 번역하느냐에 따라 그 의미가 달라진다. 여기서 근대번역의 권력과 정치학이 발생하게 된다. 근대번역 자체가 중립적일 수도 없고 순수할 수도 없는 이유이기도 하다. 그렇다면 근대를 번역하는 입장에서 중요한 것은 전근대와 근대, 근대와 또 다른 근대, 근대와 탈근대 사이의 복잡

18 모리나카 타카아키, 「산종으로서의 번역」, 사카이 나오키·존 솔로몬 편, 『번역, 생정치, 식민지적 차이』, 윤여일 옮김, 문화과학사, 2012, 61쪽.

한 상호 번역 양상을 중층적으로 고찰하는 일이다. 특히 문화번역에서 중요하게 대두되는 것은 전근대/근대라는 이분법적 도식을 고정적으로 파악하려는 근대번역의 위험성이다. 이런 이분법적 근대번역은 야만/문명, 정체/진보의 대립으로 확대되면서 근대에 대한 동경과 향수를 낳는가 하면, 근대에 대한 부정과 거부로 나타나는 반작용을 낳기도 한다. 이 책에서는 근대화의 여부보다 '어떤' 근대화인지에 주목하기 위해 근대를 번역하는 실제적 양상들에 주목한다. 전근대와 탈근대가 이분법적으로 대립하는 이원론적 번역과 근대 속에 전근대와 탈근대까지 포함시키는 일원론적 재번역 속에서 언제나 환승(換乘) 중인 근대 주체의 양상(1장), 주변(로컬) 역사의 입장에서 중심(글로벌)을 모방하지만 둘 사이의 '환원할 수 없는 차이'를 통해 경계를 벗어나지 않으면서도 그 경계의 무화를 보여주는 '경계사유'의 양상(2장), 근대 자체와 근대를 넘어서려는 또 다른 근대의 공존을 통해 총체화된 근대가 아니라 파편화된 근대의 '알레고리'를 보여주는 양상(3장) 등이 바로 이 책에서 주목한 서로 다른 여러 근대 '들'의 모습이다. 때문에 한국의 근대는 서구의 근대를 단순히 이식한 것이 아니라 능동적인 재가공을 통해 트랜스모던적인 가능성을 보여주는 미완의 기획이라는 점을 확인할 수 있다.[19]

제2부 민족번역과 백색신화/황색신화에서는 한국적인 것 혹은 한민족적인 것 속에 내재해 있는 민족적 (무)의식을 통해 어떻게 과거의 역사를 다시 쓰는지 고찰한다. 동양 혹은 전통과도 연관되는 고유의 민족성이 과연 '또 다른 서양'으로 번역된 것은 아닌지, 아니면 한국의 의미 자체가 '상상의 공동체' 혹은 '근대의 발명품'으로 작용하면서 실체가 아닌 허구로 작동하는 것은 아닌지 문제 삼는다. 백인이 번역한 서양중심주의를 의미하

19 김용규, 『혼종문화론』, 소명출판, 2013, 270쪽 참조.

는 '백색신화'[20]만큼 황인종이 스스로 번역한 동양중심주의를 의미하는 '황색신화' 또한 위험할 수 있음을 인정하는 것이다. 이것은 약분불가능한 비집성적 공동체로서의 민족 개념이 과연 가능한지, 민족을 대상화하면서 봉합할 가능성을 정치적으로 선택한 것은 아닌지, 자민족중심주의(ethnocentrism)가 오히려 서양중심주의를 모방한 번역은 아닌지에 대한 질문이자 대답이다. 민족번역은 어떤 민족이 지닌 문화의 특수성과 우월성을 구성하고 창안하는 데만 비중을 두는 민족문화를 규명하는 것에서 더 나아가, 고정되어 있을 것만 같았던 민족의 존재성과 정체성을 불안하게 만드는 틈새까지도 고려해야 한다. 이를 위해 한국의 외부가 아닌 한국의 내부에서 번역된 '한국'의 전도된 자민족중심주의가 사실은 '서구'처럼 상상의 발명품일 수 있음을 증명해본다(4장). 이렇게 상상적으로 번역된 '한국'처럼 타자 또한 스스로를 '타자'로 번역할 때 지나치게 윤리화되거나 절대화됨으로써 타자가 아닌 또 다른 주체가 되어 유령처럼 떠돌 수 있다(5장). 모든 언어는 외국어이기에 모국어 또한 번역되어야 하고, 주체뿐 아니라 타자도 모두 난민처럼 '영원한 이방인'일 수밖에 없기 때문이다(6장).

제3부 감정번역과 '스캔들(scandal)'로서의 감정에서 문제 삼는 것은 감정 자체가 지닌 이성에 대한 타자성과 그로 인한 감정번역에서의 열등한 위치이다. 감정은 언제나 감정 그 자체로 평가받지 못하고 '이성 아닌 것'으로 번역되다가 20세기 말부터 재번역되기 시작한다. 사적이고 비논리적이며 불안정하기에 억압되거나 통제되어야 하는 대상이었던 감정에 대한 복권과 기존의 감정번역에 대한 반역이 일어난 것이다. 계급이나 자본, 윤리 등과 무관한 감정은 불가능하다는 인식 하에 사회 변동이나 행위 구조와의 연관성 속에서 급부상하고 있는 것이 바로 감정의 구조 혹은

20 로버트 J. C. 영, 『백색신화』, 김용규 옮김, 경성대학교출판부, 2008, 19쪽 참조.

감정의 가치이다. 때문에 감정자본주의, 감정노동, 감정독재 등에서부터 무통(無痛)문명이나 탈감정사회에 대한 논의까지 폭넓게 전유되고 있다. 이런 의미에서 특히 감정번역은 그 자체로 '추문'이 아닌 '사건'으로서의 '스캔들'에 가깝다. 이때의 사건은 "번역이 일으키는 파장이 해당 문화의 근본적 변화를 일으킬 수 있는 역동적 과정이자 주체적 행위"[21]라는 의미이다. 즉 스캔들로서의 감정번역에 주목하는 첫 번째 이유는 감정번역 자체가 기존의 가치와 규범에서의 일탈과 연관되기에 그 자체로 사회적인 스캔들의 대상이 되기 쉽다는 것이고, 두 번째 이유는 감정번역을 통해 사회나 제도 속에 숨어 있는 위험한 스캔들을 폭로할 수도 있다는 것 때문이다.[22] 김유정 소설 속에 자주 등장하는 부도덕한 '아내 팔기' 모티프가 어떻게 미(美)나 쾌(快)와의 '충돌-이행-확장' 과정을 거쳐 숭고로 번역됨으로써 추하고 불쾌한 현실을 긍정적으로 극복하게 만드는지(7장), 전시체제에 동원하기 위해 일제 말기에 강요된 '가짜 명랑'이 지닌 억압성과 환상성을 박태원이 어떻게 '진짜 명랑'으로 재번역해서 비판적이고 성찰적인 개념으로 전환시켰는지(8장), 21세기의 '돌아온 신경향파'를 대변하는 젊은 작가 김사과의 분노문학이 어떻게 역설적으로 문화폭발적인 도덕적 에너지를 확보할 수 있는지(9장) 등을 규명함으로써 감정번역을 위해서는 스캔들로서의 위험성을 무릅써야 한다는 사실을 확인하게 될 것이다.

제4부 젠더번역과 횡단하는 여성성에서는 젠더의 번역자이자 반역자로서의 젠더 하위주체들이 지배와 피지배 관계를 매개하고 차이와 대면

---

21 이명호, 「문화번역이라는 문제 설정」, 『세계의 문학』, 2011, 가을호, 329쪽.

22 로렌스 베누티, 『번역의 윤리』, 임호경 옮김, 열린책들, 2006, 144쪽 참조.
이 책의 원제목도 『번역의 스캔들(*The Scandal of Translation*)』이다. 번역에서의 스캔들을 통해 번역의 윤리를 고찰해볼 수 있고, 그런 스캔들의 중심에 감정번역이 있다고 할 수 있다.

하는 양상을 중심으로 살펴본다. 번역을 식민화와 연결하는 전통적 은유들은 젠더와 커다란 연관성이 있다. 즉 식민화의 은유 속에 내재해 있는 번역자의 성적 폭력은 정치적이고 경제적인 지배와 유사하기 때문이다. 번역본은 원본에 비해 부차적이거나 결점이 있어서 여성적이라는 주장은 여성과 번역을 진리의 비결정성에 대한 기호나 남성 혹은 이성중심주의를 공격하는 근거로 재번역된다. 때문에 표시되지 않는 좌표로 누락된 젠더 하위주체들의 좌표를 보이게 하는 것이 젠더번역의 목적이다. 특히 여성의 지식이나 성장, 언어는 모두 남성의 것을 모방한 것이거나 빌려온 것으로 간주되던 것들이다. 남성의 남성성을 형성하는 가장 강력한 권력이 바로 거기서 나왔기 때문이다. 그런데 여성작가들은 그토록 남성적인 영역을 횡단하면서 여성성을 어렵게 수행한다. 무시하거나 초월할 수는 없기에 그 사이를 가로지르거나 비틀어서 통과한다. 이럴 때 여성주체들에게는 직접적이고 단선적인 직선적 권력이 아니라, 교차적이고 간접적인 사선적 권력의 행사만이 허용된다.[23] 박화성은 남성적인 여성성, 즉 아니무스(animus)적인 여성지식인을 내세우면서도 '지식인으로서의 여성'이 아니라 '여성으로서의 지식인'을 개입시킴으로써 기존의 남성중심적인 지식인소설에 균열을 가한다(10장). 이선희는 여성들에게는 쉽게 허락되지 않는 여성성장에서의 '생존의 서사'를 통해 남성성장주체들이 보여주는 '발전의 서사'가 여성들에게는 불가능하다는 사실을 재확인시켜준다(11장). 더욱 문제적인 것은 오정희 소설 속 여성언어가 보여주는 수행성이다. 친족 규범과 젠더 규범을 모두 위반한 불순한 주체인 안티고네는 아버지이자 오빠 혹은 삼촌인 남성들의 언어를 거부하는 과정에서 그들로 인해 오염된 언어를 수시로 수행한다. 이처럼 자신에게 주어진 여성정체

23 네스트로 가르시아 칸클리니, 『혼종문화』, 이성훈 옮김, 그린비, 2011, 420쪽 참조.

성보다 언제나 그 이상의 것을 보여주는 여성주체들은 '존재(being)'가 아닌 '수행(doing)'을 통해 젠더를 새롭게 번역한다(12장).

번역(translation)의 라틴어 어원 'translatio'는 '하나의 장소에서 다른 장소로 옮기다' 혹은 '이동하다'라는 뜻을 지니고 있기에 그 자체에 '친숙한 곳을 떠나서 외래의, 미지의 영역으로 여행하고 이동한다'는 뜻이 이미 포함되어 있다.[24] 바벨탑(Tour de Babel)에서 탑을 의미하는 'tour'는 또한 '언어의 순환과 이동과 여행'을 뜻하기도 한다.[25] 바벨탑 이전으로 다시 돌아가거나 바벨탑 안으로 다시 들어갈 수 없어 생긴 트러블로 인해 인간의 '여행' 즉 '투어'는 시작된다. 트러블로 인한 갈등과 균열이 투어를 통한 접촉과 대화를 가능하게 해주기 때문이다. 그렇다면 번역은 반역(反逆, 反譯)이 아니라 여행에 다름 아니게 된다. 심지어 반역이 오히려 여행을 촉발시킨다. 바벨탑에서 멀어질수록 번역은 치열해지고, 그로 인한 혼란도 커질 것이다. 하지만 그와 동시에 바벨탑 이전으로 돌아가거나 그것을 다시 세우려는 파시스트적 욕망으로부터도 멀어질 수 있다. 문화번역은 재생(再生)이 아닌 신생(新生), 추방이 아닌 해방을 추구하기 때문이다. 이것이 바로 이 책의 제목이 『번역 트러블』인 이유이고, 이 책의 내용이 눈을 뜨면 언제나 새로운 곳인 '이상한 번역 나라'를 향하는 기나긴 여행의 출발점인 이유이기도 하다. 바벨탑이 무너지자 번역을 위한 여행은 시작되었다. 소인국에 가면 거인이 되고, 대인국에 가면 난쟁이가 되는, 그런 여행이……. 문화번역이란 "타문화에 대한 시혜적인 동정이 아닌 위험을 감수하는 거대하고 고통스럽고 폭발적인 사랑"[26]이라는 멋진 정의를 인용하는 것이 이 책의 트러블에 대한 멋진 변명으로 번역되기를 희망한다.

---

24 정혜욱(2011), 앞의 논문, 348쪽 참조.

25 정혜욱(2010), 앞의 책, 61쪽 참조.

26 정혜욱(2011), 앞의 논문, 356쪽.

| 차례 |

| 제1부 |

근대번역과
다른 여러 근대'들'

제1장

근대의 결핍과 환승(換乘) 중인 근대

박완서의 「엄마의 말뚝1」론

1. 문화번역과 근대번역

번역은 '언어번역'과 '문화번역'으로 크게 나눌 수 있다. 일반적으로 번역이라는 용어로 보편화된 개념인 언어번역은 말 그대로 원본의 언어를 번역본의 다른 언어로 번역하는 것이다. 그러나 21세기 들어 새롭게 부상하고 있는 문화번역은 언어번역을 포함하는 보다 광의의 개념으로서, 서로 다른 두 문화의 차이에 대한 의미 있는 해석을 이끌어내는 행위를 말한다.[1] 21세기 자체가 다른 문화와 언어, 행동양식, 가치관 등을 교환하는 과정에서 오염과 영향, 차별과 차이를 경험함으로써 평등하거나 위계적인 관계를 더욱 활발하게 맺을 수밖에 없는 시대이기 때문이다. 따라서 "언어를 포함하여 다수의 상징체계, 사유양식, 서사, 매체 등 여러 차원에

1 김현미, 『글로벌 시대의 문화번역』, 또 하나의 문화, 2005, 9쪽 참조.

서 이루어지는 복합적인 문화 간 이동·횡단·소통의 양식"[2]인 이런 문화번역을 통해 문화 자체가 시대나 상황마다 다른 의미로 이해되고 역사적으로 이해되는 양상 및 다양한 이질성과 정체성 간의 '상관된 지식'을 구성하는 양상을 고찰하는 것이 중요하다.[3] 때문에 서로 다른 문화에서 중첩되는 교집합뿐만이 아니라 서로 어긋나 있는 차집합까지 주목하면서 양쪽이 어떻게 서로를 간섭하는가의 문제를 제기하는 것이 진정한 문화번역의 임무라고 할 수 있다.[4] 어느 한쪽의 일방적인 영향력과 지배력에 대한 비판이나 피해의식을 중심으로 하는 기존의 근대성 담론과 번역 주체와 객체가 서로 쌍방향적인 영향 관계를 갖는 문화번역의 차이점이 여기서 생긴다.

특히 문화번역에서 중요하게 문제 삼게 되는 것은 비서구/서구, 동양/서양, 여성/남성, 유색인/백인, 타자/주체, 주변/중심 등의 이항대립 관계를 통해 전근대/근대라는 이분법적 도식을 고정화하는 근대번역의 위험성이다. 이런 이분법적 근대번역은 시간·공간·국가를 가로지르며 야만/문명, 정체/진보의 대립으로 발전하면서 근대에 대한 동경과 향수를 낳는가 하면 근대에 대한 부정과 거부라는 반작용을 낳기도 했다. 특히 지난 오백 년간의 서구 역사 자체가 근대의 형성과 파급이라는 문화번역의 역사에 해당하기에, 이런 근대번역의 문제점은 심각하다.

근대를 체험하는 일은 번역자의 입장과 위치에 따라 달라진다. 누가 경험하고 어떻게 번역하느냐에 따라 근대의 의미가 달라지기 때문이다. 여기서 근대번역의 권력과 정치학이 발생하게 된다. 근대번역 자체가 중립

---

2 이명호, 「문화번역의 정치성: 이국성의 해방과 이웃되기」, 『비평과 이론』, 2010, 봄/여름호, 234쪽.

3 김현미(2005), 앞의 책, 62쪽 참조.

4 조재룡, 『번역의 유령들』, 문학과지성사, 2011, 145-146쪽 참조.

적일 수도 없고 순수할 수도 없는 이유이기도 하다. 그렇다면 근대를 번역하는 입장에서 중요한 것은 전근대와 근대, 근대와 또 다른 근대, 근대와 탈근대 사이의 복잡한 상호 번역 양상을 중층적으로 고찰하는 일이다.

1930년대부터 2000년대까지 전개된 한국사회 전반의 근대화 과정을 지속적으로 소설화한 박완서 소설을 근대번역의 차원에서 접근해야 할 필요성도 여기에 있다. 박완서의 소설은 크게 분단소설·세태소설·여성소설 등의 세 축을 중심으로 논의되지만, 이 세 가지 주제들은 서로 긴밀하게 연관되면서 복합적으로 전개된다.[5] 박완서의 마지막 소설인 「석양을 등에 지고 그림자를 밟다」[6]에서 박완서는 자전적 글쓰기의 기원으로 돌아가 자신의 문학세계를 관통하는 문제의식을 뚜렷하게 형상화하고 있다. 1980년에 발표된 「엄마의 말뚝1」과 상당히 겹쳐지면서 '대처(大處)'로 편입될 때 느꼈던 '도시의 활기와 썩은 냄새'를 8살 여자아이의 시선으로 다시 그리고 있기 때문이다. 또한 근대 자본주의와 산업화의 측면에서 경험한 근대의 의미가 중심을 이루면서 전쟁으로 인한 오빠의 죽음과 관련된 원한과 그에 대한 증언으로서의 글쓰기 욕망도 함께 드러내고 있다.

이처럼 마지막 작품에서도 반복되면서 박완서 문학의 뿌리를 엿보게 하는 「엄마의 말뚝」 연작 총3편[7]은 그 이후의 『그 많던 싱아는 누가 다 먹었을까』(1992)와 『그 산이 정말 거기 있었을까』(1995) 등의 작품들로 이어지는 박완서 문학의 본질을 탐색할 수 있게 해주는 중요한 작품이다. 하지만 상대적으로 그동안의 기존 연구에서는 「엄마의 말뚝」 연작 중에서

5 박혜경, 『박완서의 「엄마의 말뚝」을 읽는다』, 열림원, 2003, 74-82쪽 참조.

6 박완서, 「석양을 등에 지고 그림자를 밟다」, 『그리움을 위하여』(박완서 단편소설 전집 7), 문학동네, 2013, 337-367쪽.

7 「엄마의 말뚝1」(『문학사상』, 1980, 9), 「엄마의 말뚝2」(『문학사상』, 1981. 8), 「엄마의 말뚝3」(『작가세계』, 1991 봄호)이 이에 해당한다.

이상문학상 수상작인 「엄마의 말뚝2」를 중심으로 분단문제에 대한 천착만을 강조하는 경향이 강하다.[8] 그래서 「엄마의 말뚝1」을 그 전사(前史)로, 「엄마의 말뚝3」을 그 후일담으로 간주하기에 「엄마의 말뚝1」에 나타난 근대성의 문제가 간과되는 문제점이 있다. 물론 '엄마의 말뚝4'로 비유될 정도로[9] 「엄마의 말뚝」 연작을 확대 재생산했다고 평가되는 『그 많던 싱아는 누가 다 먹었을까』와 관련된 논의에서 「엄마의 말뚝1」은 박적골에서의 자전적인 유년체험과 분단체험 등이 기억과 상상력의 글쓰기 문제와 연관되면서 부분적으로는 많이 언급되고 있다. 그러나 여전히 「엄마의 말뚝1」에서 보다 집중적으로 문제 삼을 수 있는 근대번역 문제가 그 중요성에 비해 충분히 논의되지 못한 한계점을 보인다.

더욱이 박완서 소설 중 1930년대 도시 체험과 연결되는 근대 초기의 문제는 의외로 집중적으로 연구된 바가 없다. 흔히 1960-1970년대 한국 근대화 과정에서의 개발 독재나 그로 인한 물신화된 풍속과 세태 묘사, 중산층의 허위의식에 대한 논의가 「부끄러움을 가르칩니다」, 「겨울나들이」, 「어떤 나들이」, 「닮은 방들」, 「부처님 근처」, 「지렁이 울음소리」, 『도시의 흉년』, 『휘청거리는 오후』 등을 중심으로 주로 이루어졌을 뿐이다.[10] 설사 「엄마의 말뚝1」에 주목하더라도 이 소설을 모성이나 모녀관계 중심의 여성소설로 분석하거나[11], 할아버지의 세계에서 어머니의 세계로 편입

8 최경희, 「「엄마의 말뚝1」과 여성의 근대성」, 『민족문학사연구』, 9호, 1996. 6, 121쪽 참조.

9 김윤식, 『작가와의 대화』, 문학동네, 1996, 46쪽.

10 송미영, 「'문밖의식'으로 바라본 도시화」, 『여성문학연구』, 제25호, 2011, 113쪽 참조.

11 안숙원, 「「엄마의 말뚝1·2·3」 연작소설과 모녀관계의 은유/환유 체계」, 서강여성문학회 편, 『한국문학과 모성성』, 태학사, 1998.
최경희, 「어머니의 법과 이름으로」, 이경호·권명아 엮음, 『박완서 문학의 길찾기』, 세계사, 2000.
김경수, 「여성 삶의 복원에 대하여: 「엄마의 말뚝1·2·3」 연작론」, 앞의 책.

되는 여성성장소설 측면에서 접근하는 경향[12]이 주를 이루었다.

이런 문제의식을 바탕으로 이 글에서는 「엄마의 말뚝1」을 중심으로 고향 박적골에서 서울 현저동으로의 이주 과정에서 드러나는 근대번역 양상을 추적해보고자 한다. 이런 추적 과정을 통해 전근대 혹은 근대, 근대 혹은 탈근대를 이분법적 대립관계로 파악하면서 근대를 비판하거나 옹호하는 단순화된 근대성 논의에서 벗어나려는 데에 또 다른 목적을 둔다. 가령 박적골의 전근대성을 모성이나 생명의식의 발로라고 긍정적 의미로만 파악하거나[13] 이와 정반대로 현저동의 근대성을 자발적으로 가부장적 이데올로기를 심화시켰다고 부정적으로만 파악하는[14] 기존의 이항대립적 근대성 논의는 공히 이 소설에 내재되어 있는 근대의 번역과 재번역 양상의 복합성을 간과한 것이라고 할 수 있다. 도시에 뿌리를 내리고자 했음에도 불구하고 시골과 도시, 자연과 문화, 옛것과 새것, 주변과 중심 등의 대립적 가치가 공존할 때 발생하는 모순과 갈등에 주목하는 것이 박완서 소설 속 근대의 의미를 제대로 규명하는 일이 될 것이기 때문이다.

2. 이원론적 근대번역과 단일성

「엄마의 말뚝1」에서 엄마와 '나'는 고향 박적골과 서울 현저동을 단순한 운반자가 아닌 매개자의 입장에서 체험한다. 작가는 1930년대 일본제국주의 하의 '대처' 경험을 통해 근대와 접촉 혹은 충돌하면서 형성된

---

12 황도경, 「정체성 확인의 글쓰기」, 『이화어문논집』, 13호, 1994.

13 위의 논문, 660-664쪽 참조.

14 송명희·박영혜, 「박완서의 근대 체험과 토포필리아」, 『한국문학이론과 비평』, 제20집, 2003, 56쪽 참조.

근대와의 갈등 양상을 실감나게 형상화하고 있다. 한국근대소설사에서는 드물게 1930년대 도시 체험이 미시사적 접근을 통해 관념이 아닌 일상의 차원에서 형상화되고 있기 때문이다.

그런데 소설 속에서 엄마와 '나'의 근대번역은 서로 대립하고 있다. 엄마에게 박적골이 무지와 미신의 전근대적 억압공간이라면, '나'에게는 자유와 방목의 전근대적 유토피아공간이다. 그리고 엄마에게 현저동은 아들과 딸을 교육시킬 수 있는 근대적 문명공간인 데 반해 '나'에게는 초라함과 무질서를 제공하는 근대적 억압공간이다. 이런 근대번역은 엄마와 '나'에게 각각 이항대립적인 근대 체험을 제공한다. 그리고 이런 대립 관계는 근대와 비근대(전근대, 탈근대)를 이원론적으로 파악하게 한다. 기존의 논의에서는 이런 근대 체험의 표면적 양상에만 주로 주목하는 경향이 강하다. 하지만 이런 근대에 대한 1차 번역은 다음 3절에서 살펴볼 2차 재번역 작업을 위한 과정일 뿐이다.

우선 엄마에게 박적골은 남편을 죽게 만든 곳이다. 배가 아픈 남편을 한의사가 처방한 약만 먹게 하거나 무당의 굿으로 치유하려다가 때를 놓쳐 죽게 만들었기 때문이다. 그래서 엄마는 남편의 병이 "대처의 양의사에게만 보일 수 있었으면 생손앓이처럼 쉽게 째고 도려내고 꿰맬 수 있는 병"(15쪽)[15]이었음을 한탄하고 이에 분노한다. 남편의 갑작스러운 죽음으로 인해 시아버지도 반신불수가 되는 등 집안에도 나쁜 일이 생기기 시작한다. 이런 상황에서 엄마는 "대처로의 출분(出奔)"(15쪽)이라는 "불효막심하고도 당돌한 계획"(16쪽)을 감행한다.

엄마가 박적골을 떠나고 싶어 하는 이유는 다음과 같다.

---

15 박완서, 「엄마의 말뚝1」, 『엄마의 말뚝』(박완서 소설전집7), 세계사, 1994. 앞으로 소설의 본문 인용은 이 책에 의거해서 쪽수를 제시한다.

「이것아, 계집애 공부 시키는 건 아들 공부하고 달라서 순전히 저 한몸 좋으라고 시키는 거지 집안이 덕 보자고 시키는 거 아니다. 느이 오래비 성공하면 우리 집안이 다 일어나는 거지만 너 공부 많이 해서 신여성 되면 네 신세가 피는 거야, 이것아. 알았지?」

이럴 때 엄마의 눈빛은 도저히 거부하거나 비켜 갈 엄두가 나지 않을 만큼 절박한 열기를 담고 있었다. 나는 엄마가 바라는 신여성이 뭐 하는 건지 알 수 없었고, 앞으로도 알게 될 것 같지가 않았다. 그러나 급체(急滯)인지 맹장염인지 걸린 남편을 굿해서 고치려다 잃고 층층시하와 봉제사의 의무와 안질에 거머리가 약인 무지를 떨치고 도시로 나온 엄마의 지식과 자유스러움에 대한 피맺힌 원한과 갈망은 벅차고 뭉클한 느낌이 되어 전해 왔다. (47쪽)

먼저 오빠를 데리고 서울에 올라가 터전을 마련한 엄마는 여자애는 언문만 깨치면 된다는 시부모들의 남녀차별적이고 가부장적인 이데올로기에 반기를 들면서 딸인 '나'까지 서울로 데리고 올라온다. 인용문에 드러나 있듯이 "급체(急滯)인지 맹장염인지 걸린 남편을 굿해서 고치려다 잃고 층층시하와 봉제사의 의무와 안질에 거머리가 약인 무지"로부터 자식들을 벗어나게 해주고 싶었기 때문이다. 엄마에게 박적골은 무지와 미신이 판치는 야만적인 전근대 공간으로 인식되고 있다.

이와 반대로 도시를 중심으로 한 엄마의 근대번역은 집안 전체의 신앙이자 희망인 아들의 성공만이 아니라 딸 또한 신여성으로 만들 수 있는 것이다. 엄마가 번역한 신여성은 "공부를 많이 해서 이 세상의 이치에 대해 모르는 게 없고 마음먹은 건 뭐든지 마음대로 할 수 있는 여자"(25쪽)이다. 자신이 구식 여성이기에 잃어버린 많은 것들을 딸에게는 물려주지 않기 위해 인용문에서처럼 "지식과 자유스러움에 대한 피맺힌 원한과 갈망"을 보여주는 것이다. 여기서 젠더번역과 근대번역이 중첩되기도 한다. 이런 엄마의 근대번역을 통해 전근대적인 가부장제 하에서 누락되었던 여성들의 좌표가 보이고 있기 때문이다.

물론 엄마의 신여성에 대한 번역은 이미 "구닥다리"(36쪽)가 되었다. 엄마가 생각하는 "히사시까미하고 흰 저고리에 검정 통치마를 입고 뾰족구두 신고 한도바꾸를 든 신여성"(36쪽)보다 더 근대화된 "양장을 한 여자나 단발을 한 여자"(36쪽)도 이미 많이 존재하기 때문이다. 그래서 '나'가 진정한 신여성이 되려면 엄마가 세운 '신비적 이상주의'를 보다 근대화시키고 동시에 현실화해야 한다. 그러나 엄마의 입장에서 볼 때 신여성은 서울 여자들이나 문 안의 여자들과 대립되는 것이 아니라 박적골의 여자들과 대립된다는 측면에서 충분히 근대적이고 진보적이다. 무엇보다도 아들과 차이를 두지 않고 딸을 교육시키려는 의지를 보인다는 점에서 충분히 그렇다. 이를 위해 엄마는 기꺼이 그리고 스스로 "대처의 주인"(12쪽)이나 "서울이라는 거대한 대궐의 안주인"(24쪽)으로 자기 자신을 돋보이게 하려는 근대번역의 주체가 된다. 박적골로 대변되는 전통적이고 봉건적인 대가족 제도 속의 삶으로부터 모계 가장이 중심이 되는 근대 핵가족 구조로의 전환을 이루면서 스스로 자식들의 교육을 책임지겠다는 진취성과 자립성을 보여주는 것이다.

그런데 대처 혹은 도시로의 입성을 통해 근대를 추구하려는 이런 엄마와 달리 어린 '나'에게는 오히려 박적골이 낙원이다. 모든 사람들의 사랑을 받으면서 원하는 것을 모두 얻을 수 있기 때문이다. 하지만 도시에서는 박적골에서처럼 "자연 그대로의 상태에 제멋대로 방목되었던 계집애"(28쪽)로 살아갈 수가 없다. '나'는 본능적으로 도시가 내뿜는 억압의 낌새를 감지한다. 이런 낌새의 근저에는 이전에 경험했던 도시의 '빛'에 대한 체험이 존재한다. '나'가 도시에 대해 공포와 두려움을 느끼는 것은 박적골의 햇빛이 "토담과 초가지붕에 흡수되어 부드럽고 따스함으로 변하는 빛"(12쪽)인 데 반해 대처의 햇빛은 "기와지붕과 네모난 유리창에서 박살나는 한낮의 햇빛"(12쪽)이기 때문이다. 이런 적의(敵意)에 가득 찬 빛은 '나'가 본 첫 번째 대처 사람이었던 외삼촌의 안경이나 은전(銀錢)의 반짝거림을 연상시키면서 매혹이 아닌 공포와 두려움으로 다가오게 된 것이다.

> 난 엄마나 할머니가 생각하고 있는 것처럼 대처의 변화에 얼이 빠져 있는 게 아니었다. 하나같이 옷 잘입은 사람들, 심심찮게 눈에 띄는 양복쟁이들, 번들대는 기와지붕, 네모나고 유리창이 달린 이층집들, 흙이 안 보이는 신작로, 가게마다 즐비한 울긋불긋한 신기한 물건들, 시끌시끌하면서 활기찬 소음. 이런 대처의 번화(繁華)가 맹종(盲從)하고 있는 질서가 나를 주눅들게 했다. 그거야말로 참으로 낯선 거였다. 대처 사람이 된다는 건 바로 그런 질서에 길들여지는 거라는 걸 나는 누가 가르쳐주기 전에 본능처럼 냄새 맡고 있었다. 오래 방목된 야성이 내 속에서 벌써 주눅이 드는 걸 느꼈다. (22쪽)

인용문에 드러나고 있듯이 '나'에게 박적골과 대처는 자연/문명, 본능/이성, 방목/질서의 대립으로 위치지어 진다. 그래서 '어머니의 자궁'이나 '기억 속의 낙원'의 의미를 지니는 박적골과 달리[16] 자신을 얽매는 올가미처럼 느껴지는 곳이 바로 문명·이성·질서의 축인 대처이다. 더욱 심각한 것은 이런 억압적 질서마저 부재하는 현저동의 무질서함이다. 현저동의 "상자갑만한 집들이 더러운 오장육부와 시끄러운 악다구니까지를 염치도 없이 꾸역꾸역 쏟아놓아 더욱 구질구질하고 복잡한 골목"(28쪽)은 송도에

16 강인숙, 「박완서 소설에 나타난 도시의 양상」, 권영민 외, 『박완서론』, 삼인행, 1991, 286쪽 참조.

서 경험했던 질서가 지닌 최소한의 매력조차 박탈한다. '문밖의 무질서/문안의 질서'가 '자연의 무질서/도시의 질서'의 대립을 대체함으로써 '문밖'과 '자연' 모두 무질서를 대변하게 되기 때문이다.

따라서 '나'의 근대 체험은 '문안'이 아닌 '문밖'에서의 엄마의 모습을 통해 번역되기 시작한다. 경성역에 도착하자마자 늙은 지게꾼과 홍정을 하는 과정에서 '현저동 상상꼭대기'에 산다는 이유로 홀대받거나 세를 준 주인집의 눈치를 무조건 봐야 하는 상황에서 '도시의 안주인'으로서의 엄마의 모습은 찾아볼 수 없다. "도시의 집단 속에서 엄마는 작고 초라해 보였다."(26쪽) 이런 엄마를 통해 '나'에게 번역된 근대는 부정적 가치로 다가온다. 엄마의 근대번역을 통해 '나'의 근대번역도 영향을 받으면서 심지어 부정적인 번역 양상을 보이고 있는 것이다.

이럴 때 '나'를 신여성으로 만들려는 엄마의 임무는 더욱 더 성공하기 어려워진다. 오빠가 성공해야 한다는 것과 비슷하게 '나'가 신여성이 되는 것은 엄마와 대처가 공모해서 '나'에게 씌운 올가미에 다름 아니라고 생각하기 때문이다. 성공에 대한 이런 강박 때문에 '나'는 남들처럼 쉽게 대처에 대한 어떤 환상이나 동경을 가질 수가 없었던 것이다. 그래서 박적골에서의 '종종머리'가 엄마에 의해 '단발머리'로 잘려지자 '나'는 그것을 '대처의 낙인(烙印)'이라고 번역한다. 때문에 이때의 '단발머리'는 앞으로 '나'에게 닥쳐 올 도시라는 낯선 곳으로부터 경험하게 될 근대적 시련을 암시하게 된다.

이처럼 엄마와 대립되는 '나'의 근대번역은 오히려 전근대에 대한 추구에 의해 특징지어진다. 근대에 대한 거부를 위해 전근대에 대한 낭만화를 시도하는 것 자체가 근대에 대한 거절이기 때문이다. '나'에게 박적골은 근대의 반대편이자 잃어버린 낙원에 해당한다. 이런 '나'의 원시주의적 경향은 서양사람들이 동양에 대해 느끼는 오리엔탈리즘과 유사하다. 도시인들도 시골의 토착문화를 낭만화하기 쉽기 때문이다.[17] 박적골을 떠나니 박적골이 더 그리워지는, 그리고 현저동이 존재해야 더욱 분명해지는, '포스트(post, 脫)' 시기에 번역된 '프리(pre, 前)' 근대의 번역 양상[18]일 수 있다는 것이다. 일반적이고 관념적인 인식이 아니라 특수하고 구체적인 체험을 통해서만이 서술 가능한 박완서 특유의 근대번역 양상이라고 할 수 있다.

3. 일원론적 근대재번역과 혼종성

엄마를 따라 서울로 올라오는 도중에 '나'는 박적골과 송도 사이에 놓인 농바위 고개를 넘으며 "농바위 고개에 서 있는 게 아니라 전혀 이질적인 두 개의 세계의 경계에 서 있는 것"[19] 같은 느낌을 갖는다. 여기서 '이질적인 두 개의 세계'란 박적골과 서울 혹은 송도와 서울을 의미하지만, 나중에는 서울의 문밖과 문안으로까지 변주되는 공간들이다. 그리고 경계란 대립적인 그 두 공간들의 '사이' 공간이나 '틈새' 공간이라고 할 수 있다. 소설에서 가장 중요한 경계 공간인 박적골은 서울에 올라와서 최초로 말뚝을 박은 곳이자 고향 박적골과 서울의 문안 사이에 있는 경계 공간이기에 엄마와 '나'의 근대 체험에 혼란과 모순을 야기시킨다. 이처럼 이질적인 공간이 교차되는 경계 공간은 '접경지대 히스테리(borderlands hysteria)'를 일으킴과 동시에 새로운 번역을 생산해내는 창조적 공간이기도 하다.[20] 그

17 레이 초우, 『원시적 열정』, 정재서 옮김, 이산, 2004, 45쪽 참조.
18 위의 책, 45쪽 참조.
19 박완서, 『그 많던 싱아는 누가 다 먹었을까』, 웅진출판, 1992, 45쪽.
20 김현미(2005), 앞의 책, 48쪽 참조.

리고 이 공간에서 일어나는 재번역은 잘못된 번역을 다시 번역하는 것을 의미한다. 번역을 번역하는 이런 '재번역'을 통해 이전에 번역되었던 근대는 다시 읽혀진 후 다시 써지면서 재구성될 수 있다.[21]

이처럼 경계 공간을 통해 이전에 번역된 근대를 재번역하는 것은 번역 자체가 "무언가를 새로 쓰는 일과 관련된 주관적 선택"[22]이기에 가능한 일이다. 근대에 대한 '응시를 응시'함으로써 근대에 대한 재번역이 가능해진다는 것이다. 그리고 일회성에 그치는 통과 공간이 고정된 단일성의 번역 공간이라면, 반복성을 띠는 경계 공간은 혼종적인 재번역의 공간에 해당한다. 번역된 전근대 혹은 탈근대가 근대와 서로의 영향 하에서 재번역됨으로써 전근대 속의 근대나 근대 속의 전근대, 근대 속의 근대나 근대 속의 탈근대에 대한 인식이 가능해지기 때문이다. 「엄마의 말뚝1」에서도 현저동에서의 근대 체험은 엄마와 '나'의 박적골에 대한 평가를 바꿔놓음으로써 근대를 재번역하게 하고 있다. 그래서 박적골만큼 현저동도 더 이상 좋고 나쁨으로 단순하게 편을 가를 수 있는 이원론적인 단일공간이 아니다. 오히려 그 두 공간이 서로 합쳐지는 일원론적인 혼종성의 공간이 된다.

이럴 때 이 소설의 제목인 '말뚝'의 의미가 중요하게 다가온다. 엄마와 '나'에게 있어 최초의 말뚝은 서울에 와서 최초로 터를 잡은 현저동에 박은 것이다. 그에 걸맞게 현저동에서의 삶은 엄마와 '나'가 지닌 의식의 중심이자 기원이다. 그래서 그것으로부터 벗어날 수 없다. 현저동에서 아무리 벗어나려 해도 그런 행동 자체가 "한끝을 말뚝에 걸고 새끼줄을 풀다가 문득 그 길이를 재보는 격"(58-59쪽)이고, "제 아무리 멀리 벗어난 것

---

21 더글러스 로빈슨, 『번역과 제국』, 동문선, 정혜욱 옮김, 2002, 140쪽 참조.

22 조재룡(2011), 앞의 책, 149쪽.

같아도 말뚝이 풀어준 새끼길이"(60쪽)에 불과하다. 그런데 더욱 중요한 것은 이런 현저동이 박적골과 겹쳐진다는 것이다. 엄마와 '나'에게 있어 공히 '서울의 박적골'이 바로 현저동이기 때문이다.

엄마는 현저동 사람들을 상종 못할 '상것'이라고 폄훼한다. 처와 첩을 한방에 기거하게 하는 일과 서답을 대낮에 딸로 하여금 아무렇지도 않게 빨게 하는 일 등을 흉볼 때나, 곤경에 처한 자식들을 현저동 사람들로부터 보호할 때의 엄마의 모습에는 그런 '상것'들과는 다른 기품과 위엄이 배어 있다. 그런데 아이러니하게도 이처럼 상것들과 '엄마'를 구분지어주면서 기품과 위엄을 가능하게 하는 것이 바로 박적골의 전통과 권위이다. 엄마가 상것들로부터 자신을 분리시킬 수 있는 배경에는 "온갖 과수가 있는 후원과 토종국화 덤불이 있는 사랑 뜰과, 정결하고 간살 넓은 초가집과 선산과 전답과 그 모든 것을 총괄하시는 비록 동풍(動風)은 했으되 구학문이 높으신 시아버지가 뒤에 있다고 믿는 마음"(32쪽)이 존재한다는 것이다. 그토록 벗어나고 싶었던 박적골의 가치를 재소환해야 유지되는 것이 바로 엄마의 현저동에서의 위치인 것이다.

반면 엄마의 근대번역의 이중성은 서울에서 박적골로 이동할 때도 동일하게 반복된다. 근대를 재번역하고 있기 때문이다. 근대에 대한 허영을 만족시키기 위해 엄마는 '나'가 박적골로 내려갈 때 '대처티'를 내주기에 골몰한다. 원피스를 입히고, 토끼털 목도리나 스케이트를 구비해주는 것이 그 예이다. 하지만 이것은 역설적으로 엄마 자신이 문안이 아닌 문밖에 사는, 그래서 진짜 서울 사람이 되지는 못했다는 조바심과 열등감의 다른 표현이다. 그래서 엄마는 "현저동에 살면서 박적골의 근거를 가장 으뜸가는 품성으로 숭배하고 지킬 것을 강요했듯이, 박적골로 돌아가려는 마당에선 대처티를 무작정 날조하려 들었다."(55쪽)

이처럼 엄마의 영원한 '문밖의식'은 서울의 현저동에서는 고향 박적골을 불러오고, 고향 박적골에서는 서울 현저동의 이미지를 과장하는 모순을 낳게 된다. 번역자로서의 엄마는 원본으로서의 근대를 현저동에 제대로 옮겨 심어야 하는 의무를 지닌 사람이지만, 이 과업을 완벽하게 수행할 수 없는 불완전한 근대주체이다. 이것이 바로 앞에서 제시한 '말뚝의식'의 요체이기도 하다. 그리고 엄마의 이런 근대재번역 양상은 모든 문화를 한 방향으로 몰아서 권력에 포섭시키는 양식이 아니라, 동일화할 수 없는 것들을 불연속적으로 다시 쓰는 혼종성의 양상과 연관된다.[23] 일그러진 근대를 극복하기 위해 그토록 거부할 수밖에 없었던 전통에 다시 기대는 "기묘한 상관관계"(42쪽)나 "모순된 관계"(42쪽)를 맺을 수밖에 없기 때문이다.

> 피난살이 반년 만에 해방이 되었는데 먼저 상경한 오빠는 북새통에 돈을 좀 벌었는지 문안의 평지에다 집을 장만해서 엄마의 소원을 풀어드렸다. 그 후 살림은 순조롭게 늘어나 좀더 나은 집으로 이사도 여러 번 다녔다.
>
> 그러나 우린 현저동 괴불마당집을 잊지 못했다. 특히 어머니는 늙어갈수록 그게 심했다. 무엇이든지 그 시절하고 대보려드셨다.
>
> 이 아들아, 그때에다 대면 우린 지금 큰 부자 됐지? 하시기 위해서도 괴불마당집을 잊지 못하셨지만, 그때 생각을 해서라도 아껴야 하느니라 하시기 위해서도 잊지 못하였다. 또 가끔 그때가 좋았느니라고 그리워도 하시고 그때 한사코 바닥 상것들 취급을 하던 이웃들을 뭐니뭐니 해도 그 사람들이야말로 진국이었지, 하고 뒤늦게 재평가를 하시기도 했다. (58쪽)

엄마는 '문밖의식'으로 인해 조바심과 열등감을 느꼈으면서도 나중에

---

23 정혜욱, 『번역과 문화연구』, 경성대학교출판부, 2010, 132쪽 참조.

문안으로 편입된 후에도 오히려 문밖공간에 대해 향수를 갖는다. 마치 현저동을 통해 박적골의 의미가 재번역되었듯이, 문안을 통해 오히려 문밖의 의미와 가치가 더욱 뚜렷해졌기 때문이다. 인용문에 제시되고 있듯이 "우린 지금 큰부자 됐지?" 혹은 "그때 생각을 해서라도 아껴서야 하느니라"라며 여전히 문밖 시절의 가난을 경계하면서도, "그때가 좋았느니라"나 "그 사람들이야말로 진국이었지"라며 그리워하기도 한다. 문밖을 완전히 부정하지 않고 탈구시키거나 전치시키는 '다시 쓰기(re-writing)'가 이루어지고 있는 것이다. 이럴 때 박적골과 현저동이 서로 혼재되어 있었듯이, 문안과 문밖도 서로 혼재되는 양상을 보이게 된다. 현저동과 박적골이 유사한 기능을 담당하게 됨과 동시에 '도시 속의 고향'으로 전유되면서 재번역되고 있는 것이다.

이런 엄마와 달리 처음에 대처에는 대해 부정적이었던 '나'는 국화빵이나 알사탕, 박하사탕, 캐러멜 등이 주는, '시골의 감미'와는 다른 "도시의 감미"(30쪽)에 서서히 매혹된다. 이런 "대처의 추파"(30쪽)나 "대처의 사탕발림"(30쪽)을 거부하기에는 도시의 유혹이 너무 강하고, '나'는 너무 어리기 때문이다. 아무리 근대를 부정하면서 서울에서의 이질감과 고독감을 강조하더라도 '나'의 생활은 도시를 벗어날 수 없다. 심지어 문안의 학교까지 다녀야 한다. 그리고 그때 겪는 문안과 문밖의 격차가 오히려 '나'를 더욱더 '도시의 아이'로 만드는 역설을 낳는다.

도시화된 '나'의 변화는 '나'가 지닌 자유분방함을 집안 망신시킨다고 언짢아하는 할아버지를 "우물안 개구리"(56쪽)로 보면서 연민을 느끼는 데에서 확인된다. '나'는 할아버지가 평생 박적골을 천하로 알고 거기서 벗어나지 못한 채 세상을 마감하리라는 생각에 "대처 물먹은 티"(56쪽)를 내면서 안타깝게 생각한다. 대처의 물을 먹어 본 사람에게 박적골은 어쩔 수 없이 세상의 전부가 아닌 일부에 불과하기 때문이다. 엄마와는 정반대의 방향에서 근대에 대한 재번역이 일어나고 있는 것이다. 근대에 대한 수용에서 근대에 대해 비판하는 방향으로 변화된 엄마와 달리, '나'는 근대에 대한 비판에서 근대를 수용하는 방향으로 변화되고 있기 때문이다.

하지만 그럼에도 불구하고 도시가 모든 것을 가능하게 해주는 이상향이 아니라는 점 그리고 그런 도시를 벗어날 수 없다는 점을 공통적으로 인식하는 데서 엄마와 '나'의 근대 재번역은 다시 만나게 된다.

> 샌들 속으로 모래가 들어온 걸 벗어서 털면서 나는 문득 실소(失笑)를 터뜨렸다. 어머니가 낯설고 바늘 끝도 안들어가게 척박한 땅에다가 아둥바둥 말뚝을 박으시면서 나에게 제발 되어지이다라고 그렇게 간절히 바란 신여성보다 지금 나는 너무 멋쟁이가 돼 있지 않은가. 그러나 신여성이 할 수 있는 일이라고 어머니가 생각한 것으로부터는 얼마나 얼토당토않게 못 미쳐 있는가. 엄마의 생각은 그 당시에도 당돌했지만 현재에도 역시 당돌했다. 엄마의 억지는 그것뿐이 아니었다. 나로 하여금 끊임없이 근거를 심어줌으로써 도시에서 만난 웬만한 걸 덮어놓고 무시하도록 부추기다가도 근거의 고향으로 돌아가선 서울내기 흉내를 내도록 조종했다. (60쪽)

'나'의 박적골 체험은 발터 벤야민(Walter Benjamin)의 용어에 의하면 원본으로 종결되지 않는, 원본 이후에 전개되는 삶, 이른바 '후생(後生, after-life)' 혹은 '지속된 삶(continued life)' 속에서 실현된다.[24] 원본으로서의 근대는 번역 이후에 지속되는 삶을 통해 살아남고 변화함으로써 재번역된다. 이런 맥락에서 박적골 이후의 삶이 박적골의 의미를 재규정한다. 그

---

24 이명호(2010), 앞의 논문, 240쪽 참조.

래서 '나'의 근대재번역은 매끄럽고 합의적인 이동이 아니라 불완전하고 오염된 횡단에 가까운 벤야민식 번역 과정과 맞물리게 된다.[25] 인용문은 현저동 시절에서 40여 년이 흐른 현재의 시점으로 서술되고 있는 소설의 끝부분이다. '나'는 엄마가 원했던 신여성의 모습과 현재 자신의 모습을 대비시키면서 "어머니가 세운 신여성이란 것의 기준이 되었던 너무 동떨어진 외양과 터무니없이 높은 이상과의 갈등"(60쪽)을 다시 확인하고 있다. 이런 이상과 현실의 갈등과 괴리는 고향과 도시의 갈등 혹은 괴리와 서로 유사성을 보이면서, 근대에 대한 재번역을 통해 두 공간이 서로를 간섭하고 있음을 나타내준다. 서로 분리된 채 단일한 의미를 지니며 이원론적으로 존재했던 두 공간이 이제는 서로를 오염시키면서 일원론적으로 서로 겹쳐지고 있기 때문이다.

이렇게 볼 때 엄마와 '나'는 근대의 혼종성을 대변하는 박완서 소설 속 근대주체의 전형을 보여준다고 할 수 있다. 이들에게 박적골과 현저동은 서로 간섭 불가능한 대립을 보여주는 이원론적 공간이 아니라, 오히려 그런 대립을 무화시킬 만큼 서로 섞여 있는 일원론적 공간이다. 때문에 오염되지 않은 채 순수하고 단일한 의미를 지닌 고정공간이 아니라, 끝없이 오염되면서 양가적 의미를 지니는 유동공간에 해당한다. 전근대에 대한 긍정과 부정, 근대에 대한 긍정과 부정이 동시에 이루어지고 있기 때문이다. 이런 의미에서 박완서에게 있어 근대는 번역과 재번역 과정을 거치면서 계속 번역에 실패할 수밖에 없기에 완전한 번역이 불가능한 혼종적 의미를 지닌다고 볼 수 있다. 「엄마의 말뚝1」에서 끊임없이 근대를 재번역하는 과정을 통해 '합일을 거부하는 반복' 혹은 '차이를 가진 반복'이라는 문화번역의 진면목을 제대로 보여주고 있기 때문이다.[26]

---

25 위의 논문, 243쪽 참조.

4. '문밖의식'과 근대의 복수보편성

박완서의 「엄마의 말뚝1」에 나타난 근대번역 양상은 끊임없이 반복되면서 합일을 거부한다. 이런 '차이 나는 반복'으로서의 번역 행위를 통해 근대번역 자체가 기존의 근대 개념에 구멍이나 얼룩을 내는 교란과 오염의 과정임을 보여준다. 근대라는 원본을 탈정전화하면서 '영원한 망명화'[27]의 길을 걷고 있기 때문이다. 또한 전근대와 근대, 근대와 근대, 근대와 탈근대를 이원론적인 시각에서 번역하는 단일성에서 벗어나 각각의 근대를 일원론적 시각에서 혼종성을 중심으로 재번역하는 데에까지 나아가고 있음을 말해주기도 한다. '각인'으로서의 번역이 아니라 '변용'으로서의 번역에까지 이른 결과라고 할 수도 있다.[28] "옛것도 아닌 것이, 새것도 못되는 우스꽝스럽고도 무의미한 억지"(61쪽)라는 소설 속 근대 체험이 "문화 사이의 '경계선'에서 문화적 '변형'을 이루어내는 문화 횡단 작업"[29]이라는 문화번역의 본질과 맞춤하게 만나는 경우이기도 하다.

이런 맥락에서 박완서 소설의 근간이 되는 근대번역은 '문밖의식'으로 상징되지만, 기존의 연구에서처럼 문안으로 편입되지 못하는 소외의식이나 거부의식을 의미하는 것이 아니다. 박완서 소설의 근대주체들은 문밖 이전의 세계로 돌아가려 하거나 문안으로 편입되고자 하는 단일성만을 보여주지 않기 때문이다. 박완서 소설은 근대를 전통에 의거해 번역하고, 다시 그 근대를 다른 근대에 의거해 재번역한다. 따라서 박완서에게 '문밖의식'은 원심력과 구심력, 위축감과 기대감, 탈출과 정주, 혐오와 공모

26 정혜욱(2010), 앞의 책, 58-59쪽 참조.

27 위의 책, 120쪽.

28 레이 초우(2004), 앞의 책, 272쪽 참조.

29 이명호(2010), 앞의 논문, 243쪽.

등의 이중적이고 모순적인 양가성을 동시에 보여준다고 할 수 있다.[30]

결국 「엄마의 말뚝1」을 중심으로 파악할 수 있는 박완서 소설의 근대에 대한 이런 혼종적 번역 양상은 '환승(換乘) 중인 근대'를 여실히 소설화한 것으로 볼 수 있다. 환승중인 주체 개념에서 발전시킨 환승 중인 근대 개념은 분열되고 복수화(複數化)되어 있기에 안정적인 위치를 결여한 근대를 의미한다.[31] 이것은 하나의 근대도 아니고, 전근대나 탈근대와 대립하는 근대도 아니다. '근대를 의심하는 근대'나 '근대를 떠나는 근대'에 가깝다. 이런 근대는 정해진 거처가 없이 떠돌아다니기에 유동적이고, 그래서 언제나 '환승 중'이다. 이때 근대는 동일한 단 하나의 '근대'가 아니라 차이나는 여러 근대'들'로 존재하게 된다. 여러 개의 보편성이 동시에 공존하는 '복수보편성'을 통해 비연속의 연속을 보여주면서 실재(實在)로서의 근대번역 과정을 보여주는 것이다.

이처럼 박완서 소설 속 근대번역은 내적 분열을 통해 근대를 언제나 재번역한다. 그래서 언제나 근대와 "회복할 수 없는 거리"[32]를 유지한다. 서로 다른 근대가 '균질적 일체화(homogenous communion)'를 위해 소통하는 것이 아니라, 오히려 '이언어적 말걸기(heterolingual adress)'를 중심으로 서로의 소통을 거부하는 것, 바로 그 충돌과 긴장의 현장이 박완서 소설의 근대번역이라고 할 수 있다. 이를 통해 박완서가 강조하는 것은 성공한 근대번역이 아니라 오히려 실패한 근대번역이다. 박완서가 보기에 실패한 근대번역을 통해서만이 이미 완성된 근대를 '보충'하는 작업이 아니라 그런 근대에 가려져 있던 근대의 '결핍'을 드러낼 수 있기 때문이

30 송미영(2011), 앞의 논문, 119-120쪽 참조.

31 사카이 나오키, 『번역과 주체』, 후지이 다케시 옮김, 이산, 2005, 62쪽 참조.

32 위의 책, 62쪽.

다.[33] 이것이 바로 근대를 (재)번역하는 작가 박완서 소설 속 근대가 지니는 남다른 넓이이자 깊이라고 할 수 있을 것이다.

---

33 정혜욱(2010), 앞의 책, 62쪽 참조.

제2장

미적 근대성의 진폭(振幅)과 경계사유

이효석의 『벽공무한』론

1. 이효석 문학의 진폭과 문화번역

모든 것을 말하는 작가도 드물지만, 한 가지만 말하는 작가도 드물다. 작가는 이것을 말하면서 저것을 말하기도 하고, 이것을 말하지 않음으로써 저것을 말하기도 한다. 때문에 작가를 평가할 때 작가가 말한 것과 더불어 말하지 않은 것 혹은 말하지 못한 것도 함께 고려할 필요가 있다. 특히 이효석처럼 "알쏭달쏭하고 이상한 문학"[1]을 한 작가로 평가받는 경우라면 더욱 그렇다. 「오리온과 능금」처럼 동반자 문학을 통해 주목받았으면서도 후대에는 「메밀꽃 필 무렵」과 같은 서정소설 중심으로 정전화되었고, 「돈(豚)」이나 「들」처럼 원초적 본능의 세계를 중시했는가 하면 『화분』처럼 남성 동성애를 포함해 난교(亂交)에 가까운 애욕의 세계를 형상

1 임종국, 『친일문학론』, 평화출판사, 1966, 332쪽.

화하기도 했으며, 「노령근해」나 『벽공무한』에서는 러시아 여성과의 국제연애를 이상화하면서도 일본어로 쓴 「봄옷」이나 「소복과 청자」와 같은 후기소설에서는 조선의 아름다움을 옹호하기도 했다. 이런 이유로 이효석은 평등한 계급을 그려도 불완전하다고 비판받고, 자유로운 성(性)을 중시해도 대상화시켰다고 지적받으며, 조선적인 것을 옹호해도 일본 제국에 공모한 것이라고 의심받는다. 즉 무엇을 말하건, 다른 무엇을 말하지 않아서 정 반대의 평가를 동시에 받는 경우가 많다.

이런 난맥상을 해결하기 위해 최근의 논의들은 긍정적이든 부정적이든 전체적인 흐름 속에서 일관되게 이효석 문학의 모순과 균열을 꿰뚫을 수 있는 대표적 키워드로 '심미주의', '낭만주의', '파시즘' 등을 내세운다. 첫 번째 '심미주의' 경향을 강조한 이효석 문학연구는 탈이데올로기적 혹은 탈로컬적 성격을 통해 '미적인 가치 중립성'을 보여준다는 평가[2]를 근간으로 하면서 '건강한 예술지상주의'의 중요한 사례라는 긍정적 평가[3]와 서구 취향의 탐미주의를 통해 식민지 현실의 환멸로부터 도피했다는 부정적 평가[4]가 동시에 이루어진다. 두 번째 '낭만주의'를 중심으로 이효석 문학을 연구하는 경우에도 이효석의 미학적 이상주의가 역동적 낙관론으로 연결된다는 옹호론[5]과 전체주의로 통합되는 양상을 보인다는 비판론[6]이 동시에 제기된다. 친일문학론과 연결되기에 가장 논쟁적인 세 번째의 '파시즘' 논의에서도 비협력이나 우회적 저항성을 보여주었다는 우호적

2 김윤식, 『일제말기 한국작가의 일본어글쓰기론』, 서울대출판부, 2003, 276쪽 참조.

3 이현식, 「이효석을 다시 보자」, 『이효석문학의 재인식』(문학과 사상 연구회 편), 소명출판, 2012, 69쪽 참조.

4 이상옥, 『이효석의 삶과 문학』, 집문당, 2004, 131-132쪽 참조.

5 정여울, 「이효석 텍스트의 공간적 표상과 미의식연구」, 서울대학교 박사학위논문, 2012, 193쪽 참조.

6 한민주, 『낭만의 테러』, 푸른사상사, 2008, 306-308쪽 참조.

평가[7]와는 정반대로 대동아공영권이라는 식민주의적 시선을 강화시켰다는 비판적 평가[8]가 동시에 이루어지고 있다. 이렇듯 어느 하나의 키워드를 설정해 이효석 문학 전체를 꿰뚫어보아도 긍정과 부정으로 갈리는 양극단의 평가는 여전히 반복되고 있다.

그렇다면 이효석 문학에 대한 평가가 이런 긍정과 부정의 양 극단으로 나뉘는 근거나 이유에 대한 심층적이고 체계적인 재번역이 필요하다. 무엇보다도 기존의 심미주의, 낭만주의, 파시즘을 중심으로 하는 논의가 모두 '개인주의'[9]에 토대를 두고 있다는 공통점과 한계점이 있음에 주목할 필요가 있다. 개인을 개인으로만 한정시키는 경향이 강하다는 것이다. 하지만 개인은 사회가 존재해야 개인이 된다. 개인만 있으면 개인인 줄 모르기 때문이다. 더욱이 개인을 지켜주지 못하는 사회는 자율성이 아닌 폐쇄성, 동일시가 아닌 소외, 변혁이 아닌 통제를 불러온다. 특히 이효석이 창작 활동을 했던 일본 식민지 시기에는 이런 개인과 사회의 관계 양상이나 그 결과 여부에 따라 문학적 평가가 엇갈릴 수 있기에 어느 시기보다도 개인과 사회를 동시에 고찰해야 한다. 이효석 문학은 심미적 자율성이나 낭만주의적 동일시, 파시즘적 변혁 등과의 관계 속에서 개인과 사회가

---

7 방민호, 「이효석과 하얼빈」, 『현대소설연구』, 35호, 2007 ; 김재용, 「일제말 이효석문학과 우회적 저항」, 『한국근대문학연구』, 24호, 2011 ; 김형수, 「이효석, '비협력'과 '주저하는 협력' 사이의 문학」, 『인문학논총』, 제5권 1호, 2005.

8 김양선, 「이효석 소설에 나타난 식민지 무의식의 양상」, 『현대소설연구』, 27호, 2005 ; 이경훈, 「식민지와 관광지」, 『사이間SAI』, 제6호, 2009.

9 '개별성(particuiarity)'에 토대를 둔 '개인주의'가 사회 혹은 공동체와의 관계를 전제로 하는 한계가 있으므로 전체와의 통합을 부정하면서 대체 불가능한 존재를 의미하는 '개체성(singularity)'에 주목해야 한다는 중요하고도 유의미한 시도를 하는 경우도 있다(김건형, 「이효석 문학에 나타난 개체성의 미학 연구」, 서울대학교 석사학위논문, 2014). 그러나 세계를 전제하지 않거나 세계와 대립하지 않는 개별 혹은 개체는 불가능하기에 두 개념의 차이에 주목하기보다는 기존의 '개인주의'라는 용어를 그대로 사용한다.

상호 어떤 양상을 보이는가에 따라 그 평가가 달라질 수 있기 때문이다.

이런 맥락에서 이 글은 이효석 문학 속 개인이 주로 '문화적 인간'으로 존재한다는 점에 착안하여 그러한 '문화적 개인'이 국가(2절), 예술(3절), 여성(4절)이라는 사회문화적 요소들과 어떤 관련성을 맺는지 살펴봄으로써 그 실체에 접근해보고자 한다. 이효석 문학에서 중요한 것은 개인과 사회를 이분법적으로 파악하면서도 그와 동시에 서양(구라파)/동양(조선), 예술/일상, 남성/여성 등의 이분법적 대립을 무화시키는 것이기 때문이다. 개인과 사회가 분리될 수 없듯이 이효석 문학에서 이런 두 대립항들 또한 영원히 대립하는 것은 아니다.

이효석의 다음과 같은 직접적 언급이 그 근거가 된다.

> 종교문학 물론 좋으며, 애욕문학 또한 좋고, 자연문학 또한 좋은 것이다. 국민문학이 나올 추세라면 그 탄생이 물론 기쁜 일이다. 건망증에 걸려 한 가지 제목에만 오물하다 문학의 다양한 품질과 향기를 힐난함은 과분한 욕심이요, 쓸데없는 명예욕이다. 문학 상호의 방향과 양식에 대하여는 관대하고 겸허함이 문학자의 진정한 태도일 듯하다. 문학의 진폭은 될 수 있는 대로 넓어야 함이로다.[10]

인용된 부분은 문학 전반에 걸쳐 있는 주제나 장르 측면에서의 다양성에 대한 인정과, 국민문학[11]의 출현에 대한 옹호에 방점을 두고 읽힐 수

---

10 이효석, 「문학 진폭 옹호의 변」, 『조광』, 1940. 1, 『새롭게 완성한 이효석 전집』, 6권, 창미사, 2003, 252-253쪽. 앞으로 『벽공무한』(전집 5권)을 비롯한 기타 다른 이효석의 소설이나 산문, 평론 등을 인용할 때는 이 전집에 의거해서 쪽수를 제시한다.

11 "국민문학은 전쟁문학, 총후문학, 신체제문학, 국책문학 등 다양한 명칭으로 불리다가 『국민문학』(1941. 11)의 창간에 즈음하여 〈국민문학〉으로 통일된다. 국민문학은 〈천황의 신민〉이라는 신념을 가진 작가의 문학, 개인을 천황-국가에 복속시키는 문학을 일컫는 것

있는 언급이다. 그러나 이효석 문학 내부에서 보이는 불연속적이고 모순적인 양상에 대한 작가 자신의 적극적 옹호로도 읽힐 수 있다. 따라서 이효석이 "문학의 진폭은 될 수 있는 대로 넓어야 함"을 주장하면서 "문학의 다양한 품질과 향기"나 "문학 상호의 방향과 양식"을 추구했다면, 그에 합당한 실제 분석과 문학사적 평가가 뒤따라야 한다.

물론 그럼에도 불구하고 이효석 문학이 지닌 이런 진폭을 규명하기 위한 연구가 단순히 이중성이나 양가성, 다양성이나 상대성에 대한 인정에 그치는 것은 또다시 그 진폭을 좁힐 위험성이 크다. 고정적이고 정태적인 입장에서 양 극단의 차이를 유지한 채 그 간극을 그대로 인정하는 결과로 쉽게 회귀할 수 있기 때문이다. 이런 위험성에서 벗어나 보다 입체적이고 상호적인 입장에서 접근하기 위해 문화번역의 시각이 유효할 수 있다. 문화번역은 "문화적 차이에 대한 의미 있는 해석을 만들어내는 행위"[12]로서 "한 단어를 다른 언어로 대치하는 일반적 '번역'과는 다른 것으로, 타자의 언어, 행동방식, 가치관 등에 내재된 문화적 의미를 파악하여 '맥락'에 맞게 의미를 만들어내는 행위"[13]를 말한다. 언어를 포함한 광의의 문화를 '새롭게' 만들어내는 것에 초점을 두는 문화번역은, 그래서 일방적이지도 않고 투명하지도 않다. 상태보다는 움직임, 결과보다는 과정, 전달보다는 수용을 중시한다. 문화번역의 행위가 "원본의 단순한 반복이 아니라 차이를 도입"[14]할 수 있는 것도 이 때문이다. 이효석은 '서양(구라파)'을 번역하

으로 사용되었다."
김양선, 「공모와 저항의 경계, 이효석의 국민문학론」, 『작가세계』, 2007, 겨울호, 56쪽.
이 글에서는 이런 국민문학의 개념을 이효석이 어떻게 전유하고 번역하면서 기존의 국민문학 개념과의 경계 속에서 실제적으로 사용했는지 밝히도록 한다.

12 김현미, 『글로벌 시대의 문화번역』, 또하나의 문화, 2005, 48쪽.

13 위의 책, 48쪽.

14 정혜욱, 『번역과 문화연구』, 경성대학교출판부, 2010, 18쪽.

고(2절), 그 실천 방법으로 서양의 '예술(음악)'을 번역하며(3절), 그것을 생산하는 주체로 '여성댄디'를 설정하면서 '남성산책자'나 '여성산책자', '남성댄디'를 번역한다(4절).

이런 이효석 문학 속 문화번역 양상을 구체적으로 살펴보기 위해 이 글에서는 『벽공무한』(1940)[15]을 중점적으로 살펴본다. 『벽공무한』에서는 조선의 문화사업가이자 문화비평가인 천일마(千一馬)와 러시아 여성 나아자와의 국제 연애가 하얼빈과 조선을 중심으로 전개된다. '구라파주의'로 표방되는 서양 추구의 의미, 천일마를 사모하는 여성인물인 미려나 단영 중심으로 구체화되는 성에 대한 적나라한 묘사, 나아자의 '조선적인 것'에 대한 적극적 인정, 여성들만의 음악공동체인 녹성음악원의 이례적 건립 운동 등을 통해 이효석 문학의 '진폭'을 확인할 수 있는 복합적 텍스트가 바로 『벽공무한』이라고 할 수 있다. 때문에 이 소설에 나타난 미적 근대성의 문화번역 양상을 통해 이효석 문학의 진폭이 과연 무엇을 위한 문학 행위였는지 구체적으로 살펴볼 수 있다. 이는 '의도된 오역' 혹은 '오역 아닌 오역'으로서의 문화번역이 이효석 문학에서 지니는 의의와 가치를 확인해보는 작업이기도 하다.

2. 국민문학의 보편성: '동화'에서 '교환'으로

『벽공무한』은 실제 창작 시기나 작품의 배경 설정, 그리고 소설 속 사건 전개의 측면에서 볼 때 이보다 전에 발표된 소설 『화분』(1939) 이후의

15 『벽공무한』은 『매일신보』에 1940년 1월 25일부터 7월 28일까지 『창공』이라는 제목으로 연재되었다가 1941년에 단행본으로 출판되면서 제목이 바뀐 장편소설이다.

세계를 다룬 작품으로 읽을 수도 있다. 이효석의 구라파주의가 본격적으로 등장한 『화분』에서 주인공 영훈과 미란이 소설의 결말에서 떠나려는 곳으로 설정되었던 장소인 하얼빈의 표상이 『벽공무한』에서 보다 구체적으로 등장하고 있기 때문이다. 『화분』에서 영훈이 하얼빈 행을 결심하는 이유는 "하얼빈만 가면 구라파는 다 간 셈. 인정으로 풍속으로 음악으로 하나나 이국적인 정서를 자아내지 않는 것이 없거든요"[16]라는 여행사 직원의 진술에 동의하는 것에서 드러난다. 영훈에게 하얼빈과 구라파는 "환영의 재현이요 꿈의 되풀이"[17]라는 점에서 동일한 기호이다. 그래서 기존의 연구에서는 이런 하얼빈 행을 통해 구현하고자 하는 이효석의 구라파주의를 서구문화에 입각하여 자아정체성을 형성하려는 서구 지향성이나 상상적 동일시, 옥시덴탈리즘적 요소로 읽기도 한다.[18] 그리고 이런 서구 지향성을 일본이 가졌던 식민지 조선의 원시성이나 미개함에 대한 비난에 작가가 동조한 것으로 보아 '전도된 오리엔탈리즘' 중심의 체제동원적 문학으로 평가하기도 한다.[19]

그러나 하얼빈으로 대변되는 『벽공무한』에서의 구라파주의는 서구 자체에 대한 숭배나 상상계적 동일시라기보다는, 조선의 심미성에 대한 재인식을 통해 오히려 당시 동양적인 것(비서양)을 중심으로 제국의 지배를 전시하려 했던 일본에 대한 비판으로 볼 수 있다. 그리고 그와 반대되는 조선적인 것에의 경도 또한 일본이 추구하는 왕도낙토 건설을 위해 외쳤던 '탈아입구(脫亞入歐)'를 뒤바꾼 '탈구입아(脫歐入亞)'를 통해 오히려 조선

16 이효석(1939), 『화분』, 전집 4권, 247쪽.

17 위의 책, 247쪽.

18 김주리, 「이효석 문학의 서구지향성이 갖는 의미 고찰」, 『민족문학사연구』, 24호, 2004, 396-395쪽 참조.

19 김양선(2005), 앞의 논문, 223-224쪽 참조.

적인 것으로 동양적인 것을 대표하려던 것으로 볼 수 있다. 이효석이 비판했던 것은 '서구/동양' '중심/주변', '전체/부분'의 이분법적 대립 논리나 양자택일적 시각 및 그에 따른 차별이었기 때문이다.

> 메주 내나는 문학이니 버터 내나는 문학이니 하고 시비함같이 주제넘고 무례한 것이 없다. 메주를 먹는 풍토 속에 살고 있으므로 메주 내나는 문학을 낳음이 당연하듯, 한편 서구적 공감 속에 호흡하고 있는 현대인의 취향으로서 버터 내나는 문학이 우러남도 이 또한 당연한 것이 아닌가. 메주문학을 쓰던 버터문학을 쓰던 같은 언어의 세계라면 피차에 다분의 유통되는 요소가 있을 것도 사실이다.[20]

이효석에게 중요한 것은 "메주 내나는 문학이니 버터 내나는 문학이니 하고 시비함"이 아니다. '메주 내'와 '버터 내' 중 하나를 선택해서 특수성과 상대성 자체를 강조하거나, '버터 내'를 우위에 두고 '메주 내'의 후진성과 야만성을 비판하려는 것도 아니다. 오히려 열등한 것으로 취급받았던 '메주 내'의 문화를 격상시키려는 의도가 강하다. 그에게 중요한 것은 "다분의 유통되는 요소"이다. 이때 "유통"의 의미는 일방적인 우열 관계에 토대를 둔 '동화'가 아니라 상호적인 차이를 전제로 한 '교환'의 개념에 가깝다고 볼 수 있다. 동화의 개념이 차별이나 흡수를 묵과한다면, 교환의 개념은 차이와 공존을 지향하기 때문이다. 그래서 이효석은 서양과 동양을 동시에 번역하면서 동화가 아닌 교환에 토대를 둔 문학을 중시한다. 어느 한 쪽만을 보면서 어느 한쪽을 일방적으로 편들지 않고, '함께 보기'를 통해 현실을 직시하려 했기 때문이다.

---

20 이효석, 「문학 진폭 옹호의 변」, 전집 6권, 252쪽.

이러한 해석을 위한 중요한 근거는 이효석 스스로가 구라파주의의 위험성을 모르지 않았다는 사실이다. 천일마가 직접 방문한 하얼빈은 관념상의 이상향이 아닌 현실 속의 실제공간에 가깝다.[21] 천일마는 무조건적인 동일시나 합일이 아니라 서구를 서구 그 자체로 받아들이려고 했기 때문이다.

> 구라파니 개인주의니 반지빠르게 배워가지고는 남녀동등이니 아내의 지위가 어떠니 철없이 해뚱거리는 꼴들이 가관이야. 몸에서는 메주와 된장 냄새를 피우면서 가제 깬 촌놈같이 날뛰는 것을 …… 복수는 다 무어야. 여편네가 사내에게 복수라니. 이 사랑 없는 가정을 누군 달갑게 여기는 줄 아나. 한꺼번에 다 부숴버릴 까부다. (161쪽)

이효석은 자신의 구라파주의가 맹목적인 서구 취향이나 일본에 대한 조선의 옥시덴탈리즘으로 호도될 위험성을 천일마의 옛애인 미려의 남편 유만해의 입을 통해 인용문에서처럼 간접적으로 발설한다. 중심인물이 아닌 주변인물의 발화로 간접화시켜 자신이 주장하는 바가 부딪힐 수 있는 현실적 오해와 오역의 가능성을 일부러 노출시키는 것이다. 이를 통해 자신의 주장이 일방적이거나 현실을 도외시한 결과가 아님을 동시에 드러낸다고 할 수 있다. "메주와 된장 냄새를 피우면서" "문명이니 문화니

---

21 김미란에 의하면 이효석의 실제 하얼빈 방문 이전에 씌어졌던 『화분』과 달리, 하얼빈 여행 이후 연속적으로 발표된 소설이 단편 「하얼빈」(1940)과 장편 『벽공무한』 이다. 단편 「여수」 역시 여행 직후 씌어졌으나 하얼빈이라는 공간이 중심적인 서사 진행에 작용하는 것은 이 두 편이다. 이 두 편에서 몰락하는 서구를 구제하고자 하는 작가의 욕망이 투사되었는데, 「하얼빈」은 애수의 형식으로, 『벽공무한』은 구원의 형식으로 표현되는 차이점이 있다.
김미란, 「감각의 순례와 중심의 재정위」, 『상호학보』, 38집, 2013, 184쪽 참조.

하구" "촌놈같이 날뛰는 것"에 대한 경계를 보여주고 있기 때문이다. 이와 동시에 제대로 된 구라파주의나 개인주의가 중요함을 역설하고 있는 것으로도 해석된다. 이효석은 이런 현실적 위험성이나 제기 가능한 비판을 스스로 번역하면서까지 진정한 구라파주의나 동양주의를 끝까지 포기하지 않는다.

> 방바닥에 앉아 얕은 식탁에서 조선 음식을 먹는 나아자의 자태가—문득 종세들의 눈에는 극히 자연스러운 것으로 비취어오면서 한때 거북스럽게 보았던 인상도 오늘밤에는 종적도 없이 사라져 있었다. 머리카락이 검든 붉든 말소리가 다르든 같든 차례진 생활의 잔치 앞에서는 피차가 같은 것이며 부자연할 것은 없는 것이다—이것은 중요한 일인지도 모른다.
>
> 생활 양식의 차이쯤이 근본적인 난관은 아니다. 밀을 먹든 쌀을 먹든 그 근본의 차이라는 것은 극히 사소한 것이다. 굳은 사랑이 있을 때 인류의 동화는 손바닥을 번기는 것보다 쉬운 노릇일지 모른다. (310쪽)

천일마가 나아자를 통해 서양(구라파)의 문화를 수용했듯이 나아자도 천일마를 통해 동양(조선)의 문화를 체험한다. 이럴 때 부각되는 조선의 로컬리티는 "배타적인 것이 아니라 개방적인 것"[22]이기에 반제국적인 것이다. 인용문에 나와있듯이 "피차에 같은 것"이고 "생활 양식의 차이"를 인정한 것이기 때문이다. 천일마와 나아자의 결합에서도 구라파 사람과 동양 사람이라는 "근본의 차이"는 굳건하고 진실한 사랑을 토대로 할 때 "사소한 것"이 된다. 또한 궁극적으로는 동일성이 아닌 차이 중심의 상호

---

22 정실비, 「일제말기 이효석 소설에 나타난 고향 표상의 변전」, 『한국근대문학연구』, 25호, 2012, 57쪽.

적이고도 평등한 관계를 형성한다.[23]

이런 측면에서 이효석이 『벽공무한』에서 주장한 '세계주의'의 의미를 재확인할 필요가 있다. 이효석은 1937년 중일전쟁 이후 강화된 대동아공영권 아래서 '동양적인 것'을 인식하면서도 '서양적인 것'을 동시에 중시한다. 대동아공영권의 실체가 '대동아=제국 일본=동양주의'라는 등식이기에 표면적으로는 지역주의를 표방하면서도 실제적으로는 식민지 조선이 '지역'이 아니라 일본의 '지방'으로 위치 지어지는 현실[24]을 극복하기 위해서 이효석은 세계주의를 보다 적극적으로 다시 번역하고 있기 때문이다. "문학 속에 세계적인 요소가 있어야만 세계문학이 되는 것이 아니다. 인간성에 뿌리박은 국민성의 우수한 창조하면 그대로 세계문학에 놀라운 플러스가 되는 것이다"[25]라는 인식 하에 세계문학과 국민문학 중 어느 하나를 강조하는 것은 무의미하다는 것, 때문에 조선문학은 국민문학이 아니라 세계문학으로 나아가야 한다는 것을 강조한 것이다.

이럴 때 소설의 제목 '벽공무한'의 뜻인 '끝없는 푸른 하늘' 자체가 "이질적이고 비대칭적인 문화들, 개체들의 삶이 생활 양식의 차이를 넘어서 하나로 동화될 미래적 공간"[26]이라는 해석을 다시 생각할 필요가 있다. 이효석은 서양을 통해 일본제국 중심성을 탈피하고자 했으며, 더 나아가 식민지 조선의 고유성을 확보하고자 했지만, 그 또한 세계의 부분 혹은 일부로서의 지위만을 획득할 수 있다고 보았다. 동양(조선)의 문화를 민족주의적으로 강조한 것은 아니기 때문이다. 따라서 인용문의 "인류의 동화"는 서양 혹은 일본 중심으로 조선이 그와 '같아지는 것'이 아니라 그 두 가

23 강아람, 「이효석 소설의 정치성 연구」, 이화여자대학교 석사학위논문, 2012, 78쪽 참조.
24 오태영, 「'조선' 로컬리티와 (탈)식민 상상력」, 『사이間SAI』, 제4호, 2008, 31쪽 참조.
25 이효석, 「문학과 국민성」, 전집 6권, 265쪽.
26 방민호(2007), 앞의 논문, 59쪽.

지가 서로 '동등해지는 것'으로 해석되어야 한다. 이것이 바로 이효석이 구라파주의 혹은 서양 취향을 통해 조선 혹은 국가 개념을 번역한 목적이기 때문이다.

이런 맥락에서 이효석의 친일문학적 요소를 강조하면서 "지극히 비국민적 회의적 자유주의적인 국민문학을 가지고 국민문학을 했다"[27]고 비판하는 기존의 부정적 평가는 오히려 이효석의 국민문학이 일본 제국이 요구하는 국민문학을 모방하면서도 그것으로부터 벗어나려 했다는 긍정적 평가로 재평가할 수 있다. '거의 똑같지만 동일하지 않은' 모방의 양가성과 혼종성을 통해 제국 담론을 분열시키거나 전복시키는 기능을 담당하고 있기 때문이다.[28] 이것이 바로 이효석이 "국민문학의 단 하나의 표본이라는 것은 없는 것이다. 현재 각 작가가 힘쓰고 있는 문학이라면 그 모두가 일종의 국민문학이어야 한다"[29]라고 말한 진의(眞義)일 것이다. "방법으로서의 구라파주의"[30]를 통해 세계문학으로서의 보편성을 국민문학을 통해 획득하려는 것이 이효석의 최종 목표였기 때문이다. 이때의 보편성은 전체주의나 제국주의가 아니라 '로컬 역사'의 차원에서 '글로벌 디자인'을 꿈꾸는 것이자, "서양이든 동양이든 어느 곳도 중심에 놓지 않고 세계를 사유하는 방법"[31]에 다름 아니다. 이것이 바로 이효석 문학에서는 '동화'의 개념 자체가 서로 다른 두 문화 사이의 '동일화'가 아닌 '동등화'로 번역되면서 두 문화의 '교환'을 의미하게 되는 이유이기도 하다.

---

27 임종국(1966), 앞의 책, 331쪽.

28 호미 바바, 『문화의 위치』, 나병철 옮김, 소명출판, 2003, 226-228쪽 참조.

29 이효석, 「문학과 국민성」, 전집 6권, 261쪽.

30 정실비(2012), 앞의 논문, 49쪽.

31 사카이 나오키·니시타니 오사무, 『세계사의 해체』, 차승기·홍종욱 옮김, 역사비평사, 2009, 8쪽 참조.

3. 생활세계의 심미성: '대체'에서 '연결'로

2절에서 살펴보았듯이 이효석에게는 하얼빈이 '동양의 모스크바'나 '동양의 파리'로 불려 졌던 국제도시로서, '작은 서양'이자 '동양의 구라파'였다. 그리고 서양(구라파)은 완벽한 '미적 대상'이었다. 서양에 대한 추구가 경제 발전을 이룬 선진국이거나 전쟁에서 승리할 힘을 지닌 강대국이어서가 아니라 그리스 전통에 토대를 둔 예술의 전형이자 최고 수준에 해당되기에 추앙되었던 것이다. "누가 서양을 숭배하나, 아름다운 것을 숭배하는 것이지. 아름다운 것은 태양과 같이 절대라나"(170쪽)라고 이야기할 정도로 이효석에게 음악은 '서양적인 것=아름다운 것=보편적인 것'이다. 그리고 동시대 작가인 유진오의 『화상보(華想譜)』(1938), 김남천의 『사랑의 수족관』(1939~1940), 이태준의 『청춘무성』(1940) 등에서와 유사하게 예술 중에서도 음악에 대한 애호를 보인다.

그렇다면 왜 음악인가. 소설 속에서 천일마의 하얼빈 교향악단 초청 사업을 통해 성사된 조선에서의 연주회는 실제로 1939년 3월에 있었던 조선 최초의 본격 교향악단 연주회를 반영한 것으로 보인다. 소설 속 연주곡목도 실제의 연주회와 일치하고, 연주회가 성공적으로 이루어졌다는 점도 동일하다. 하지만 소설에서와 달리 실제 연주회는 일본과 만주의 친선 및 방공 사상의 전파를 목적으로 일본 제국의 차원에서 추진되었기에 정치와 예술이 결합한 공연이었다.[32] 무엇보다도 일제는 음악을 통해 식민지가 아닌 독자적 조선 사회라는 상상적 공간을 구축시켜줌으로써 근대 음악을 국민으로 호명하는 '테크놀로지'로 사용했고, 연주회 또한 국

---

32 윤대석, 「제의와 테크놀로지로서의 서양 근대음악」, 『상호학보』, 23호, 2008, 119-120쪽 참조.

민임을 재확인시켜주는 '제의'로 사용한 측면이 있다.[33] 이런 기능으로 인해 체제 동원적인 예술의 성격에 대한 옹호와 연결되면서 파시즘적 미학으로 비판받을 여지를 제공한다. 파시즘과 결합한 미학에서는 정치적 목적과 예술적 목적을 구분하기 힘들고, 시대 상황 자체가 그런 파시즘적 미학이 생활 개조론과 맞물려 있었기 때문이다. 따라서 '문화적 교화(reclamation)'를 통한 사회 재건이나 체제 유지적인 기능을 간과할 수는 없었을 것이다.[34]

그러나 『벽공무한』 속에서는 이런 음악이 관객 혹은 국민을 선동하거나 교육시키려는 정치적 목적보다는, 조선의 문화 수준을 한 단계 높이기 위한 미학적 목적을 위해 필요한 것으로 등장한다. 소설 속에서 실제로 음악이야기가 주요 플롯인 장(章)의 소제목처럼 '생활 설계'의 측면 자체를 우선시하는 경향을 보이기 때문이다. 이효석은 음악을 통해 문화 자체에만 한정된 '보편적 미'가 아니라 그 경계를 뛰어넘어 삶의 영역으로 확장되는 '삶의 미학화'를 이루려 한다. '예술을 위한 예술'이 아니라 '삶을 위한 예술'을 중시하는 것이다. 현실에서 왜곡된 음악을 '다시' 혹은 '제대로' 살려서 번역하고 싶은 욕망을 지녔다는 것이다. 동일하게 음악을 중시하는 양상을 보여도 그 목적에 따라 문화번역의 의미나 가치는 다를 수 있다. 이효석은 순수한 음악을 오염시키는 것이 아니라, 오염된 음악을 순수한 것으로 번역하려고 한다. 일본 제국이 번역한 음악을 다시 번역하는 양상을 보이는 것이다. 미적 근대성의 측면에서 이 작품을 고찰할 수 있는 이유도 여기에 있다. 다음의 여러 인용문에서 확인되듯이 이효석은 소설 속에서 음악이 정치가 아닌 예술, 관념이 아닌 생활 자체와 연관됨

---

33 위의 논문, 133쪽 참조.

34 백문임, 「정치의 심미화: 파시즘의 미학」, 김철·신형기 외 지음, 『문학 속의 파시즘』, 삼인, 2001, 67-68쪽 참조.

을 계속 강조한다.

> ① 바로 조그만 이상국이게. 생활과 예술의 합치-얼마나 그리운 경치일꾸. (295쪽)
>
> ② 생활의 예술화라구 해두 좋지. 예술과 생활이 일치되어서 그 어느 한쪽도 뜯어내기 어렵게 화해버린 생활-그것이 인간 생활의 최고 이상이 아닐까. (296쪽)
>
> ③ 문화가 높은 사회일수록에 음악을 사랑하구 그것을 생활화하는 것이니 음악원의 뜻이 큰 것이요. (304쪽)
>
> ④ 설계 중에서도 제일 중요한 것이 생활의 설계가 아니겠어요. 괴롭구두 즐겁죠. (314쪽)

이런 맥락에서 일본을 국가로 전제해야 가능한 것이 국민문학일지라도 이효석은 그것을 "국책을 반영하는 문학이 아니라 인간 생활을 탐구하는 문학"[35]으로 번역함으로써 정치가 아닌 생활을 중시한다. 그리고 음악이 이런 생활의 심미화에 중요한 이유는 음악이 지닌 '구체성' 때문이라고 주장한다.

> 사람의 사회가 아무리 변천한다구 해두 음악에 대한 사랑은 변할 날이 없을 것요. 문학이나 그림이 다 예술의 부분으로 큰 것이지만 음악같이 직접 마음을 울리구 흔드는 데는 한 걸음 뒤설 것요. 즐거울 때나 노여울 때나 슬플 때나 음악을 들으면 모든 감정이 완화되구 부드러워지니 사람이 참으로 화합할 수 있는 마지막 조건은 음악이 아닐까. 음악에 잠겨있는 뭇사람의 감

35 김형수(2005), 앞의 논문, 31쪽.

정의 순간을 포착할 수 있다면 고래의 허다한 정치가와 사상가의 이루지 못했던 인류의 이상적인 사랑의 나라를 수월하게 세울 수 있지 않을까. 음악에서 받는 순간의 영감은 사상가의 백가지의 이론보다도 더 즐겁고 효과적이요, 강렬한 것이니까—음악은 생활의 밥이요, 아니 밥 이상의 것일는지두 모르지. (305쪽)

우선 이효석은 생활의 심미화를 위해 음악의 구체성에 주목한다. 예를 들어 프랑스 혁명에서 흔히 감성의 혁명을 통해 확보되는 문학(예술)의 정치성은 실제의 정치적 사건에서 드러나지 않는다. 오히려 노동자들이 노동하는 낮 시간보다 휴식을 위한 밤 시간을 더 많이 활용하면서 잠자는 대신 글을 쓰거나 읽고 토론함으로써 노동자의 시간 문화를 파괴한 것에서 확보되었다.[36] 때문에 '정치의 미학화'가 아니라 '미학의 정치화'에 가까운 '생활의 심미화'를 위해서 감성의 분할과 재분배에 토대를 두어야 한다. 이것이 이효석의 '생활 설계'에서 음악과 생활이 만날 수밖에 없는 이유이다. 인용문에서 드러나듯이 문학이나 그림보다 음악이 더 우월할 수 있는 이유는 "직접 마음을 울리구 흔드는 데"에 다른 예술들보다 더 적합하기에 궁극적으로는 "인류의 이상적인 사랑의 나라"를 세울 때 "허다한 정치가나 사상가"가 이루지 못하는 역할을 담당할 수 있기 때문이다. 정치보다 음악이 생활과 밀접해서 "백가지의 이론"보다 구체적인 감동을 준다는 것이다.

이러한 생활의 심미화는 이효석이 중시한 '육체문학'의 개념을 통해서도 그 구체성을 다시 한 번 입증받을 수 있다. 이효석에게 서양문학의 전범은 그리스 중심의 헬레니즘 문화였다. 그리고 헬레니즘은 "단지 막연하

---

36 자크 랑시에르, 『감성의 분할』, 오윤성 옮김, 도서출판 b, 2008, 57-62쪽 참조.

고 거대한 것이 아닌 실제적 형식과 육체적 구체 위에 서는 것"[37] 때문에 가치 있는 것으로 평가된다. 육체문학은 정신을 "육체 만에서 오는 섭섭한 부족감을 위안시키기 위해서 발명한 한 가닥의 감상"[38]으로 만들 정도로 필수불가결한 것이다. 이토록 정신이 비판받는 이유는 그것이 막연하고 거대한 것, 즉 추상적인 것이기 때문이다. 이런 시각에서 이효석은 '서구문학=헬레니즘=육체문학=구체성의 문학'이라는 등식을 성립시키고, 여기서 더 나아가 '구체성의 문학=생활 속의 음악'이라는 또 다른 등식으로 번역한다.

생활의 심미화에 기여하는 음악의 기능으로서 이효석이 주목한 또 다른 특성은 음악의 '공감 능력'이다. 이효석은 음악을 통해 생활을 변화시키려 한다. 이때의 변화는 예술의 자율성이나 독자성, 파시즘의 정치성이나 전체성과는 다른 공동체의식 때문이다. 이때의 공동체는 취향이나 감각의 공동체일 수도 있고, 사랑의 공동체일 수도 있다. 그런 공동체를 통해 고립이나 통제를 위한 정치적 도구로서의 음악이 아니라, 연대와 향유를 위한 일상적 목적으로서의 음악을 추구하는 것이다.

> 음악 속에 잠겨있는 일마와 나아자의 마음 역시 모인 수천 사람과 똑 같은 순간의 감정 속에 있었다. 같은 음악을 듣고 있는 사람들의 마음은 다 한 빛으로 칠해진다. 푸른 물 속에 잠기면 다 함께 푸르게 물드는 것과 흡사하다. 일마들이 푸른 물에 물든 눈으로 한결같이 무대 위만을 바라보는 것이었다. (213쪽)

37 이효석, 「서구 정신과 동방 정취—육체문학의 전통에 대하여」, 『조선일보』, 1938.7.31.-8.2, 전집 6권, 235쪽.

38 위의 글, 239쪽.

내선일체나 오족협화 등의 제국이데올로기를 연상시킬 수도 있는 인용문의 내용은, 그런 현실적 오염을 인정하더라도 이효석에게는 그 방법이 음악을 통한 생활미라면 긍정적으로 번역 가능한 요소가 된다. 음악 자체가 공감을 통한 감동이라는 미적 효과를 중시하기 때문이다. 이효석에게 중요한 것은 미의 본질이 아니라 미의 효과이다. 시간이 흘러도 변하지 않는 초월적 본성보다는 현재의 생활 속에 끌어들여 감상할 수 있는 현실적 기능이 중요하다는 것이다. "미의 본질에 관한한 근본적 차이는 개재(介在)하지 않는 것이며 필요한 것은 그 감상의 태도요, 중요한 것은 될 수 있는 대로의 감동을 탈취함이다"[39]라고 직접 언급함으로써 이효석은 음악의 미적 효용성을 강조한다. 체제 긍정적이고 억압 은폐적인 기능을 할 수밖에 없는 음악의 위험성이 존재하더라도 이효석은 음악을 통해 바뀐 일상의 식민지 생활을 작품 속에 담음으로써 예술이 현실에 개입할 수 있는 지점을 개방한다. 그 결과에 대한 우려와 비난을 몰라서가 아니라, 그런 위험과 한계를 무릅써야만 했기 때문이다.

음악의 이런 '구체성'과 '공감 능력'을 통해 이효석은 정치를 '대체'하는 수단이 아니라 정치와 '연결'되는 목적으로서의 음악, 그래서 정치에 종속되지 않고 정치와 동등한 가치를 지닌 음악을 추구한다. 정치를 위한 음악이 아니라 음악을 위한 정치, 즉 정치의 미학화가 아니라 미학의 정치화를 지향하기 때문이다. 이런 '생활과 예술의 일치'를 위해 이효석은 정치적인 것도 미학적인 것으로 번역하고, 예술적인 것도 일상적인 것으로 번역한다. '생활'과 '미'는 '둘 중 하나(either~or)'로 '대체'될 수 있는 것이 아니라, '둘 다(both~and)'이기에 서로 '연결'되어야 할 것으로 간주했기 때문이다. 음악은 그 자체로 가장 정치적 동원 능력이 탁월한, 그래서 정

39 이효석, 「화춘의장」, 『조선일보』, 1937.5.4.-5.8, 전집 7권, 141쪽.

치와 가장 직접적으로 '연결'될 수 있는 효능을 지녔기에 이효석은 더욱 열심히, 그래서 더욱 위험하게 음악이라는 생활 예술을 심미적으로 번역했다고 할 수 있다.

4. 여성댄디의 정치성: '재현'에서 '참여'로

『벽공무한』에서는 주요 등장인물들의 직업이 대부분 예술가나 문화사업가, 문화애호가이고, 문화에 대해 문외한인 천박한 속물들은 부정적인 성격을 부여받는다. 이효석의 미의식이 "천재에 대한 열광, 평범함에 대한 혐오, 취미의 절대성에 대한 예찬"[40]을 보여주고 있기 때문이다. 이런 특성 때문에 이효석 소설 속 인물들의 성격을 댄디즘(dandyism)과 연관시켜 파악 가능하다. 댄디는 유행을 따르는 모던 보이나 모던 걸과는 구분되는 정신적 귀족주의를 추구하면서 통속적 대중과 자신을 적극적으로 분리시킨다. 특히 문화적 관점에서 보았을 때 댄디는 도시를 배회하면서 수동적인 관조와 수집에 집중하는 '산책자'의 움직임과 달리 현실에 적극 동참하면서 자유를 실천하는 실천적 주체로서의 행위를 보여준다.[41] 산책자가 사실의 관찰을 중심으로 한 '재현'에 중심을 둔다면, 댄디는 진실의 전달을 중심으로 한 '참여'에 더 중심을 둔다고 볼 수 있다.[42] 즉 댄디가

40 권명아, 『식민지 이후를 사유하다』, 책세상, 2009, 234쪽.

41 미셸 푸코 외, 『자유를 향한 참을 수 없는 열망』, 정일준 편역, 새물결, 1999, 186-186쪽 참조.
김건형(2014), 앞의 논문, 17-18쪽, 106-119쪽 참조.

42 이다혜, 「발터 벤야민의 산보객 개념 분석」, 서울대학교 석사학위논문, 2007, 54-57쪽 참조.
김건형(2014)은 이런 산책자와 댄디의 차이에서 박태원이나 이상, 김기림 등의 구인회 멤버와 이효석 사이의 갈등 요인 및 탈퇴의 단서를 찾고 있다. 그리고 여성댄디들이 지닌 도

산책자와 다른 점은 대중문화와 거리를 유지하면서 관찰이나 비판을 행하기보다는 문화를 직접적으로 소비함과 동시에 문화 생산에까지 직접적으로 참여한다는 점이다.

특히 그동안 남성댄디에 비해 주목받지 못했거나 부정적으로 평가받았던 여성댄디는 『벽공무한』에서 중요한 기능을 담당한다. 자신을 창조하여 스스로 '예술품'이 됨으로써 세상을 바꾸려는 여성주체들이 등장하기 때문이다. 이 소설에서는 앞으로 건립될 녹성음악원을 책임지고 운영할 여성댄디들을 중심으로 교향악, 영화, 금광, 복권, 경마, 마약 등 여러 문화코드가 등장하기에 문화형성소설적인 면모를 보이기도 하고, 미성숙에서 성숙한 단계로 혹은 실패에서 성공으로 발전하는 여성성장소설적 특성이 드러나기도 한다. 그러나 보다 특징적인 것은 당대의 내선일체나 대동아공영권을 강조하는 일제 말기 상황에서 소위 '군국(軍國)의 어머니'나 '총후(銃後) 부인'의 표상과는 다른 여성인물들을 등장시켜 그녀들에게 적극적이고 능동적인 행위성을 부여했다는 점이다. 이런 특성은 다른 남성작가들이 보여주는 여성인물들의 모습이나 이효석 자신의 『화분』과 같은 다른 소설들과도 다른 면모이다.

지금껏 여성댄디에 대한 긍정적인 접근은 그녀들의 문화 소비 행위 자체가 자기만족을 통해 적극적으로 욕망을 야기하는 측면이 있다는 점이었다. 근대 부르주아 남성주체가 제시하는 자기절제의 윤리와는 다른 젠더적 차이에 해당한다.[43] 그러나 『벽공무한』 속 여성댄디들은 이런 소극적 문화 소비에 머무르지 않고 보다 적극적으로 문화를 생산하는 주체로까지 나아간다. 허무하고 타락한 측면에서만 도시문화를 보지 않고 희망

시문화와 소비주의의 함의를 여성인물들의 성장과정을 통해 부각시키고 있다.

43 리타 펠스키, 『근대성과 젠더』, 김영찬 외 옮김, 자음과 모음, 2010, 123-125쪽 참조.

이나 활력에 찬 측면에서 새로운 도시문화를 창출하려는 의욕을 보인다. 이로써 최후의 종착지가 백화점인 남성산책자도 아니고, 최초의 행선지가 백화점인 여성산책자도 아닌[44] 독특한 여성댄디들이 소설의 중심을 이루고 있다.

> 미려들의 모임이 엄숙하고 의젓한데 비겨 한 쌍의 좋은 대조였다. 세 사람 여자의 엄숙한 자태가 새로운 계획과 사업에 확실성의 인상을 준 것은 좋은 일이라고 하지 않을 수 없다. 그 모임의 분위기는 그것으로서 사업의 전도를 축복하고 예상하기에 족한 것이라면 일마들의 모임이 평화롭고 단란한 것은 또 그 모임의 성질로서 적당하게 어울리는 것이다. 앞으로는 안온하고 단란한 생활의 경영만이 남은 일마 부부이다. 격동과 흥분은 두 사람에게는 벌써 지나가버린 경력이다. 미려와 일마의 두 생활의 설계가 각각 감격과 기쁨을 품으면서도 그 모임에 나타난 인상이 다른 것은 그런 점에 원인된 것이었다. (308쪽)

인용문에서 드러나듯이 녹성음악원을 통해 여성인물들은 남성의 전유물로 간주되었던 문화사업을 실천하려고 한다. 여성에게 허락되지 않았던 여성들만의 공간을 이상향으로 추구함으로써 그러한 꿈과 이상을 실현하려는 것이다. 여기서 중요한 것은 이런 여성공동체가 천일마와 나아자의 가정생활이나 예술생활과 병행해서 추구된다는 사실이다. 미려와 단영, 혜주는 천일마를 중심으로 한 남성댄디들이 이루어놓은 문화사업을 전범으로 삼거나 모방한 것이다. 때문에 사회 전체로 보아서는 녹성음악원만 존재하는 것이 아니라 다른 문화공동체들도 존재한다. 단지 "그런

---

44 서지영, 『경성의 모던걸』, 여이연, 2013, 40쪽 참조.

색다른 단체가 생긴다는 것이 문화 향상의 한 좌증"(308쪽)으로 작용하는 것이다. 이 소설이 남성과 여성을 이분법적으로 파악해 서로 대립시키면서 분리주의적인 시각에 치중해서 여성들만의 폐쇄적이고 비현실적인 조직을 비약적으로 설정했다는 비판으로부터 자유로울 수 있는 근거도 여기서 찾을 수 있다. 여성'만이' 아니라 여성들'도' 남성들처럼 댄디일 수 있음을 강조한 것이기 때문이다. 천일마와 나아자가 포함된 신문사 회식 자리와, 미려와 단영이 주최한 모임 자리가 나란히 소개되고 있는 인용문의 상황이 이를 증명한다.

또한 『벽공무한』에서 추구하는 음악이 실현된 생활은 '더 좋은 세계'가 아니라 '더 고상한 세계'이다. 계몽이 아닌 미적 근대성을 추구하기 때문이다. 그리고 그런 미적 근대성의 세계는 파시즘 미학의 목표인 집단적 민족주의나 권위적 영웅주의를 추구하지는 않는다. 개인의 자유를 포기하지 않기 때문이다. 녹성음악원은 개인의 행복을 위한 것이지 민족의 발전을 위한 것이 아니다. 그렇다고 낭만주의적 동일시나 개인주의에 침몰되어 개혁이나 변화에는 무관심한 채 유토피아적 비전만을 추구하지도 않는다. 녹성음악원은 척박하고 억압적인 현실에 토대를 두고 싸워서 쟁취해야 할 것이기에 '미래의 꿈'이 아니라 '현재의 과업'이다. 때문에 "단독적인 것에 대한 집단적 이념의 구현물"[45]로서 댄디가 구현하는 문화는 이효석에게는 원초적 한계가 아닌 기본적 조건으로 다가왔을 수 있다. 개인주의와 집단주의, 제국주의와 민족주의, 산책자와 댄디, 남성과 여성, 여성과 다른 여성 사이의 경계에서 예술을 실천해야 하는 여성인물들의 실존적 선택이자 실천적 행위였다는 것이다. 이런 맥락에서 녹성음악원은 소설 속 여성댄디들이 불완전한 현실에서 현실적으로 추구해야 할 '공동

---

45 백문임(2001), 앞의 논문, 82쪽.

구락부'라고 할 수 있다.

> 원래 선발 시험의 표준은 학력보다두 용모에 두어 가지구 될 수 있는 대로 미모의 여성만을 모아서 교육시킬 것-이것이 녹성음악원의 무엇보다두 첫째의 방침이래야 해. 아무리 교육의 기회 균등이니 무엇이니 해두 예술에 뜻을 둔다는 것부터가 선발된 특권이구 기회가 달러진 증좌가 아니겠수. 용모를 본다는 것은 예술적 재능에다 또 한가지의 조건을 더 붙여서 완전한 최상의 예술가를 맨들자는 뜻인데 같은 예술이래두 그림이나 문학은 자기가 스튜디오나 서재에서 혼자 숨어서 제작한 결과를 사람에게 보이거나 읽히면 그만이지만 음악에 있어서는 특히 그 연주의 경우에는 반드시 음악가 자신이 무대 위에 나서게 되는 것이기 때문에 예술과 용모 두 가지의 매력으로 사람에게 감동을 줌이 한층 값두 높구 뜻도 깊구 인생의 기쁨을 더해 주는 것이거든. 용모 제일을 주장하는 내 뜻이 곡해되구 비난을 받기가 쳡경 쉬운 노릇이지만 그 진의를 곰곰이 음미하면 반드시 내 주장을 따를 사람이 많을 것으로 생각돼요. (294쪽)

인용문에서 드러나고 있는 음악에 있어서의 용모제일주의는 음악의 본질이 아닌 부차적 요소라는 점에서 비난을 피할 수 없는 측면이 강하지만, 더욱 중요한 점은 이효석 본인도 그런 오해와 비난을 모르지 않았다는 것이다. "용모 제일을 주장하는 내 뜻이 곡해되구 비난을 받기가 쳡경 쉬운 노릇"임을 알면서도 이효석이 소설 속에서 용모를 중시한 이유는 예술적 재능을 무시한 것이 아니라 "두 가지의 매력"을 겸비시키려 했기 때문이다. 그리고 문학이나 그림처럼 개인예술이라면 상관없겠지만 교향악이나 합창처럼 "무대 위에 나서는" 집단예술일 경우에는 자신의 몸을 응시의 '대상'으로 만듦과 동시에 그런 자신을 다시 바라봄으로써 응시의 '주체'로서도 자리매김 될 수 있기 때문이기도 하다. "다른 예술가들이 자신의 작품으로 사람들을 기쁘게 하듯, 댄디는 자기 몸으로 사람을 즐겁게 한다."[46] 음악을 외부에서 소비하는 입장에서는 이런 용모제일주의를 비판하기 쉽다. 그러나 음악을 내부에서 생산하는 입장에서는 미적 가치를 타인에게 전파하기 위해서는 자신을 과시하거나 노출시키는 전략을 구사함으로써 오히려 타인에 의한 대상화에서 벗어나 은밀한 자아정체성을 형성할 수도 있다. 고급한 엘리트주의자로서의 선민의식이라기보다는 다른 사람들과 구별되는 독특한 자아정체성이나 정신적 태도를 지향한다고 볼 수도 있기 때문이다.

『벽공무한』 속 여성댄디들은 미를 추구하면서 스스로 미가 되고자 한다. 자신들을 음악과 동질화시키면서 음악처럼 스스로를 창조하려고 하기 때문이다. 흔히 댄디즘 논의에서 댄디가 비판받는 이유는 개인을 미적 범주로 설정하여 미적 개인주의에 빠짐으로써 자폐적인 비정치성에 함몰되거나, 공적 영역으로부터의 배제를 통해 전체주의로의 회귀를 보인다는 것이다.[47] 그러나 이효석의 여성댄디는 이런 댄디의 위험성을 다르게 모방하고 새롭게 번역함으로써 미적 개인주의를 넘어선다고 할 수 있다. 여성댄디는 언제나 타인의 '응시를 응시'하기에 언제나 타인을 고려한다. 집단이나 민족을 내세우지 않지만 거기로부터 완전히 벗어나지도 않고, 근대의 속물적 삶을 거부하거나 조롱하지만 그 바깥에서 살 수는 없음을 인정도 한다. 때문에 비정치적인 '모더니스트 댄디'가 아니라 정치적인 '아방가르드 댄디'에 더 가깝다고 할 수 있다.[48] 이효석의 정치성이 미학의

46 고봉만, 「조지 브러멀의 댄디즘에 대하여」, 『프랑스문화예술연구』, 31집, 2010, 8쪽.

47 댄디즘과 파시즘의 결합 양상에 대해서는 김예림의 「근대적 미와 전체주의」(김철·신형기 외, 2001)를 참조할 것.

48 위의 논문, 182쪽 참조.

정치성이라면, 녹성음악원 여성댄디의 정치성은 미래가 아닌 현재, 공상이 아닌 이상, 욕망이 아닌 행위, 소비가 아닌 생산을 통해 현실 자체를 바꾸려는 것이다.

이렇게 볼 때 『벽공무한』 속 여성댄디들은 응시의 주체로서 예술을 '재현'하면서도 거기서 더 나아가 생산의 주체로서 예술에 '참여'한다. 응시의 대상이자 응시의 주체였던 여성산책자들에 대한 문화번역이 일어난 것이다. 또한 이들 여성댄디들은 남성댄디들의 '욕망'을 모방하지 않고 그 '행위'를 모방한다. 욕망의 대상이 아니라 욕망의 주체로서 자리 매김 되기를 바라기 때문이다. 이것이 바로 그녀들에게 '백화점'이 아닌 '음악원'이 중요한 장소성을 지니는 이유이다. 무엇보다도 '상품'이 아닌 '예술품'으로 자신을 번역하는 이유이기도 하다.

5. 이효석 문학의 경계사유(border thinking)

모든 문화번역이 완벽하게 원본문화와의 일치를 보여줄 수 없다면, 어떤 문화번역도 불완전하거나 불가능하다고 말할 수 없다. 이 글이 『벽공무한』을 중심텍스트로 설정했으면서도 메타비평의 입장에서 이효석 문학에 대한 기존 논의를 원본으로 삼아 그것을 '다시' 읽고, 상호텍스트적 입장에서 이효석의 다른 소설이나 평문, 산문들을 적극적으로 '함께' 읽은 이유도 거기에 근거를 둔다. 이효석 문학을 긍정적인 입장에서 과감하게 다시 번역해보려고 했기 때문이다. 정확하지 않을 수 있지만 불가능하지는 않은 이런 번역을 통해 이효석 문학에 대한 도식적 이해나 이분법적 평가에서 벗어나 새로운 해석과 평가를 시도해 본 것이다. 기존의 일제말기 이효석 소설에 대한 논의는 일반적 모더니티나 친일이데올로기의 자장(磁場) 안에서 주로 이루어져왔다. 그러나 미적 근대성의 측면에서 문화적 감수성을 통해 논의한다면 또 다른 번역이 가능해진다. 미적 근대성을 통해 이념이나 정치가 아니라 주변적이고 복수적(複數的)인 근대성 논의가 가능해질 수 있다는 것이다.[49] 이효석 문학에 대한 이데올로기적 정전화 혹은 정치적 단죄 중에서 양자택일할 것이 아니라, '의도적 오역' 혹은 '오역 아닌 오역'을 통해서 그런 평가의 내적 계기나 심층적 과정에 주목하는 것이 더 중요하다. 이효석을 문화번역의 '대상'이 아니라 문화번역의 '주체'로 재설정해야 가능한 사후적(事後的) 문학번역 작업이기도 하다.

이효석은 기존의 중심/주변이라는 이분법적 대립 구도 속에서 주변(로컬 역사)의 입장에서 중심(글로벌 디자인)을 모방하거나 전유한다. 두 대립축이 교차하는 경계에서 둘 사이의 '환원할 수 없는 차이'를 사유하려고 하기 때문이다.[50] 이런 이유로 이효석의 경계사유는 "세계를 이분법으로 질서지우기보다는 이분법적 개념들에서 사유한다"[51]는 측면과 상통한다. 기존의 이분법을 와해시키기 위해 이효석은 중심의 권력을 모방하면서도 거부하고, 주변의 타자성을 거부하면서도 모방한다. 서양이나 동양의 어느 한편으로의 일방적 '동화'보다는 상호적 '교환'을 중시하고(2절), 일상을 예술로 '대체'시켜 수단시하기보다는 일상을 예술과 등등하게 '연결'시켜 그 자체가 목적이 되게 만들며(3절), 응시의 주체가 행하는 '재현'보다는 생산의 주체가 행하는 '참여'를 통해 삶 자체를 정치화한다(4절).

이런 문화번역을 통한 경계사유로 인해 이효석 문학에서는 서양과 동양, 예술과 일상, 남성과 여성 등의 중심과 주변의 구성 요소들이 '대립적

---

49 이광호, 『미적 근대성과 한국문학사』, 민음사, 2001, 6-7쪽 참조.

50 월터 D. 미뇰료, 『로컬 히스토리/글로벌 디자인』, 이성훈 옮김, 에코 리브르, 2013, 50쪽, 78~79쪽, 138쪽 참조.

51 위의 책, 151쪽.

분할'이 아닌 '쌍방적 변형'을 보이면서 그 경계가 해체된다.[52] 그 경계가 모호하기에 안과 밖이 따로 없고, 의미와 가치도 유동적이다. 무엇보다 중요한 것은 이런 경계사유를 통해 이효석은 대립적 요소들에 대한 완벽한 번역이 불가능함을, 그럼에도 불구하고 그런 불완전한 번역을 멈추는 것이 불가능함을 알려준다. 로컬이 지닌 보편성을 통해 새로운 보편성을 추구하고(2절), 일생 생활에서도 가능한 심미성을 통해 살아 있는 심미성을 구현하며(3절), 고상한 정치성을 통해 매혹적인 정치성을 고안해낸다(4절). 이효석에게는 유일한 보편성, 예술지상주의적인 심미성, 비속한 정치성 자체가 무너져야 할 '또 다른 경계'로 다가왔기 때문이다.

경계는 고정되어 있지 않고 움직인다. 하기에 중심과 주변의 대립은 순간적으로는 극복될 수는 있으나 영원히 초월할 수는 없다. 이럴 때 가능한 것은 움직이는 경계를 넘어서려는 시도를 그만두지 않는 것뿐이다. 이효석이 일제 말기에 시도한 국가, 예술, 인간 등에 대한 문화번역이 지금도 해석의 해석, 평가의 평가를 낳으면서 비슷하면서도 다르게 번역되고 있는 것이 그 증거다. "탈경계를 기획하는 첫걸음은 경계 자체에 대한 치열한 되묻기"[53]라는 전언이 타당한 것도 이 때문이다. 그래서 이 글 또한 이효석 문학의 경계사유에 대한 대답이 아닌 질문으로 (재)번역되어야만 할 것이다.

---

52 김수환, 「전체성과 그 잉여들」, 『탈경계 시대의 지구화와 지역화』(이화인문과학원 편), 이화여자대학교출판부, 2010.

53 김수환, 「'경계' 개념에 대한 문화기호학적 접근」, 『지구지역 시대의 문화 경계』(이화인문과학원 편), 이화여자대학교출판부, 2009.

제3장

1960년대 청년문학의 근대성

박경리의 『녹지대』론

1. 1960년대 문학의 '청년'과 박경리 문학

박경리는 1955년에 작품 「계산」으로 등단하여 1969년부터 『토지』 집필을 시작한 이후 1994년에 완성할 때까지 다수의 작품들을 발표했다. 그럼에도 불구하고 여전히 『토지』의 작가로 평가된다. 1950년대의 단편소설이나 『토지』 이전의 몇몇 장편소설에 대해서도 6·25 전쟁이나 가부장제로 인한 비극적 운명에 초점을 맞춰 논의가 한정되고 있다. 혹은 『토지』 이전 단계와 그 이후 단계로 작품들을 양분시키거나 연관시키면서 『토지』와의 관련성에 논의를 집중하기도 한다. 대표적인 예로 『녹지대』는 1964년 6월 1일부터 1965년 4월 30일까지 『부산일보』에 연재되었던 작품으로서 최근에야 단행본으로 출간(2012년)되었지만, 이 단행본에 실린 해설 이외에는 연구가 거의 이루어지지 않고 있다.

하지만 『녹지대』는 청년세대를 주인공으로 내세워 1960년대 한국 사회가 처한 근대의 특수성을 구체적으로 형상화하고 있는 문제작으로 볼 수 있다. 특히 1950년대 후반 「불신시대」(1957)나 「암흑시대」(1958)에서 보여주었던 6·25 전쟁을 직접 겪은 제1세대 전쟁미망인과 여가부장들의 부조리한 폭력에 대한 비판을 강하게 보여주었던 작품 경향과 달리 『녹지대』는 자식세대인 제2세대 청년들을 내세워 전쟁 이후의 일상과 문화를 중점적으로 문제 삼고 있다. 또한 「벽지」(1958), 「어느 정오의 결정」(1959), 「비는 내린다」(1959) 등의 전후 단편소설에 드러났던 '여성청년'의 전후 사회현실에 대한 여성적 불안이나 우울증이라는 젠더화된 반응과는 달리[1], 『녹지대』에서는 '여성'청년이 아닌 '인간'청년의 입장에서 바라본 1960년대의 현실이 보다 보편적인 시각에서 드러나고 있다. 불가해한 상대와의 사랑을 중심으로 하는 연애소설의 성격이 강하지만, 그 이면에 1960년대라는 시대의 특수성이 첨예하게 부각되고 있기도 하다. 무엇보다도 1950년대 발표되었던 소설들처럼 소외 자체에 대한 고발이나 증오에서 끝나지 않고, 1960년대 전반에 발표된 『김약국의 딸들』(1962), 『시장과 전장』(1964), 『파시』(1965) 등의 장편소설들과의 연속선상에서 그러한 소외의 원인 규명이나 극복의 가능성까지 함께 타진해보고 있다는 점에서 주목을 요한다.[2]

그런데 『녹지대』는 이처럼 박경리를 작가론의 입장에서 접근할 때도 중요하지만, 1960년대 문학의 청년담론을 근대성과 연관시켜 문제 삼을 때에도 주목할 만한 텍스트이다. 1960년대 문학에 대한 기존 논의는 "자유와 민주주의라는 근대적 가치에 대한 열망이 확산된 시기이자 동시에

---

1 김양선, 「지적 해부와 민감성 사이, 전후 현실에 대한 젠더화된 인식: 박경리의 전후 단편소설을 중심으로」, 『현대문학이론연구』, 제47집, 2011, 141-144쪽 참조.

2 이상진, 「여성의 존엄과 소외, 그리고 사랑: 1960년대 박경리 소설의 여성주의적 연구」, 『현대문학의 연구』, 6집, 1996, 274쪽 참조.

곧바로 이어진 5·16으로 인한 그것의 굴절과 좌절이 교차하는 시기"[3]에 최인훈이나 이청준, 김승옥 등 4·19 세대가 어떤 반응을 보이는가에 주로 주목했다. 하지만 세대론적 입장에서 보았을 때 1960년대를 연 4·19는 '기성세대는 물러가라'고 외친 청춘의 복권 운동이었다.[4] 그리고 5·16으로 인해 청년세대의 복권 또한 좌절된 시기이기도 했다. 이런 맥락에서 1960년대는 그 이전의 식민지 시기나 전쟁시기에는 "뒷골목만 허용"[5]되었던 청년세대의 기대와 좌절, 시도와 실패를 동시에 고찰해볼 수 있는 중요한 시기에 해당한다.

한국소설사에서도 "청년은 근대다"[6]라는 인식 아래 지속적으로 근대의 속성을 체화하고 시대의 변화를 주도하는 주체로서 청년에 주목해왔다. 1900년대 전후의 시기에 근대적 인쇄 매체를 통해 간헐적으로 등장했던 '청년'이라는 용어는 최남선과 이광수를 거치면서 '민족의 중추'이자 '근대적 국가 건설의 주춧돌'로서 상징화되었다.[7] 그 후 1920년대 전후로 민족과 국가의 부름에는 등한시한 채 사치와 향락을 일삼는 '부랑(불량)청년'의 전성시대를 맞기도 한다. 민족을 대표하거나 사회의 운명을 지배해야 한다는 요구에 부응하지 않거나 근대 혹은 문명의 원리와 일치하지 않기에 배척의 대상이 된 청년의 표상이 바로 '부랑청년'이다. 때문에 오히려 청년 아닌 존재를 통해 청년의 표상이 역으로 규정되고, 사회와 향락을 일삼는 미적이면서도 탈정치적인 청년이 지배했던 것이 식민지 시기였다고 할 수 있다.[8] 그 이후 6·25 전쟁을 전후로 한 암흑기를 지나 제2의 전성기

---

3 김영찬, 『근대의 불안과 모더니즘』, 소명출판, 2006, 255쪽.

4 최성민, 「'청년' 개념과 청년 담론 서사의 변화양상」, 『현대문학이론연구』 제50집, 2012, 234쪽 참조.

5 권보드래·천정환, 『1960년을 묻다』, 천년의 상상, 2012, 489쪽.

6 소영현, 『문학청년의 탄생』, 푸른역사, 2008, 4쪽.

7 소영현, 『부랑청년 전성시대』, 푸른역사, 2008, 42쪽.

를 맞은 1960년대의 청년담론은 전쟁 후의 폐허와 허무를 거치면서 형성된 '반공'과 '발전' 이데올로기의 자장(磁場) 안에서 형성되었다고 볼 수 있다. 반공과 발전이라는 거대 담론 앞에서 무력감과 공포를 느끼는 1960년대 문학의 주체들이 느끼는 '불안'이 파괴적인 힘을 발휘하며 지식인과 소시민의 내면과 일상을 지배했던 시기가 바로 1960년대였기 때문이다.[9] 박경리는 『녹지대』에서 1930년대 청년담론의 '불량' 담론과도 다르고, 동시대인 1960년대 (남성)청년담론의 '불안'과도 다른 새로운 청년 표상을 보여주고 있다.

대표적인 근대의 사상가인 발터 벤야민(Walter Benjamin)에 의하면 근대인들은 전통과 단절됨으로써 '체험의 빈곤'을 겪기에 오히려 '교양인'이 아닌 '야만인'에 가깝다. 전승된 유산이 희박하기에 미성숙하고 산만하다. 그러나 이런 '체험의 빈곤'이 장애물이나 족쇄가 없는 '자유'로 작용하기에 역설적으로 '긍정적 야만'과 연결될 수 있다.[10] 근대인의 이런 '정신적 자원의 부재'와 '새로운 창조의 도전'을 세대론과 연결시키면 '청년' 세대가 지닌 한계와 가능성, 현실과 이상의 측면과 통한다고 볼 수도 있다. 근대의 수용과 분리될 수 없는 청년담론은 근대의 문제적 징후와 격렬하게 만나면서 생물학적·개인적 차원이 아닌 감정적·사회적 차원에서 근대의 공백이나 틈에 적극적으로 개입되기 때문이다. 근대도 변하고 청춘도 사라진다. 그런 후

8 위의 책, 34쪽 참조.

9 김영찬(2006), 앞의 책, 255-275쪽 참조.

10 김홍중 『마음의 사회학』, 문학동네, 2009, 208-209쪽 참조
이런 벤야민의 시각은 프랑코 모레티가 근대의 '상징적 형식'으로서 '교양소설'에 주목하면서 불만스럽고 불안한 내면성과 역동성을 지닌 '근대의 젊음'을 높이 평가한 것과도 연결지을 수 있다. 청년 세대가 지닌 '잃어버린 환상'과 '커다란 기대'가 매혹적이고 위험스러운 과정으로서의 근대가 지닌 특성과 통한다는 것이다.
프랑코 모레티, 『세상의 이치—유럽 문화 속의 교양소설』, 성은애 옮김, 문학동네, 2005, 27~31쪽 참조.

에는 새로운 모습으로 다시 출현한다. 그렇다면 이전 시대를 해체한 후 다시 생겨난 1960년대 근대 속 청년담론의 모습을 새롭게 조명함으로써 새롭게 변화된 근대의 의미를 구성할 필요가 있다.

이에 이 글에서는 새롭게 발굴된 박경리의 소설 『녹지대』에 나타난 1960년대 청춘들의 근대 체험을 벤야민이 17세기의 바로크 사회와 19세기 자본주의 사회를 아우르기 위해 고안해낸 주요개념들을 토대로 고찰해보고자 한다. 이전 시대의 청년들이 지녔던 '경험의 빈곤'과 '아우라의 상실'에 저항하는 근대주체로서의 1960년대 청년들이 지닌 인물층위의 특성을 '긍정적 멜랑콜리'의 기념을 통해 살펴보고(2절), 조화나 연속체가 아닌 단절과 비연속체로서 소설 속 공간 층위가 지니는 유동성과 관계성의 측면을 '성좌(星座)'의 개념을 통해 확인해볼 것이며(3절), 이런 성좌적 공간과 긴밀하게 연관되면서 극적이고 비약적인 각성의 특성을 보여주는 '카이로스(Kairos)'의 시간에 대해 구체적으로 분석해볼 것이다(4절). 이를 통해 1960년대 문학에서 청년 표상이 근대와 관계 맺는 역사성과 특수성을 확인해보는 것이 이 글의 목적이다.

2. '비트족'과 멜랑콜리적 인물

소설의 제목 '녹지대'는 "한국의 비트족들이 모이는 음악살롱"(1권, 56쪽)[11]으로서, 여주인공 인애를 중심으로 한 문학 동인 '녹지대'의 거점이기도 하다. 인애를 비롯해서 숙배나 은자, 그리고 '녹지대'에 모여드는 젊은이들은 1960년대에 유행했던 '비트족'에 해당한다. 1960년대 청년들은 스

11 앞으로 소설의 본문 인용은 『녹지대』 1권 · 2권(현대문학사, 2012)에 의거해서 쪽수를 제시한다.

스로도 비트족이라고 불리는 것을 좋아하지 않았는데, 그 이유는 당시의 비트족이 "너무 비생산적이며 지나친 현실반항과 방종한 생활"[12]로 비판 받았기 때문이다. "우리네들 현실에서 볼 적에 경멸당할 만한 요소가 없지도 않어. 진짜 비트도 되지 못하니 말이야."(1권 65쪽)라는 비트족들의 자평(自評)이 이를 뒷받침해준다. 그러나 인애는 '녹지대'에서 가장 인기 있는 인물로, 경제적·정서적인 독립을 추구하는 자율적이고 개성 강한 시인이기에 '녹지대'의 다른 동인들로부터 "진짜 비트"(1권 65쪽)라는 평을 듣는다.

실제로 '비트족'은 1950년대 미국에서 보수화된 기성 질서와 풍요로운 물질 환경에 반발해 단순하고 직접적이며 솔직한 것을 추구했던 젊은이들로서, 문명비판적이고 체제전복적이었지만 찰나주의와 극단적 개인주의에 빠질 수 있는 위험성도 있었던 청년문화의 주체들이다. 이런 젊은이들을 사회에서는 '패배한(beaten) 세대'라고 부르기도 했지만 재즈 리듬의 '강한 박자(beat)'를 좋아한다고 해서 비트족이라고 불렸던 것처럼,[13] 비트족은 좌절을 통한 탐색, 패배를 통한 저항을 지향한다. 박경리가 『녹지대』에서 문제 삼는 청년세대는 1930년대 식민지세대의 위악과 사치 혹은 1950년대 전후세대의 허무와 환멸을 표면적으로 답습하거나, 1960년 4월 혁명의 실패를 과장해서 좌절하는 '가짜' 청년이 아니다. 오히려 그런 근대의 외적 조건에 적극적으로 반응하면서도 근대의 내부에서 그 부정성을 내파(內破)하는 비판성과 저항성을 추구하는 '진짜' 청년에 해당한다. 이로써 작가는 이전의 청년 표상과 당대의 비트족을 새롭게 전유하면서 1960년대의 근대성을 실제적으로 번역하려는 것이다.

---

12 백철, 「비트 제네레이션 소고」, 『조선일보』, 1959. 12. 14.

13 한국문학평론가협회(편), 『문학비평용어사전』, 국학자료원, 2006 참조.

소설 주인공 인애의 진정한 비트족으로서의 면모는 『녹지대』의 중심 플롯인 연애서사를 통해 확인된다. 그녀가 사랑하는 대상이나 방식에서 비트족의 부정성은 극복되고 긍정성은 확대된다. 인애는 김정현이라는 남성을 사랑한다. 김정현은 베일에 가려진 채 실루엣으로만 존재하는 인물로서, "오만한 사나이, 건방진 사나이, 멋진 사나이, 겨울바람 같은 사나이, 겁쟁이, 환상의 사나이"(1권, 163쪽)로 묘사된다. 적극적이지 않은데도 강렬하고, 소유할 수 없는데도 포기할 수 없는 사랑의 대상이자 근대 체험을 위한 대상이 바로 인애에게 있어서의 김정현이다. 고통스럽고 불분명한데도 인애는 김정현으로부터 벗어나지 못하거나 벗어나려하지 않는다. 그런데 더욱 문제적인 것은 김정현의 그런 존재양상을 초래한, 그래서 더욱 막강하고 강력한 또 다른 여성인물인 '그 여자'(영애)가 지닌 마성(魔性)이다. "인애 앞에 앉은 나는 마물(魔物)이고 또 나를 맞이할 그 사람은 내게 있어 마물이고"(2권, 48쪽)라는 김정현의 언급처럼 '그 여자'는 김정현이 영혼을 팔아버린, 그래서 타락과 파멸의 길로 들어서게 만든 '무서운 여자'이다. 시종일관 소설의 분위기를 압도하면서 "일종의 보기 흉한 신비성"(2권, 187쪽)이나 "하나도 남겨놓지 않고 다 먹어버리고 말 것이라는 그 압축되어 오는 분위기"(2권, 187쪽)를 강하게 풍기는 인물이다. '근대 안의 근대' 혹은 '또 다른 근대'의 특성이 바로 '그 여자'를 통해 직접적으로 드러나는 것이다.

① 아무런 빛이 없다. 그늘도 없다. 유리구슬을 끼워놓은 듯 그것은 생명의 감촉을 느낄 수 없는 것이었다. 불 속에 넣어도 타지 않을 광물질, 다만 억지로 애써서 무엇을 그 속에서 찾아내려 한다면 그것은 무자비, 바로 그 무자비함이라 할 수 있을 것이다. (2권, 176쪽)

② "옛날에 어떤 마귀할멈이 있었대. 그 할멈이 지팽이로 사람을 한번 건

드렸더니 글쎄 그만 돌이 되고 말았다잖어? 오늘 세상에도 여전히 그 마귀할멈이 계시기는 계시는 모양이야. 그 주문에 걸려있어." (2권, 197쪽)

③ 어떤 일이든 부딪쳐보자! 나는 나! 내가 손상당하지는 않는다. 내가 가졌던 것은 내 것이 아니다! 다만 내 것이 아니었더라는 사실을 눈앞에 보는 용기란 대단한 것도 아냐. 내가 이곳에 지금 있는 것은 지금 이 순간의 사실일 뿐 떠나면 바람이 스쳐간 듯 말끔히 지워져 버리는 거지. 어떤 사람의 바람의 경우도, 지금 마주한 이 자연이 자연이 아니고 사람일 경우에도…… (2권, 269쪽)

'그 여자'가 주는 무서움은 인용문①에 나타나듯이 비인간성, 무생물성, 광물성, 무자비함에서 유래한다. 감정도 없고, 생명력도 없으며, 고통을 느끼지 않는 듯한 '그 여자'로 인해 인애는 악몽을 자주 꾼다. 꿈속에서도 그녀로 인한 공포와 불안이 인애를 괴롭힌다. 때문에 '그 여자'는 인용문 ②에서처럼 주변의 모든 사람들을 돌로 만드는 "마귀할멈"으로 비유되면서 인간의 영혼을 오염시키고 훼손시키는 존재로 부각된다. 마치 보들레르의 '악의 꽃'처럼 "아름다운, 어쩌면 마성인지도 모를 몸"(2권, 187쪽)을 지닌 강력한 유혹과 탐욕의 화신인 것이다.

김정현이 이러한 사탄적인 공포감과 악마성을 지닌 '그 여자'로부터 헤어날 수 없는 현실적인 이유는 소설의 결말에서 밝혀진다. 몇 년 전 고향으로 함께 내려갔던 친구를 다툼 끝에 실수로 죽여서 강물에 버린 사고가 그나마 익사 처리되었지만, 육촌 누나인 '그 여자'가 목격한 후 그것을 빌미로 평생 자기 곁에 옭아매두려고 했던 것이다. 이처럼 근친상간적인 애욕에 빠져 부도덕하고 파렴치한 행위를 아무런 죄의식이나 고뇌 없이 자행하는 '그 여자'와 김정현은 소설의 결말에서 반강제로 동반자살하게 된다.

그런데 인애는 스스로도 “난 중간치기는 싫어”(2권, 160쪽)라거나 “난 가짜는 싫어”(2권, 161쪽)라고 말하는 존재이기에 인용문③에서처럼 “어떤 일이든 부딪쳐 보자. 나는 나! 내가 손상당하지는 않는다”라는 자신감과 적극성을 통해 자신이 처한 난제를 정면 돌파해보려고 한다. 자기파괴적인 집념이 아니라 자기응시적인 체험을 통해 김정현에 대한 감정을 발전시켜 나가는 것이다. “살인자라도 좋다! 강도라도 좋다! 나, 나는 그를 만나야 해!”(2권, 299쪽)라는 인애의 김정현에 대한 사랑이 이런 성격을 증명해준다. 인애의 김정현에 대한 사랑을 상대에 대한 병적인 집착이라고 볼 수도 있다. 그러나 그 이면에는 그와의 사랑을 불가능하게 하는 억압적인 현실에 더 이상 순응하지 않겠다는 긍정적인 멜랑콜리의 감정이 작용했다고도 볼 수 있다.

흔히 불행이나 근심, 걱정, 우울을 뜻하는 멜랑콜리 개념은 인간을 무기력하고 냉소적으로 만드는 심리적 장애를 지칭한다. 그러나 벤야민은 이런 ‘부정적인’ 멜랑콜리가 아니라 그 이면에 존재하는 매우 강렬한 정신적 활동으로서의 ‘긍정적인’ 멜랑콜리 개념을 제안한다. 긍정적 멜랑콜리는 ‘긍정을 위한 부정’이 아니라 ‘부정을 통한 긍정’을 성취하려고 한다. 때문에 “무언가를 상실해서 우울한 것이 아니라 우울하기 때문에 상실을 인지하고 상실을 회복”[14]할 수 있다고 본다. 근대의 자기 소외를 직시하고 그것에 저항할 수 있도록 만드는 ‘부정의 힘’이 바로 긍정적 멜랑콜리인 것이다. 벤야민은 이런 긍정적 멜랑콜리를 독일 바로크 비극이나 보들레르 문학에 흐르는 근본 정서로 간주한다.

1960년대 전반기는 4·19로 인한 희망과 5·16으로 인한 절망을 반복 경험하면서 ‘근대의 우울’, 즉 부정적인 멜랑콜리가 주조를 이룬 시대이

---

14 김홍중(2009), 앞의 책, 236쪽.

다. 그러나 『녹지대』의 인애가 보여주는 멜랑콜리한 근대 감정은 '상실'이 아닌 '결핍'을 인정한다는 특징이 있다. 때문에 인애의 근대체험은 이전 1950년대나 더 이전인 1930년대와 그 의미가 다르다. 이전까지의 근대에 대한 인식이 소유해보지 못했거나 경험해보지도 않은 근대를 '상실'했다는 착각 혹은 오인에 근거한 부정적 멜랑콜리 중심이었다면, 『녹지대』의 인애가 보여주는 근대 체험은 제대로 된 근대를 경험해보지 못했다는 '결핍'을 인정하는 긍정적 멜랑콜리 중심이라는 것이다. 가져본 적이 없는 것은 잃어버릴 수도 없다. "가진 것 없는 사람에겐 없어봐도 그게 그거 아니에요? 있어야만 잃어버리는 슬픔이라도 있겠죠."(2권, 105쪽)라거나 "저는 여태 알몸으로 부딪쳐 살아왔었어요. 어떠한 위협에도 저는 침해당하지 않고 살아왔습니다. 왜냐하면 버리려고 해도 버릴 그 아무 것도 없었으니까요."(2권, 181쪽)라는 소설 속 인애의 언급은 인애가 느끼는 긍정적 멜랑콜리의 면모를 확인시켜준다.

사실상 1960년대 이전까지 근대의 비극은 결핍을 부정적이고 제거되어야만 할 것으로 간주한 데에 연유한다. 그러나 인애가 느끼는 긍정적 멜랑콜리는 결핍을 '충족의 부재'가 아니라 '충족의 거부'로 보면서 충족을 위한 잠재력과 생산성을 인정한다는 점에서 이전 시대보다 적극적인 근대번역을 유발시킨다. 결핍은 '부재'가 아니라 '부재의 현존'이다. 그래서 진정한 근대번역에서는 긍정적 멜랑콜리가 필요하다는 것이다. 긍정적 멜랑콜리는 창조적인 인간 활동의 원천이 된다. 부정적 멜랑콜리가 '멜랑콜리의 비판'과 연관된다면, 긍정적 멜랑콜리는 '비판의 멜랑콜리'에 가깝기 때문이다.[15]

15 홍준기 엮음, 『발터 벤야민: 모더니티와 도시』, 라움, 2010, 218쪽.
멜랑콜리가 점성술에서는 토성(Saturn)과 연관되는데, 그 어원이 로마신화 속 농경의 신인 사투르누스(Saturnus)이다. 사투르누스 또한 게으름과 우둔함을 부여하지만, 다른 한 이런 긍정적 멜랑콜리의 측면과 『녹지대』에서 지향하는 비트족의 특성은 서로 연결될 수 있다. 비트족은 1930년대 유행했던 '산책자'나 '댄디'도 아니고, 1950년대 유행했던 '아프레게르'(전후파)도 아니다. 산책자나 댄디가 도시를 배회하면서 파편으로 존재하는 근대의 산물들을 '수집'하는 것에 좀 더 몰두했다면, 비트족은 기존의 산물들을 '파괴'하거나 '해체'하는 데에 더 집중한다. 1930년대의 경성 거리를 누볐던 산책자나 댄디들은 진위(眞僞)와 상관없이 모든 것을 근대인 것처럼 흡수하고 수집했다. 그들에게는 모든 것이 근대처럼 보였고, 근대여야 했기 때문이다. 또한 1950년대의 '전후파(戰後派)'를 의미하는 '아프레게르(Aprè-guerre)'는 6·25 전쟁을 겪으면서 성장한 세대가 지닌 가치관의 혼돈이나 퇴폐적인 행동방식과 연관되었는데, 특히 여성과 연관될 때는 양공주나 자유부인 등 '불량소녀'나 '성적으로 타락한 여성'을 의미하는 '아프레걸'로 전유되어 사용되었다.[16] 이런 시대를 모두 통과한 1960년대의 비트족은 진보와 발전에 토대를 둔 연속적이고 역사적인 근대 개념이나 이성과 감정이 과잉된 근대의 부정적 멜랑콜리로부터 벗어나려고 했다. 이런 비트족이 추구하는 긍정적 멜랑콜리를 통해 박경리가 중시한 것은 '근대'와 '근대 아닌 것'의 대립이 아니라, '근대'와 '또 다른 근대' 혹은 '대항 근대'의 동시 진행이었을 수 있다.

편으로는 지적인 능력과 명상의 능력을 부여하기도 한다. 사투르누스가 그리스 신화로 오면 시간의 신이자 농경의 신인 '크로노스(Chronos)'가 되는데, 이 신 또한 시간을 잡아먹는 죽음의 신이자, 결실을 맺게 해주는 삶의 신이다. (같은 책, 220쪽 참조)

16 권보드래 외, 『아프레걸 사상계를 읽다』, 동국대학교출판부, 2009, 79쪽, 84쪽 참조.

3. '녹지대'와 성좌(星座)적 공간

『녹지대』는 제목에서 드러나듯이 공간적 배경이 중요한 서사진행의 동력으로 작용하는 소설이다. 소설 속 '녹지대'는 주로 젊은층들이 모이지만 "룸펜의 소굴"(2권, 40쪽)이기도 하다. 명동의 어두침침한 지하실에 위치함으로써 1960년대 초반의 서울 거리가 지닌 "찬란한 전시장"(2권, 42쪽)의 면모를 고스란히 담고 있다. 북적거리고 들떠있지만 쓸쓸하고 황폐한 분위기를 동시에 연출함으로써 복합적 의미를 지니고 있기 때문이다. "참 슬픈 도시, 젊은 영혼이 방황하는, 황무지 같은 도시"에 있으면서도 "문명과 문화의 홍수"(2권, 42쪽)가 일어나는 곳, 모두가 미친 듯이 이 거리로 쏟아져 나오지만 "생활하는 모습"이 아니라 다만 "생존하고 있는 모습"(2권, 171쪽)을 발견할 수밖에 없는 근대성의 공간인 것이다. 주인공 인애 또한 '녹지대'의 안과 밖에서, 그리고 홍수처럼 밀려드는 군중 속에서 "인류문명의 파탄의 과정"(2권, 171쪽)을 감지한다.

그러나 '녹지대'의 특수성은 이곳이 단순하고 단일한 공간이 아니라 복합적이고 유동적인 공간이라는 점이다. 치기 어린 젊은이들의 일탈 장소만도 아니고, 세상을 바꿀 수 있는 적극적인 저항의 장소만도 아닌, 이 두 가지 의미를 모두 지닌 곳이 바로 '녹지대'다.

④ "사실 우리 자신이 메고 나가지 않으면 그 심술궂은 기성들의 자리를 뚫어볼 수 없거든요. 우리는 우리대로의 할 말이 있고 우리들의 몸부림이 있지 않겠어요? 이름만 갖고 팔아먹는 사람들에게 우린 그런 식으로 도전하는 거예요." (1권, 71쪽)

⑤ 애정이니 슬픔이니 하는 것도 이네들한테 비하면? 자의식, 의식적인 거야. 자연의 있는 그대로의 것이 못 되고 그래서 시끄럽고 번거롭고 쫓기며

좇고 뭐가 뭔지 때론 모르게 되고 복잡하게 휘말려 들어가서 점점 어렵게……그렇다, 어렵게 되어버리지. 이렇게 있는 그대로 얼마나 아름답고 순박하며 평화스러운가. 무너질 수도 없는 것에 철없이 반항을 해보고, 아니면 인색스럽기 짝이 없는 그런 모방을 하지. 그러고서 시를 쓰고 고민을 한다고 하지. (2권, 266-267쪽)

인용문④는 인애가 동인들과 시화전을 열기 위해 사업에 성공한 전직 시인을 찾아가서 지원을 요구할 때 하는 말이다. 기성세대의 '심술궂음'이나 '매명(賣名)'에 대한 도전으로서 청년세대들은 "우리들의 할 말"과 "우리들의 몸부림"을 보여주어야 한다고 항변하고 있다. "어거지라도 쓰고 마구 쏘아붙이는 그 어리석은 패기"(2권, 240쪽)라도 없으면 바보가 된다고 생각하기 때문이다. 그러나 젊음의 시간 자체가 짧아서 금방 지나가는 것일 수밖에 없듯이, 어느 누구도 '녹지대'에 영원히 머무를 수는 없다. 그런 젊음의 한계를 알기에 인애는 인용문⑤에서처럼 김정현이 도피한 시골의 조그마한 마을로 찾아가면서 만난 농부의 삶에서 '녹지대'에서는 찾아볼 수 없는 "있는 그대로"의 자연적 삶을 긍정한다. '녹지대' 혹은 도시에서의 애정이나 슬픔이 지닌 관념성과 반항의 무모함 및 예술의 허위성에 대해 반성하는 것이다. 누구보다도 '녹지대'를 사랑하기에 누구보다도 '녹지대'를 객관적으로 바라보고 있는 인물이 바로 인애이다.

이런 '녹지대'의 양가성 때문에 소설 속에서 이 공간은 "늙은이들이 많은 다방"(1권, 316쪽)인 상호명 '고향'과 대립되는 의미를 지니지 않는다. 상호교차되고 상호보완되면서 긴밀한 관계를 형성하고 있는 공간이 바로 '녹지대'와 '고향'이다. 인애와 김정현은 '녹지대'뿐만 아니라 '고향'에서도 만나고, 기성세대인 인애의 큰아버지 하홍수도 찾아오는 공간이 '녹지대'이기도 하다. 인애는 '녹지대'의 가치를 극대화시키면서, 동시에 그 한계를 극복하려고도 한다. '녹지대'의 젊은이들이 지닌 문화자본을 통해 기성세대와의 '구별 짓기'를 추구하면서도 '괴뢰'나 '우물 안 개구리', '어릿광대'로서의 치기나 겉멋 또한 동시에 부정하려는 것이다.

이처럼 '녹지대'와 '고향'이 반대개념이나 대립공간이 아닌 것처럼, 인애가 '녹지대'를 떠나서 향하려고 하는 '섬'의 공간 또한 '녹지대'와 전혀 다른 공간이거나 '녹지대'를 경험한 이후에야 도달할 수 있는 곳이 아니다. '녹지대'와 '섬' 중에서 어느 한쪽의 공간에서는 모두 절반의 성공이나 절반의 실패만이 가능하기에 두 공간은 오히려 서로 유사한 공간에 가깝다. '녹지대'만으로는 부족하고, '섬'만으로는 불가능하다. 두 공간이 따로따로 존재하는 것이 아니라 서로 조합되고 구성되는 양상을 통해 소설 속 근대의 의미가 형성되고 있기 때문이다.

> ⑥ "현실도피는 찬성할 수 없어. 그건 패배야. 난 인애가 그리 약한 줄 몰랐어."
>
> "섬엔 현실이 없는가? 내가 가는 곳은 어디든지 현실이야. 내일 일을 모르니까 가야 가는 줄 알겠지만. (중략) 저절로 흘러가게 내버려두어야지. 다짐했다고 움직일 수 없는 사태를 만드는 것도 아니구. 다만 좇아가보는 거야." (2권, 240-241쪽)

인애는 서울을 떠나 섬으로 가서 아이들을 가르치려고 한다. 그 직·간접적인 이유는 김정현과의 우울하고 불확실한 사랑이지만, 옛날에 죄인들이 귀양 가듯이 "욕망과 미래와 희망과 그리고 젊음을 다 버리고 가는 그런 기분"(2권, 167쪽)으로 가려는 것은 아니다. 때문에 인용문⑥에서처럼 "현실도피"이자 현실에 대한 "패배"라고 비판하는 '안경잡이'에게 인애는 섬으로 가는 것이 '또 다른 현실'로의 이동일 뿐이라고 답한다. "내가

가는 곳은 어디든지 현실이야"라는 말은 진정한 비트족만이 할 수 있는 선언이다. 그렇다고 해서 섬으로의 이동이 궁극적인 해결책이거나 해방 공간의 달성을 의미하지도 않는다. 섬이 유토피아나 종착역이 아니기 때문이다. 섬은 김정현의 고향공간이었지만 살인을 저지른 공간이고, 인애와의 만남을 가능하게 해준 공간이었지만 인애와의 만남이 이루어지지 못한 공간이기도 하다. 섬 또한 반대의 의미를 동시에 지니는 것이다. '녹지대'가 또 다른 '고향'이었듯이 또 다른 '녹지대'인 섬 또한 과정이나 미완의 의미를 지닌 개방적 공간일 뿐이다. 이런 이중성과 양가성이 박경리 소설의 현실 감각을 확인할 수 있게 해준다. 따라서 인애의 섬으로의 이동은 청춘의 의미를 포기하거나 상실한 것이 아니다. 오히려 청춘의 의미를 추구하고 지향하기 위한 것으로 볼 수 있다.[17]

소설의 결말에서 김정현의 죽음을 확인한 후, 친구 은자의 결혼식이 끝나고 그를 직접 땅에 묻어주기 위해 떠나려는 인애의 모습은 "인애는 쓰러지지도 않고 꿋꿋이 서 있었다."(2권 313쪽)로 묘사된다. 그리고 '길 위에서' 인애가 섬으로 갈 수 있을지의 여부 자체가 불분명한 채 열린 결말로 소설이 끝나고 있다. 그런 인애에게는 그녀가 체험한 공간들의 최종 의미나 결과가 중요한 것이 아니다. 오히려 이런 공간들을 통과하면서 겪은 과정이나 변화 자체가 더 중요하다. 공간의 총체성이나 완결성을 추구하지 않기 때문이다. 그래서 인애는 소설 속 공간들의 파편을 통과하며 새로운 길을 낸다고 할 수 있다.

이런 맥락에서 소설 속 인애를 중심으로 한 공간은 벤야민이 중시한 '성좌(星座, constellation)'에 해당된다고 할 수 있다. 벤야민이 말하는 성좌

---

17 방민호(해설), 「한국판 '비트 걸(beat girl)'의 감각과 지향」, 『녹지대』 2권, 현대문학, 2012, 321쪽 참조.

의 이미지는 모자이크나 스테인드글라스, 몽타주나 콜라주처럼 하나의 대상이나 개념들을 의미하는 각각의 '별'들이 서로 관계를 맺으면서 여러 개의 '별자리'를 만드는 것과 연관된다.[18] 모든 공간이 하나의 별 조각처럼 존재하고, 새로운 공간이 생기면 새로운 조명을 받으며 새롭게 이전과는 다른 별자리로 재구성된다. 서로 떨어져 있기에 별개의 것처럼 보이지만 하나가 변하면 전체가 영향을 받으면서도 절대로 하나의 종합적인 지점으로 환원되지 않는,[19] 그래서 파편들로 존재하는 공간들의 병치과 분산을 통해 다양하고 무한하게 구성되는 근대 공간의 비유일 수 있다. 이럴 때 '하나'의 근대가 아니라 '여러 개'의 근대가 동시에 존재할 수 있게 된다. 때문에 각각의 별들은 자신의 고유성을 유지한 채로 새로운 장소에서 이웃한 장소들과 느슨하게 연결됨으로써 전혀 다른 의미나 새로운 효과를 생산한다.[20]

『녹지대』에서는 도시와 자연, '녹지대'와 '고향(섬)'의 공간이 이런 성좌를 구성하고 있다. '녹지대'와 고향이 만나고, 고향과 섬이 만나며, 다시 섬이 '녹지대'와 관계 맺는 현실성과 잠재성이 모두 열려 있기 때문이다. 소설 속에서는 도시와 도시, 도시와 자연, 자연과 자연이 서로 중첩되고 전유되면서 유기적인 총체성이 파괴된다. 그리고 그로 인해 생겨난 파편화되고 조각난 공간들은 별자리처럼 서로 연관되면서 새롭게 배열된다. 이로써 상투적이고 고정화된 도시와 자연의 의미에서 벗어나 복합적이고 과정적인 공간이 형성된다. 박경리가 보기에 청춘의 공간인 '녹지대'가 관

---

18 발터 벤야민, 『독일 비애극의 원천』, 조만영 옮김, 새물결, 2008, 22쪽 참조.

19 정의진, 「발터 벤야민의 알레고리론의 역사 시학적 함의」, 『비평문학』 제41호, 2011, 400쪽.

20 권용선, 『세계와 역사의 몽타주, 벤야민의 아케이드 프로젝트』, 그린비, 2009, 81-85쪽 참조.

념적인 유토피아나 디스토피아의 공간이 아니라 역사적이고 경험적인 현실 공간인 것도 이 때문이다. 이런 근대의 현실성 때문에 근대의 억압과 억압에 대한 해체가 동시에 일어날 수 있는 역설적 공간이 바로 '녹지대' 이다. 그리고 청춘이 그렇듯이 언제나 그 의미가 변하기에 최종적 의미는 무한 연기된다. 근대와 청춘이 다시 연결되면서 서로를 되비추게 되는 것도 이 때문이다.

4. '세대교체'와 카이로스(Kairos)적 시간

『녹지대』에서 보이는 성좌적 공간의 특성은 시간의 측면에서도 유사하게 드러난다. 각각의 별처럼 흩어져서 존재했던 소설 속의 공간들, 즉 '녹지대'와 '고향', 섬 등은 과거로부터 온 '빛'에 해당한다. 별빛, 즉 별의 반짝임 자체가 과거가 현재화되는 방식이기에 밤하늘의 별을 보며 인간은 과거와 만날 수 있기 때문이다.[21] 성좌의 이미지 자체가 과거와 현재를 연결시키면서 지나간 것을 지금의 것으로 만드는 것이기 때문이기도 하다. 벤야민에게 중요한 것은 '미래의 창조'가 아니라 '과거의 구원'이다.[22] 때문에 미래가 아니라 과거가 오히려 열려진 의미를 지니게 된다. 현재가 파국이라면 그 원인은 과거에 있었던 기회를 놓쳐버렸기 때문이므로 과거에 대한 인식을 바꿔야 현재를 바꿀 수 있다.[23] 그렇다면 과거는 낡고 미숙하기만 한 것이 아니라 현실을 바꿀 수 있는 각성의 에너지를 지니게 된다.[24]

---

21 위의 책, 83쪽.

22 임철규, 『왜 유토피아인가』, 한길사, 2009, 380쪽.

23 강수미, 『아이스테시스: 발터 벤야민과 사유하는 미학』, 글항아리, 2011, 135쪽 참조.

24 권용선(2009), 앞의 책, 87쪽.

벤야민이 과거 혹은 역사를 바라보는 시각을 대표하는 '역사의 천사' 이미지는 '뒷걸음으로 진보'하는 것이다. 파울 클레의 그림 〈새로운 천사〉를 분석하면서 강조하는 벤야민의 역사개념은 『녹지대』의 인애가 보여주는 시간관이나 근대체험과 연관된다. 역사의 천사는 미래에 등을 돌린 채 늘 과거를 쳐다보고 있지만 '진보'라는 폭풍이 과거로부터 불어와 그를 끊임없이 미래로 떠민다. 그러나 천사는 진보라는 폭풍우에 맞서, 폭풍우 속에서도 역으로 거슬러 올라가려는 자이다. 진보 자체가 지배하고 억압하려는 자들의 연속적이고 동질적인 시간관에 의해 미래만을 중시하면서 앞으로만 나아가려고 하는 비인간적 역사관이기 때문이다. 그래서 역사의 과정에는 타락과 파멸의 영원한 반복만이 존재한다. 『녹지대』의 인애도 1960년대 서울의 한 복판에서 '진보'라는 폭풍을 맞고 있는 '역사의 천사'이다. 그래서 미래가 아닌 과거, 연속이 아닌 정지, 기대가 아닌 기억을 통해 청년세대의 시간을 구성하면서 "과거를 정리하는 역사가로서가 아니라 동시대인들을 각성시키는 실천가"[25]로서 과거 혹은 기성세대와 관계를 맺으려고 한다. 인애가 과거 혹은 기성세대를 부정하지 않으면서도 진짜 비트족일 수 있었던 이유도 여기에 있다.

⑦ "녹지대에도 이제 종말이 온다."
안경잡이가 유행가의 가락처럼 뽑으니
"겨울이 와서?"
하고 키 작은 치가 맞장구를 친다.
"흥! 녹지대에도 세대교체는 필요해. 우린 늙었어."
"굵게 때린다."

---

25 강수미(2011), 앞의 책, 142쪽.

"우리들이 돌아갈 곳은 이제 고향이다."

"탄광은 아니구?"

"정말 시시해졌다!" (2권, 42쪽)

⑧ 세대교체야. 지금 한창 유행하고 있는 말이지만. 벌써 녹지대에 나타나는 얼굴들이 달라지는 걸. 그리고 이제 시니 예술이니 하는 따위의 설익은 대화도 가셔지고 합리적으로, 경제적으로, 가장 비용이 덜 드는 미팅을 즐길 뿐이야. 음악도 시도 그들에겐 연애 감정을 원활하게 발전시켜 주는, 말하자면 일종의 소도구에 지나지 않는단 말이야. 허수아비 같은 눈을 하고서 인생과 예술을 논하는 친구는 이제 하나도 없더군. (2권, 242쪽)

소설이 진행되면서 '녹지대'의 구성원이나 그들이 추구하는 청춘의 가치는 점점 퇴색해 간다. 인용문⑦에서처럼 "우린 늙었어"라는 자조적 말과 함께 "세대교체"를 운운하는 것도 이 때문이다. 인용문⑧을 보면 시와 예술도 연애를 위한 "일종의 소도구"로 전락하면서 "합리적"이고 "경제적"인 가치가 중심이 되는 시간 혹은 시대로 중심축이 옮겨간 것이다. 이런 변화, 즉 세대교체를 '어른'세계로의 진입이나 '성숙'의 의미로 볼 수도 있다. 그러나 인애는 '겉멋'과 '가짜'로 들떠있던 '녹지대'에서도 다른 청년들과 달리 진정한 '비트'의 의미를 구현했던 인물이다. 어쩌면 스스로도 새로운 청년세대에게 자리를 물려주어야 할지도 모르는 인애의 입장에서 볼 때 세대교체는 '녹지대'로 진입한다고 해서 무조건 달성되지 않았듯이 '녹지대'를 벗어나거나 어른이 된다고 무조건 달성되는 것도 아니다. 오히려 인애는 다음의 인용문에서처럼 무조건적인 단절이나 급격한 변화를 통해 세대교체를 이루려는 것에 반대한다.

⑨ 자고로 변화는, 교통사고는 제외하고, 다 천천히 오너니라. (중략) 무슨

일이든지 무르익어야지, 뜀박질을 해도 목적지까지 가려면 시간이 걸려. 어느 양반이 그러더라? 물이 얼기까지 온도가 내려가는 시간은 오래 걸리지만 얼어버리는 것은 순식간에 온다고. 물이 끓을 때도 마찬가지 원리라나? (2권, 132쪽)

세대교체의 측면에서 변화는 기성세대와 결별한 새로운 세대의 출현이라는 의미를 지닌다. 그러나 인애에게 변화는 기성세대와의 공존과 조화를 통해 서서히 일어나는 것에 가깝다. 물론 인애와 김정현 사이의 사랑에 있어서 걸림돌이 되는 것이 '그 여자'로 인한 암울하고 억압적인 과거라면, 그런 과거를 극복해야 새로운 변화가 가능하다. '그 여자'와의 과거로 인해 그녀와 연관되었던 모든 남성인물들(김정현, 민상건, 한철)이 괴로움을 겪고 있다는 점, 그런 과거로부터 쉽게 벗어날 수 없었다는 점을 고려할 때 더욱 더 '과거와의 결별'은 중요하다. 그러나 의외로 소설 속에서 20대 초반 동년배인 인애와 김정현의 사랑은 불가능했던 데 반해, 인애 또래인 숙배와 은자는 각각 중년 남성들인 민상건과 한철과의 연애와 결혼에 성공한다.

인애는 민상건에 대해서는 "그 방랑벽만 없어진다면 썩 매력 있는 사람이지. 숙배는 머리통이 너무 영글어서 젊은 애숭이하곤 연애가 안 될 거야"(2권, 286쪽)라고 말하고, 한철에 대해서는 "발바닥에 흐르는 따뜻한 인간미가 허술한 감상으로 나타나지 않기 때문에 녹지대의 젊은층과 어울려서 조금도 우스꽝스럽지 않은 사람"(1권, 38쪽)이라고 말하며 각각 긍정적으로 평가한다. 숙배와 은자가 인애의 '또 다른 자아(Alter Ego)'로서 젊은 세대의 이상과 현실, 순수와 실용의 축을 각각 대변해주고 있듯이, 민상건과 한철은 기성세대의 허무와 안정, 예술과 일상의 축을 각각 대변해준다고 볼 수 있다. 청년세대와 기성세대의 소통과 교감이 중요하다는 작가의 세대론적 입장을 확인할 수 있는 인물 설정에 해당한다. 인애에게는 기성세대로 대변되는 과거 자체가 중요하지 않다. 그보다는 과거와 어떻게 관계를 맺는지가 더 중요하다. 마치 근대 자체가 아니라 근대에 대한 체험이 중요한 것과 같은 이치다.

이런 맥락에서 인애는 과거로부터 현재까지 이르는, 혹은 현재로부터 미래에 이르게 될 '역사' 혹은 '발전'의 개념을 재정립한다. "내일로 비약하려는 순간"(2권, 133쪽)을 위한 현재의 순간도 중시하지만, 인용문⑨에 드러나고 있듯이 그 순간을 위한 과거의 시간도 중시하기 때문이다. 보들레르에게도 근대는 '최신의 고대'[26]였다. 이럴 때 과거와 현재는 서로 중첩되는 동시성을 보인다. 하지만 그렇다고 과거가 현재에 미치는 영향력을 무조건 숭배하거나 예찬하려는 것은 아니다. 마치 번개의 움직임이 보여주듯이 현재와 결합함으로써 순간적이고 비약적인 각성을 보여주어야 하기 때문이다.[27] 이런 시간성이 과거로의 퇴행이 아니라 오히려 과거를 고정된 것이나 변하지 않는 것, 망각된 것으로 남겨두지 않으려는 행위인 것도 이 때문이다.[28] 인용문⑨에서처럼 물이 얼거나 끓을 때까지의 시간은 길지만, 얼거나 끓는 것은 "순식간에" 이루어진다. 때문에 불연속적인 '중지' 혹은 '정지'의 시간처럼 보이기도 한다. 이로써 박경리는 연속적인 진보나 발전 개념에 대해서도 저항하는 것이다.

이처럼 순간이나 정지를 통해 가능한 비약의 시간을 벤야민은 '카이로스(Kairos)'의 시간이라고 명명한다. '크로노스(Chronos)'의 시간이 연속적으로 흘러가는 시간이라면, 카이로스의 시간은 '극적 순간', '갑자기 무르

---

26 발터 벤야민, 『보들레르의 파리』, 조형준 옮김, 2008, 278쪽.
27 최문규, 『파편과 형세: 발터 벤야민의 미학』, 서강대학교출판부, 2012, 540-541쪽 참조.
28 강수미(2011), 앞의 책, 108쪽 참조.

익은 시간', '종말과의 관계에서 비롯되는 의미로 충만한 시간'이다.[29] 지나간 것을 자기 것으로 만드는, 그러기 위해 연속성을 파괴하면서 새로운 구성이 가능해지는 시간임과 동시에 낡은 것에서 새로운 것을 발견할 수 있는 비약적이고 순간적인 시간이 바로 카이로스의 시간이다. 이런 맥락에서 다시 인용문⑨에 나타난 '끓는 순간'에 주목한다면, 물리적이고 인과적으로 연속하는 시간이 아닌 우발적이고 돌출된 순간들을 중시함으로써 틈이나 문(門), 각성과 구원의 측면과도 연결될 수 있다. 더욱이 카이로스의 시간이 원래 "환자의 질병을 치료하기 위한 가장 적합한 시점, 즉 개입해야만 하는 최선의 순간"[30]을 의미했던 고대 그리스의 의학 개념이었다는 점을 고려한다면, '근대에 대항하는 근대'의 시간이나 근대를 치유하기 위한 '최적(最適)의 시간'에 해당한다고 볼 수 있다. 때문에 『녹지대』에서 인애의 청춘의 시간은 가장 고통스러운 시간만이 아니라 가장 살아 있는 시간이기도 하다. 뒤를 보면서도 앞으로 갈 수 있는 시간이기 때문이다.

따라서 소설의 결말에서 드러나고 있는 인애의 모습을 시간성의 차원에서 다시 조명해볼 필요가 있다. 인애는 악마에게 영혼을 팔아버린 김정현과의 아프고 힘든 사랑을 마다하지 않는다. 이런 '검은 사랑'을 통해 오히려 "뭐가 막 넘쳐흐르는 것 같"(1권, 265쪽)은 역설적인 기쁨이나 힘을 느낀다. 스스로가 고통을 이겨낼 수 있는 힘을 지녔기 때문이다. "내 속에 기둥이 쓰러져도 나는 같이 쓰러지지는 않아"(2권, 217쪽)라는 인애의 다짐이 이를 뒷받침한다. 인애에게 김정현과의 사랑은 패배가 아닌 모험, 관념이 아닌 체험, 상실이 아닌 결핍의 의미를 지니기에 그 자체로 1960년대적 근대의 체험을 형성한다고 할 수 있다. 예외가 아닌 상례가 되어

---

29 테리 이글턴, 『발터 벤야민 또는 혁명적 비평을 위하여』, 김정아 옮김, 이앤플러스, 2012, 135쪽 참조.

30 김홍중(2009), 앞의 책, 321쪽.

버린 비상사태의 현실 하에서 필요한 것은 구원의 포기가 아니라 구원의 실천이다. 벤야민이 문제삼은 것 또한 진보나 발전이라는 개념 자체가 아니라, 그에 대한 '지나친 낙관'이었기 때문이다.[31]

5. 1960년대 문학과 '알레고리'로서의 근대번역

1960년대는 4·19와 5·16의 연속과 불연속, 자유와 평등의 일치와 괴리, 개인과 사회의 조화와 부조화, 민주와 반공의 선택과 강요 속에서 변증법적 시각이 요구되는 문제적 시기였다. 하지만 이때의 변증법은 화해나 결합이 가능한 변증법이 아니라 불화나 단절을 인정해야만 하는 '변증법 아닌 변증법'의 의미라는 점에서 이전 시대와 구별된다. 1960년대 자체가 '밥(생존, 경제)'과 '장미(인간적 존엄, 민주주의)'라는 현실적으로 양립할 수 없는 두 가지를 이율배반적으로 모두 원했기 때문이다.[32] 새롭게 발굴된 박경리의 장편소설 『녹지대』에는 이런 불일치와 부조화의 1960년대를 체화한 청년세대의 문학적 행보가 구체적으로 형상화되고 있다. 소설 속 청년세대는 근대의 '주체'이자 근대화의 '객체'로서 1960년대적 근대를 적극적으로 생산하고 소비했다.

이럴 때 1960년대의 근대나 청년담론을 벤야민의 용어로 다시 정리해 볼 때 조화롭고 총체적인 측면을 강조하는 '상징'의 차원에서 논의하는 것은 무의미하다. 오히려 앞에서 분석되었듯이 기존 질서의 파괴나 거부와 밀접하게 연결되므로 부조화나 파편적 측면을 강조하는 '알레고리'의 측

31 강수미(2011), 앞의 책, 143쪽 참조.

32 권보드래·천정환(2012), 앞의 책, 9쪽 참조.

면에서 접근해야 적당하다. 벤야민에 의하면 상징과 알레고리는 반대의 개념이다. 상징이 유일한 의미로 고정되는 것을 목표로 한다면, 알레고리는 하나의 의미로 결박되기를 거부하며 다양한 의미를 추구한다. 의미의 동요를 위해 의미의 순수성과 통일성에 대해 저항하는 것이다.[33] 때문에 벤야민에게 알레고리란 '실패한 상징'이 아니라 '파괴된 상징'에 더 가깝게 된다.[34] 이런 맥락에서 1960년대 문학에 나타난 근대의 알레고리는 '상징의 토르소'에 해당하기에 혼돈이나 무질서를 두려워하지 않으며, 의미의 해체나 동요에 조응하는 방식으로 새로운 의미를 구성한다.[35] 또한 벤야민적인 의미에서 "상징은 변화하지 않지만, 알레고리는 늙는다."[36] 이것이 알레고리가 청년세대와 공유하는 특성이다.

『녹지대』의 주인공 인애는 악마성을 지닌 상대와의 사랑에서 긍정적 멜랑콜리를 느끼는 진정한 비트족이기에(2절) 성좌를 구성하는 다양한 공간들을 전유하면서 파편화된 공간 속에서도 길을 만들고(3절), 순간적 도약이 가능한 카이로스의 시간을 통해 현재 속에서 과거를 구원한다(4절). 이런 인물·공간·시간 층위에서의 알레고리적 특성으로 인해 이전의 근대와 청년이 지녔던 기존의 의미를 새롭게 번역할 수 있게 된다. 1960년대 이전의 근대에 대한 인식이 허상과 오인에 의해 센티멘털리즘 중심의 부정적 멜랑콜리로 귀결되었다면, 그 이유는 '조화로운 총체성'에 대한 강박과 향수로 인해 파편이나 조각으로 존재하는 근대의 실체를 부정하거나 거부했기 때문이다. 미래를 향한 진보와 발전의 추구는 미래에 비해 언제나 미완일 수밖에 없는 과거나 현재를 부정적으로만 평가하게 만든

33 홍준기(2010), 앞의 책, 31쪽 참조.
34 권용선(2009), 앞의 책, 101쪽 참조.
35 위의 책, 199-200쪽 참조.
36 김홍중(2009), 앞의 책, 212쪽.

다. 이럴 때 모든 근대는 언제나 우울할 수밖에 없다.

박경리의 『녹지대』는 1960년대 청년세대의 희망을 통해 근대의 절망을 파괴함과 동시에, 그들의 절망을 통해 근대의 낙관론에 대한 희망도 해체한다. 근대의 비관론과 낙관론 자체가 한 번도 제대로 경험해보지 못하거나 소유해보지 못한 근대를 '여전히' 복원하거나 추구해야 한다는 근대에 대한 환상을 전제로 하기에 그 자체로 위험하기 때문이다. 『녹지대』 속 1960년대는 이처럼 오해되고 오인되었던 근대를 '다르게' 번역해야 한다는 점을 강조한다. 가져보지 못한 근대는 잃어버릴 수조차 없고, 항상 그 본질이나 실체가 변하는 근대는 붙잡을 수는 더더욱 없다. 때문에 기존의 근대 개념 자체에 대한 번역이 본격화된 시기가 1960년대라고 할 수 있다. 이런 맥락에서 1960년대 이전 시대의 근대를 폐허나 잔해 속에서 바라본다는 점에서 1960년대의 청년세대는 근대의 알레고리커들이라고 할 수 있다. 이들은 '잘못된 것'들로 채워진 세상에서 '버려야 할 것'들이 오히려 '새로운 것'들을 만들어주는 1960년대적 역설을 보여주려고 했기 때문이다. 결국 「괴테의 친화력」에서 벤야민이 말한 "오직 희망이 없는 자들을 위해 우리에게 희망이 주어진다"라는 말은 박경리에 의하면 다음처럼 패러디될 수 있다. '진정한 근대가 없는 시대를 위해 우리에게 근대가 주어진다.' 이런 의미에서 『녹지대』는 지금도 진행 중인 근대 담론의 역사이자 기원이며, 청년세대의 파편이자 조각이다. 때문에 '젊은 박경리'와 '새로운 근대'를 위한 1960년대 근대번역의 중요한 알레고리에 해당한다고 할 수 있다.

| 제2부 |

민족번역과 백색신화/황색신화

제4장

전쟁·전통·동양의 번역과 '한국'으로의 회귀

황석영의 『손님』론

1. 문화번역과 '한국'

번역자로서의 발터 벤야민(Walter Benjamin)이 염두에 둔 것은 승리자들의 역사가 아니라 거기서 누락되어 기록되지 못한 주변부의 역사이다. 때문에 벤야민은 번역자들이 오히려 원본 텍스트의 조화로움을 깨트리는 잔해들에 주목해야 한다고 강조한다. 과거에 대한 지배적인 해석을 거부하면서 승리자의 항아리를 온전하게 보전하고 전달하는 것이 아니라, 그 항아리를 깨는 데에 '번역자의 과제'가 있다는 것이다.[1] 따라서 번역의 의의는 잊어버릴 수 없는 삶의 순간이 담겨 있는 행간을 드러내도록 새로운 언어를 창조하는 데서 생겨난다.[2] 이럴 때 대문자 역사(History)를 거부하

---

1 발터 벤야민, 『언어 일반과 인간의 언어에 대하여/번역자의 과제 외』(발터 벤야민 선집6), 최성만 옮김, 길, 2008, 133-138쪽 참조.

2 정혜욱, 『번역과 문화연구』, 경성대학교출판부, 2010, 47쪽 참조.

는 번역의 주체가 누구이고, 그런 번역을 통해 의도하는 바가 과연 무엇인가가 중요해진다. 굳이 문화번역이라는 개념을 통해 그것이 언어번역만이 아니라 행동양식이나 가치관, 세계관, 이데올로기의 번역을 포함하는 광의의 개념임을 강조하는 것도 이 때문이다.[3]

문화번역자로서 황석영은 1989년의 방북 사건으로 해외 망명생활을 하다가 1993년 귀국하여 복역한 뒤 1998년 석방된 이후 본격적으로 동아시아 담론을 구상한다. 그 구체적 결과물이 소위 '동아시아 3부작'이라고 일컬어지는 『손님』(2001), 『심청』(2003), 『바리데기』(2007)이다. 동아시아 담론이란 서구(미국) 중심의 신자유주의에 저항하는 탈식민주의적 시각을 통해 동아시아 고유의 정체성을 탐구하려는 것이다. 특히 그 출발점이 되는 『손님』[4]은 한국전쟁 50주년을 맞아 한국전쟁을 21세기적 시각에서 새롭게 번역한 작품으로 평가될 수 있다. 미국에서 목사로 일하고 있는 주인공 류요섭이 고향인 황해도 신천을 방문하는 것을 계기로 과거 신천학살 사건과 연루된 여러 인물들과 화해와 상생의 의미를 재인식한다는 것이 주요 내용이다. "분단 모순의 상상적 해결을 넘어서는 통일문학의 이정표"[5]라거나 "전통과 현대성이 결합된 21세기형 분단소설"[6]이라는 평가가 한국전쟁을 통해 황석영이 새롭게 번역하는 '한국'의 의미를 확인시켜준다. 그래서 이때의 따옴표 쳐진 '한국'은 구체적이고 개체화된 한국 자체가 아니라 개념화되고 집단화된 이데올로기로서의 의미를 지닌, '한국'으로 문화번역된 한국을 의미하게 된다. 우리가 이미 알고 있는 '분단' '민

---

3 김현미, 『글로벌 시대의 문화번역』, 또하나의 문화, 2005, 48쪽 참조.

4 황석영, 『손님』, 창작과 비평사, 2001. 앞으로 본문 인용은 이 책에 의거하여 쪽수를 제시한다.

5 이봉일, 『이데올로기의 유령을 넘어서』, 월인, 2002, 58쪽.

6 오창은, 「억압된 기억의 꿈-『손님』론」, 오태호 엮음, 『황석영』, 글누림, 2010, 304쪽.

족' '동양'의 의미를 동아시아 담론에 위치시키기 위해 황석영은 한국전쟁이라는 역사적 사건에 주목한 것이다.

이런 맥락에서 『손님』에 나타난 '한국'은 '사후(事後) 발명품'이라고 할 수 있다. '포스트(post, 以後)'의 시기에 '프리(pre, 以前)'가 만들어지는 것이기 때문이다.[7] 포스트분단문학, 포스트민족문학, 포스트오리엔탈리즘문학의 측면에서 『손님』을 바라볼 수 있는 것도 이런 배경에서 가능하다. 이때의 '포스트'는 분단문학과 민족문학, 오리엔탈리즘문학을 이미 경험한 후 그에 대한 번역이 일어난 사후의 인식이라는 의미와, 기존의 분단문학이나 민족문학, 오리엔탈리즘문학을 계승함(후기)과 동시에 거기에서 벗어나려는(탈) 이중적 경향을 보여준다는 의미를 동시에 담고 있다. 마치 번역이 원본으로 종결되지 않고 그 이후에 전개되는 삶, 이른바 '후생(後生, after life)' 속에서 실현되는 것처럼[8] 『손님』에 나타난 '한국'은 포스트 담론들을 통해 이국화(異國化)된다. 이때 주요 배경인 한국전쟁이나 신천학살사건 또한 과거가 아닌 현재의 사건이 되고, 과거(역사)라는 시간 자체도 공간적으로는 '외국'처럼 다가오기에 그 속에서 사람들은 현재와 다르게 살게 된다.[9]

이 글의 목적은 이런 번역 과정에서 황석영의 『손님』이 '한국'이라는 특수성에 경도된 토착주의(nativism) 및 기존의 오리엔탈리즘에 내재하는 동양에 대한 낭만주의로부터 얼마나 자유로운지 검토하는 것이다. 지금까지의 '한국' 번역이 주로 한국 외부의 눈에 비친 것을 중심으로 했다면, 『손님』은 한국 내부에서 한국을 번역하는 양상에 대한 고찰을 본격적으

---

7 레이 초우, 『원시적 열정』, 정재서 옮김, 이산, 2004, 45쪽 참조.

8 이명호, 「문화번역의 정치성: 이국성의 해방과 이웃되기」, 『비평과 이론』, 2010, 봄/여름호, 240쪽 참조.

9 유종호, 『과거라는 이름의 외국』, 현대문학, 2011, 13쪽 참조.

로 보여준다는 의미에서 차별성과 중요성을 지닌다. 때문에 '현실주의적인 서사를 우리 형식에 담는다'[10]는 작가의 의도가 '자민족 중심주의(ethnocentrism)'와 '전략적 본질주의(strategic essentialism)' 사이의 어디쯤에 위치하고 있는지 그 구체적인 민족번역의 양상을 확인해볼 수 있다. 그리고 궁극적으로는 『손님』에서 손님/주인, 기독교/마르크스주의, 남/북, 전통/근대, 동양/서양, 과거/현재, 현실/꿈, 실재/헛것 등의 이분법적이고 환원론적인 이항대립성을 극복해보려는 노력을 어느 정도 구현하고 있는지 고찰할 수 있다. 『손님』에서 보여준 황석영의 성과와 한계 자체가 21세기 들어 새롭게 '한국'을 번역할 때의 현실태이자 가능태이기 때문이다. 『손님』은 이런 '한국' 작가 황석영의 번역자로서의 위치를 보여주는 시금석이다.

2. 포스트분단문학: 전쟁의 전유(專有)

『손님』의 역사적 배경은 1950년에 있었던 신천학살사건이다. 현재 미국에서 목사로 활동 중인 류요섭은 고향인 신천을 방문하기 직전에 일어난 형 류요한의 갑작스러운 죽음을 계기로 한국전쟁 중에 있었던 일을 회상하게 된다. 그리고 이를 통해 한국전쟁 때 10살이었던 류요섭의 눈에 비친 당시의 진상을 현재로 호출함으로써 광기의 역사로 인한 상처를 치유하고 화해와 상생을 이루려는 것이 소설의 주제이다. 형 류요한을 평생 괴롭혔던 '그때 그일'의 현장에 있었던 사람들이 류요섭을 영매(靈媒)로 삼아 유령으로 등장함으로써 직접 숨겨진 진실을 밝히도록 하는 것이 작가

10 황석영·심진경(도전 인터뷰), 「한국문학은 살아 있다」, 『창작과 비평』, 2007, 가을호, 243쪽.

의 의도이다.

신천학살사건은 황해도 신천에서 1950년 10월부터 12월까지 45일 동안 무고한 주민들이 무자비하게 학살된 사건이다. 8·15 해방정국과 6·25를 계기로 해서 인천상륙사건과 1·4 후퇴로 이어지는 1945년부터 1950년 사이의 혼란스러운 역사의 한복판에 신천학살사건이 존재한다. 이 사건이 더욱 유명해진 것은 1951년에 피카소가 그린 그림 '한국에서 일어난 학살(The Massacre in Korea)' 때문이다. 이미 1937년에 자신의 조국인 에스파냐에서 일어난 전쟁의 참혹상을 고발하기 위해 '게르니카'를 그린 피카소는 한국에서 일어난 신천학살사건 소식을 듣고 '한국판 게르니카'로 불리는 이 그림을 그린다. 신천학살사건을 통해 "오십이일 동안 신천군 주민의 사분지 일에 해당하는 삼만오천삼백팔십삼명"(99쪽)이 죽었다는 사실이 피카소에게 커다란 충격을 주었던 것이다.

그런데 아직도 정확한 진상이 밝혀지지 않은 신천학살사건에 대해 『손님』에서는 새롭고 충격적인 사실을 제시한다. 기존의 역사에서 미군에 의해 저질러진 만행으로 알려진 신천학살사건이 사실은 우익 기독교 단체에 의해 저질러졌다는 것이다. 그렇다면 이것은 미국과 소련의 대립이 아니라 남과 북, 좌익과 우익, 기독교와 마르크스주의의 대립으로 그 구도가 바뀐다.

①"지난 조국해방전쟁 시기 미제침략자들은 조선에서 인류역사상 일찍이 그 류례를 찾아볼 수 없는 전대미문의 대규모적인 인간 살륙 만행을 감행함으로써 이십세기 식인종으로서의 야수적 본성을 만천하에 낱낱이 드러내놓았습니다. 흡혈귀 신천지구 주둔 사령관 해리슨놈의 명령에 따라 감행된 신천 대중학살은 그 야수성과 잔인성에 있어서 제이차세계대전 시기 히틀러 도배들이 감행한 오스벤찜의 류혈적 참화를 훨씬 릉가하였습니다. 미제침략

자들은 신천에서 살아 움직이는 모든 것은 잿가루 속에 파묻으라고 지껄이면서 오십이일 동안에 신천군 주민의 사분지 일에 해당하는 삼만오천삼백팔십삼명의 무고한 인민들을 가장 잔인하고 야수적인 방법으로 학살하는 천추에 용납못할 귀축 같은 만행을 감행하였습니다."(99쪽)

② 그들의 말은 타자기의 활자체 글씨처럼 단문이 되어 요섭의 현재와 과거를 찍으면서 스쳐 지나갔다. 그들은 모두 미군이라고 고쳐서 말했지만 당시에 미군은 주둔하지 않고 북쪽을 향하여 차를 타고 재빨리 지나갔을 뿐이다. 군대가 오기 직전과 뒤의 사십오일 동안 후방 병력의 대부분은 치안대와 청년단이었던 것을 요섭은 자신의 형 요한과 함께 잘 알고 있었다. (108쪽)

인용문①은 류요섭이 북한을 방문해서 신천의 '미제학살기념박물관'에 들렀을 때 북한측 안내원이 설명하는 내용이다. 북한 안내원은 남한뿐만 아니라 그 배경이라고 생각되는 "미제 침략자들"을 공격하기 위해 그들이 무고한 인민들을 가장 야수적인 방법으로 학살했음을 고발하고 있다. 소설에서 류요섭은 본인이 신천학살사건을 직접 경험했기 때문에 그 설명이 사실이 아님을 누구보다도 더 잘 안다. 북한이 이 사건을 미군의 소행으로 모는 이유는 자신들의 체제를 유지하기 위한 것임도 간파한다. 학살의 원흉으로서 미군을 호명해야 해방의 당사자로서의 북쪽 입장이 분명해지기 때문이다.

하지만 인용문②에서 뒤집어지듯이 작가는 "모두 외세탓"(91쪽)이라는 북한측 설명을 의심하면서 본인이 수집한 자료와 목격담을 중심으로 신천학살사건이 미군이 아닌 우익측에 의해 저질러진 만행임을 밝히고 있다. "누구 남들이 그런 행악을 한 게 아니라, 우리가……동네에서 같이 오순도순 살던 사람들이 그랬다"(116쪽)는 것이다. 또한 작가는 기존의 좌우 이데올로기를 '좌=마르크스주의=무산계급=소작농', '우=기독교=유산계급=친일분자'로 대체하고 있다. '성전을 위한 싸움'과 '인민을 위한 계급투쟁'이라는 명분의 이면을 파헤치려고 한 것이다. 평안도와 황해도지역은 조선에서 개신교가 가장 먼저 퍼진 지역이다. 그리고 신문명의 수입 과정에서 기독교는 지주를, 마르크스주의는 소작인을 중심으로 형성되었다. 심지어 소설 속에서는 기독교 내부에서도 분열이 일어나 서로의 가족을 죽이는 보복차원에서 신천학살사건이 일어났다고 본다.

이런 작가의 시각은 분단문학의 새로운 장을 연다. 한국전쟁을 배경으로 한 기존의 분단문학은 크게 전쟁 체험세대와 미체험세대로 나뉘어 그 양상을 달리한다. 전쟁체험세대는 이데올로기 차원에서 남과 북의 갈등 양상에 초점을 맞춘다. 남과 북의 이데올로기 대립이 설사 미국과 소련의 대리전 양상이라고 하더라도 좌익과 우익 사이의 가치관이나 세계관의 충돌에 그 근원을 둔다. 한국전쟁을 휴머니즘의 차원에서 다루더라도 좌우익 양쪽 모두 이런 이데올로기 대립의 피해자로 다루면서 이데올로기의 허구성을 비판하는 것이 대부분이다. 반면 전쟁 미체험세대는 이데올로기가 아닌 일상이나 관념의 차원에서 한국전쟁을 번역한다. 이들에게 한국전쟁은 부모세대를 통한 간접적 체험이거나 '북한'이라는 우리와 '다른' 체제를 낳은 계기로 인식되기 때문이다.

황석영은 전쟁체험세대로서 「한씨연대기」, 「북망 그 멀고도 고적한 곳」, 「탑」, 『무기의 그늘』 등을 통해 창작 초기부터 지속적으로 분단의 상처를 이데올로기 차원에서 소설화했다. 그렇지만 1989년 방북 이후 망명과 투옥을 겪고 베를린 장벽이 무너지는 세계사적 변화를 직접 경험하면서 『오래된 정원』, 『손님』, 『바리데기』 등 2000년대에 발표한 소설들에서는 보다 적극적으로 분단을 극복하려는 태도를 보인다. 『손님』의 경우에도 소설의 뒷부분에서는 인간 본성이 지닌 악마성이나 패악에 연유하는 폭력에 대해 비판하고 있지만[11], 작가가 신천학살사건의 진실에서 강조하고자 하는 바는 기독교 측의 폭력으로 인해 벌어진 참극이다. 기존의 남한 중심주의 혹은 반공주의의 오류에서 벗어나 북한에서 일어난 우익의 만행을 고발함으로써 균형 잡힌 시각을 확보하려는 것이 작가의 의도이다.[12] 이 점이 바로 기존의 우익 중심적 분단문학을 새롭게 번역한 '포스트분단문학'으로서의 이 작품의 특징이라고 볼 수 있다.

보다 구체적으로 볼 때, 『손님』은 이병주의 『지리산』, 김원일의 『겨울 골짜기』, 조정래의 『태백산맥』, 이문열의 『영웅시대』, 홍성원의 『남과 북』 등에서 민족 내부의 갈등으로 한국전쟁을 다룬 소설들의 전통을 이어받으면서도 그 작품들이 남한을 배경으로 한 것과 달리 한국문학 사상 최초로 북한을 배경으로 삼음으로써 남한중심주의에서 탈피한 분단문학으로서의 면모를 보여준다.[13] "타자(남한과 연관된 북한)의 역사를 구성적으로 재인식함으로써 스스로 타자되기(통일)를 기획하는 것"[14]이기 때문이다. 『손님』은 "남한의 작가가 북한에 대해 묘사할 수 있는 현시점에서의 최대치"[15]인 것은 분명하다. 남한이야기는 전혀 나오지 않는 상황에서 북한만을 배경으로 이토록 리얼한 분단문학을 쓸 수 있는 배경에는 황석영이 독일의 베를린 장벽이 무너지는 현장을 직접 경험하고, 그때부터 이

---

11 "나는 이제 우리의 편먹기는 끝났다고 생각했다. 더이상 사탄을 멸하는 주의 십자군이 아닌 것이다. 우리는 시험에 들기 시작했고 믿음도 타락했다고 생각했다. 나와 내 동무들은 눈빛을 잃어버린 나날이 되어갔다. 눈에 빛이 없다니 그게 무슨 소리냐고. 사는 게 귀찮고 짜증이 나서 그랬다. 조금만 짜증이 나면 에이 썅, 하고 짧게 씹어뱉고 나서 상대를 죽여버렸다." (246쪽)

12 양진오, 「한반도의 민족문제에 관한 장기지속적인 성찰」, 『문학과 사회』, 2002, 가을호, 155쪽 참조.

13 김병익, 「이념과 상잔, 민족의 해원」, 『문학동네』, 2001, 가을호, 535-536쪽 참조. 김재용, 「냉전적 분단구조 해체의 소설적 탐구」, 『실천문학』, 2001, 가을호, 323쪽 참조.

14 오창은(2010), 앞의 논문, 306쪽.

15 이재영, 「진실과 화해-『손님』론」, 최원식·임홍배 엮음, 『황석영 문학의 세계』, 창비, 2003, 105쪽.

작품을 구상했다는 사실에 그 연원을 둔다. 또한 1989년 방북 때 직접 신천을 방문했던 경험 또한 반영된 것이다. 이를 통해 『손님』은 '냉전적 적대감의 해소'라는 목적에 이바지하는 포스트분단문학적 성격을 잘 보여주고 있다. 남한의 역사를 남한의 시각에서 전유함으로써 남한의 자성(自省)을 촉구하고 있기 때문이다.

물론 이러한 황석영의 소위 '북한중심주의'에 입각한 한국전쟁 번역은 소설 속에서 또 다른 불공평함을 낳고 있다. 지나친 북한중심주의로 인해 '편협한 민족주의'로 비판받을 소지가 있기 때문이다.[16] 포스트분단문학으로서의 성격으로 인해 『손님』 속에서 한국전쟁은 불합리할 정도로 멜로드라마화 되는 경향을 보인다. 분단의 실상을 한국 '내부'의 갈등으로 전유함으로써 한국 '외부'의 역학 관계가 오히려 무시되는 경향 또한 발견된다.

가령 동네 머슴이었던 일랑(일명 이찌로)이나 광산노동자였던 순남이 아저씨로 대표되는 인민군의 폭력이나 살육은 오히려 간접적으로 간략하게 서술되는 반면, 상호나 봉수를 중심으로 한 기독교 청년단의 만행은 길게 직접적으로 서술되고 있다. 인민군 여전사 살해나 집단 윤간, 보복성 처형, 가족 살해 등의 장면은 엄청 처참하다. 특히 일랑을 류요한이 권총으로 사살하는 장면이나 순남이 아저씨를 전봇대에 매달아 죽이는 장면은 가히 충격적이다. 반면 내부 혈전의 빌미를 먼저 제공한 인민군의 류요한 가족에 대한 폭력이나 살육, 조장로의 죽음, 인민군 정규군의 무자비한 뒷마무리는 스쳐 지나가듯 간단하게 서술되고 있다. 이런 편파적인 묘사나 서술로 인해 "양자모두에게 공평하게 심판된다고 보기는 어려우며 회개하는 죄인(기독교)과 용서하는 당원(사회주의)이라는 형국에

16 현길언, 「종교와 이념」, 『문학과 종교』, 7호, 2002, 153-157쪽 참조.

가깝다"[17]는 부정적 평가를 받거나, 류요섭이 다시 찾은 북한도 "화해는 없고 따지기를 통한 용서와 시혜를 통해서 천도될 수 있는 이상한 고향"[18]이라는 비판을 받기도 한다.

그럼에도 불구하고 황석영의 『손님』은 그동안 분단문학에서 사각지대에 있었던 우익의 폭력성과 그에 대한 반성에 초점을 둠으로써 역사를 균형 잡힌 시각에서 번역하려 한 의의가 있음을 인정할 수 있다. 한쪽으로 치우친 시각을 바로잡으려면 그 반대쪽으로 기울어질 수밖에 없음을 인정한다면, 이 작품이 안고 있는 민족주의의 '편협함'이나 북한중심주의의 '과도함'은 일정 부분 이해될 수 있다. 물론 앞에서도 지적했듯이 작가는 이런 남북이데올로기의 문제가 아니라 인간 본성이 지닌 광기 차원에서 "애국정신의 타락"(236쪽)을 문제삼았다고 밝히고 있다. "목숨을 담보로 당원들의 재산을 갈취하든가 아니면 그들의 여자 식구들을 건드리기 시작"(236쪽)한 것에 주목하면 기독교의 기득권도 문제가 되지 않고, 애국정신의 맹목성도 무색해진다. 그저 인간 자체의 야수성만이 부각될 뿐이다. 하지만 작가는 그런 인간의 본질적인 폭력성이나 야만성을 낳은 배경으로서만 외래의 '손님'인 기독교와 마르크스주의를 번역한 것이 아니기에 보다 역사적이고 시대적인 독법을 통해 이 작품을 해석할 필요가 있다.

3. 포스트민족문학: 전통의 발명

2절에서 살펴본 것처럼 또 다른 '편견'이나 '되구부리기'를 초래할 위험

17 황국명, 「황석영 소설은 리얼리즘의 미래인가」, 『우리 소설의 터무니』, 세종출판사, 2005, 307쪽.

18 현길언, 「위장된 민족주의와 가짜 화해」, 『본질과 현상』, 2005, 겨울호, 266쪽.

스러운 요소를 지니고 있지만 『손님』 자체가 포스트분단문학의 입장에서 남한중심주의나 반공주의에서 벗어나 한국전쟁을 번역한 의의가 있는 작품임을 부정할 수는 없다. 이와 연관되어 『손님』은 이런 포스트분단문학적 내용을 '지노귀굿'이라는 전통적인 굿 양식으로 형상화했다는 점에서 더욱 활발하게 논의되는 작품이기도 하다. 이미 사건의 당사자들이 죽은 현재의 시점에서, 그것도 가장 직접적인 가해자였던 형 류요한마저 사망한 시점에서 당시의 진실을 밝혀줄 수 있는 사람들을 등장시킬 수 있는 문학적 장치로 작가가 선택한 것이 바로 '유령(귀신)'들이다. 이 유령들은 각기 다른 원한을 지닌 채 저승으로 가지 못하고 이승을 떠돌고 있다. 이런 원귀(寃鬼)들의 한을 풀어주고 이들을 제대로 저세상으로 떠나보내는 것이 화해와 상생의 첫걸음이고, 그런 목적에 맞춤한 전통 양식이 바로 지노귀굿이다.

지노귀굿은 "무당의 입을 빌어 수많은 귀신들이 들고 나며 자신의 목소리를 풀어놓는 전통적인 굿 양식"[19]으로서, 이 소설의 소제목들인 '부정풀이-신을 받음-저승사자-대내림-맑은 혼-베 가르기-생명돋음-시왕-길 가르기-옷 태우기-넋반-뒤풀이'는 지노귀굿 12마당의 구성을 거의 그대로 가져 온 것이다. 이를 다시 크게 삼분(三分)하면 죽은 원혼들과의 '접신(接神)-오신(娛神)-송신(送神)' 과정으로 나눌 수 있다. 그리고 지노귀굿의 이런 3단계는 그 자체로 '만남-충돌-조절'을 거치는 번역의 과정과도 유사하다.[20] 황석영은 전통 굿 양식을 현재적으로 번역하고 있는 것이다. 이런 번역 과정에서 중요한 것이 바로 원한 때문에 이승을 떠도는 죽은 자들을 편안하게 저승으로 인도하는 것이다.[21] 작가는 지노귀굿에서 망자

19 서영인, 「황석영 서사의 지평」, 오태호 엮음(2010), 앞의 책, 101쪽.

20 조재룡, 『번역의 유령들』, 문학과 지성사, 2011, 148쪽 참조.

21 "우리말의 '굿' 또는 '푸닥거리'는 프랑스어의 '콩쥐라시옹(conjuration)'으로 번역될 수 있

가 저승으로 가기 위한 과정의 하나로 자신의 억울한 심정을 토로하는 부분을 소설 속에서는 과거와 현재를 오가며 나누는 산 자와 죽은 자들의 대화 속에 녹여내고 있다. 사실 이런 전통적 양식에 대한 작가의 관심은 이미 『장길산』(1984) 때부터 마당극 운동을 적극 활용한 경우에서도 전례를 찾아볼 수 있다. 작가는 『손님』에서도 민중 연희 양식의 차용과 확대라는 측면에서 지노귀굿을 활용하고 있다.

이와 연관되어 작가는 '동아시아 연대'나 '전통의 확대'를 위한 새로운 문명론으로 중국의 '중체서용(中體西用)'이나 일본의 '화혼양재(和魂洋才)'와 관련된 '동도서기(東道西器)'를 새롭게 번역한 '서도동기(西道東器)'를 주장한다. 한반도에 서구 열강이 침투했던 구한말의 '동도서기', 즉 동양의 정신을 견지하면서 서양의 기술을 취하겠다는 사상을 '서도동기'로 뒤집음으로써 "패러다임을 바꾸자는 의미뿐만 아니라 동기(東器)를 강조하자"라거나 "서도(西道)까지도 동기에 담자"는 대안적인 새로운 문명론을 제시한 것이다. 그리고 '동기'에서의 '그릇(器)'을 단순한 수단이나 방법을 의미는 것만이 아니라 "내용물을 결정할 뿐만 아니라 그것을 변화시키기도 하는" 적극적인 의미로 재해석한다.[22] 때문에 '서도동기'는 "서도까지도 동기에 집어넣자는 얘기일 뿐만 아니라, 서도가 이미 옛날의 서도는 아니라는 것", "거듭난 동도가 세계를 제패한 서도를 반성시켜서 새롭게 규정한 서

다. 데리다는 이 단어의 이중적 의미에 주목한다. 그것은 유령들을 도착하게 만드는 부름 혹은 초혼이자, 이와 정반대로 불러온 영혼을 쫓아내는 마법적인 축귀를 의미한다. (……) 따라서 지금 여기에 존재하지 않는 타자를 불러내고 다시 쫓아내는 순환 행위 속에는 타자와의 관계를 회복함으로써 곧 주체를 회복하려는 시도가 들어 있다."

오연경, 「식인(食人) 주체와 유령들: 황석영의 『손님』론」, 『철학·사상·문화』 제9호, 2010, 151쪽 참조.

22 황석영·이문재(대담), 「새로운 문명적 대안과 문학론을 위하여」, 『문학동네』, 1999, 봄호, 38-39쪽 참조.

도"인 것으로 그 의미가 변화한다.[23] 그렇다면 '서도'는 세계를 제패했던 이전의 과거를 반성하는 새로운 서양을 의미하게 된다. 때문에 이때의 '서도'는 '동기'에 좀 더 가까워지고, 이전의 '동도서기'에서의 동양과의 배타적인 대립관계에서 벗어나게 된다.

여기서 보다 중요한 점은 작가의 이런 '서도동기'론이 김지하의 '동도동기(東道東器)'론처럼 "일제 치하의 향토주의나 검열하의 중국현대문학의 한 분야처럼 민속주의에 속하지 않는다"[24]는 사실이다. 작가의 이런 직접적인 강조를 참조하지 않더라도 『손님』에 사용된 전통적인 굿 양식은 전통의 확대를 통한 민족주의의 새로운 가능성을 보여준다. "전지구적 자본주의의 시장 논리에 대한 문명적 대안"[25] 혹은 "서구의 세계관과 지배 담론에 의해 굴절된 우리 문화의 자의식을 유추할 수 있는 기회"[26]로 평가할 수 있기 때문이다. 더욱이 황석영의 '서도동기'론이 그가 주장하는 바처럼 단순한 '향토주의'나 '민속주의'가 아닌 것은 이미 모더니티의 등장으로 한번 '죽었던' 전통을 지금 이 시점에서 다시 '살려낸' 것이기 때문이기도 하다. 황석영은 지금 살아 있는 것처럼 보이는 모더니티가 오히려 유령처럼 '죽어 있는' 것임을 간파한 것이다. 그래서 유령으로 유령에 맞서는 것, 이것이 바로 황석영이 전통을 '새롭게' 번역하는 방법이자 현실을 극복하는 방법이 된다.[27]

---

23 황석영·최원식(대담), 「황석영의 삶과 문학」, 최원식·임홍배 엮음(2003), 앞의 책, 60-61쪽 참조.

24 황석영·심진경(2007), 앞의 인터뷰, 247쪽.

25 김형수, 「분단의 형이상학을 넘어 민족의 해원에 이르는 길」, 『사림어문연구』 제14집, 2001.

26 고인환, 「황석영 소설에 나타난 전통 양식 전용 양상 연구」, 오태호 엮음(2010), 앞의 책, 197쪽 참조.

27 최영석, 「강신(降神)과 축귀(逐鬼)」, 『작가세계』, 2004, 봄호, 76-77쪽 참조.

③ 요섭은 벽을 따라서 길게 늘어선 헛것들을 둘러보았다. 한 여남은 명이 되어 보였다. 그것들은 그믐밤에 마당의 빨랫줄에 걸린 흰옷가지들같이 암흑에 덜 물든 좀더 밝은 어둠처럼 보였다.

성만이두 밖으루 나오라우.

하는 소리에 돌아보니 순남이 아저씨가 외삼촌의 방 앞에서 그를 불러내는 중이었다. 외삼촌도 요섭처럼 거실로 어정어정 걸어나왔다. 그는 누가 시키지 않았는데도 요섭의 옆에 와서 서더니 벽가에 늘어선 헛것들을 둘러보았다. 순남이 아저씨가 말했다.

우리가 요한이럴 데려가기 전에 갸가 죽인 사람덜이랑 풀어줄라구 기래. 죽으문 자잘못이 다 사라지디만 짚어난 보구 가야디.

살아 있는 요섭과 외삼촌은 거실의 위쪽에 앉고 요한 형과 순남이 아저씨의 헛것은 그들의 맞은편 아래쪽에 앉았는데 다른 마을사람들의 헛것들은 벽가에 서 있던 자리에서 스르르 미끄러져내려 자리를 잡았다. 그들은 남녀만 어렴풋이 분간될 뿐이고 누가 누군지 확실하게 알아볼 수는 없었다.

꿈에서처럼 앞뒤 순서도 없고 연결도 되지 않는 장면들이 어떤 곳에서는 자세하게 아니면 확 건너뛰어서 펼쳐졌다. (195-195쪽)

④ 자자, 이젠 돼서. 그만들 가자우.

순남이 아저씨의 헛것이 말했고 일랑이도 그 옆을 따른다.

그래, 가자우.

다른 남녀 헛것들도 벽에서 스르르 일어나 바람에 너울대는 헝겊처럼 어둠 속으로 사라지기 시작했다. 아득하게 먼곳에서 누군가의 목소리가 들려왔다.

서루 죽이구 죽언 것덜 세상 떠나문 다 모이게 돼 이서.

요한이 아우에게 말했다.

이제야 고향땅에 와서 원 풀고 한 풀고 동무들두 만나고 낯설고 어두운 데 떠돌지 않게 되었다. 간다, 잘들 있으라. (250쪽)

앞의 2절에서 작가가 포스트분단문학적인 측면에서 기독교를 유산계급과 연결시켜 비판했다면, 여기서는 지노귀굿이라는 전통을 민족적 요소와 연결시키면서 적극적으로 긍정하고 있다. 민족적 전통으로서의 굿 양식을 근대성의 외적인 변화에 의해 사라질 풍요성의 저장고이자 "헛것"들과 직접 소통할 수 있는 투명성의 저장고로 파악하고 있기 때문이다.[28] 그래서 작가는 인용문에서처럼 각각의 인물들이 자신의 진상을 토로하는 부분을 지노귀굿의 양식을 통해 문학화한다. 그리고 이런 '포한(抱恨)→해한(解恨)'의 과정에 집중함으로써 서로 다른 인물들의 다양한 입장을 입체적으로 조명하고자 한다. 전통 양식의 현대적 복원은 서구 중심의 근대문학에 응전하는 주요한 방식의 하나라고 할 수 있다.[29] 특히 굿 양식은 지배문화로는 번역 불가능한 피지배 문화의 경험과 전통을 전달하고 있기에 탈식민주의적 시각을 적극적으로 반영한다.[30]

또한 지노귀굿이라는 양식을 '전통의 확대'로도 볼 수 있는 이유는 그것이 "리얼리티를 획득하기 위해 리얼리즘을 버린 것"[31]이기 때문이다. 이때의 리얼리즘은 서구의 사실주의적 기법을 의미하고, 이에 반해 리얼리티는 유령의 출현이나 시점의 자유로운 이동 등의 탈사실주의적 기법을 의미한다. 황석영은 지노귀굿이라는 민족적 형식이 리얼리즘이라는 보편적(서구적) 양식을 극복하고 있는 것으로 파악한다.[32] 리얼리즘이 단선적·

---

28 네스트로 가르시아 칸클리니, 『혼종 문화』, 이성훈 옮김, 그린비, 2011, 269쪽 참조.

29 고인환(2010), 앞의 논문, 197쪽 참조.

30 김미영, 「황석영 소설에 나타난 탈식민주의 고찰」, 『한국언어문화』 제26집, 2004, 6쪽 참조.

31 김병익(2001), 앞의 논문, 529쪽 참조.

32 "과거의 리얼리즘 형식을 보다 과감하게 보다 풍부하게 해체하여 재구성해야 한다"거나 "객관적인 서술 방법도 삶을 그럴싸하게 그린다고 할 뿐이지 삶을 현실의 상태로 재현하는 것은 불가능한 노릇이다"라는 '작가의 말'을 참조할 수 있다.

고정적·인과적·선조적 인식에 기반을 둔 것이라면, 전통적인 굿 양식은 복합적·유동적·우발적·순환적 인식에 기반을 두면서 리얼리티의 세계를 반영한다는 것이다. 이런 맥락에서 『손님』의 서사 방식은 '리얼리즘을 넘어선 또 다른 리얼리즘'이라거나 '민족 화해를 대승적으로 지향하는 해원의 리얼리즘'이라는 의미를 부여받게 된다.[33] 작가가 주장하는 '서도동기'의 입장에서 보면 이때의 리얼리즘은 '서도'로, 리얼리티는 '동기'로 치환될 수 있다.

여기서 더 발전하여 황석영은 서구중심주의로 인한 근대의 파행을 이런 전통 양식을 통해 비판하려고 한다. 『손님』에서 유령은 부재하지만 가장 강력하게 현존하는 아이러니를 지닌다. 즉 유령은 현존하는 존재가 은폐하고 몰아내려는 진실을 가시화해주는 존재이기에 오히려 '산 자'보다 더 현실적이고 구체적이다. 비가시적인 가시성의 존재가 바로 유령이다.[34] 이런 '부재의 현존'을 가능하게 하는 것은 죽은 자들의 원한일 수도 있고, 살아남은 자들의 죄의식일 수도 있다. 또한 유령의 존재는 서구 중심의 근대성을 의심하게 만든다. 즉 유령은 과학적이고 물질적인 근대성을 부정하므로 그 자체로 근대성의 반명제가 될 수 있다는 것이다.[35] 이런 반근대적 유령을 통해 '서도'의 '동기'화는 더욱 강화되고, 감춰져 있던 현실은 더욱 명확하게 드러난다. 유령의 공간은 주변부이고, 유령의 언어는 방언이기 때문이다.

이처럼 황석영은 전통적인 굿 양식을 반서구적이거나 반근대적인 '민족적 양식'으로 현대화함으로써 포스트민족문학적인 면모를 보인다. '동도서기' 중심의 민족문학을 번역해서 '서도동기' 중심의 포스트민족문학

33 조성면, 『경계를 넘고 간극을 메우며』, 깊은샘, 2009, 43쪽 참조.
34 자크 데리다, 『마르크스의 유령들』, 진태원 옮김, 이제이북스, 2007, 24-26쪽 참조.
35 로아 파킨스 사모라, 『마술적 사실주의』, 우석균 옮김, 한국문화사, 2001, 324쪽 참조.

으로 바꾸고 있기 때문이다. 포스트민족문학에서는 내용으로서의 서양을 형식으로서의 동양에 포함시킬 수 있다. 때문에 '동도'와 '서기'가 서로 대립했던 민족문학과 달리 그 두 가지가 서로 배타적이지 않은 포함관계를 형성한다. 전통을 되살림으로써 문화적 주체성을 강조하지만, 그것이 이미 순결한 민족문화가 아닌 "서구라는 타자를 제 몸의 일부로 받아들인 건강한 혼혈"[36]의 상태이기 때문이다.

흔히 『손님』에 차용된 전통 굿 양식에서 라틴아메리카의 '마술적 리얼리즘'을 연상한다. 하지만 작가는 이에 대해 분명하게 선을 긋는다. 그것은 '서도서기(西道西器)'라고 생각하기 때문이다. 그 차이점이란 마술적 리얼리즘이 전통적인 민담이나 전설이 현실과는 유리된 채 원형 그대로 등장하여 '낯설게 하기'의 효과를 주는 데 비해, 자신의 '동기'는 언제나 현실과의 연결이나 접점을 강조한다는 것이다. 당대의 현실을 문제 삼기 위해 유령들은 현재로 소환된다. 그리고 이런 유령의 출현으로 전통이 확대됨으로써 포스트민족주의를 강력하게 환기시키게 된다. 이럴 때 『손님』에 등장하는 유령들은 그 자체로 "몸이 사회화되는 과정"과 연관된다.[37]

그러나 이런 포스트민족문학적인 특성이 '탈식민주의의 아포리아'를 초래할 위험성도 있다. 탈식민주의가 서구문화에 대한 저항을 의미하지만, 그런 탈식민주의적 민족주의가 지배계층을 옹호하는 또 다른 억압 담론으로 기능할 수 있기 때문이다.[38] "이스라엘이나 조선의 하나님 같은 건 없다오. 그냥……하나님은 하나님이디"(157쪽)라는 말에서 나타나듯이

36 임기현, 『황석영 소설의 탈식민성』, 역락, 2010, 390쪽.
37 황석영·심진경(2007), 앞의 인터뷰, 254-258쪽 참조.
38 고인환, 「황석영의 『손님』 연구: 탈식민주의 담론의 현재적 가능성을 중심으로」, 『동아시아 문화연구』 제 39집, 2005, 287쪽 참조.

하나님은 하나이지 '한국만의 하나님'과 같은 개념은 불가능하다. 그렇다면 한국적 전통에 토대를 둔 황석영의 '동기' 개념 자체도 '상상'의 개념일 수 있다는 것이다. 이와 연관시켜 재고해 보면 유령으로 형상화되었을 뿐 소설 속에서 그 형상으로 등장하는 인물들의 언어나 행위는 지극히 현실적이고 리얼하다. 작가 스스로도 이 소설의 양식이 너무 리얼해서 "뼈대만 남았다"[39]고 아쉬워할 정도로 『손님』에서 시도한 '전통의 확대'가 제대로 육화되었는지, 그리고 과연 필수불가결한 문학적 선택이었는지에 대해서는 엇갈린 평가를 내릴 수 있다.

이렇듯 작가가 '서도동기'를 내세워 전통적인 굿 양식을 끌어온 것은 일정 부분 "전통 형식의 기계적 적용"[40] 혹은 "이야기의 힘만을 증폭시키는 동어반복적인 것"[41]일 수 있다. 심지어 마술적 리얼리즘조차 서구의 제국 시절에 대한 추억과 동양에 대한 환상을 강화시켜 서구의 입맛에 맞는 상품에 불과하다는 비판 또한 제기될 수 있다면 문제는 더욱 심각하다. 이럴 때의 전통 양식은 '전도된 자민족 중심주의'의 결과물에 불과하기 때문이다. 전통을 중심으로 한 민족문학은 그것이 상실된 사회에서 오히려 서구의 환상을 단지 반복하기가 쉽기 때문이기도 하다.[42] 무엇보다도 이럴 때의 전통은 오히려 이국화되면서 중심/주변의 이항대립성을 강화시키고, 이로 인해 제국주의에 대한 저항을 방해하게 된다.[43] 이처럼 전통적 양식의 현대적이고 주체적인 활용이 민족정체성을 확립하기 위한 인공적인 '발명품'에 불과하다면, 결과적으로 『손님』에 사용된 전통적인 굿 양식

39 황석영·심진경(2007), 앞의 인터뷰, 262쪽.

40 황국명(2005), 앞의 논문, 301쪽.

41 최영석(2004), 앞의 논문, 88쪽.

42 로버트 J.C. 영, 『백색신화』, 김용규 옮김, 경성대학교출판부, 2008, 410쪽 참조.

43 릴라 간디, 『포스트식민주의란 무엇인가』, 이영욱 옮김, 현실문화연구, 2000, 168쪽 참조.

은 우리에게는 너무 낯익고, 서구 사람들에게는 너무 낯설기만 한 '동기'에 다름 아니게 된다.

4. 포스트오리엔탈리즘문학: 동양의 복제

황석영이 주장한 '서도동기'는 '민족'의 차원에서 뿐만 아니라 '동양'의 차원에서도 문제적인 용어이다. 황석영은 '서도'를 '동기'에 담는 것을 중시한다. 『손님』의 경우에는 기독교와 마르크스주의라는 '서도'를 어떻게 전통적인 굿 양식인 '동도'에 담을 것인가가 문제이다. 작가에 의하면 "기독교와 맑스주의는 식민지와 분단을 거쳐 오는 동안에 우리가 자생적인 근대화를 이루지 못하고 타의에 의하여 지니게 된 모더니티"(작가의 말)에 해당한다. 때문에 서구로부터 유입된 '손님'에 해당하는 것이 바로 '기독교'와 '마르크스주의'라고 할 수 있다.[44] '주인(동기)'의 입장에서 이런 '손님(서도)'을 어떻게 수용하는가가 한국 근대 역사에 중요한 쟁점이라는 것이 작가의 의식이다. 이럴 때 좌/우, 마르크스주의/기독교의 대립은 다시 주인/손님, 본래적인 것/외래적인 것으로 번역된다.[45] 이데올로기의 대립에서 서로에게 모두 가해자인 한국인들은 '손님'에 의한 대립에서는 모두 피해자라는 것이다. 박래품인 기독교와 마르크스주의가 주인 행세를 함으로써 한국 근대사의 비극이 초래된 것이라고 보기 때문이다.

---

44 "천연두를 서병(西病)으로 파악하고 이를 막아내고자 했던 중세의 조선 민중들이 '마마' 또는 '손님'이라 부르면서 '손님굿'이라는 무속의 한 형식을 만들어낸 것에 착안해서 나는 이들 기독교와 맑스주의를 '손님'으로 규정했다."(작가의 말)

45 성민엽, 「이데올로기 너머의 화해와 그 원리」, 『창작과 비평』, 2001, 겨울호, 243-244쪽 참조.

⑤ 이건 모두가 기독 청년들이 거사한 일이야. 물론 남에서도 한독당이며 반공청년들이 들어와 함께 거사를 했지. 저들이 맑스의 자본론을 들이댄다면 우리에게는 성경이 있었다. 이제 우리는 주님의 십자군이요 저쪽은 사탄의 세력이 되구 말았지, 이건 우리 할아버짓적부터 조선이 개화하면서 시작되었던 거야. (123쪽)

인용문⑤는 '자본론'과 '성경'으로 대변되는 서구의 '손님'이 한국에 들어오면서 개화기를 거쳐 한국전쟁 시기까지 전개되는 동안 신천학살사건의 주요 동인이 되었던 한국 기독교가 지닌 역사의식을 설명하고 있다. 남쪽 기독교는 북쪽과의 전쟁을 "십자군" 전쟁으로 비유하면서 인민군을 "사탄의 세력"으로 간주하고 있다. 소설 속에서 한국 개신교의 전래과정과 황해도 교회 성립사, 해방 후 북한지역에서의 노동당과 기독교의 대립과정을 류요섭의 가족사와 연결시켜 서술하는 이유도 여기에 있다.

그런데 『손님』에서 이런 기독교와 마르크스주의의 갈등에서 더욱 중요한 이면을 차지하는 것이 바로 '토지개혁'이다. 민족 내부 사이의 갈등을 초래한 결정적 계기가 바로 지주였던 기독교도들 소유의 토지를 강제로 빼앗은 사건이기 때문이다. 그것도 종처럼 부리던 아랫것들, 즉 "제 고장에서 대접 못받던" "어중이 떠중이에 머슴 건달 떠돌이 따위들"에게 당했다는 충격이 기독교인들을 괴롭혔다. 그러므로 신천학살사건의 결정적 계기는 기독교에 대한 탄압이 아니라, 실제적인 재산 몰수나 토지개혁이었다는 것이다. 이럴 때에는 기독교와 마르크스주의라는 두 가지 '손님'의 내용이 재편된다. 기독교가 자본주의로 대체됨으로써 '자본주의'와 '마르크스주의'로 손님의 내용이 변화되기 때문이다. 한국의 기독교가 친일파와 같은 기득권 세력이나 유산계급과 친연성을 보인다는 역사적 사실이 이런 상황을 증명해 준다.

이런 맥락에서 '친일파=지주=자본가=우파=기독교=미국'이라는 등식이 순차적으로 성립된다. 자본주의를 대변하는 축이 바로 미국식 자본주의나 신자유주의이기 때문이다. "그런데 이제 보니 사실상 가장 무서운 '손님마마님'은 아직도 미국이 아닌가"(작가의 말)라는 작가의 언급에서도 외세의 중심은 자본주의이고, 자본주의의 중심은 미국이라는 사실을 알 수 있다.[46] 이럴 때 북한인민들은 유산계급과 미국에 의해 이중으로 식민화된 하위주체들에 다름 아니게 된다. 이런 자본주의에 대한 비판을 통해 『손님』은 서구/비서구, 식민/피식민의 대립이라는 탈식민주의적 시각을 확보하게 된다. 그리고 이런 탈식민주의적 시각을 통해 서양이 낭만화시키거나 신비화시킨 '오리엔탈리즘'을 다시 번역해서 동양이 바라본 동양 중심의 '포스트'오리엔탈리즘적 시각이 확보된다. 포스트오리엔탈리즘이란 동양이 스스로 바라본 동양을 중심으로 오리엔탈리즘을 새롭게 번역함으로써 동양을 서양의 대안으로 재발견하려는 움직임을 의미한다.

> ⑥ 그때 우리는 양쪽이 모두 어렸다고 생각한다. 더 자라서 사람 사는 일은 더 복잡하고 서로 이해할 일이 많다는 걸 깨닫게 되어야만 했다. 지상의 일은 역시 물질에 근거하여 땀 흘려 근로하고 그것을 베풀고 남과 나누어 누리는 일이며, 그것이 정의로워야 하늘에 떳떳한 신앙을 돌릴 수 있는 법이다. 야소교나 사회주의를 신학문이라고 받아 배운 지 한 세대도 못되어 서로가 열심당만 되어 있었지 예전부터 살아오던 사람살이의 일은 잊어버리고 만 것이다. (176쪽)

46 작가는 이전에도 "따지고 보면 자본주의 체제라고 하는 것은 엄밀하게 말하자면 '미국화'이거든요"(이문재와의 대담, 36쪽 참조)라거나, "글로벌리제이션의 번역도 그냥 '지구화'나 '세계화'가 아니라 '(미국식)세계화'라고 특화시켜야 한다"(「황석영이 황석영을 말하다」, 『작가세계』, 2004, 여름호, 26쪽)라고 말한 바 있다.

인용문⑥에 드러나듯이 작가는 "야소교"와 "사회주의" 중심의 서양문화에 대해 "열심당"으로서 맹목적인 신봉을 보인 과오를 청산하기 위해서는 "예전부터 살아오던 사람살이의 일"을 잊어버려서는 안 된다고 본다. 이것은 인용문의 앞부분에서 남쪽과 북쪽 "양쪽이 모두 어렸다"고 말하면서 양비론의 시각을 언뜻 보이는 것과는 다른 시각이다. "인간의 일은 역시 물질에 근거하여 땀 흘려 근로하고 그것을 베풀고 남과 나누어 누리는 일이며 노동과 분배가 정의로워야 하늘에 떳떳한 신앙을 돌릴 수 있는 법"이라고 말하면서 기독교와 마르크스주의의 조화를 강조한 것을 무색케 하는 측면도 있다. "사람살이의 일"이라는 보편성이 아니라 "예전부터 살아오던"이라는 특수성에 대한 옹호로 읽힐 여지가 충분하기 때문이다.

이를 뒷받침해주는 근거들이 다른 인물들에게서도 발견된다. 류요섭의 증조할머니는 "서양구신"(38쪽)을 대신해 "당군하라부지"(39쪽)을 잘 모셔야 한다며 손님마마를 물리치기 위해 장승법수에게 절을 시킨다. "손님마마란 것이 거이 원래가 서쪽 병"(43쪽)이라는 생각 때문이다. 이런 증조할머니의 전통적 생각은 할아버지와 아버지, 그리고 자신의 세대로 내려오면서 기독교적인 가풍에 의해 자연스럽게 배척되지만, 이 소설에서 긍정적으로 그려지는 인물인 소메 삼촌을 통해 주체적으로 한국화된 양상으로 발전한다. 소메 삼촌은 한국전쟁이나 신천학살사건 때에도 인간의 인간다움에 충실한 인품 덕에 살아남았고, 현재 북한에서도 '열성 당원'인 동시에 '회개하는 기독교인'이라는 이중적이고 모순적인 가치를 동시에 실천하고 있는 인물이다. 당원으로서 인정을 받으면서도 여러 유령들과 가장 활발하게 소통할 수 있는 능력을 지녔고, 참회의 기도 또한 열심히 드리기도 한다. 작가는 바로 이런 방식을 기독교의 한국화, 즉 '한국의 예수님'을 믿는 방식으로 간주하고 있다.

그런데 작가의 이런 동양적 사고는 위험할 수 있다. 특히 이런 위험성은 작가의 포스트오리엔탈리즘적 사고가 앞에서도 언급했듯이 신자유주의를 중심으로 한 미국식 자본주의에 대한 비판과 연결될 때 한층 심화될 수 있다. 한국의 주체성을 "예전부터 살아오던 사람살이의 일"의 회복으로 확립하고자 할 때 근대 내부의 적대나 비판은 소거된 채 근대 외부에 대한 손쉬운 비판에 빠질 수 있기 때문이다. 또한 근대에 대한 진지한 비판이 사라져 '근대 없는 근대'로 전락할 위험성도 커진다.[47] 근대로부터 자유로운 국가나 민족은 없다. 이것이 근대가 진짜 유령인 이유이다. 그렇다면 한국의 분단문제 또한 "특수한 모더니티나 예외적인 모더니티가 초래한 비정상적인 결과가 아니라 자본주의적인 모더니티에 내재적인 한계를 직접 표상하는 것"[48]으로 보아야 한다.

이와 연관되는 또 다른 문제점은 이런 작가의 전통론 혹은 근대론과 연결되는 동양론이 말 그대로 순수하게 동양적인가에 대한 의문이다. 작가는 "쓴 사람의 국적을 넘어 세계인이 함께 보고 공감할 수 있는 문학"[49]이 될 수 있고, 그러기 위해서 "우리가 자기 근처에서 뭔가 보편적인 가치들을 찾아낼 수 있"[50]어야 한다고 본다. 작가는 한국적인 특수성이 아닌 세계적인 보편성을 살리기 위해 동아시아적 상상력이나 전통적인 양식을 활용한다. 하지만 이런 '서도동기'적 발상이 오히려 서구의 오리엔탈리즘적 시각을 복제한 측면이 있다. 동양이 동양인 것은 서양과의 대비에 의해서 가능한 것이고, 그런 의미에서 서양이 없으면 동양도 없다. 이런 맥락에서 작가의 동아시아론은 다분히 서양을 의식하고 그 대타개념에서

47 서동진, 「분단·이동·모더니티」, 『문학동네』, 2006, 겨울호, 447-448쪽 참조.

48 위의 논문, 448쪽 참조.

49 황석영·최원식(2003), 앞의 대담, 22쪽.

50 황석영·이문재(1999), 앞의 대담, 36쪽.

규정된 것이다. 때문에 이때의 동양 또한 '상상'의 동양, '만들어진' 동양일 수 있다. 그렇다면 손님을 배척하는 주인의 관점이 아니라, 손님을 지나치게 의식하는 주인의 관점이 오히려 문제될 수 있다.

『손님』의 이런 시각은 '동양의 오리엔탈리즘'과 연결된다. 동양의 오리엔탈리즘은 외국인이 보는 것을 보거나 외국의 응시에 어울린다고 생각되는 것을 동양 내부에서 증명하려는 강박이나 환상을 의미한다. 황석영이 강조하는 '전통적인 것' 혹은 '동양적인 것'은 서구인들이 한국적이라고 생각하는 "응시를 되받아 응시하는 노출벽"[51]일 수 있다. 물론 이러한 노출벽을 통해 동양을 서발턴화하고 이국화하는 서양의 오리엔탈리즘을 패러디하거나 흉내냄으로써 서양에 대한 저항이나 비판이 가능하다. 하지만 『손님』의 경우에는 서양이 바라본 상상의 동양과 그 특성이 비슷하다. 때문에 이때의 오리엔탈리즘은 '전도된 오리엔탈리즘'이라는 혐의로부터 자유롭지 못하다.[52] 황석영의 동양론이 "리얼리즘 이전의 초현실적 묘사와 오컬티즘의 남발"[53]이라는 비판을 받는 이유도 여기에 있다.

이럴 때에는 옥시덴탈리즘이 오히려 오리엔탈리즘의 반사경에 다름 아니게 되어, '백색신화'와 유사한 '황색신화'가 발생할 수 있다. 동양에 대한 응시가 동양을 생산한 서양을 복제하는 아이러니가 발생하고 있기 때문이다. 포스트오리엔탈리즘도 서양이라는 '제국의 눈'을 의식할 수밖에 없는 이중 억압의 산물이라는 것이다. 마치 에드워드 사이드(Edward W. Said)의 오리엔탈리즘 이론이 서양과 동양의 대립을 '해체'하기보다는 '부정'하려고 했기 때문에 '서양/동양'이라는 이분법적 사유를 여전히 반복하

---

51 레이 초우(2004), 앞의 책, 258쪽.

52 권성우, 「서사의 창조적 갱신과 리얼리즘의 퇴행 사이」, 『한민족문화연구』, 제24집, 2004, 241-243쪽 참조.

53 오창은(2010), 앞의 논문, 361쪽.

고 있는 한계를 보인다는 것과 유사하다고 할 수 있다.[54] 즉 오리엔탈리즘의 한계를 극복하려던 포스트오리엔탈리즘이 그 한계를 어쩔 수 없이 계승하고 있다는 것이다.

5. '한국'이라는 상상의 공동체와 혼종성

한국은 일본과 미국을 번역한다. 그리고 이와 유사하게 한국은 스스로를 번역한다. 황석영의 『손님』은 이런 현실 하에 한국에 대한 스스로의 번역에서 '차이를 가진 반복'을 보여준다. 황석영에게 한국은 매끄러운 이동을 보이며 번역되는 연속체가 아니라, 오염되고 침범된 혼종성의 지대를 횡단하게 하는 복합물이다. 그래서 황석영에게는 한국 자체가 해방적이면서도 구속적인 대상이다. 한국적이기 위해 한국을 발명하고, 세계와 소통하기 위해 한국을 번역해야 하기 때문이다. 그리고 그 구체적인 실천 행위로 『손님』에서는 한국전쟁 중에 일어난 신천학살사건의 진상을 지노귀굿이라는 전통 양식에 담아 민족의 화해와 통일을 투사하고 있다. 작가는 그동안 스스로 말할 수 없었거나 잘못 말해졌던 '한국적인 것'을 한국 스스로 말하게 해준다. 그리고 황석영은 그 과정에서 기존의 반공주의와 민족주의, 오리엔탈리즘의 한계를 극복하려는 '포스트'담론을 소설화한다.

아시아 본질주의(자국민주의)는 곧 서양주의일 수 있다.[55] 아시아의 본질주의와 서양의 나르시시즘은 전이와 역전이의 긴장 속에서 기묘한 공범 관계를 이루기 쉽기 때문이다.[56] 황석영이 한국에 '대해' 말할 뿐 한국

---

54 로버트 J. C. 영(2008), 앞의 책, 350쪽 참조.

55 사카이 나오키, 『번역과 주체』, 후지이 다케시 옮김, 이산, 2005, 131-143쪽 참조.

56 위의 책, 217-221쪽 참조.

'에' 말하지 않는다는 혐의도 여기서 발생한다. 하지만 이런 침해나 오해, 오염이 없으면 번역은 불가능하다. 오히려 번역은 언제나 불완전하고 불편한 문학 행위이다. 문학 안에서 '한국'은 언제나 번역된 채 존재한다. 그리고 그 번역 과정은 타자를 설정하는 과정에 다름 아니고, 차이에 대한 해석과 재해석의 과정일 수밖에 없다. 그 결과 '한국' 번역에서는 한국적인 것뿐만 아니라 반한국적이거나 비한국적인 것이 포함된다는 것, 그래서 혼종성의 양상을 보일 수밖에 없다. 그것을 후진적인 것이라거나 본래성이 결여된 것으로 보는 것 자체가 이분법적이고 비현실적인 것이다. 한국의 주체성은 서양을 모방하고 싶다는 욕망의 모방과 그에 대한 반발의 역학관계에서 발생하는 까닭이다.

이런 맥락이라면 황석영의 '한국' 번역이 과연 옳은가 그른가에 대한 논의는 비생산적이다. 오히려 왜 '한국'에 대한 번역이 필요했고, 그 방법론이 어디에 근거를 두는가에 대한 관심을 통해 그런 번역의 (무)의식을 규명해보는 것이 더 생산적인 논의가 될 것이다. 어차피 '순수한' 한국은 없다. 한국은 '한국'이 필요하기 때문에 '한국'이 된다. 이런 현실을 인정할 때라야만 한국으로의 회귀가 오히려 이상주의적이고 편협한 분단문학이나 민족문학, 오리엔탈리즘문학의 반복이 아닐 수 있게 된다. '한국'의 번역이 식민주의적 보편성에 토대를 둔 '특수성'이 아니라 문화적 차이에 기초한 '단독성'의 측면에서 이루어져야 하는 이유도 여기에 있다.

이런 '단독성'이 보장될 때에야 비로소 진정한 번역 공간이 가능해진다. 중심과 주변이 서로 갈등하면서 공백이 생겨나고, 그 접점에서 비판적인 혼합도 일어나는 제3의 공간, 동일화할 수 없는 것들이 불연속적으로 써지는 공간이 바로 민족번역의 공간이다.[57] 이런 혼종적 번역 공간에서 한

57 정혜욱(2010), 앞의 책, 112쪽, 132쪽 참조.

국은 동양적이기도 하고 서양적이기도 하다. 황석영은 이런 두 개의 '한국'에 대해 분열적이고 양가적인 충성심을 보여주고 있다. 『손님』은 바로 이런 '한국' 번역에서의 '절반의 성공'과 '절반의 실패'를 동시에 보여주는, 경계에 서 있는 '한국' 작품이다.

제5장

타자의 역설과 자기오역

2000년대 탈북자 소설을 중심으로

1. 타자라는 유령, 유령으로서의 타자

슬라보예 지젝(Slavoj Žižek)은 『까다로운 주체』에서 마르크스의 공산당 선언에 빗대어 "하나의 유령이 서구의 학계를 배회하고 있다. 데카르트적 주체라는 유령이……"라는 문장으로 서문을 시작하고 있다. 그렇다면 다음과 같은 선언도 가능할 것이다. "지금 한국 사회에 거부할 수 없는 유령이 떠돌고 있다. 타자라는 유령이……." 현재 '타자'라는 용어는 인기 있는 브랜드가 되어 히트 상품처럼 소비되고 있으며[1], 타자의 대표적인 은

1 대표적으로 타자와 관련된 문학잡지 특집을 살펴보면 다음과 같다. 「탈영토화의 흐름들」(『문학판』, 2006, 봄호), 「경계, 경계에 선, 경계를 넘는 문학」(『문학들』, 2006, 가을호), 「생명정치」(『문학과 사회』, 2006, 가을호), 「길 위의 인생-이동·탈출·유목」(『문학동네』, 2006, 겨울호), 「이주노동자와 한국문학」(『내일을 여는 작가』, 2006, 겨울호), 「타자·마이너리티·디아스포라」(『작가와 비평』, 2006), 「국가·시민사회의 문학」(『실천문학』, 2008, 여름호), 「외국인이란 무엇인가」(『세계의 문학』, 2008, 가을호) 등.

유로 논의되는 '호모 사케르(Homo Sacer)'[2] 또한 이미 상투어가 되어버렸다. 주체[3] 개념에 대한 반성에서 출발한 타자 개념 자체가 주체만큼 혹은 주체보다 더 막강한 권력을 지니게 된 것이다. 이제 그 누구도 타자에 대해 너무 많이 모를 수는 없다. 타자는 그 자체로 하나의 신화나 이데올로기에 해당하기 때문이다.

더욱이 타자는 더 이상 타자만의 문제가 아니다. 하위주체, 소수자, 이주민, 불법체류자 등의 문제와 관련되면서 디아스포라, 다문화, 윤리, 인권, 정치 등의 문제를 새끼치고 있다. 지젝이 타자를 가리켜 에드바르 뭉크(Edvard Munch)의 그림 〈외침(Scream)〉과 같다고 말했듯이, 타자는 바야흐로 차별과 배제에 대한 모든 저항적 '외침'을 의미하기 때문이다. 타자를 구성하는 주체들(백인, 남성, 이성애자, 부자, 근대성, 합리주의, 휴머니즘 등)이 보여주는 제도화된 서열구조를 해체하면서 단일한 담론체계의 헤게모니를 비판하는 것이 바로 요즘 유행하는 '타자의 정치학'이다.[4]

하지만 이런 타자를 논의할 때 동전의 양면처럼 존재하는 위험성에 대한 논의 또한 활발하다. 첫 번째 위험은 '주체화'된 타자이고, 두 번째 위험은 '절대화'된 타자이다. 타자가 주체와 동일화되는 위험은 타자도 주체와 다름없다는 인식 하에 타자를 복권시키는 듯하지만 그 자체로 주체를 공고히 하는 책략에 불과할 때 발생한다. 타자에 대한 주체의 나르시시즘적 이해는 타자와의 연대·조화·화해라는 추상적 사고만을 재생산할 뿐

---

2 '호모 사케르'는 살해는 가능하되 희생물로 바칠 수는 없는 생명을 의미한다. 법(주권 권력)에 의해 추방됨으로써 법적 지위를 상실한 자들, 그러나 법에 의해 추방당했다는 바로 그 사실 때문에 법으로부터 완전히 자유롭지 못한 자들을 말한다.
조르지오 아감벤, 『호모 사케르』, 박진우 옮김, 새물결, 2008, 45쪽.

3 이 글에서는 타자의 상대어로 '주체'를 사용한다. 이때 주체는 '동일자'나 '자아'의 개념을 포함한다.

4 김상구 외, 『타자의 타자성과 그 담론적 전략들』, 부산대학교출판부, 2004, 109-110쪽.

이기에 위험하다.[5] 타자 논의에서의 두 번째 위험은 보다 급진적이고 근본적인 타자성을 중시할 때 발생한다. 절대화된 타자는 주체로 환원될 수 없는, 즉 주체와 비대칭적이고 외재적인 관계에 있는 타자에 대한 맹목적인 인정을 강요한다. 그럼으로써 타자에 대한 또 다른 보편주의와 추상성, 비정치성을 낳게 된다. 타자는 그 자체로 존중받아야 하지만, 그런 타자조차도 절대화될 수는 없다. 모두가 주체일 수 없듯이 모두가 타자일 수는 없기 때문이다.

그렇다면 이제는 타자의 이런 위험성에 관한 지적에서 한걸음 더 나아가 타자가 자기 자신과 어떤 관계를 맺으면서 타자로 표출되거나 상상되는지 보다 구체적으로 살펴볼 필요가 있다. 주체에게 '보여지는' 타자가 아니라 스스로를 '보는' 타자에 대한 구분이 중요하다는 것이다. 주체화되고 절대화된 타자 중심의 기존 논의는 주로 주체와의 관계 속에서 형성된 타자의 한계에 대해 주목한다. 이런 논의에서는 타자 내부의 결여나 비일관성은 간과될 수밖에 없다. 하지만 타자가 자기 자신과 맺는 관계 속에서 발생하는 한계에 대한 스스로의 자기번역 양상 또한 중요하다. 주체도 타자를 번역하지만, 타자도 자신을 번역할 수 있고, 그것도 잘못 번역할 수 있기 때문이다. 타자에 이르는 가장 짧은 길은 이런 '불완전한' 타자를 통하는 길일 수 있다. 인간만이 비인간적일 수 있듯이, 타자만이 비타자적일 수 있다면 더욱 그렇다. 물론 목욕물을 버리면서 아이까지 버려서는 안 되듯이, 이런 타자에 대한 성찰은 타자를 '거부'하려는 것이 아니라, 타자에 대한 논의를 '심화'시키기 위한 것이다.

이런 맥락에서 이 글은 타자의 주체화나 절대화만을 경계했던 기존 논의에서 벗어나 타자가 추구하는 타자의 '타자성'을 살펴봄과 동시에 타자

---

5 복도훈, 「연대의 환상, 적대의 현실」, 『문학동네』, 2006, 겨울호, 490쪽.

가 스스로를 오인하는 데서 오는 타자의 '환상성'을 동시에 고찰해보고자 한다. 타자의 타자성은 동일한 존재자들의 다수성이 아니라, 존재 자체의 다원성을 중시하는 고유한 타자성을 의미한다.[6] 반면 타자의 환상성은 타자의 꿈이나 착각을 의미하는 것이 아니라, 타자의 타자성이 이데올로기화됨으로써 그 실재(The Real)를 은폐하게 만드는 타자의 허구성을 의미한다. 여기서 중요한 것은 타자의 환상성 자체가 타자의 또 다른 욕망이 투사된 스크린에 해당한다는 것이다.[7] 그래서 타자의 환상성은 타자가 지닌 특성을 담보하면서도 타자성을 훼손시킬 수 있다. 타자가 자신의 타자성을 부각시키면 시킬수록 오히려 스스로에게 갖는 환상 또한 커지는 역설이 발생할 수 있다는 것이다. 타자는 자신의 타자성을 긍정적으로 발현시키면서 자신의 존재 가치를 드높일 수 있다. 하지만 이와 동시에 타자는 자신의 타자성에 대한 환상을 가지게 됨으로써 오히려 스스로를 타자화시킬 수도 있다. 타자의 자기오역(自己誤譯)이 발생하는 것이다.

이처럼 타자성과 환상성을 동시에 보여주는 타자의 역설과 자기오역에 대한 주목은 타자의 문제가 인권이나 윤리의 문제로 보편화되어서는 안 된다는 절박함을 내포하고 있다. 단순히 타자를 인정한다거나 그들과 연대해야 한다는 당위론적 주장의 확인이 아니라, 타자가 스스로를 어떻게 구성하고 변질시키는지 문학 텍스트 내에서 구체적으로 살펴보자는 것이다. 타자 내부의 불연속성이나 열림, 이질성을 포착함으로써 타자 내부에 존재하는 차이를 문학적으로 번역하는 것이 이 글의 목적이기 때문이다. 이를 위해서는 타자가 자기 자신에게 갖는 분열 양상에 주목하는 것이 중요하다. 타자 스스로도 자신이 타자다운 타자인지에 대한 의심과

---

6 박구용, 『우리 안의 타자』, 철학과 현실사, 2003, 128-129쪽.

7 슬라보예 지젝, 『환상의 돌림병』, 김종주 옮김, 인간사랑, 2002, 15-22쪽.

회의를 가질 수 있어야 한다. 이런 태도는 극단적으로 말해 '타자성의 중지'라고도 할 수 있다. 이것은 타자를 꿰뚫어보거나 그 자체로 경험하는 게 가능하다는 뜻이 아니라, 타자의 배후에는 어떤 숨겨진 신비함이나 진정한 알맹이도 있지 '않음'을 뜻한다.[8] 여기에는 주체가 잘못 걸었던 길을 되밟지 않으려는 타자의 성찰을 촉구하는 의도도 포함되어 있다.

논의 대상은 2000년대 한국 사회에서 최대(最大)이자 최적(最適)의 타자일 수 있는 탈북자[9]들이 주인공인 황석영의 『바리데기』와 김영하의 『빛의 제국』이다.[10] 탈북자들은 우리와 가장 가깝고도 먼 타자에 해당한다. 때문에 가장 한국적인 타자에 해당하는 탈북자들을 통해 '우리 안의 타자'에 대해 좀 더 첨예하면서도 실제적으로 고민해볼 수 있다. 『바리데기』는 탈북 이주노동자를 등장시켜 주변국으로서의 북한의 입장에서 서구자본주의를 문제 삼고 있으며, 『빛의 제국』은 남파 간첩을 등장시켜 북한 사회주의의 입장에서 남한의 자본주의를 문제 삼고 있다. 세계 유일의 분단국가인 한국 사회에서는 1990년대까지 남한의 시각에서 북한을 타자화하는 경향이 강했다. 하지만 2000년대 한국소설에서는 북한의 시각에서 남한을 객관적으로 바라보려는 소설들이 증가하고 있다. 이는 북한의 눈

---

8 Slavoj Žižek, *The Plague of Fantasies*, New York: Verso, 1997, p.138, 황정아, 「보편주의와 공동체」, 『안과 밖』, 21권, 2006, 473쪽에서 재인용.

9 탈북자는 흔히 경제적 가난으로 인해 북한을 탈출한 경제적 난민을 주로 지칭하지만, 이 글에서는 타의에 의해서건 자의에 의해서건 북한의 국경을 넘은 모든 사람들(가령 남파 간첩 등)을 포괄하는 광의의 개념으로 사용한다.

10 황석영은 노벨문학상 후보로도 자주 거론되는 대표적인 한국 작가로서, 2016년 현재 그의 작품은 다양한 언어로 70여 건이 외국으로 활발하게 소개되고 있다. 『바리데기』도 일본어와 불어, 영어, 스페인어 등으로 번역되었다. 김영하 또한 2016년 현재 50여 건이 번역된 작가로서, 특히 『빛의 제국』은 영어과 불어로 번역되어 현지 언론의 주목을 받기도 했다. 앞으로 이 두 소설의 본문 인용은 『바리데기』(창비, 2007)와 『빛의 제국』(문학동네, 2006)에 의거해서 쪽수를 제시한다.

에 비친 한국을 상상함으로써 자신을 객관화하려는 문학적 선택이라고 할 수 있다. 더욱이 '이주 여성'과 '간첩'을 각각 주인공으로 내세우고 있는 이 두 소설은 타자의 타자성과 환상성을 동시에 살펴볼 수 있는 문제적 타자들이 등장하고 있는 복합적 텍스트이기에 주목을 요한다.

2. 타자의 타자성과 타자의 추구(追求)

타자의 피부

황석영의 『바리데기』[11]는 분쟁과 대립을 극복하게 해주는 '21세기의 생명수'를 찾아서 떠난 여주인공 바리의 행적 자체가 주요 플롯을 이루고 있다. '고통 받는 고통의 치유사'나 '수난 당한 수난의 해결사'로서의 바리의 성격이 강조되는 것도 이 때문이다. "되풀이되는 전쟁과 갈등의 새 세기에 문화와 종교와 민족과 빈부 차이의 이데올로기를 넘어선 어떤 다원적 조화의 가능성"[12]을 탐색한 작품이 바로 『바리데기』라고 할 수 있다.

---

11 『바리데기』는 『손님』(2001), 『심청』(2003)과 더불어 작가 황석영의 동아시아 3부작 중 마지막 작품에 해당한다. 황석영은 월북과 망명, 귀국과 투옥, 석방 등을 겪으면서 한국적 서사와 형식에 보편적인 세계 문제를 담겠다는 문학적 프로젝트를 감행한다. 『손님』에서는 한국판 게르니카(Guernica)에 해당하는 신천양민학살사건을 통해 한국의 자생적 근대화를 불가능하게 한 서구적 '손님'으로 기독교와 마르크스주의를 지목하면서 전통적인 진오귀굿 12마당을 소설의 기본 얼개로 사용한다. 『심청』에서는 고전소설 『심청전』의 주인공 효녀 심청을 19세기 동아시아를 부유하는 창녀로 설정해서 '매춘의 오딧세이'와 '자본의 오딧세이'를 병립시킴으로써 서구 열강의 제국주의에 침탈당하는 동아시아를 형상화한다. 『바리데기』에서는 한국에서 동아시아로 확대되었던 이전 작품들의 배경을 서구(영국)로까지 확대시키면서 세계 체제의 (탈)근대화를 문제 삼고 있다.

12 작가인터뷰, 「분쟁과 대립을 넘어 21세기의 생명수를 찾아서」, 『바리데기』(창비, 2007), 293-301쪽.

앞으로 보다 구체적으로 살펴보겠지만 주인공 바리는 그동안 주체에게 요구되었던 '환대(hospitality)'의 능력과 '피부 자아(skin-ego)'의 감응력을 전유(專有)함으로써 자신의 타자성을 더욱 긍정적으로 활성화시키고 있다.

작가는 바리를 국가와 국경이 없던 신화시대에서 찾아볼 수 있는 '이주자의 전형'으로 보면서 "세계 체제 이후 적응하지 못한, 버림받은 수많은 나라의 백성들의 얼굴"[13]로 현재화시킨다. 일곱 딸의 막내로 태어나 남아선호사상으로 인해 '버려진(바리)' '천덕꾸러기(데기)'[14]가 온갖 고난을 겪으면서 세상과 인류를 구할 수 있는 생명수를 구하는 샤먼으로 재탄생하는 것이 서사무가 속의 바리였다면, 작가는 이 소설에서 바리를 현대판 난민으로 재탄생시키면서 탈북자의 인권문제를 전면에 부각시킨다. 서사무가 속 바리가 황천을 횡단하는 초현실계의 이주 여성이라면, 소설 『바리데기』의 바리는 신자유주의 시대의 국제 이주 여성에 해당하기 때문이다.

바리는 12살 때 가족이 뿔뿔이 흩어지면서 중국을 거쳐 영국의 런던으로 이주한다. 여기에는 1994년 북한의 지도자 김일성의 사망, 홍수와 가난, 식량 부족으로 인한 '고난의 행군'이나 생계형 탈북의 증가라는 사회적 배경이 자리하고 있다. 이 과정에서 바리는 무조건적 환대의 대상인 '절대 타자'로서의 위치를 점유한다. 타자의 이름이나 성, 사회적 위치를 따지면서 선별적으로 타자를 받아들이는 '법·초대·권리·명령' 중심의 조건부 환대가 아니라, 아무것도 모르는 타자를 언제나 조건 없이 받아들이는 '정의·방문·요청·참여' 중심의 무조적적 환대[15]의 중요성을 환기시키는 대상이 바로 바리이다. 바리는 어리고, 약하고, 가난한, 그래서 무조건

---

13 심진경, 「한국문학은 살아 있다: 소설가 황석영과의 대화」, 『창작과 비평』, 2007, 가을호, 251쪽.

14 "던저라 던지데기 바려라 바리데기. 그러니까 너 이름이 바리가 된 거다." (11쪽)

15 자크 데리다, 『환대에 대하여』, 남수인 옮김, 동문선, 2004, 69-71쪽.

마땅히 환대받아야 할 고아이다.

하지만 바리는 이처럼 주체의 무조건적 환대만을 받는 절대 타자의 위치에 머물지 않고, 다른 타자들의 목소리를 청취하고 그들의 고통을 적극적으로 이해하는 '타자 중의 타자'로 신성화되고 있다. 바리는 주체의 환대를 '요구하는' 타자가 아니라 다른 타자에게 환대를 '베푸는' 타자로서의 모습을 보여주는 것이다. 이로써 타자도 환대의 주체가 될 수 있음이 확인된다.

> 저긴 어디요?
>
> 너 사는 데지. 온 세상 사람들 수테 만났갔구나?
>
> 베라벨 사람을 다 만나서.
>
> 바리 너 모르구 있댄? 나가 옛말하문서 갈체주었잰이. 너 가는 길에 부탁하는 사람덜 많이 만난다구. 제 괴로움이 무엇 때문인지 자꾸 물었지비.
>
> 응, 바리공주님이 저승 가서 알아가주구 오갔다고 기랬대서.
>
> 오라, 기러니까디 대답을 준비해둬야 하갔구나.
>
> 저승을 가야 알지.
>
> 거저 살다보믄 대답이 다 나오게 돼 이서.
>
> 말 다르구 생김새 다르구, 사는 데가 다른데두?
>
> 할머니가 주름이 오글오글하게 가만히 웃는다.
>
> 거럼, 세상이나 한 사람이나 다 같다. 모자라구 병들구 미욱하구 욕심 많구.
>
> 내가 덧붙인다.
>
> 가엾지.
>
> 우리 바리가 용쿠나! 가엾은 걸 알문 대답을 알게 된다니까디. (203-204쪽)

바리와 이미 죽은 할머니가 영적(靈的) 대화를 나누고 있는 인용문에서 잘 나타나고 있듯이 바리는 스스로가 타자이면서도 다른 타자로 인해 '상처 입을 가능성'에 적극적으로 호응하면서 이를 타자의 권리로까지 승화시키고 있다. 바리는 주체화의 위험성까지 보일 정도로 스스로 다른 타자들을 무조건적으로 환대하고 있다.[16] '책임(responsibility)'이 타인에 대한 '응답 가능성(response ability)'을 의미하는 것[17]이라면, 바리는 인용문에서처럼 이런 책임의 최대치를 보여준다. 동정(sympathy)이 아닌 공감(empathy)에 바탕을 둔 정서적 감응력을 통해 이성 중심의 주체와는 다른 타자의 타자성을 잘 보여준다는 것이다. 바리는 사도 바울처럼 '모두에 대하여' '아무 이유 없이' 말을 건네면서 진정으로 무상(無償)의 사랑을 베푼다.[18] 이런 바리의 타자에 대한 감응력은 '피부 자아(skin-ego)'를 지닌 타자의 타자성과도 연관될 수 있다.[19] 피부 자아는 피부의 만짐이나 만져짐을 통해 형성되는 자아를 의미한다. 안아주기, 몸으로 접촉하기, 돌보기 등의 의미 있는 상호 교류를 통해 피부 자아는 형성된다. 그래서 피부 자아는 자신 혹은 남의 상처에도 무방비적으로 노출될 수밖에 없다. 바리는 다른 타자들의 고통을 자신의 피부로 느끼면서 그들과 소통하고 그들에게 동화된다. 바리는 이런 '벌거벗은' 피부를 지닌 타자이다. '호모 사케르'로서 그녀의 '벌거벗은 삶(bare life)'은 피부가 벗겨진 상태에서 나오기 때문이다. 바리는 자신을 전면 개방하면서 다른 타자를 만진다. 혹은 자신의 벌거벗은 피부로 다른 타자의 삶과 적극적으로 접촉한다. 바리에게 다른 타자는 시각이 아닌 촉각의 대상이기 때문이다. 그래야 다른 타자를

16 레비나스는 주체성을 '타인을 받아들임(hospitality)' 또는 '타인을 대신한 삶(substitution)' 등으로 정의한다.
엠마누엘 레비나스, 『시간과 타자』, 강영안 옮김, 문예출판사, 1996, 7쪽.

17 가라타니 고진, 『윤리21』, 송태욱 옮김, 사회평론, 2001, 201쪽.

18 알랭 바디우, 『사도 바울』, 현성환 옮김, 새물결, 2008, 150쪽.

19 디디에 앙지외, 『피부 자아』, 권정아·안석 옮김, 인간희극, 2008, 1장, 3장 참조.

더 잘 느낄 수 있기 때문이기도 하다.[20]

이처럼 다른 타자의 고통을 체감하는 능력이 탁월한 바리의 피부는 공통 감각(common sense)을 발휘하여 근대적 이성의 시각중심주의를 해체한다. 지금까지는 공통 감각이 지닌 의미 중에서 사람들이 공통(common)으로 지니고 있는 정상적인 판단력(sense), 즉 상식의 의미만 강조되었다. 하지만 원래 공통 감각은 여러 감각(sense)에 공통(common)적인 것으로서, 그것들을 통합하는 종합적이고 전체적인 감응력을 의미한다. 그런데 근대로 올수록 오감(五感) 중에서 시각만이 독주함으로써 '보는 것'과 '보이는 것'의 분열과 대립을 초래했다. 이에 대한 반동을 의미하는 촉각 중심의 공통 감각은 바리에게서 확인되듯이 타인의 입장에 자신을 둘 수 있는 능력과 연결된다. 피부 중심의 촉각이란 공동의 아픔으로서의 고통이나 수난에 대한 체감 능력에 다름 아니기 때문이다.[21] 바리는 자신이 '벌거벗은' 피부를 지닌 타자이기 때문에 가엾은 다른 타자들의 고통을 더 많이 어루만져 준다.

더욱 놀라운 것은 이런 피부 중심의 공통 감각이 타자의 '얼굴'과도 연관된다는 사실이다. "타자에 대한 자아의 노출, 그것은 피부와 얼굴의 직접성이다"[22]라거나 "벌거벗은 가운데 나타나는 얼굴이 타자다"[23]라는 말에서 확인되듯이 타자의 호소를 들을 때 필요한 것은 이성이 아니라 몸과 감성이라는 사실을 확인시켜주기도 한다.[24] 타자의 얼굴 자체가 '가릴 수

---

20 서동욱, 「피부 주체」, 『문학과 사회』, 2008, 겨울호, 370쪽.

21 나카무라 유지로, 『공통 감각론』, 양일모·고동호 옮김, 민음사, 2003, 13쪽, 57쪽, 59쪽, 112-115쪽 참조.

22 서동욱(2008), 앞의 글, 365쪽.

23 강영안, 『타인의 얼굴』, 문학과 지성사, 2005, 177쪽.

24 이희원, 「레비나스, 타자윤리학, 페미니즘」, 『영미문학 페미니즘』, 제17권 1호, 2009년, 244쪽.

없는 노출'을 보여주기에 시각 중심의 로고스 중심주의에 대한 비판일 수 있기 때문이다.[25] 특히 우리 밖에서 우리의 삶에 개입해 들어오는 타자의 얼굴을 대면하는 일은 외재적인 타자의 피부와 접촉하면서 그를 '애무(caress)'하는 일에 다름 아니다.[26] 이럴 때 바리의 피부는 타자를 타자답게 만들어 주는 타자성의 공통 감각이라고 할 수 있다. 바리는 육체적으로는 다른 사람들의 발을 마사지해주는 안마사지만, 정신적으로도 마음의 상처를 자신의 피부로 보듬어 치유해주는 샤먼이다. 바리의 타자성은 이처럼 다른 타자들을 자신의 피부로 애무해주는 데에서 증폭된다.

법 앞의 타자

자신이 스파이인지도 모르는 스파이가 있다. 10여 년 동안 거의 활동을 하지 않았기 때문이다. 소설 『빛의 제국』의 주인공 김기영은 이처럼 "잊혀진 스파이"(93쪽)로 살다가 어느 날 갑자기 소환 명령을 받는다. 이런 소환이 역으로 그가 간첩이었음을 그에게 환기시킬 정도이다. 그 이전까지 그는 "배는 불룩 나오고 가슴은 빈약하며 팔에는 물살이 출렁대는, 남한의 평균적인 중년 남성"(92쪽)과 다를 바 없었다. 이 소설에서는 간첩이 예전처럼 '민족을 잡아먹는 뿔 달린 괴물'의 이미지로 등장하지 않는다. 이 소설을 최인훈의 분단소설 『광장』(1960)의 2000년대 버전으로 보면서 포스트모던한 분단 상황을 다루었다고 평가하는 이유도 여기에 있다. 더 이상 이데올로기의 대립 문제는 중요하지 않다. 오히려 사소하고 개인적인 일상의 혼란이 김기영을 더 괴롭히고 있다. 이 소설이 북한이

---

25 김연숙, 『레비나스: 타자 윤리학』, 인간사랑, 2001, 124쪽.

26 강영안(2005), 앞의 책, 147쪽.

아니라 남한에 관한 소설이라는 작가의 말은 이 사실을 확인시켜준다.[27] 김기영은 스파이라기보다는 "시스템에서 버려지거나 방기된 인물"[28] 혹은 "영원히 스며들지 못하는 일종의 불법 이민자"[29]에 해당한다. 국가가 아니라 개인이 문제될 때의 타자가 바로 김기영인 것이다.[30]

이처럼 북한에서 남한으로 "옮겨다 심은 사람"(78쪽)에 가까운 김기영은 열심히 남한의 삶을 흉내 낸다. "정신적 시민권"(102쪽)이 없기에 남한 원주민과의 본질적 차이를 없앨 수는 없다. 그에게 차범근이나 김추자, 나훈아, 선동열, 서태지는 경험이나 향유의 대상이 아닌 학습의 목표나 대상일 뿐이다. 그래서 그는 "회로와 마이크로칩으로 만들어진 사이보그"(102쪽)가 되어 그 모든 것을 열심히 흡수한다. 이런 김기영의 '흉내 내기(mimicry)'는 그 자체로 북한의 공산주의를 위태롭게 하는 행위임과 동시에 남한의 자본주의를 내파(內破)하는 행위에 해당한다. 비슷하지만 똑같지는 않은 김기영의 흉내 내기는 북한과 남한 모두의 지배 체제를 흠집 내면서 타자성의 흔적을 기입시킨다.[31] 어느 곳에서건 김기영은 '호모 사케르'이기 때문이다. '벌거벗은 생명'을 관리한다는 점에서 북한과 남한은 다를 바 없다.

이 소설을 확대 해석해서 '후일담 소설'로 읽을 수 있는 이유도 여기에 있다. 김기영은 이른바 386세대를 대변한다. 386세대는 20대의 열정을

---

27 김영하, 「만약 이 소설이 잘 읽힌다면」(산문), 『작가세계』, 2006, 가을호, 58쪽.

28 김이은, "그가, 몸을 바꾸다"(작가 인터뷰), 『작가세계』, 2006, 가을호, 92쪽.

29 김영하(2006), 앞의 산문, 59쪽.

30 김영하는 『검은 꽃』(2003)에서 이미 무정부주의적인 태도를 보여준다. 1905년에 멕시코로 노동 이민을 간 이주민들의 국가 없는 국민으로서의 불행을 다루면서 국가가 개인의 행복한 삶을 보장해주지 못한다는 비판적 시각을 강조하고 있다. 『빛의 제국』은 그 연장선상에서 북한에서 남한으로 '이주'한 간첩 이야기를 다룬다.

31 호미 바바, 『문화의 위치』, 나병철 옮김, 소명출판, 2002, 177-191쪽.

30대의 현실과 맞바꾼 이들이다. 이데올로기에서 자본주의로의 이동을 가장 첨예하게 대변하는 세대이기도 하다. 북한이 김기영을 남파시킨 목적은 그를 1980년대에 급성장한 학생운동 세력에 편입시켜 그들과 함께 커나가도록 하는 것이었다. 하지만 "한때 현행법이 금하는 사상에 매료되었다가 이내 자본주의의 엄혹함을 깨닫고 그 세계로 기꺼이 투항한 그의 대학동창들의 삶도 그의 삶과 크게 다르지 않"(92쪽)다면, 현실적으로 간첩과 386세대의 차이는 무화된다. 신자유주의의 영향 아래 있는 21세기에서는 자본이 곧 국경이다. 그렇다면 모든 386세대 또한 김기영처럼 "자본의 지령을 받는 고정 간첩"[32]과 다름없다. 국가가 자본주의의 실행 도구라면, 자본주의의 바깥은 없다. 국경을 넘어도 자본주의라면, 이 소설은 '자본의 제국'에 대한 소설이기도 하다.[33]

---

32 신형철, 「만유인력의 소설학」, 『몰락의 에티카』, 문학동네, 2008, 29쪽.

33 이 소설이 김기영의 귀환 여부라는 중심 플롯 이외에도 김기영의 부인인 장마리의 쓰리섬(three some) 섹스 문제, 중학생 딸인 현미의 연애 문제, 국가정보원 요원인 박철수의 욕망 문제 등에도 필요 이상일 정도로 많은 지면을 할애하는 이유도 소설에서 남파 간첩의 이데올로기 문제가 아니라 자본주의 하에서의 개인의 일상이나 소외 문제를 부각시키려는 작가의 의도 때문일 것이다. 또한 자본의 막강함은 간첩뿐만 아니라 국정원 요원들조차 타자로 만든다. 소설 속에서 국정원 요원인 박철수는 남한 자본주의의 메카라고 할 수 있는 강남 코엑스 몰에서 미행 중이던 김기영을 놓친다. 그런데 오히려 그가 대형서점에서 책 도둑으로 몰려 사법경찰관에게 신분증 제시를 요구받는다. 그래서 국정원에서 발부한 신분증을 제시하지만 오히려 주민등록증 제시를 다시 요구받는다. 그런데 하필이면 박철수는 예전에 분실신고 했다가 다시 찾은 옛날 주민등록증만 지니고 있어서 더욱 도둑으로 몰린다. 이럴 때 박철수의 신분증은 김기영의 가짜 신분증과 다를 바 없다. 국가의 법 앞에서는 모두가 나약한 타자들인 것이다. 혹은 21세기 남한 사회에서는 간첩보다 책 도둑이 더 심각한 범죄자로 취급당한다는 사실을 알려준다. 돈이 국가보다 우선순위라는 것이다. 이럴 때는 자본이 곧 법이다. 심지어 김기영을 검거한 후 국정원의 정팀장은 그에게 회유를 권유하며 다음처럼 말한다. "저희를 세무사라고 생각하시면 됩니다. 저희한테 맡기시면 알아서 해드립니다. 단지 수수료가 좀 든다, 이렇게 보시면 되죠."(373쪽) 전향은 이제 이데올로기가 아닌 비용의 문제가 된다. 또한 장마리의 아버지는 탈세를 일삼는 주류도매업자인데, 그의 모토는 "국가는 산적과 같은 거여. 안 만날수록 좋아"(165쪽)이다.

이처럼 정치적 이데올로기가 아닌 전지구적 자본이 더욱 중요하다면, 더 이상 국가와 국가의 대립이 아니라 자본과 개인의 대립이 더 심각한 문제가 된다. 김기영이 소환 명령을 받고 맨 처음 한 생각은 "시간이 얼마 남지 않았을지도 모른다. 그러나 인생이 자신을 마음대로 요리하도록 도마 위에 얌전히 누워있지는 않으리라"(65쪽)는 것이다. 그에게는 국가의 이익이나 명분보다는 "자기 운명의 주인"(157쪽)으로 사는 것이 더 중요하다.

> 어디로 갈 것인가. 그는 처음으로 절실하게 누군가에게 무릎을 꿇고 묻고 싶었다. 네가 나라면 어떻게 할 것인가? 아니, 그런 가정도 필요치 않다. 그냥, 네 생각엔 내가 이렇게 했으면 좋겠는가, 묻고 싶었다. 그는 지난 이십 년간, 자신이 그저 조금 위험한 직업에 종사하고 있다고만 생각하며 살아왔었다. 대규모 정리해고와 연쇄도산, 백화점과 다리 붕괴, 지하철 화재가 난무하는 사회에서 잊혀진 스파이로 살아간다는 것이 다른 삶에 비해 크게 위태롭다고는 여기지 않았던 것이다. 그러나, 생각한 대로 살지 않으면 사는 대로 생각하게 될 것이라는 폴 발레리의 시구처럼, 그는 운명을 잊고 있었지만 운명은 그를 잊지 않고 있었다. (199-200쪽)

인용된 폴 발레리의 "생각하는 대로 살지 않으면 사는 대로 생각하게 될 것"이라는 시구가 의미하는 바는 단독자로서의 개인의 선택과 의지, 책임 등이다. 스스로 운명을 선택하면서 자신의 삶을 만들어 나가는 자가 바로 개인이다. 자신에게 일어난 변화를 궁금해 하는 후배이자 애인인 소지현에게 김기영은 "이건 인류와 관련된 문제가 아니라 나, 김기영 개인의 문제야. 개인적인 거라구. 내 미래와 관련된 거야"(287쪽)라고 말하는 것도 이 때문이다. 무엇보다도 김기영이 장마리에게 자신이 귀환 명령을 받은 간첩임을 고백할 때 그녀가 보이는 반응 또한 개인의 선택 문제와 관련 있다. 장마리가 김기영에게 배신감을 느끼는 것은 자신을 속였다는 사실 자체가 아니라, 그로 인해 자신이 그동안 잘못된 선택을 했다는 사실이다. 즉 장마리에게 중요한 것은 김기영이 자신을 '속였느냐'의 여부가 아니라 자신이 그 사실을 '알았느냐'의 여부이다. 그녀에게는 김기영의 진실이 아니라 자신의 '앎'에 토대를 둔 자발적 선택권이 더 소중하기 때문이다. 개인의 개인성은 잘못된 길을 가지 않는 것이 아니라, 잘못된 길일지라도 자신이 선택한 길이라면 스스로 책임을 진다는 것을 의미한다. 이처럼 이 소설 속의 등장인물들 모두가 실패했지만 도달하려 했던 가치는 바로 개인성이다.

그런데 이 소설의 결말을 가만히 재음미해보면, 과연 이 소설을 개인성의 실패로만 볼 수 있을지 의구심이 생기기도 한다. 조르조 아감벤(Giorgio Agamben)이 카프카의 소설 「법 앞에서」를 해석하면서 주인공인 시골사람의 '무위'를 저항성과 연결시켰듯이[34], 김기영의 행위 또한 '선택하지 않을 권리'를 '선택'한 저항적 행위로 볼 수 있기 때문이다. 「법 앞에서」의 내용을 거칠게 요약하자면, 한 시골사람이 문지기가 서 있는 문 앞에서 열려 있는 문 안으로 들어갈 수 있는 때를 기다리지만, 문지기의 허락이 떨어지지 않아 결국에는 들어가지 못한 채로 문이 닫힌다는 이야기다.[35] 문 안으로 들어가지 못한 시골 사람처럼 김기영은 남한의 체제에 본격적으로 편입되지 못한다.

김기영의 이런 모습을 실패로 보기 쉽다. 하지만 「법 앞에서」 에서는

---

34 황정아, 「묻혀버린 질문」, 『창작과 비평』, 2009, 여름호, 112쪽.

35 카프카의 소설 「법 앞에서」에 대한 해석은 조르지오 아감벤의 『호모 사케르』 중 「법의 형식」(119-143쪽), 김태환의 『미로의 구조: 카프카 소설에서의 자아와 타자』(알음, 2008) 중 「카프카 주인공의 양가성」(65-102쪽), 김재희의 「외국인, 새로운 정치적 대상」(『세계의 문학』, 2008, 가을호), 서나연의 「카프카와 예외상태」(연세대학교 석사학위논문, 2006) 등을 참조했다.

'기다리는 게 낫겠다'라며 끝까지 문 안으로 들어가지 '않은' 시골 사람으로 인해 폭력적이었던 법의 효력은 정지된다. 이와 유사하게 김기영의 타자적 위치는 남한의 법 앞에서 그 법을 해체시킬 수 있는 동력으로 작용할 여지가 있다. 김기영은 '추방된 것'이 아니라 '내버려진 것'이다. 이로써 법과의 관계는 단절되지 않은 채 법과 모종의 불편한 관계가 형성된다. '관계없음'이 아니라 '관계 맺지 않음의 관계'를 맺은 것이기 때문이다. 그것이 중요하다. 권리를 포기하는 것이 가장 어려운 권리의 행사임을 알려주기 때문이다. 법이 존재한다면 그 법에서 벗어나지 않은 채 법을 길들일 수 있어야 타자의 저항성은 증명된다. 시골 사람이나 김기영처럼 법의 '안'도 아니고 '밖'도 아닌, 바로 그 '앞'에 있을 때 법과 타자는 가장 긴장된 관계를 형성할 수 있다.

문이 열려 있는데도 시골 사람이 그 안으로 들어갈 수 없는 것처럼, 법이 허락하는 데도 불구하고 김기영은 남한의 정정당당한 국민이나 시민이 될 수 없다. 이로써 작가는 자율적 개인의 도래가 얼마나 지난한지를 보여준다. 그렇다면 시골사람의 실패가 법의 문을 닫도록 만들기 위한 전략이었던 것처럼, 김기영의 실패는 타자의 타자성을 강조하기 위한 음화(陰畫)일 수 있다. 법과 무관한 법 밖의 타자는 '절반의 타자'에 불과하므로 진정한 타자는 문 앞을 떠나지 않는 것이 중요하다. 타자의 타자성은 비록 실패할지라도 법과 관계를 맺을 때 발휘될 수 있다.[36] 법의 안으로 들

---

36 이런 맥락에서 김기영의 저항은 허먼 멜빌(Herman Melvill)의 단편소설 「필경사 바틀비」에서 주인공 바틀비가 보여준 '절대적인 거부'와도 연결될 수 있다. 바틀비가 말하는 "나는 하지 않는 것이 좋겠습니다(I would prefer not to)"는 단순히 '할 수 있는 일을 하지 않는 것'이 아니라 '하지 않을 것을 하겠다'는 의미이다. 이럴 때 원하지 않는 것과 원하는 것, 행위와 비행위, 부정과 긍정 사이의 구분은 불가능하다.
유홍림·홍철기, 「조르지오 아감벤의 포스트모던 정치철학」, 『정치사상연구』, 2007, 가을호, 173-175쪽.

어가지 못하는 실패를 통해서도 폭력적인 법의 문은 닫힐 수 있기 때문이다. 김기영은 남한에 제대로 편입되지 못함으로써 남한 사회의 명분뿐인 환대나 개인성에 의심을 던지게 하는 문제적 개인이다.

3. 타자의 환상성과 타자의 오인(誤認)

무너지기 쉬운 동질성

앞에서 살펴보았듯이 『바리데기』에서는 '벌거벗은 피부'를 지닌 바리로 인해 타자들 간의 동질성은 쉽게 확보된다. 바리 자체가 촉매 역할을 하면서 타자와 타자들을 하나로 만들어주고 있기 때문이다. 하지만 피부는 양면성을 지닌다. 피부는 "타인과의 교류의 최초의 장소이자 도구인 동시에 우리의 개별성의 보호체계"[37]로서 동시에 기능한다. 때문에 바리의 피부는 다른 타자와의 결합을 가능하게 하지만, 피부의 완전 상실은 경계의 결여로 인한 경계선 장애를 불러올 수 있다. 경계선 장애는 정신/육체, 현실/이상, 주체/타자 등의 경계들의 혼란으로 인한 고통을 유발시킨다.[38] 타자와 타자 사이의 경계 또한 마찬가지다. 타자와 타자 사이의 경계 상실은 타자의 타자성을 훼손시킬 위험이 있다. 타자는 주체와 동일화될 때만이 아니라 다른 타자와 동일화될 때도 그 고유성을 잃어버리게 된다. 바리가 보여주는 다른 타자에 대한 무조건적 환대는 타자의 입장과 위치에 영향을 받는 조건부 환대, 즉 관용(tolerance)의 한계점은 극복했다.[39]

---

37 디디에 앙지외(2008), 앞의 책, 23쪽.

38 위의 책, 29-30쪽.

39 김애령, 「이방인과 환대의 윤리」, 『철학과 현상학 연구』, 39집, 2008, 185-188쪽.

하지만 바리의 무조건적 환대는 타자로 하여금 다른 타자가 자신과 다를 바 없다는 환상에 빠지게 만든다. 그리고 타자의 이런 환상은 서로 다른 타자들을 쉽게 동질적인 타자로 만들면서 타자들 사이에서도 존재하는 차이를 무화시킨다.

> 압둘 할아버지와 나는 둘이 있는 시간이 많아서 전보다 더 자주 서로에 대한 이야기를 나누었다. 할아버지가 내게 해준 얘기들은 가족과 조상들에 대한 얘기와 우주에 하나밖에 없는 알라신에 대하여 그리고 예언자 무함마드에 대한 일화들이었다. 나는 꾸란을 읽지는 못했지만 이를테면 '라 일라하 일랄라 무함마드 라술룰라'하는 고백기도의 첫 구절은 저절로 외우게 되었다. 알라 외에는 신이 없으며 무함마드는 그의 예언자라는 뜻이라고 한다. 그렇지만 나는 어려서부터 천지만물을 주관하는 하늘님이 계시다는 할머니의 말을 기억하고 있어서 별로 놀라지는 않았다. 아버지가 들었다면 또 미신이라고 윽박질렀을 테지만, 할머니가 말해주던 그분이나 압둘 할아버지가 말한 이분이나 별로 다를 게 없다고 생각했다. 이들이 난이나 차파티를 먹고 우리는 쌀밥을 먹는 차이가 있다고나 할까. (중략)
>
> 통킹 쌀롱의 탄 아저씨는 불교를 믿었고 루 아저씨는 요리를 끝내고 쉴 때면 뭔가 주문 비슷한 기도를 끝없이 외우곤 했는데 차이나 타운의 많은 사람들이 도교 사원에 나가 향불을 피우고 기원을 올렸다. 루나 언니와 사라 아줌마는 방글라데시와 스리랑카 사람이었지만 영국에서 태어나 교회를 다니고 예수를 믿었다. 그래도 이들은 서로의 풍습에 따라서 예법과 격식 사이를 자유롭게 넘나들었다. 압둘 할아버지가 나의 이런 설명에 만족한 듯 웃음을 지으며 말했다.
>
> 아가야, 우리 옷과 음식이 서로 조금씩 다르듯이 그건 살아온 방식이 다를 뿐이다. 우주의 섭리는 하나로 모인단다. (223-225쪽)

'차이의 존중'은 무조건적 환대의 전제이자 결과이다. 하지만 이처럼 차이를 존중해야 한다고 말할 때 오히려 다양한 차이가 동질적 차이로 환원됨으로써 '우리는 모두 똑같은 타자야'라고 생각하기 쉽다. 인용문에서 드러나듯이 바리의 경우도 서로 간의 살아온 삶의 방식은 다르지만 "우주의 섭리는 하나"라고 믿고 있다. 이런 바리의 환상으로 인해 타자의 범위는 확대되지만, 타자 자체의 본질이 변하거나 새로워지지는 않는다. 다문화주의에 대한 옹호가 문화적 다양성을 인정하는 것이지만, 그와 동시에 차이 자체를 본질화하면서 다른 문화를 결코 이해할 수 없고 같아질 수 없는 것으로 전제한다는 것과 같은 이치이다.[40]

다른 타자에게 무조건적 환대를 보이는 절대 타자가 지닌 또 다른 문제점은 말 그대로 절대적이기 때문에 타자가 지닌 악함과 선함을 구분하지 않는 데서 발생한다. 과연 타자는 언제나 과부이고 고아이며 가난한 자인가? 그런 타자의 모습은 주체가 타자에게 가졌던 환상을 타자가 다른 타자에 대해서 동일하게 느끼는 것일 수 있다. 더욱이 이런 다른 타자에 대한 환상은 타자가 스스로에 대해서도 환상을 가지도록 부추기는 부메랑의 역할을 하게 되기에 더욱 위험하다. 바리는 자신의 아이를 방치함으로써 결국에는 죽음에 이르게 한 샹 언니에 대해 처음에는 "샹 나쁜 년, 널 죽여버릴 거야"라며 분노를 표출한다. 하지만 소설 속에서는 자신의 아이를 죽인 그녀조차 무조건 용서해야 한다는 강박관념이나 절대 명령만이 강력하게 작동되고 있다. 이로써 그녀와의 불화는 봉합되고 바리는 스스로를 '이상화'된 타자로 번역한다. 스스로를 이렇게 이상적으로 번역한 타

---

40 호미 바바(2002), 앞의 책, 30-31쪽.
가야트리 스피박, 「다문화주의의 문제점」, 『스피박의 대담』, 이경순 옮김, 갈무리, 2006. 149-163쪽.
마르코 마르티니엘로, 『현대사회와 다문화주의』, 윤진 옮김, 한울, 2002, 111-128쪽.

자는 다른 타자와 비상호적이고 일방적인 관계만 맺을 수 있다.[41] 바리는 자신에게는 너무 가혹하고 다른 타자들에게는 지나치게 너그럽다. 그래서 바리는 자신이나 다른 타자가 오염되거나 결여된 존재일 수 있음을 간과한다. 바리에게는 '좋은 타자'만 존재하기 때문이다. 그리고 자신도 '좋은 타자'로 등극해야만 된다.

모든 주체가 이기적이지는 않듯이, 모든 타자가 무고(無辜)하지도 않다. 따라서 '좋은 타자(힘을 주는 이질성)'와 '나쁜 타자(무력하게 하는 이질성)'를 구분할 수 있는 '판별의 해석학(diacritical hermeneutic)'이 중요하다.[42] 물론 선악을 구분하는 기준 또한 자의적일 수 있고, 지배 권력의 영향을 받을 수도 있다. 그러나 무조건적 환대가 지닌 위험성은 손님을 보호하기 위해 자신의 두 딸을 집 밖의 악한들에게 내주는 성경 속 롯의 이야기에서 확인된다.[43] 롯의 경우처럼 주인이 오히려 인질이나 포로가 될 때의 불행을 통해 무조건적 환대의 위험성은 충분히 존재한다. 바리 또한 스스로의 주인일 수 있지만, 사실 다른 타자의 볼모에 가까울 수도 있다.

또 다른 맥락에서 바리의 이런 타자성에 대한 환상은 여성성과 결합되는 순간에 더욱 극대화된다. 엠마누엘 레비나스(Emmanuel Levinas)에게서 확인되듯이 타자성은 여성성과 통한다.[44] 그렇기에 여성적인 것이 존재하는 방식은 스스로 자신을 감추는 것이고, 이것이 바로 수줍음이다.[45]

---

41 서유경, 「아렌트의 정치윤리학적 관점에서 본 레비나스 타자 개념의 문제」, 『정치사상연구』, 2007, 봄호, 122-123쪽.

42 리처드 커니, 『이방인, 신, 괴물』, 이지영 옮김, 개마고원, 2004, 119-120쪽.

43 자크 데리다(2004), 앞의 책, 151-155쪽.

44 레비나스와 여성성, 환대의 윤리학의 관계에 대한 한국에서의 논의는 다음 논문을 참조했음.
신옥희, 「여성학적 시각에서 본 레비나스: 타자성의 윤리」, 『철학과 현실』, 1996, 여름호.
김애령(2008)(1), 앞의 주 40) 논문.
김애령(2), 「여성, 타자의 은유: 레비나스의 경우」, 『한국여성철학』, 제9권, 2008.
이희원(2009), 앞의 논문.

이처럼 자신을 감추는 수줍음은 이성적·남성적·지배적 존재방식에 대한 비판과 연결된다.[46] 환대가 가능한 친밀성의 공간인 '집' 또한 여성적인 얼굴의 부드러움을 통해 창조된다.[47] 바리는 소설 속에서 이런 집안의 여성, 부드러운 여성, 환대하는 여성의 특성을 여실히 보여준다. 바리에게는 자신의 타자성이 가장 순수하게 남아 있을 때가 바로 자신의 이러한 여성성이 발휘될 때이다. 바리는 스스로를 대지모의 형상에 가깝게 구성하면서 절대적 여성성을 보여준다.

하지만 여전히 레비나스에게 여성은 '순종적인 여성'과 '희생하는 모성'의 이미지로부터 자유롭지 못하다. 소설 후반부 영국에서의 바리가 여성성은 획득했지만 타자성이 약화되면서 신성화되고 모성화되는 것도 이와 관련 있다. 여성으로서의 현실적 차원을 무시하고 타자를 위한 타자로서 도구화되는 위험성까지 보이고 있기 때문이다. 이런 여성 타자로서의 바리는 레비나스에게 여성 자체가 진정한 타자가 아니었던 것과 동일한 한계를 지닌다. 남성도 여성성을 지닐 수 있다고 전제하지만, 그의 윤리 개념은 형제애(fraternity)에 기초한 남성공동체 중심이고, 주체와 타자와의 관계는 부자관계(paternity)가 모델로 제시된다. 무엇보다도 타자의 얼굴 속에 여성의 얼굴은 포함되지 않는다. 전통적인 가부장제에서 선호되었던 여성, 즉 집안에서 환영과 봉사를 일삼는 존재, 친숙하면서도 비밀스러운 존재, 침묵과 부재의 존재가 바로 레비나스의 여성이기 때문이다. 9·11 테러로 험악해진 바깥 세상에 나가 싸우다 죽는 것은 바리의 시동생 우스만이고, 동생을 찾으러 떠났다가 쿠바의 관타나모 수용소에 갇혀 곤혹을 치르는 것도 바리의 남편 알리이다. 바리는 그저 집안에서 그들의 부

---

45 레비나스(1996), 앞의 책, 106쪽.

46 이희원(2009), 앞의 논문, 247쪽.

47 강영안(2005), 앞의 책, 138쪽.

재를 견디고, 남편이 돌아왔을 때 그의 상처를 보듬어줄 뿐이다.

특히 바리의 이런 주변부적 위치는 그녀의 치유 능력이 주체와 타자 사이의 적극적인 만남으로까지 발전하지 못하고 타자와 다른 타자들 사이의 소극적 유대에 머물고 있다는 점에서도 재확인된다. 바리가 치유 능력을 발휘할 수 있는 상대는 바리와 처지가 비슷하지만 조금 더 경제력이 있는 사람들이다. 그리고 바리가 사는 집 자체가 런던 시내의 외곽에 있는 연립 주택으로서, 중국인, 필리핀인, 스리랑카인, 폴란드인, 파키스탄인, 태국인, 불가리아인들이 모여 살기에 그 자체로 '인종 전시관'이나 '소수자의 합집합'을 방불케 한다. 대부분이 불법체류자인 이들과 바리의 처지는 다를 바가 없다. 이럴 때 '차이에 주목하지 않는 연대', '문화적인 혼란이나 갈등의 소지가 처음부터 배제된 연대'라는 위험성에 빠지게 된다.[48] 바리는 타자와 타자 사이의 '연대'나 '공존' 자체만을 중시함으로써 타자들 사이에도 다양한 '차이'나 '분열'이 존재함을 간과한 자기오역자이다. 바리가 추구한 절대적 타자성 자체가 '타자들만의 리그'이자 '절반의 성공'인 것도 이 때문이다.

게토 안의 희생양

『빛의 제국』의 결말 부분에는 국정원 요원에게 검거되어 남한에 남게 된 김기영이 자신을 데리러 온 북한측을 따돌리기 위해 위장극을 벌이는 장면이 나온다. 북한측이 김기영을 포기할 수 있도록 김기영의 '상징적 죽음'을 연출해야 하기 때문이다. 이로써 김기영은 '비합법적 이민자'에서 '합법적 국민'으로 신분이 바뀐다. 하지만 이런 연극 혹은 위장이 필요한

48 박성창, 「문학·국경·세계화」, 『세계의 문학』, 2008, 봄호, 335쪽.

이유는 여전히 국경으로서의 38선이 존재하기 때문이다.[49] 그리고 38선 이남인 남한에서도 주체와 타자 사이의 보이지 않는 벽들이 건재하다는 반증이기도 하다. 김기영이 남한에 남는다고 했을 때 장마리는 차라리 북한으로 귀환하라며 애원하고, 소지현은 같이 외국으로 나가자는 김기영의 제의를 거절한다. 그녀들에게 중요한 것은 자신들의 평온한 일상을 유지하는 것이다.

이럴 때 김기영은 오히려 희생양처럼 다가온다. 그리고 이런 그의 처지는 이 책의 제목인 르네 마그리트의 그림 〈빛의 제국〉과도 연결된다. 소설 마지막에 그를 데리러 온 북한의 잠수정을 따돌리기 위해 쏜 남한 측의 조명탄 때문에 하늘은 검은데 김기영의 주변은 밝다. 하지만 그 빛은 김기영을 가두는 빛이다. '빛의 제국' 안에서 역설적으로 혼자 암흑인 채로 있는 김기영의 이미지는 그 자체로 희생양적인 타자의 모습을 가시화한다. "혼자만 어둠 속인 혹은 혼자만 대낮"[50]인 그림 속 상황은 남한에서 영원히 스며들 수 없는 김기영의 현재이자 미래에 해당한다.

김기영의 이런 타자성은 다음의 인용문에 잘 나타난다.

> 어쩌면 이들은 희생자인 기영을 두려워하고 있는지도 모른다. 번제물을 바치는 고대의 제사장들처럼 희생자에게 감정이 이입되는 것을, 그리하여 상처받는 것을 두려워하는 것인지도 모른다. 시시껄렁한 농담과 어설픈 경구, 애써 지은 미소로 인간의 목숨이 왔다갔다하는 이런 상황에서 자신을 분리해 내는 것이다. (375쪽)

49 이혜령, 「탈국경의 상상과 21세기 한국소설의 역사지리지」, 『한국소설과 골상학적 타자들』, 소명출판, 2007, 358쪽.

50 김영하(2006), 앞의 산문, 57쪽.

김기영의 주변 인물들은 그로 인해서 '상처받지 않을 권리'를 주장하고 있다. '호스트(host)'라는 단어가 '환영하는 자(주인)'인 동시에 '침략자(적)'라는 뜻을 동시에 지닌 것처럼,[51] 겉으로는 그의 인권을 보장해주는 듯하지만 그로 인해 자신들의 삶이 침해받을까봐 전전긍긍하고 있기 때문이다. 타자(북한사람)는 주체(남한사람)에게 해가 되지 않는 한, 즉 타자가 진짜 타자가 아닐 때에만 환대받을 수 있다. 이럴 때 김기영에 대한 남한 측의 인도주의적 개입은 일종의 '발신자 반송(return to sender)'에 해당한다. 권리가 없는 김기영에게 발송된 권리들이 쓰이지 않은 채 도로 발신자에게 반송되기 때문이다.[52] 남한 측은 김기영을 보호한다는 환상 하에 그의 삶에 개입할 수 있는 권리를 행사한다. 이럴 때의 인권은 정작 필요한 자들에게는 무용하며, 인권이 필요 없는 자들에게만 보장된다는 점에서 무능력하다.[53] 결국 북한 측 타자를 대하는 남한 측 주체의 태도는 '나처럼 되어라, 그러면 너의 차이를 존중하겠다'에 해당한다. 이로써 주체가 타자를 사유할 때 정말 어려운 문제는 '차이의 윤리'가 아니라 '동일성의 인정'일 수도 있음을 보여준다.[54]

하지만 이런 주체의 타자에 대한 환상보다 더 심각한 것이 타자가 스스로에 대해 갖는 환상이다. 타자인 김기영은 인용문에서처럼 자신을 게토 안에서 제한된 자유만 누릴 수 있는 희생양으로 간주하면서 스스로에 대한 환상을 키우고 있다. 주체가 그들의 죄에 대한 면죄부를 얻기 위해 자신을 타자화하면서 사회로부터 격리시키거나 제거하려 한다는 피해의식에 사로잡혀 있기 때문이다. 물론 특정 공동체의 이익을 위해 아무런 책

---

51 자크 데리다(2004), 앞의 책, 83쪽.

52 슬라보예 지젝,「반인권론」, 김영희 옮김,『창작과 비평』, 2006, 여름호, 399-400쪽.

53 고봉준,「연대는 가능한가」,『작가와 비평』, 2007, 상반기, 43쪽.

54 알랭 바디우,『윤리학』, 이종영 옮김, 동문선, 2001, 34-35쪽.

임이 없는 외지인에게 사회에 만연한 악에 대한 책임을 묻는 것이 희생양의 논리이다. 사회는 이런 희생양이 없으면 유지될 수 없다. 하지만 희생양 논리의 맹점은 희생양들이 스스로 세속적 인간들로부터 자신들을 성스러운 인간들로 구별지울 때 더욱 심각하게 드러난다. 희생양들은 자신들이 천성적으로 그런 모습을 가지게 된 것이 아니라 사회를 통해 그렇게 만들어졌다고 생각한다. 그래서 그들은 건강해지기를 일부러 거부하면서 '더 바랄 수 없이 흡족한 불행'에 자발적으로 빠지게 된다.[55]

장마리가 김기영의 고백을 듣고 그를 비난하는 것은 그가 간첩이어서가 아니다. 그녀가 문제 삼는 것은 그의 "고통의 우월성에 대한 확신"(351쪽)이다. "자기 고통을 절대화하고, 그것만 최고인 줄 아는 이기주의자, 독선주의자. 당신은, 그래, 파쇼야. 파쇼는 자기만 고통 받았다고 생각해."(351쪽) 작가가 김기영을 북한을 대변하는 인물로 설정한 이유 중 하나는 고집이 세고 자기중심적인 '정신적 사춘기'에 고착되어 있다는 특성 때문이다.[56] 장마리가 행하는 비판에 의해 김기영이 지닌 타자로서의 이런 한계점이 확실하게 드러나고 있다. 김기영처럼 희생양을 자처하는 타자는 의외로 사춘기에서 벗어나지 못한 '파쇼'일 가능성이 높다. 김기영은 자신이 희생양이라는 환상에 사로잡혀 스스로를 더욱 더 자발적으로 타자화시킨다.

더욱 심각한 것은 타자가 이처럼 사회로부터 추방되어 게토 안에 머물 수밖에 없는 희생자로 자신을 스스로 타자화할 때, 타자는 지극히 냉소적이 되기 쉽다는 것이다. 몰락할 자유마저 박탈당했기에, 즉 몰락을 선택한 것이 아니라 몰락에 흡수되었기에[57] 김기영은 냉소주의자가 될 수밖에

---

55 페터 슬로터다이크, 『냉소적 이성 비판』, 이진우·박미애 옮김, 에코 리브르, 2005, 128-134쪽.

56 김영하(2006), 앞의 산문, 58쪽.

없다. 김기영은 실패해서가 아니라 저항하지 않았기 때문에 영원한 타자로 남게 된다. 김기영의 진짜 비극은 이 세상에 없는 곳인 유토피아를 추구하는 데서 오는 좌절이 아니라, 이 세상에 있을 수도 있는 유토피아를 거부하는 데서 오는 허무이다. 자신이 희생양이라는 환상이 김기영이라는 타자를 이토록 사소한 존재로 만든다. 아무리 법 앞에서 법을 포기하지 않으려 해도, 이런 법에 대한 저항이 전복성을 상실하게 되면 법에 종속될 위험에 빠지게 된다. 법에 대한 거부가 오히려 법의 일부가 되는 역설이 발생하는 것이다.

김기영은 적극적으로 북한을 선택하지도 못했고, 자발적으로 남한에 남은 것도 아니다. 이러지도 못하고 저러지도 못하는 그의 상황이 알려주는 바는 그가 돌아갈 곳이 없다는 사실이다. 북한은 그를 재활용하려 했을 것이고, 남한은 그를 역이용하려 할 것이다. 그렇다면 김기영에게는 어디든 동일하다. 여기가 거기다. 북한이 마련해준 가짜 주민등록증이나, 남한이 채워준 전자 팔찌는 그래서 그가 영원히 '호모 사케르'일 수밖에 없다는 사실을 알려주는 확실한 증거가 된다. AM 07:00에서 시작해 다음 날 AM 07:00에서 끝나는 이 소설의 플롯이 알려주듯이 악몽 같았던 하루가 지나가도 동일한 하루가 또다시 반복될 가능성이 크다. 이런 악무한 속에서 김기영의 삶은 그래도 지속될 것이다. 희생양이라는 환상에 스스로 사로잡힌 타자로서는 피할 수 없는 비극적 운명이다.

4. 타자와 타자의 사이 공간(in-between)

그동안 타자는 주체라는 거인의 어깨 위에 앉은 난쟁이에 가까웠다. 주

57 신형철(2008), 앞의 책, 29쪽.

체의 한계를 보완해주는 강장제와 같은 역할에 머물렀기 때문이다. 하지만 이에 대한 반대 급부로 부상한 타자 또한 지나치게 절대화되면서 자기 모순에 빠질 위험성에 노출되기 시작한다. 타자가 자신의 타자성을 긍정적으로 추구함으로써 저항의 긍정적 측면을 보여주지만, 그런 타자가 권력화 되면서 타자 스스로 자신에 대한 환상에 빠지게 만드는 역설이 발생한다는 것이다. 타자라는 거인의 어깨 위에 또 다른 타자가 난쟁이처럼 앉아 있는 형국이다. 황석영의 『바리데기』에서 바리는 다른 타자들의 상처에 대한 공통 감각을 지닌 '피부 자아'이지만, 자신을 절대적 모성으로 신성화시킴으로써 서로 다른 타자들을 동질화시키고 타자들 간의 현실적 차이를 무화시킨다. 김영하의 『빛의 제국』에서 김기영은 법 앞에서의 무위를 통해 저항적 측면을 보여주지만, 자기 자신을 게토 안에 갇힌 희생양으로 방치함으로써 그 저항성을 스스로 약화시키고 있다. 이처럼 두 소설의 타자들이 보여주는 긍정적 타자성은 그것이 극대화될수록 스스로에 대한 환상 또한 강해짐으로써 그 가치가 훼손되는 역설을 낳고 있다.

이런 타자의 역설을 두 소설의 결말에서 다시 한번 확인할 수 있다. 각각의 주인공들은 소설의 끝에서 모두 눈물을 흘린다. 하지만 그 의미는 서로 다르다. 바리는 런던에서 일어난 지하철 테러의 희생자들을 보고 '부끄러움'의 눈물을 흘리고, 김기영은 남한에서 펼쳐질 자신의 암울한 미래 때문에 '슬픔'의 눈물을 흘린다. 바리의 눈물은 다른 타자로 인해 '상처입을 가능성'을 염두에 두면서 '남'을 위해 흘리는 눈물이다. 반면 김기영의 눈물은 자신의 '상처받지 않을 권리'를 주장하면서 '자신'을 위해 흘리는 눈물이다. 바리는 너무 신성해서 죽을 수조차 없는 유령이고, 김기영은 너무 연약해서 살아 있어도 죽은 것과 다를 바 없는 유령이다. 이처럼 이 두 소설은 데칼코마니처럼 서로 다른 모습의 타자를 보여주면서도 타자의 타자성과 환상성을 동시에 보여준다는 공통점이 있다. 다른 타자와 자신을 무조건 동질적으로 간주하면서 다른 타자를 구원하는 초월적 타자(『바리데기』)도 위험하고, 자신을 순수한 희생양으로 간주함으로써 사회에서 합법적으로 분리되려는 냉소적 타자(『빛의 제국』)도 위험하기 때문이다.

그렇다면 이제 타자 논의에서 중요한 것은 주체와 타자 사이의 차이가 아니라, 타자와 타자 사이의 이런 차이들일 수 있다. 타자가 아니라 타자 '들'이 문제라는 것이다. 황석영의 『바리데기』는 '외부의 포함(inclusion of outside)'을 통해, 김영하의 『빛의 제국』은 '내부의 배제(exclusion of inside)'를 통해 타자와 타자 사이에도 거리가 있음을 보여준다. 그리고 타자에 대한 논의는 이제 주체와 타자 사이의 빈 공간만큼이나 이런 타자와 타자 사이의 빈 공간을 중시해야 함을 역설적으로 알려준다. 타자와 타자의 '사이 공간(in-between)'이나 '제3의 공간'으로서의 틈새들(interstices)에 대한 주목을 통해 타자조차도 불완전한 정체성을 지닌 존재임을 번역해 내어야만 타자가 동질화되고 전체화되거나 양극화되는 오역(誤譯)을 막을 수 있기 때문이다.[58] 타자는 자신들이 주체에 의해서만이 아니라 스스로에 의해서도 오역될 수 있고, 자신의 내부에 불일치나 균열, 오염이 존재할 수 있음도 인정해야 한다. 그렇지 않다면 가장 한국적인 타자의 현실을 첨예하게 보여줄 수 있는 탈북자 소설에서조차 무조건 선하거나 모두가 희생양인, 그래서 보편적이고 관념적인 타자만이 재생산될 뿐이다. 탈북자가 지닌 타자로서의 고유성과 현실성을 오역하게 만들 수도 있기 때문이다.

물론 타자에 대한 존중이 불충분한 상태에서 타자에 대해 새롭게 번역하면서 타자를 윤리적으로 판별하는 것 자체가 더 위험할 수도 있다. 그래서 절대 타자에 대한 무한 책임을 강조했던 레비나스도 자신의 이론이

---

58 호미 바바(2002), 앞의 책, 29쪽, 93쪽, 412쪽 참조.

이상적이고 비현실적이라는 한계를 인정하지만, 그럼에도 불구하고 자신의 입으로 들어갈 빵에서 떼어낸 빵 한 조각을 건네는 '휴머니즘'을 위해 유토피아적인 요구를 포기할 수 없다고 강조한다.[59] 이런 입장은 정치적 혹은 윤리적으로는 옳다. 그러나 문학적으로 볼 때는, 타자에 대한 '존중'과 타자에 대한 '판별'은 언제나 동시에 이루어져야 한다. 문학은 정치나 윤리가 아니기 때문이다. 오히려 타자의 역설을 그대로 보여주는 것이 문학적 정의(justice)이다. 환대를 강조한 자크 데리다(Jacques Derrida)도 무조건적 환대와 조건부 환대는 언제나 다른 한쪽을 타락시킬 것임을 인정하면서 그렇기 때문에 그 둘 사이에서 끊임없이 투쟁해야 한다고 결론짓는다.[60] 그렇다면 긍정적 타자성이 부정적 환상성으로 변할 위험성을 경고하고 있는 타자의 역설은 위험하거나 부당한 일이 아니다. 그런 역설을 인정해야만 오히려 타자는 자신의 한계까지도 제대로 번역해낼 수 있다. 완벽한 타자는 '가능한 불가능성'이 아니라 '불가능한 가능성'이다. 하지만 문학은 이런 '불가능한 가능성'조차 영원히 포기하지 못한다.

59 콜린 데이비스, 『엠마뉴엘 레비나스』, 김성호 옮김, 다산글방, 2001, 164쪽.
60 자크 데리다(2004), 앞의 책, 141-142쪽.

제6장

모국어(母國語), 모국(母國)과 국어(國語) 사이

이창래의 『영원한 이방인』론

1. 바벨탑의 언어와 경계사유

미국 『뉴요커(*THE NEW YORKER*)』가 선정한 '21세기를 이끌어갈 20명의 젊은 작가'에 포함될 정도로 세계적으로 주목받고 있는 이창래는 한국계 미국문학, 해외동포문학, 디아스포라문학, 탈식민주의문학, 다문화주의문학 등의 범주에서 주로 논의되면서 소수민족의 정체성과 문화 간의 차이, 백인성(whiteness)의 신화와 허구, 미국 이주민의 꿈과 이데올로기 등을 소설화하는 작가로 알려져 있다. 최초의 한국계 미국작가인 강용흘 이후로 차학경을 거쳐 하인츠 인수 팽클, 노라 옥자 켈러, 코니 강, 수키 김, 수잔 최 등과 함께 한국어와 한국의 역사, 한국인의 정체성 문제 등을 통해 작가로서의 입지와 위상을 탄탄하게 구축해나가고 있기 때문이다.[1]

---

1 "정체성은 나에게 대단히 중요한 문제이다. 나는 늘 정체성 문제를 생각하는 사람이다. 특

특히 그의 데뷔작인 『영원한 이방인』(원제: Native Speaker)은 헤밍웨이 문학상, 반즈 앤 노블 신인문학상, 아메리카 도서상, 오레곤 도서상, 펜 문학상 등을 수상하면서 커다란 주목을 받았다. "나는 미국인인가, 한국인인가. 자기 정체성을 찾아 헤매는 재미교포 2세의 갈등과 고뇌"[2]라는 광고 문구에서 드러나듯이 이 소설은 한국계 미국인인 주인공 헨리 박(Henry Park)이 원어민과 비원어민의 정체성 사이에서 혼란을 겪는 과정을 핍진하게 형상화하고 있다. 이미 고정적으로 규정되어 있는 정체성을 수용하는 것이 아니라 고정되지 않고 비어 있는 정체성을 새로 추구하면서 새롭게 채워나가는 노력[3]을 보여준다는 것이다. 때문에 이 소설은 백인 중심의 문화를 엿보는 '스파이 소설'[4]이나 이민자에서 원어민으로의 변화를 담은 '성장소설'[5]로서도 논의된다.

그러나 이 소설에 대한 부정적 평가도 존재한다. 이창래를 동화주의(同化主義) 작가로 보기에 이 소설 또한 미국 중심주의에 저항하는 측면이 약하다고 지적한다. 한국문화의 단점을 주로 부각시키면서 혼종적 주체의 딜레마나 백인 중심 사회의 영속성을 재확인하는 데에 그치고 있다는 것이다.[6] 특히 이 소설의 결말에서 헨리의 아내 릴리아(Lelia)의 이민자 아이

히 나 자신의 아이덴티티에 대해…… 나는 한국에서 태어났지만 미국에서는 한국인이 아니다. 내 삶은 미국인의 것과 별 차이가 없다. 그렇지만 나는 여전히 한국인이고, 한국에 대해 강력한 연대성(strong connection)을 지니고 있다." (「재미작가 이창래씨 인터뷰」, 『시사저널』, 1999. 9. 30. 106-107쪽)

2 현준만이 처음으로 번역한 『네이티브 스피커 1, 2』(미래사, 1995)의 번역본 표지글. 이 글에서는 그동안 번역 오류가 많이 지적된 이 번역본보다는 정영목이 새로 번역한 『영원한 이방인』(나무와 숲, 2003)을 텍스트로 삼아 인용하고 쪽수를 밝힌다.

3 고부응, 「이창래의 『원어민』: 비어 있는 기표의 정체성」, 『영어영문학』, 163호, 2002, 620쪽 참조.

4 왕철, 「『네이티브 스피커』에서의 엿보기의 의미」, 『현대영미소설』, 3호, 1996.

5 장경렬, 「정체성의 위기, 언어의 안과 밖에서: 이창래의 소설 『네이티브 스피커』 읽기」, 『문학판』, 2002, 여름호.

들에 대한 언어 치료 문제를 미국동화주의나 영어제국주의의 수용이나 강화의 측면에서 파악함으로써 이런 비판을 뒷받침하는 근거로 삼는다. 원어민이면서도 원어민과 같을 수 없는 헨리의 부정적 현실을 지적하는 데에만 머무르고 있다는 것이다.

이럴 때 헨리의 "헨리다운 말"(26쪽)이 과연 의미하는 바가 무엇인가가 중요해진다. 백인 아내에 의해 "영어를 엉터리로 말하는 사람"(26쪽)이라고 묘사되는 헨리가 구사하는 언어는 그가 미국에서 '영원한 이방인'으로 존재할 수밖에 없음을 암시한다. 이창래는 백인/유색인, 원어민/비원어민, 주인/이방인 등의 문제를 헨리가 느끼는 언어의 박탈감이나 불확정성, 의사소통과 문화 차이의 문제를 통해 소설화하고 있다. 이것이 바로 원제 '네이티브 스피커'가 가진 이중적 의미이자, 번역본의 제목인 '영원한 이방인'이 지니는 상징적 의미라고 할 수 있다. 작가가 보기에는 "모든 언어가 외국어"[7]라는 것이다.

주인공 헨리가 사는 뉴욕은 '제2의 바벨탑'이다. 영어와는 다른 언어를 사용하는 수많은 이민자들이 거주하는 곳이기 때문이다. 그런데 이민자들은 자신들의 언어가 불완전한 영어라는 사실에 열등감을 느끼고 언어 장벽을 경험한다.[8] 이민자들에게 영어는 "제1라틴어"(392쪽)로 작용한다. 그들이 미국 사회에 제대로 편입되기 위해서는 이 언어를 완벽하게 구사해야 한다. 그럼으로써 "미국 도시의 기침과 외침"(392쪽)까지 체화해야 한다. 영어를 잘하는 사람은 '착한 미국인(Good American)'이고, 그렇지

---

6 방정민, 「이창래 소설, 『네이티브 스피커(Native Speaker)』 연구」, 『비교문학』, 48호, 2009, 135쪽.

7 사카이 나오키, 『번역과 주체』, 후지이 다케시 옮김, 이산, 2005, 89쪽.

8 조규익, 「바벨탑에서의 자아 찾기: 『네이티브 스피커』의 외연과 내포」, 『어문연구』, 130호, 2006, 165-166쪽 참조.

못하는 사람은 '나쁜 미국인(Bad American)'이라는 이분법적인 잣대가 폭력적으로 적용되기 때문이다.[9]

이 글에서는 이런 영어제국주의 속에서 헨리가 원어민으로서의 정체성을 어떻게 형성하는지에 주목한다. 이를 통해 영어에 대한 완벽한 재현의 성공과 실패가 아니라, 영어와 모국어(母國語)가 상호 침투하는 양상을 통해 진정한 혼종적 언어의 의미와 의의를 규명하려 한다. "나는 나 자신이 늘 두 언어의 위치를 바꾸는, 융합하는—어쩌면 큰불을 낸다(융합한다는 말은 conflate, 큰 불을 낸다는 말은 conflagrate-옮긴이)고 해야할지 모르겠다.—소리를 듣고 있다. 언어들끼리는 서로 비비고 마찰하는 게 너무 많아 언제라도 불이 치솟을 위험이 있다. 마찰, 고통(각각 fricton과 affliction)"(388쪽)이라는 헨리의 말 자체가 혼종적 언어의 사용에서 오는 이중의식과, 이런 이중의식이 초래하는 접촉과 감염, 갈등과 분열, 전이와 생성의 과정을 잘 보여준다. 그리고 이런 과정 자체가 헨리의 정체성을 규명해준다. 이를 통해 모국어가 본래적이고 순수하다는 관념을 거부하면서, 모국어를 포함한 모든 언어란 '환원불가능한 다수성과 잠재성의 경험'[10]에 다름 아님을 확인해볼 것이다.

헨리에게는 서로 "다른 영어"(304쪽)를 사용하는 '세 명의 아버지'가 있다. 이들에게 헨리는 "파파보이"(25쪽), "순종형 아들"(337쪽), "착한 아들"(345쪽)에 해당한다. 첫 번째로, 헨리의 '생물학적 아버지'는 이민 1세대로서 생존에 필요한 최소한의 영어만을 구사한다. 두 번째로, 성공한 한국계 정치인으로서 헨리의 '공적인 자아'이자 '사회적 아버지'에 해당하는 존

---

9 김선영, 「이창래의 『네이티브 스피커』에 나타난 창조적 이중의식」, 경북대학교 석사학위논문, 2011, 2쪽 참조.

10 모리니카 타카아키, 「산종으로서의 번역」, 사카이 나오키·존솔로몬 편, 『번역, 생정치, 식민지적 차이』, 윤여일 옮김, 문화과학사, 2012, 63쪽 참조.

강(John Kwang)은 아버지와 달리 유창한 영어를 구사한다. 세 번째로, 헨리의 백인 아내이자 진정한 원어민인 릴리아는 헨리가 되고 싶은 백인을 대변하면서 완벽한 영어를 구사하기에 '인종적 아버지' 혹은 '언어적 아버지'라고 할 수 있다. 이 세 가지 언어 체험을 통해 헨리는 그들의 영어를 되받아 쓰면서 언어가 권력과 연관됨을 보여준다. 미국에서 태어났음에도 불구하고 동양인의 외모를 지녔기 때문에 '오히려 영어를 아주 잘하는 미국 사회 외국인'[11]으로 취급되는 '이방인'이 바로 헨리인 것이다.

이 소설은 이런 헨리가 체험하는 언어의 특수성과 한계를 통해 '경계사유(border thinking)'의 가능성을 보여준다는 점에서 긍정적으로 평가할 수 있다. 경계사유는 경계이자 한계인 공간에서 식민주의적 번역이 삭제하려던 식민주의적 자리를 회복하게 해준다.[12] 즉 뉴욕이라는 글로벌한 공간 속에서도 존재하는 한국적 로컬리티를 동시에 문제 삼도록 만든다. 이때 뉴욕은 차이와 다양성이 인정되기에 복수(複數)의 보편성이 형성되는 장소가 된다. 서로 다른 문화가 하나로 동화되거나 융합되는 '용광로(melting pot)'가 아니라, 서로 다른 문화가 공존하거나 대화하는 '샐러드볼(salad bowl)'와 같은 문화로의 변화가 가능해지기 때문이다.[13] '환원할 수 없는 차이'를 강조하는 '다른 사유(an other thinking)'나 '다른 말(an other tongue)'을 통해 안정적이고 고정적인 경계가 아니라 불안정하고 유동적인 경계를 새롭게 구성하는 것이 진정한 경계사유임을 알려주기 때문이기도 하다.[14]

---

11 위의 논문, 28쪽 참조.

12 월터 D. 미뇰로, 『로컬 히스토리/글로벌 디자인』, 이성훈 옮김, 에코 리브르, 2013, 27쪽 참조.

13 임진희, 「아시아계 미국문학에 나타난 언어의 재정의를 통한 탈식민적 정체성의 추구 연구」, 『영어영문학』, 45권 3호, 1999, 666쪽 참조.

14 월터 D. 미뇰로(2013), 앞의 책, 378-381쪽 참조.

이 글에서는 이러한 경계사유를 이창래의 『영원한 이방인』에 나타난 언어의 혼종화 양상을 통해 살펴보고자 한다. 혼종화의 개념은 원래 생물학적 용어였으나 20세기 후반에 이르러 문화와 정체성, 언어들 간의 융합을 의미하면서 민족적 순수성과 인종적 우월성의 불가능함과 한계를 지적하는 데에 유용하게 사용되는 개념이다. 헨리의 언어는 세 명의 아버지들이 각각 보여주는 언어의 '모방-산종-재전환' 중심의 혼종화를 통해 혼종화를 거부하거나 혼종화를 제한적으로 이루며, 혼종화를 확대시키기도 한다. 이런 '거부-제한-확대'의 과정은 그 자체로 고정되고 불변적인 혼종화의 개념이나, 찬성과 반대로만 평가되는 혼종화의 가치를 부정하게 만든다. 이를 통해 첫째 정태적이고 이분법적인 '혼종성(hybridity)'이 아니라 상황적이고 구성적인 '혼종화(hybridization)'가 중요하다는 것, 둘째 혼종화에서 보여지는 혼종화에 대한 거부나 제한도 혼종화 과정의 일부라는 것, 셋째 로컬(비서구)정체성도 글로벌(서구)정체성으로부터 영향을 받을 뿐만 아니라 역으로 영향을 줄 수도 있다는 점 등을 확인해볼 것이다.

2. 모방(模倣)의 언어와 혼종화의 거부

『영원한 이방인』에서 미국 이민 1세대인 헨리의 아버지는 한국에서 최고의 대학을 나오고 석사 학위까지 받은 지식인이자 "높은 수준의 유학자"(27쪽)이었다. 그러나 미국으로 이민 와서 25년 동안 게토에서 청과상을 하면서 특유의 성실함과 근면함으로 미국 중산층 삶으로의 편입에 성공한다. 그러면서도 마치 미국 사회에 "간신히 받아들여진 사람"(100쪽)처럼 최소한의 존재감만을 보인다. 그에게 중요한 것은 "조용히 살 수 있는 권리, 국세청과 부패한 시 검사관과 거리의 범죄자들로부터 괴롭힘을 당하지 않을 권리, 그저 마음 편하게 가게나 운영할 수 있는 권리"(327쪽)이다. 이런 아버지의 삶은 빈약한 영어 실력과 관련 있다. 거기에 맞추어 아버지의 가치도 재구성되었던 것이다. 아버지에게는 언어의 한계가 곧 삶의 한계였다.

물론 "아버지의 혼합어"(396쪽)는 거의 한국어만 사용하는 어머니나, 어머니가 죽은 후 그 역할을 대신한 아줌마의 언어들보다는 훨씬 혼종적이다. "어머니는 퀸스를 떠나고 싶어하지 않았다. 친구들이 있고 거리에서 어머니의 언어로 말을 할 수 있었기 때문이다"(560쪽)라는 어머니에 대한 언급이나, "그녀는 영어를 단 세 마디도 배우지 못했기 때문이다"(149쪽)라는 아줌마에 대한 설명에서 드러나듯이, 한국어를 주로 사용하는 어머니나 아줌마에 비해 아버지는 공적으로나 사적으로 영어를 주로 사용하지만, 그녀들보다 좀더 나을 뿐이다.

때문에 이민 2세대인 아들 헨리에 대해서도 그가 자신과는 달리 완벽한 영어를 구사하는 완전한 미국인으로 살기를 바란다. "아버지는 (그의 한국어를 내 식으로 빙퉁그러지게 해석하면) 내가 불쌍한 아이가 되는 것을 원치 않는다고 말했다."(95쪽) 그래서 영어를 못하는 어머니와 부부싸움을 할 때는 영어로 욕설을 내뱉는 아버지를 향해 헨리는 완벽한 영어 문장으로 항변함으로써 "아버지가 애용하는 방식으로 아버지의 겁과 불공평함에 대해 보복"(118쪽)하기도 한다. 미국인 릴리아가 아들의 출세에 도움이 될 거라고 생각하여 결혼을 흔쾌히 승낙하고, 다른 이민자들에게 릴리아를 자신의 '딸'이라고 소개하기도 한다. 또한 아버지는 "조지 워싱턴 박"(362쪽)이라는 미국식 이름을 정한 후 한 번도 써먹지는 않았지만 그 이름을 서명하는 연습도 열심히 한다. 아버지의 꿈은 "어딘가에 들어가 몸과 혀로 원어민의 언어를 구사해도 아무도 외면하며 문을 가리키지 않는 것"

(541쪽)이었다. 미국에 동화되어 동일화를 이루면서 미국인으로 살고 싶은 욕망이 강했던 것이다.

> ① 아버지의 개인 전승에는 아버지가 호주머니에 200달러를 넣고, 아내와 아기와 영어 몇 마디만 가지고 출발했다고 나와 있다. 모든 원주민이 무슨 이야기를 듣고 싶어 하는지 잘 알기 때문에 고전적인 이민자의 이야기를 들려줄 것이며, 자신을 영웅적인 신입자, 자족적인 자원이 풍부한 사람으로 제시할 것이다. (98쪽)
>
> ② 한국에서는 L 발음과 R 발음이 구분되지 않는다. 소리는 따로따로이며, 스페인어식으로 현란하게 떨리는 소리나 혀를 꼬부리는 소리가 없다. 우리한테는 B와 V도 없고, P와 F도 없다. 나는 늘 누군가가 우리를 괴롭히기 위해 그런 말들을 발명한 것이 틀림없다고 생각했다. 경박해. 야만적이야. 내가 처음으로 대마초를 피운 뒤에 아버지가 나를 노려보며 하던 말이 기억난다. 네 눈이 온통 *이끌렸구나*(led, 빨갛다는 뜻의 red를 잘못 발음한 것-옮긴이) 나는 그 말을 듣고 내 방으로 가서 눈물이 나오도록 웃어젖혔다. (387쪽)

동화주의적인 욕망으로 인해 아버지는 영어를 '모방(mimicry)'한다. 인용문①에서처럼 "영어 몇 마디"만 가지고 출발한 한계를 극복하기 위해 지배 언어이자 중심 언어인 백인 영어를 모방한다. 미국의 권위와 정통성을 흉내 냄으로써 주변부라는 종속적인 위치에서 벗어나 "영웅적인 신입자, 자족적이고 자원이 풍부한 사람"으로 인정받으려는 것이다. 그러나 아버지의 영어는 아버지의 욕망을 배반한다. 인용문②에서처럼 아버지는 'led(이끌렸다)'와 'red(빨갛다)'를 구분해서 발음하지 못한다. 이처럼 아버지의 모방 행위가 그 의도와는 달리 비웃음을 유발함으로써 제국과 식민

사이의 거리와 격차가 더욱 적나라하게 폭로된다.[15]

때문에 아버지의 영어는 "거의 동일하지만 아주 똑같지는 않은 차이"[16]를 보여준다. 아무리 모방해도 도저히 '원본' 영어와 같아질 수 없다는 사실을 아이러니적으로 강조하는 것이다. 또한 아버지 스스로도 유리한 상황을 만들기 위해서는 영어를 사용하면서도, 정말 하고 싶은 말을 할 때나 화를 내며 명령을 내릴 때는 한국어를 사용한다. 이를 통해 근원이나 중심인 언어가 과연 절대적이고 합당한 것인가에 대한 의문도 동시에 제기한다.

> ③ 반대편 모퉁이에 밤새도록 문을 여는 한국 음식점이 있다. 한인과 남미인 노동자가 바깥의 상자에 앉아 담배를 피우고 있다. (중략) 우리는 이야기를 나누려는 그들의 진지한 시도, 그들의 딱딱한 영어 조각에 귀를 기울인다. 어렸을 때라면 그 사람들을 조롱했을 것이다. 아버지와 가게 노동자들의 그 우스꽝스러운 말투, 그 모든 콩글리시, 스팽글리시, 은어에 몸이 움츠러들고 창피하고 화가 났을 것이다. 말 좀 똑바로 해. 나는 소리치고 싶었다. 평생 궁상맞게 사는 주제에 말이라도 한번 똑바로 해봐. 하지만 지금 아버지가 말하는 소리를 다시 들을 수 있다면 무슨 짓이라도 할 것 같다. 아버지의 언어, 늘 맹렬하게 돌진해 나가는 그 언어의 충돌과 강타와 중단. 나는 이 도시의 거리들에서 아버지의 언어를 들어 보기 위해 언제까지나 귀를 쫑긋거리며 다닐 것이다. (546쪽)

인용문③에 드러나고 있듯이 아버지의 "딱딱한 영어"를 통해 헨리는 혼종화에 대한 거부가 '타협'일 수도 있지만 소극적인 '저항'일 수도 있는 가

15 김용규, 『혼종문화론』, 소명출판, 2013, 448쪽 참조.

16 호미 바바, 『문화의 위치』, 나병철 옮김, 소명출판, 2002, 178쪽.

능성을 제시한다. “늘 맹렬하게 돌진해 나가는 그 언어의 충돌과 강타와 중단”은 지배언어나 단일언어, 중심언어와의 불화와 갈등을 인정하면서, 그런 불편함과 반역을 통해 주변언어의 의미와 가치를 적극적으로 개진해준다. 이로써 중심/주변, 지배/피지배의 언어를 구분하던 경계가 모호해지고, 중심의 지배언어를 절대적 기준으로 무조건 중시하는 논리도 거부된다. 물론 호미 바바(Homi Bhabha)의 모방 개념이 아무런 주체적 의식 없이 무조건 지배문화를 흉내 내는 것까지도 필요 이상으로 긍정적인 평가를 내린다거나, 주류언어의 가치 체계를 부정하는 도구로서만 소수언어의 가치를 인정하는 위험성에 빠질 수도 있다고 지적된다.[17] 그러나 아버지의 언어를 그리워하는 헨리의 변화 속에 양가적인 혼종언어를 추구하는 욕망이 작동하고 있음을 부인할 수는 없다.

헨리의 아버지는 미국인을 모방하지만 미국인은 아니다. 영어를 구사하지만 완벽하지 않다. 미국화 되기를 추구하지만 미국으로부터 거부당함으로써 스스로도 미국을 거부한다. 아버지의 모국과 모국어에 대한 비판으로부터 그에 대한 그리움으로의 변화를 통해 헨리는 “언어에는 방패가 있고, 우리로서는 공평하게 싸울 수단이 없다”(403쪽)는 현실 인식에 도달하게 된다. 이런 불일치와 모순을 통해 혼종화의 거부가 ‘슬픔’의 정조를 불러오면서도, 그와 동시에 잘못된 혼종화를 거부하기 위한 ‘위장’의 전략이 될 수도 있음을 알려준다. 또한 혼종화의 모방이 ‘재현’이 아닌 ‘반복’의 전략임도 알려준다.[18] ‘그대로’ 그리고 ‘자꾸’ 따라하면 원본과 비슷

---

17 김용규(2013), 앞의 책, 449~450쪽 참조.
우제원, 「Ralph Ellison의 Invisible Man과 이창래의 Native Speaker의 인물 정체성 비교: 주인공 화자들의 언어 찾기 과정을 중심으로」, 서울대학교 석사학위논문, 2004, 12-13쪽 참조.

18 호미 바바(2002), 앞의 책, 182쪽 참조.

해질 수 있겠지만 그래도 똑같을 수는 없다는 한계를 동시에 인식시켜주기 때문이다. 이런 혼종화에 대한 '거부 아닌 거부'를 통해 혼종화에서 중요한 것은 조화나 동화가 아니라 교섭과 차이임을 반증해주는 것이 바로 이런 모방의 언어들이다.

무엇보다도 이처럼 혼종화를 거부하는 아버지의 언어는 혼종화를 논할 때 혼종화를 거부하는 움직임까지도 고려해야 한다는 사실을 확인시켜주기에 중요한 의미가 있다. 불안정성을 유발하거나 자존(自尊)에 해를 끼치기 때문에 혼종화를 거부하게 된 아버지의 언어를 통해 헨리는 혼종화될 수 없는 것이 무엇인가에 대해 역설적으로 강하게 인식하게 된다. 그리고 강제적이고 이질적인 혼종화를 비판할 수도 있게 된다.[19] 헨리는 이러한 '함께 보기(seeing together)'를 통해 서구 중심의 혼종화와 전체화를 추구하는 혼종화의 위험을 스스로도 체감한다.

3. 산종(散種)의 언어와 혼종화의 제한

헨리는 '글리머 앤드 컴퍼니'라는 사설탐정회사에서 주로 아시아계 이민자들에 대한 정보를 의뢰인에게 넘기는 일을 담당한다. 그런 작업의 대상으로 결정되어 헨리가 의도적으로 접근한 한국계 존 강은 자수성가한 백만장자로서, 2년 전에 선출된 뉴욕 시의원이기도 하다. 문제는 그가 다음 선거에서 뉴욕 시장으로 출마한다는 사실이다. 이 때문에 현재의 시장 혹은 기존의 백인 정치권에서 존 강에 대한 뒷조사를 의뢰한 것으로 헨리는 추측한다. 특히 존 강은 학교에서는 영어만 교육하지만 외부에서는 모

19 우제원(2004), 앞의 논문, 31쪽 참조.

국어 공부를 지원하겠다는 이중언어교육에 관심을 갖는다는 이유로 공격을 받는다. “이민자들에게 뭔가 더 주는 것에 반대”(75쪽)하는 백인들에게는 위험한 인물이 바로 존 강이다.

이런 존 강이 헨리에게는 ‘또 다른 아버지’로 다가온다. 실제적으로 아버지를 연상시키는 측면들이 소설 속에서 자주 언급되고 있다. 존 강의 짧고 단정한 검은 머리를 보면서 헨리는 10년 전 아버지의 모습을 떠올리며(232쪽), 가부장적인 태도로 한국인 아내 메이에게 한국어와 영어를 섞어 가며 소리를 지르는 모습(248쪽)에도 헨리의 아버지가 겹쳐진다. 그래서 존 강에 대한 정보를 회사에 넘겨야 할 때 헨리는 오히려 “마치 나의 아버지나 어머니의 사적인 일을 우리 가까이에 처음 온 사람에게 제시하는 것”(250쪽) 같은 혼란과 죄책감을 느낀다.

그러나 존 강은 이런 일차적인 가족의 단위에서 벗어나는 “공적인 큰 인물”(239쪽)이기에 단지 소수민족의 정치가에 머무르기를 원하지 않는다. 유색인이나 아시아인의 대표자가 되는 것만으로는 어떤 것도 얻을 수 없다고 생각하기 때문이다. 이를 위해 존 강은 백인 사회의 핵심 혹은 중심으로 깊숙이 진입해 간다. 이런 존 강이 헨리에게는 ‘공적인 자아’이자 ‘사회적 아버지’의 역할을 담당하는 인물에 해당한다. 무엇보다도 존 강은 아버지와 동일한 세대인데도 불구하고 “아름다운, 거의 형식미를 갖춘 영어”(53쪽)를 구사한다. 그래서 헨리는 “한국 남자가, 그의 나이에, 이 나라 말을 쓰는 사람이라니”(239쪽)라며 감탄한다. ‘제1언어’로서 영어에 대한 구사 능력이 원어민에 가깝다는 것이다.

> ④ 그는 내가 상상하던 한국인의 모습이었다. 적어도 어떤 평판을 갖고 사는 한국인의 모습. 그는 강하고 맑은 목소리로 말을 하며 연단과 무대를 성큼성큼 걸어 다닌다. 청교도처럼, 중국인처럼, 그리고 그 둘 사이에 배를 타

고 온 모든 사람들처럼 그 언어를 말하는 것을 두려워하지 않는다. 나는 그런 순간에 그가 가장 감동적이고 아름답다는 것을 알았다. (497쪽)

그런데 존 강은 영어 이외에 소수 언어들도 제대로 구사한다. 그의 일상적인 명령이 "열 개의 언어로 강은 당신과 똑같습니다. 당신은 미국인 될 것입니다하고 말하라"(245쪽)인 것에서 알 수 있듯이, 존 강은 한국인이면서도 영어와 이민자들의 언어를 인용문④에서처럼 두려움 없이 말한다. 아버지와 존 강의 언어가 지닌 차이점은 아버지의 언어가 불완전한 '결핍'의 언어였다면, 존 강의 언어는 확신에 찬 '추가'의 언어라는 사실이다. 존 강은 영어와 소수언어 모두를 능숙하게 잘 구사하기 때문이다. 그의 언어는 아버지나 다른 한인들의 "어설픈 영어"(323쪽)와 차별화된다. 심지어 한국어를 말하는 데 불편함을 느끼는 헨리와 달리 한국어에도 능통하다. 때문에 존 강은 혼종적 주체로서의 긍정적 면모를 담보하고 있다.

그러나 존 강은 몰락한다. 몰락의 직접적인 원인은 헨리의 회사가 심어놓은 또 다른 스파이인 에두아르도를 존 강이 현재의 시장이 심어놓은 사람으로 오인해 한국조직폭력배에 넘김으로써 그를 죽게 만들었다는 사실이다. 그 외에도 중국계 여자 참모와의 불륜이나, 서울 출신 미성년 접대부를 태운 채 낸 음주운전 사고 등으로 인해 존 강의 상황은 더 악화된다. 무엇보다도 한국의 전통문화인 계(契)를 통해 인간적 관계를 관리했던 존 강은 불법 자금 모금과 탈세 혐의로 인해 한국으로 추방된다. "밀입국 주선자"(538쪽)라는 누명을 쓰고 쫓겨난 존 강은 "미국인들을 위한 미국"(537쪽)을 외치는 분리주의자들에 의해 희생양이 된 것이다. 특히 미국인들이 점점 "다양성이라는 것은 힘을 주고 풍요를 주는 대신 고통만 준다"(451쪽)고 불만을 가지게 되고, "주류의 경험과 문화 이외의 것을 위협적이거나 위험한 것"(451쪽)으로 거부하기 때문이다. 그럴 때에는 비미국인에게 더 폐쇄적이 되면서 안과 밖, 원어민과 이민자, 자아와 타자 등의 경계는 벽처럼 단단하게 강화될 수밖에 없다.

중요한 것은 이런 존 강의 몰락이 그의 언어에 나타나는 변화와 상호 밀접하게 연결된다는 점이다.

> ⑤ 더 이상 제시할 것이 없다. 이런 순간들이면 존 강이 우리가 아는 다른 언어로 말을 하기를 바라게 된다. 어떻게 된 일인지 우리의 영어로는 내가 하고 싶은 말에 닿을 수가 없다. 내가 피터의 나이 때 할 수 있었던 것처럼 단순한 한국어로 그에게 대꾸를 하고 싶다. 거리와 고개를 숙이는 절로 이루어진 우리의 말쑥한 언어로. 그 언어라면 진짜 비밀들을 천천히 불러 낼 수도 있고, 천천히 드러낼 수도 있다. (452쪽)

존 강은 궁지에 몰리자 이전과는 다르게 점점 외국어 억양이 스며든 어눌한 영어를 쓴다. 그리고 한국어 사투리로 말하면서 괴로워하거나 한국 노래를 부르며 울기도 한다. 그런데 더욱 놀라운 변화는 인용문⑤에서 드러나듯이 헨리가 그런 존 강의 언어를 통해 오히려 소통과 화해를 시도하려고 한다는 사실이다. 특히 "단순한 한국어"와 같은 "말쑥한 언어"를 통하면 그동안 자신이 숨겨왔던 "진짜 비밀"들을 드러낼 수 있다고 생각한다. 이처럼 존 강은 원어민 수준의 영어에 한국어의 침투를 허락함으로써 아버지와는 반대의 과정을 통해 혼종화를 경험하게 된다. 중심에서 주변으로 자리가 바뀌면서 한동안 보지 못했던 것들과 접촉하게 되었기 때문이다. 모국(母國)으로서의 한국에 대한 소환이 모어(母語)를 통해 이루어진 것이다.

또한 존 강이 군중들에게 보여지는 마지막 모습에서 자신에 대한 비난에 대해 침묵한 채 천천히 발걸음을 옮기는 것은 그동안 자신이 받은 '응시'를 군중들에게 되돌려주는 저항으로 볼 수 있다. 자신을 미국인이 아닌 외국인으로 취급하는 영어사용자들의 부정적 응시에 대해 자신이 받은 홀대와 멸시를 그들에게 그대로 되돌려 주려는 눈빛을 보이고 있기 때문이다. 이로써 존 강은 한국어와 영어 사이의 경계를 허물고, 원어민으로서의 비동일성(non-identity)과 불확정성을 체현하는 존재로 다시 태어나게 된다.

이런 몰락과 저항의 양가성을 동시에 보여주는 존 강의 언어는 '산종(dissemination)'의 언어라고 할 수 있다. 존 강의 영어는 헨리에게 초월적인 시니피에나 강력한 단하나의 상징으로 작용하지 못한다. 존 강의 언어가 영어에만 머무르지 않고 한국어로 이동하기 때문이다. 이처럼 '중심 없이 흩어지는 운동성'을 보이는 언어가 바로 산종의 언어이다. 그래서 산종은 "아버지 아래로 되돌아가지 않는 것"[20]을 상징한다. 거세당한 '아버지의 언어'인 영어가 보편적 언어가 아닌 특수한 언어에 불과할 수도 있음을 보여주는 것이다. 이로써 언어 체계의 통일성과 자율성이 의심받게 된다. 때문에 산종의 언어는 어느 특정 언어에 대한 집중을 거부함으로써 혼종화를 획득한다. 존 강의 영어에 잠재해 있던 한국어가 갑자기 분출됨으로써 중심언어였던 영어의 권위와 절대성이 파괴된다. 즉 영어로만 전달되었던 정체성이 지배와 통제의 힘을 잃는다. 그렇다고 모어(母語)인 한국어로 언어의 절대 권력이 옮겨가는 것도 아니다. 존 강의 한국어 또한 변형되고 전환된 채 완전한 형태로 발설되지는 않기 때문이다. 이처럼 영어제국주의나 한국어민족주의의 대립에서 어느 한편에 대한 일방적인 편들기를 모두 거부함으로써 새로운 언어를 탄생시키려는 것이다. 두 언어가 모두 '차이'를 지닌 채 만나고, 서로 간섭하면서도 합쳐지지

---

20 사카이 나오키·존 솔로몬 편, 『번역, 생정치, 식민지적 차이』, 문화과학사, 2012, 59쪽.

는 않기에 존 강의 언어는 산종의 언어라고 할 수 있다.

존 강에게 영어는 특권적 대상이었다. 존 강을 통해 헨리 또한 실재하지도 않는 상징계의 아버지를 추구했었다. 그러나 헨리는 더 이상 인간의 언어 자체가 환원 불가능한 다수성과 잠재성의 경험임과 동시에 항상적으로 유지될 수 없는 미결정의 대상임을 재확인한다.[21] 이를 통해 영어와 한국어의 혼종화에서 발생하는 제한적 양상을 고려할 필요성이 대두된다. 혼종화는 어떤 문화나 언어를 무제한적으로 혹은 일방적으로 수용한다는 것을 의미하지 않는다. 때문에 세계를 순수한 정체성으로 구성하거나 단순한 대립 관계로 체계화할 수도 없다는 것을 인정하는 것이 필요하다는 것이다. 이럴 때에야 혼종화를 "양립 가능한 것을 혼합하고 양립 불가능한 것을 확실히 하는 과정"[22], 즉 혼종화가 가능한 것과 혼종화가 불가능한 것의 경계를 확인함으로써 오히려 혼종화의 한계를 확인할 수 있는 제한적인 혼종화의 특성을 제대로 파악할 수 있게 된다. 그리고 가능한 혼종화와 불가능한 혼종화의 확실한 구분과 그 두 가지의 힘겨운 공존까지 포용하는 이런 제한적 혼종화 자체가 혼종화의 한 과정임을 구체적으로 확인할 수도 있게 된다.

4. 재전환(再轉換)의 언어와 혼종화의 확대

헨리는 불완전한 영어를 구사하는 자신의 아버지를 통해 아무리 모방을 해도 타의적으로 혼종화를 거부할 수밖에 없었거나, 완벽에 가까운 영

---

21 사카이 나오키·존 솔로몬 편(2012), 앞의 책, 63쪽 참조.

22 네스트로 가르시아 칸클리니, 『혼종문화』, 이성훈 옮김, 그린비, 2011, 32쪽.

어를 구사했던 존 강을 통해서도 결국에는 제한적인 혼종화를 경험할 수 밖에 없었다. 그러나 헨리는 진짜 원주민인 백인 아내를 통해 오히려 혼종화의 확대를 경험하게 된다. 그 누구보다도 원어민의 언어를 구사하는 헨리조차도 릴리아와 비교하면 상대적으로 비원어민이다. 그래서 릴리아를 처음 만났을 때 헨리는 "나 같은 사람들은 혹시 내 억양이 아직도 어색하지 않나하고 언제나 신경을 쓰죠"(35쪽)라며 불안해한다. 얼굴을 보여주지 않고 소리만 들려주었을 때는 전혀 드러나지 않는 비원어민으로서의 특성을 스스로 지나치게 의식함으로써 오히려 비원어민임을 환기시키는 모순과 이중성을 보인다. 그래서 릴리아에게 헨리는 '모국어 사용자'가 아닌 '외국어 학습자'에 더 가깝다.[23] 릴리아가 "영어아가씨"(34쪽)라고 불리면서 언어를 치료해주는 직업에 종사하는 것도 상징적이다. 헨리도 어릴 적에 언어치료를 받은 적이 있다. 이럴 때 릴리아는 헨리에게 '인종적(백인) 아버지' 혹은 '언어적 아버지'의 역할을 담당한다고 볼 수 있다.

> ⑥ 나는 발견했다. 그녀가 정말로 말을 할 줄 안다는 것. 처음에는 그녀가 지나치게 반듯하다고 생각했지만, 곧 그녀는 단지 언어를 집행하고 있을 뿐임을 깨달았다. 그녀는 한 단어씩 나아갔다. 모든 글자에는 경계가 있었다. 나는 그녀의 크고 풍만한 입을 지켜보았다. 그녀의 입은 어두운 집을 돌아다니며 불을 켤 수 있는 지점들을 점점이 또는 줄줄이 완벽하게 짚어 내는 사람처럼 자신의 문장들 속을 휩쓸고 다녔다. (33쪽)

릴리아는 "지도의 여인"(22쪽)이라 불릴 정도로 지도를 좋아하는데, 그녀의 언어치료사라는 직업 자체가 언어 특히 영어로 "깃발을 든 사람"(36

23 박수정, 「이창래 소설의 백인성의 신화와 해체」, 부산대학교 박사학위논문, 2010, 20쪽 참조.

쪽)이라는 설명으로 볼 때, 이때의 지도는 방향과 원칙을 알려주거나 정보와 규칙이 중시되는 언어의 본질과 연관된다고 볼 수 있다. 인용문⑥에서 드러나듯이 릴리아는 언어를 "집행"하는 주체이고, "어두운 집을 돌아다니며 불을 켤 수 있는 지점들을 점점이 또는 줄줄이 완벽하게 짚어내는" 안내자이자 치료사이다. 당연히 영어가 그 기준이고, 좌표이며, 중심이다. 그녀의 언어가 곧 '법'이고 '이름'이다.

그러나 이런 릴리아의 완벽한 언어가 아들 밋의 죽음과 그로 인한 남편 헨리와의 불화, 존 강과의 관계로 인한 헨리의 정체성에 대한 혼란 등을 통해 점차 변화하게 된다. 그리고 이런 변화를 통해 릴리아는 '자기 발언적(so called)' 주체로 거듭나게 된다. 릴리아는 스스로 영어가 지니는 권력을 박탈함으로써 자신의 영어를 재구성한다. 영어의 경계를 넘어섬으로써 영어 아닌 영어 즉 이민자들의 언어에 접근하기 때문이다. 그래서 릴리아가 말하는 자기 발언적 영어는 자기에 대해 말하는 것이자 자기의 없음에 대해 말하는 것이기도 하다. 또한 접촉에 의해 부인되지만 접촉을 수용하는 것에 대해 말하는 것이자, 말을 할 때 사라지는 자신에 대해 말하는 것이기도 하다.[24]

> ⑦ 릴리아는 다른 작업은 시도하지 않는다. 어차피 아이들은 거의 외국어를 하는 아이들이다. (중략) 아이들이 무엇을 이해하는지는 중요하지 않다. 그녀는 아이들에게 두려워할 것이 없다는 것을 알려주고 싶어한다. 언어를 웃음거리로 삼는 창백한 백인 여자의 모습을 보여주고 싶어한다. 아이들이 엉터리로 말해도 아무 상관이 없다는 것을 보여 주려는 것이다. (564쪽)
>
> ⑧ 그녀는 최대한 성의를 다해 아이들 이름을 부른다. 고저와 억양까지 세

---

24 사카이 나오키·존 솔로몬 편(2012), 앞의 책, 297쪽.

심하게 주의를 기울인다. 나는 그녀가 원주민의 아름다운 언어 여남은 가지를 말하는 소리를 듣는다. 우리가 누구인지 말해주는 그 어려운 이름들을 부르는 소리를 듣는다. (564쪽)

릴리아는 이민자 아이들의 불완전한 영어와 접촉함으로써 동요 상태에 이르지만, 스스로에 대한 확신에 다다르기도 한다. 하지만 이때의 확신은 이주민들이 보증하고 인정하는 한에서, 이주민들조차 자신들을 표상하거나 폭로하는 정도에까지 이르러야 가능해지는 역설적인 행위라고 할 수 있다. 때문에 릴리아는 타자와 함께 타자와 접촉하면서 자신의 무화를 경험해야 스스로에 대해 발언할 수 있는 주체에 해당한다.[25] 인용문⑦에서처럼 스스로 "창백한 백인여자"로서의 모습을 감추지 않고 영어를 엉터리로 말해 웃음거리로 삼을 수 있어야 한다는 것이다. 때문에 확신보다는 감응에 더 가까운 언어를 발설한다.

이런 릴리아의 선택과 변화를 인정할 때에만 인용문⑧에 등장하는 "원어민"의 의미를 제대로 파악할 수 있다. 이민자 아이들에게 언어치료를 하는 릴리아는 영어에 가까운 언어가 아니라, "고저"와 "억양"이 살아 있는 그들의 언어에 가깝게 "그들의 어려운 이름"을 불러준다. 이때 그녀의 입에서 나오는 "아름다운 언어"는 영어가 아닌 이민자들의 언어를 의미한다. 이때 "원주민"은 릴리아가 아니라 오히려 이민자 아이들이고, 영어는 "제2외국어"(563쪽)로 바뀌게 된다.

『영원한 이방인』에 대한 기존 논의들에서 영어와의 동일화를 추구하는 것이라거나 영어를 잘 말하도록 훈련시키기 위한 언어 치료로 오인되어왔던 앞의 인용문과 소설의 결말은 그 자체로 언어의 '크레올화(creolization)'

25 위의 책, 300쪽 참조.

에 대한 인정으로 재해석될 수 있다. 함께 놀다가 백인들에게 깔려 죽은 아들 밋의 귀환이자 환생으로도 볼 수 있는 이민자 아이들과의 만남을 통해 릴리아는 아들 밋으로 대변되던 "가장 진정한 세계, 이질적인 선율들이 풍부한 세계"(397쪽)를 다시 경험하게 된다. 즉 "영어와 한국어의 가장 세밀한 단계적 변화들"을 보여주었던 아들 밋의 언어는 더 이상 하나의 언어나 목소리만으로 이루어진 삶은 불가능하다는 진실을 대변한다. 때문에 언어의 크레올화는 "잘못된 보편성, 단일 언어주의, 그리고 순수성의 무효화"[26]를 선언하는 것이다. 영어의 순수성과 일관성을 유지하지 않으면서 '다른 사유(other thinking)'를 감행하는 것, 단일한 세계(uni-verse)가 아니라 글로벌한 다양성(di-verse)이라는 새로운 차원으로 이동하는 것, 어떤 하나의 언어 속에서 '태어나는 것'이 아니라 그 언어에 속에 '거주하는 것'[27]을 강조하는 것이다. 때문에 릴리아의 말하기는 기존의 영어 지배 과정을 역전시키는 혼종화를 보여준다고 할 수 있다. 분리되어 있던 두 개 이상의 언어 경계를 넘나들면서 그 경계를 확대시킴으로써 새로운 제3의 공간을 만들고 있기 때문이다.[28] 이를 통해 영어와 한국어는 붕괴되거나 분열되는 것이 아니라 '재정돈(re-ordered)'되면서 빠르게 다양화된다.[29]

이런 릴리아의 언어를 통해 헨리의 언어 또한 '재전환(reconverse)'된다. 릴리아의 언어번역을 헨리가 다시 새롭게 번역하기에 '번역에 대한 번역'이 일어났다고 할 수 있다. 재전환은 혼종화의 과정에서 재가공이나 재구

---

26 월터 D. 미뇰로(2013), 앞의 책, 406쪽.

27 위의 책, 401-407쪽 참조.

28 설병수 「크레올화(Creolization), 그 다층적 맥락 읽기」『아프리카연구』 27호, 2010, 100쪽 참조.

29 피터 버크, 『문화 혼종성』, 강상우 옮김, 이음, 2012, 170-171쪽 참조.

성을 통해 혼종화의 영역을 확대시켜준다. 마치 릴리아의 영어가 바뀜으로써 헨리의 영어에도 변화가 일어나는 것과 같은 이치이다. 헨리는 여전히 릴리아에게 "장기 손님"(562쪽) 혹은 "영원한 방문객"(562쪽)이다. 그러나 헨리는 이런 정체성에 대한 적극적인 수용을 통해 오히려 새로운 정체성을 긍정적으로 형성하게 된다. 헨리는 당당하게 말한다. "우리는 억양과 관용어를 모조리 배울 것이다. 당신들은 우리의 눈과 귀로부터 어떤 것도 안전하게 지킬 수 없다."(521쪽) 이처럼 비원어민들의 언어에 남아 있는 억양과 관용어를 버리거나 부끄러워하지 않고 오히려 그것을 원어민의 허세와 오만을 공격하는 데에 사용된다면, 재전환의 언어는 의미 있는 저항의 양식이 될 수 있다. 이런 재전환의 언어를 통해 단순한 '겹침'으로서의 혼종화를 거부하고, 파편적인 '침투'로서의 혼종화를 추구할 수 있기 때문이다.[30]

무엇보다도 이런 재전환의 언어를 통해 가장 적극적인 혼종화의 양상을 보이고 있는 릴리아나 헨리는 다른 소수자들에게도 확대되는 정체성을 새롭게 구성하고 있다.[31] 단순히 영어 혹은 원본 문화를 모방하거나 이식하지 않고 전유하거나 변형시키기 때문이다. 이제 헨리는 아버지의 언어를, 존 강의 언어를, 그리고 릴리아의 언어를 모두 비슷하지만 똑같지는 않게 반복할 것이다. 그럼으로써 진정한 혼종화를 향한 헨리의 여정도 지속될 것이다.[32]

30 네스트로 가르시아 칸클리니(2011), 앞의 책, 316쪽 참조.

31 이선주, 『경계인들의 목소리』, 그린비, 2013, 63쪽, 79쪽, 83쪽 참조.

32 정혜욱, 『번역과 문화연구』, 경성대학교출판부, 2010, 336-337쪽 참조.

5. '혼종성'에서 '혼종화'로

언어의 양상이 곧 존재의 방식이다. 언어를 통해 존재의 위치를 파악할 수 있고, 사회나 문화의 무게도 규정할 수 있다. 언어를 통해 어떤 사회로의 배제와 편입, 분리와 융합의 다양한 과정이 드러나기 때문이다. 특히 혼종언어 사용자인 이민자들의 정체성을 파악하는 데에는 언어와 혼종화가 형성되는 과정이 상당히 중요하다. 이창래의 『영원한 이방인』은 미국인이면서도 원어민이 될 수 없는 이민자들의 갈등과 모순이 어떠한 혼종화를 거쳐 창조적으로 변형될 수 있는지에 대해 정치하게 소설화하고 있다. 원어민의 영어에 일치하거나 고정되는 언어가 아니라, 그에 대한 흔적과 균열을 통해서도 어떻게 혼종화가 이루어지는지 그 실제적 양상 자체가 잘 드러나고 있기 때문이다.

영어제국주의가 존재하는 곳에서 영어는 흉내 내어야 할 대상(모방)이자, 마치 하나로 동일화되는 듯하다가 결정적일 때는 다시 흩뿌려지는 불완전한 대상(산종)이며, 그럼으로써 영어 자체에도 변화를 불러올 수 있는 대상(재전환)이기도 하다. 영어를 모방할 때 오히려 혼종화가 거부되는 아이러니한 상황에서 소설 속 실제 아버지의 언어는 위장과 반복을 통해 혼종화를 추구한다(2절). 그리고 헨리는 혼종화될 수 없는 것들과의 공존을 통해 무제한적이고 일방적인 재혼종화는 불가능하기에 혼종화 자체도 제한적일 수밖에 없음을 존 강의 몰락을 보며 확인하게 된다(3절). 가장 적극적으로 일어나는 혼종화는 원본이나 중심, 기원의 언어인 영어에 변화를 일어나게 한 것이다. 백인 아내 릴리아의 언어치료 과정은 이민자의 언어를 영어에 침투시킴으로써 영어의 혼종화를 더욱 확대시킨다(4절). 헨리는 이 세 가지 혼종화의 경계에서 모든 혼종화를 경험함으로써 자신의 언어를 새롭게 구축한다. 이를 통해 "번역은 말하는 이를 변용시킴으로써 세계를 변용시키는 주체적 기술"[33]임을 증명한다.

때문에 『영원한 이방인』에서 문제 삼고 있는 언어의 경계, 민족의 경계, 정체성의 경계에서 중요한 것은 영어/비영어, 미국인/외국인, 주체/타자의 이분법적 대립이나 한쪽 편들기가 절대 아니다. 혼종화 자체가 이미 긍정적이거나 부정적인 가치를 가지고 있다는 도덕적 판단 자체가 비현실적이고 폭력적이기 때문이다. 혼종문화에서 중요한 것은 원본이나 중심, 기원, 본질에 대한 동화 혹은 거부 자체가 아니다. 이것은 혼종문화를 정태적이고 고정적인 '혼종성'으로만 파악하는 것이다. 오히려 그런 동화 혹은 거부 등에서 나타나는 다양한 방식의 전유나 이행, 틈입과 공존의 '혼종화' 방식들이 더 중요하다. 다시 말해 혼종문화를 맥락적·구조적·역동적인 교섭과 변화가 중심이 되는 혼종화로 파악해야 그 과정에서 일어날 수 있는 로컬(비서구) 주체들의 적극적이고도 민주적인 개입을 옹호할 수 있다. 혼종화에서 중요한 것은 혼종화를 누가 움직이고 무엇을 위해 이용하는가, 즉 혼종화의 '주체'와 '목적', 혹은 '용도'라는 것이다.[34]

또한 혼종화를 통해 로컬문화의 독자성과 특수성을 강조해야 로컬문화의 글로벌문화로의 일방적인 흡수나 혼합이 아닌 두 문화 사이의 상호관계나 교차, 혹은 글로벌문화에 대한 로컬문화의 상호 영향력까지 함께 고찰할 수도 있다. 로컬적이거나 또는 글로벌적인 것이 아니라 로컬적이면서도 동시에 글로벌적인 연대가 가능하기 때문이다.[35] 이럴 때 로컬은 주변부적이고 폐쇄적인 공간이 아니라 복합적이고 개방적인 공간으로 재위치지어질 수 있다. 이런 맥락에서 헨리가 소설의 결말에서 "바다 위에 떠 있는 외로운 배들의 뒷질과 표류"(542쪽) 혹은 "끝도 없을 움직임"(542

33 사카이 나오키(2005), 앞의 책, 84쪽.

34 김용규(2013), 앞의 책, 479-490쪽 참조.

35 위의 책, 213-214쪽 참조.

쪽)을 느끼는 것은 패배나 실패가 아닌 도전과 변화의 가능성을 인정하는 태도라고 할 수 있다. 진정한 혼종화를 통해야만 정체성 자체도 어느 하나로 고정되거나 본질화되지 않는다는 것을 강조하는 것이기도 하다. 이창래가 보기에 우리 모두가 '본질적인 난민'이자 '영원한 이방인'이다. 이것이 바로 "말들의 도시"(557쪽)인 뉴욕을 배경으로 한국계 미국작가인 이창래가 '언더독(underdog)의 글쓰기'[36]를 계속하는 이유일 것이다.

36 윤성호, 『언더독의 글쓰기: 아시아계 미국문학의 지형도』, 서울대학교출판문화원, 2012, 186쪽.

| 제3부 |

감정번역과 ‘스캔들(scandal)’로서의 감정

제7장

숭고의 위치와 탈경계성

김유정 소설의 '아내 팔기' 모티프를 중심으로

1. '미'에서 '숭고'로

1930년대의 대표적 작가인 김유정(1908-1937)은 일제치하라는 부정적 현실 속에서도 문학의 긍정적인 기능에 대해 고민한 작가라고 할 수 있다. '이상'과 '현실' 간의 모순이 극명했던 1930년대 중반에 집중적으로 창작활동을 하면서[1] 사회의 결손이나 빈약함에 대해 보완적이고 수정적인 문학의 가치에 관심을 가졌기 때문이다. 가난이라는 극한상황 속에서도 웃음을 유발시키는 문학을 창작한 이중성이나 양가성, 모순과 긴장을 여실히 보여주는 작가가 바로 김유정이라고 할 수 있다. 동시대 작가인 이상이 부정적인 무의식이나 내면에 침잠한 '아래'의 세계에 집착했다면, 이

1 김유정이 「소낙비」와 「산골나그네」를 집필한 해가 1933년이고, 공식적인 문단 데뷔는 1935년, 작품 발표 기간은 1937년 3월에 사망하기 전까지 5년여 동안이다.

와는 대조적으로 이효석은 초월적 천상계(天上界)인 '위'의 세계를 추구했으며, 이들과 달리 김유정은 현실에 토대를 둔 지상적(地上的)인 '옆'의 세계를 추구한 작가라는 비유적 평가[2]가 이를 뒷받침한다. 김유정의 시선은 이상향을 추구했지만, 그의 발은 대지를 떠나지 않으면서 현실 속 생활인의 모습에 집중하는 양상을 보였기 때문이다.

이런 '뒤집어진 현실'이나 '거꾸로 된 세계'에 대한 인식을 토대로 할 때 김유정 소설을 '숭고(Sublime)'의 개념 및 이론과 연결시킬 수 있다. 숭고의 어원을 살펴보면 'sub'에는 상부라는 뜻과 '하부'라는 의미가 동시에 있으며, 'lime'에도 '상인방(上引枋)'이라는 뜻과 '문지방'이라는 대립적 의미가 동시에 존재한다. 숭고의 어원 자체에 이미 지상의 진창에서 벗어나 초월적인 힘에 가 닿으려는 열망과 함께, 상부와 하부가 섞이고 상인방과 문지방이 넘나드는 전복성이 내포되어 있음을 알 수 있다.[3] 그리고 이처럼 일상적인 질서를 역전시킴으로써 역동적인 힘을 표출하거나 새로운 인식체계를 구성하는 숭고의 문학 자체가 고정되거나 조화로운 현실세계를 낯설게 하면서 자유를 구가하려는 김유정 문학과 서로 연관될 수 있다는 것이다.[4]

롱기누스(Longinus)에 의해 최초로 독립된 주제로 다루어졌고, 18세기 에드먼드 버크(Edmand Burke)와 임마뉴엘 칸트(Immanuel Kant)를 중심으로 유럽 철학의 핵심적 문제였던 숭고는 1980년대 중반 장 F. 리오타르(Jean F. Lyotard)에 의해 다시 유행어가 되었다. 이런 역사적 흐름을 고려할 때 숭고는 서구문화사를 관통해 온 로고스 중심주의가 배제하거나 은폐해온 것들을 복권시킴으로써 근대를 교정하려는 시도와 연결된다. 특

2 임중빈, 「닫힌 사회의 희화」, 『부정의 미학』, 한얼문고, 1972, 147-148쪽.

3 김경화, 「블레이크의 숭고와 카니발적 세계관」, 『19세기 영어권 문학』, 제10권 2호, 2006, 34쪽.

4 임마뉴엘 칸트, 『판단력비판』, 백종현 옮김, 아카넷, 2009, 277쪽.

히 『판단력비판』을 통해 이런 근대미학의 초석을 놓은 칸트는 '미'의 개념만으로는 설명할 수 없게 된 근대 미학의 변화를 적극적으로 반영하면서 '미'와 '숭고'를 분리함으로써 질서·조화·균형·일치 중심의 '미'에서 부조화·부정형·혼돈·파격 중심의 '숭고'로 미학의 관점을 이동시킨다.[5] 코스모스적 세계관 중심의 고전주의 미학에서 벗어난 카오스적 세계관 중심의 근대 미학이 칸트로부터 본격적으로 시작된 것이다.[6]

이런 이론적 배경을 지닌 숭고의 첫 번째 특징은 '충돌'이라고 할 수 있다. 숭고에서는 서로 대립하는 것들이 공존한다. 숭고 자체가 접촉과 경계의 지대에 존재하기에 반대되는 것들이 서로 일치하거나 양립 불가능한 것들이 서로 연결된다.[7] 숭고에는 이성으로부터 물려받은 '존중'의 태도가 배어 있지만, 그것이 기존의 규범이 제시하는 순수한 '앙양' 혹은 '고양'에 해당하지는 않는다. 오히려 숭고 속에는 갈등과 긴장에서 유발되는 분쟁과 폭력이 항상 내재되어 있다.[8] 그리고 이런 분쟁과 폭력은 충돌을 통해 숭고에 활기를 제공한다. 숭고의 개념이 다양성과 이질성을 중심으로 보편주의와 전체주의에 저항할 수 있는 토대가 되는 것도 이런 충돌 지향적 특성 때문이다. 따라서 이때의 충돌은 합의나 동의가 아니라 불일치나 배리(背理)를 초래한다.

---

5 수사학 중심으로 '고양'의 기술에 중심을 둠으로써 미와 연관이 깊었던 숭고의 개념을 강조한 롱기누스를 시작으로, 미와 숭고를 분리하면서 위험이나 고통 중심의 숭고이론을 전개한 버크를 거쳐, 칸트는 『판단력비판』에서 미에 비해 일종의 부록처럼 숭고를 다루고 있다. 하지만 앞으로 살펴볼 숭고의 초감성적인 실천성과 도덕성을 염두에 둘 때 그 중요성이 미보다 적지 않다.
김광명, 「칸트 미학에 있어 '숭고'의 문제」, 『미학』, 17권 1호, 1992, 27쪽.

6 안성찬, 『숭고의 미학: 파괴와 혁신의 문화적 동력』, 유로서적, 2004, 22-24쪽.

7 하선규, 「칸트 미학의 현대적 쟁점들(I)」, 『미학』, 65호, 197쪽.

8 리오타르, 「숭고와 관심」, 장-뤽 낭시 외, 『숭고에 대하여』, 김예령 옮김, 문학과지성사, 2005, 223쪽.

다음으로 숭고의 두 번째 특징인 '이행'의 측면은 고요한 관조의 '상태'에 있는 미와 달리 숭고 자체가 극적이고 역동적인 '운동'을 중시하기에[9] 끌어당김과 밀쳐냄이 빠르게 교차한다는 것과 연결된다.[10] 서로 충돌을 일으켰던 대립적 요소들 사이의 접촉이나 매개가 일어나기 때문이다. 이런 이행의 가능성은 칸트에 의하면 순수이성과 실천이성을 매개하는 판단력의 궁극적 목적과도 연관성이 있다. 판단력 자체가 '자연' 개념에서 '자유' 개념으로의 이행을 실현하는 능력이기 때문이다. 또한 판단력을 중심으로 하는 숭고는 분절·대립·충돌·동요·갈등·고통을 통일·조화·기쁨·안정으로 옮겨가려는 목적을 지니기에[11] 미와는 다른 시간 인식을 보여준다. 즉 미가 현재 중심이기에 이미 규정되어 있는 것에 대한 조화로운 만남과 연관된다면, 숭고는 미래 중심이기에 언제나 앞으로 도래할 어떤 것을 추구한다. 미래의 무한성이야말로 시간 중에서 가장 숭고한 것이다. 규정될 수 없거나 도달할 수 없는 것이 아니라, 이미 오래 전부터 주어진 것인 동시에 매순간 새롭게 제공되는 것, 그래서 지칠 줄 모르는 유예와 기다림을 유발시키는 이행의 시간이 바로 숭고의 시간이라는 것이다.[12]

세 번째 특징으로 강조할 수 있는 숭고의 본질은 '확장'의 기능이다. '역설적 자기초월성'으로도 표현할 수 있는 이 특징은 숭고가 고통에서 희열로, 실존에서 탈존으로, 현실적 차안(此岸)에서 초월적 피안(彼岸)으로 이

---

9 위의 책, 266쪽.

10 "숭고에 관한 여러 정의 중 하나에 의하면 숭고는 'di-airein', 즉 사로잡아 옮겨가는 행위에 의해 이루어진다. 다시 말해 데려가거나 통과시키거나 들어올리는 움직임, 요컨대 '이동에 의해 발생한다."
미셸 드기, 「고양의 언술-위(僞)롱기누스를 다시 읽기 위하여」, 장-뤽 낭시 외(2005), 앞의 책, 16쪽.

11 김석수, 「칸트의 반성적 판단력과 현대철학」, 한국칸트학회 편, 『칸트와 미학』, 민음사, 1997, 394쪽.

12 자콥 로고진스키, 「세계의 선물」, 장-뤽 낭시 외(2005), 앞의 책, 260-279쪽.

행하는 질적 변화를 그 근본구조로 삼는다는 데에서 연유한다. 무한을 향한 인간의 열망이 바로 숭고이다. 때문에 칸트에 의하면 자연의 엄청난 위력 앞에서 인간의 자기보존 본능은 커다란 공포를 느끼게 되지만, 그 공포로 인해 인간은 오히려 자연보다 우월한 이성의 위대성을 확인하게 된다.[13] 그래서 칸트의 숭고함은 자연대상으로서의 타자를 매개로 하여 자신으로 되돌아오는 의식 활동을 중시한다. 즉 자연이라는 '대상'에서 인간이라는 '주체'로 이동한 변화를 확인시켜주는 것이 바로 숭고 개념이다.[14] 때문에 숭고 체험은 우리의 정신을 확장시켜줌으로써 자연의 절대성에 저항할 수 있는 용기나 실천력을 확보하게 해준다.[15]

이런 칸트적 의미의 숭고를 바탕으로 이 글에서는 김유정 소설 중 '아내 팔기' 모티프가 주로 등장하는 「소낙비」, 「가을」, 「안해」, 「정조」, 「산골 나그네」, 「정분」 등을 중심으로 숭고의 특징에 해당하는 '충돌-이행-확장'의 측면을 살펴보는 것이 목적이다. 김유정 소설의 대표적 특징으로 언급되는 '아내 팔기' 모티프에는 먹고 살기 위해 아내의 몸까지 팔아야 하는 극한 상황과 더불어 그런 부정적 현실을 극복하려는 데서 발생하는 갈등이나 긴장을 적나라하게 확인할 수 있다.[16] 김유정 소설에서 부부 간

---

13 안성찬(2004), 앞의 책, 142쪽.
물론 이때 숭고의 대상은 자연뿐만 아니라 예술이나 사회의 차원으로까지 확대 가능하다. 리오타르가 칸트적 숭고 대상인 '자연'을 '예술'의 차원으로 확대시키면서 전유했듯이, 김유정 소설의 숭고 개념은 세계나 현실까지 그 대상을 확대해야 좀더 분명한 숭고의 본질이나 시대성을 파악할 수 있다.

14 최준호, 「칸트의 숭고함과 타자의 존엄성」, 『철학』, 제64호, 2000, 139쪽.

15 장-뤽 낭시 외(2005), 앞의 책, 271쪽.

16 "裕貞소설에서의 매음은 절박한 상황을 벗어나기 위한 막다른 방법으로 선택되어지며, 이는 부부 간의 합의 혹은 임시적 묵계에 따른다. 따라서 이때의 매음은 부부관계가 유지된 채 생계를 유지한다는 공통 소유분을 갖는 것이 목적이다."
박정규, 「아이러니와 변이된 상실감의 미학」, 『호서문학』, 제13집, 1987, 106-107쪽.

의 윤리를 문제 삼는 소설에 대한 기존의 논의들은 들병이 모티프와 연결된 부도덕성과 일탈적 성격을 강조하면서 수난의 역사나 사회적 폭력을 폭로하는 부정적 양상으로 간주했다.[17] 그러나 이런 '아내 팔기' 모티프에 드러난 자발성과 비자발성의 역학 관계, 의도와 결과의 함수 관계, 이상과 현실의 갈등 관계 등을 고려할 때 숭고가 지닌 특성을 효율적으로 확인할 수 있다. 불쾌와 쾌의 공존(충돌), 불쾌에서 쾌로의 변화(이행), 불쾌를 통한 쾌의 추구(확장)라는 숭고의 메커니즘 자체가 김유정 소설의 대표적 특성이자 1930년대의 부정적 현실에 대한 문학적 응전을 심도있게 보여주기 때문이다. 따라서 이 글에서는 김유정 소설에서 '아내 팔기'라는 극대치의 불쾌한 사건이 어떻게 정반대의 쾌로 변화되어 결과적으로 현실에 대한 인식과 반응을 변화시키는지 칸트의 숭고 개념을 중심으로 살펴본다. 그리고 이처럼 미를 숭고로 바꾸어 경험하게 되는 '충돌-이행-확장'의 과정 자체가 숭고를 정태적이고 고정적인 개념이 아니라 동태적이고 유동적인 '위치'에서 감정을 번역하는 과정과 연결된다는 것을 확인해볼 것이다.

2. 충돌: '불쾌'와 '쾌'의 공존성

칸트에게 있어 미가 직접적인 만족을 주는 단일감정인데 반해, 숭고는 간접적 방식으로만 쾌감을 주는 혼합감정이다. 미가 긍정적 쾌감(positive lust)이라면 숭고는 부정적 쾌감(negative lust)인 이유도 여기에 있다. 때문에 미가 매혹을 불러일으킨다면, 숭고는 감동을 불러일으킨다.[18] 그리고

17 한상무, 「김유정 소설에 나타난 부부 윤리」, 김유정학회 편, 『김유정의 귀환』, 소명출판, 2012, 109쪽.

18 장-뤽 낭시 외(2005), 앞의 책, 249쪽.

미는 쾌감(pleasure)을, 숭고는 희열(delight)을 불러일으킨다. 언제나 고통과 위험의 제거를 통해서만 숭고는 생겨나기 때문이다. 따라서 숭고의 희열은 하나의 쾌감이되 반드시 불쾌감을 매개로 해야만 발생하는 쾌감이다.[19] 이런 부정적 쾌감은 인간의 무기력함과 불충분성을 상기시키면서 감성적 존재로서의 인간의 한계 상황을 전제로 하기에 숭고의 본질과 관련이 깊다. 가령 불쾌의 감정에 해당하는 죽음, 공포, 어둠, 공허 등이 숭고의 효과를 내면서 미/추의 관계를 미/숭고의 관계로 대체시킨다. 배제와 부정의 대상이었던 추의 개념이 숭고의 개념을 통해 미적 영역으로 새롭게 번역되는 것이다.[20] 이런 부정적인 쾌감의 예를 잘 보여주는 작품이 바로 「소낙비」이다.

춘호처가 그집을 나선 것은 들어간지 약 한시간만이엇다. 비는 여전히 쭉쭉 나린다. 그는 진땀을 잇는대로 흠빽 쏫고나왓다. 그러나 의외로 아니 천행으로 오늘일은 성공이었다. 그는 몸을 소치며 생긋하였다. 그런 모욕과 수치는 난생 처음 당하는 봉변으로 지랄중에도 몹쓸지랄이엇으나 성공은 성공이었다. 복을 받을려면 반듯이 고생이 따르는법이니 이까짓거야 골백번 당한대도 남편에게 매나안맛고 의조케 살수만잇다면 그는 사양치안흘 것이다. 리주사를 하눌카티 은인카티 여겻다. 남편에게 부처먹을 농토를 줄테니 자기의 첩이되라는 그말도 죄송하엿스나 더욱이 돈이원을 줄께니 내일이맘때 쇠돌네집으로 넌즛이 만나자는 그말은 무엇보다도 고마웟고 벅찬 짐이나 풀은듯 마음이 홀가분하엿다.

–「소낙비」, 46쪽[21]

---

19 김상봉, 「칸트와 숭고의 개념」, 『칸트연구』, 3권1호, 1997, 231-232쪽.

20 라영균, 「미적 범주로서의 추」, 『세계문학비교연구』, 2009, 겨울호, 313-314쪽 참조.

21 앞으로 소설의 본문 인용은 『원본 김유정 전집』(전신재 편, 강, 2007)에 의거해서 쪽수를

춘호처에게는 부정적 현재가 긍정적 미래로 전도되면서 현실을 바꿀 수 없다는 '공포'(불쾌)가 미래를 보장한다는 '희망'(쾌)으로 번역되고 있다. 이것은 현재의 한계를 인정함과 동시에(불쾌) 그런 한계를 극복해보려는 행위(쾌)가 동시에 드러나고 있는 양상에 해당한다. 춘호처가 동네부자인 이주사에게 몸을 파는 것은 기존의 도덕관념으로 보면 비난받을 일이다. 남편을 배신하는 행위이기 때문이다. 그러나 그 목적이 "남편에게 매나안 맞고 의조케살수" 있기 위한 것이므로 오히려 그런 매춘행위가 춘호처에게 "벅찬 짐"을 벗어던지는 듯한 해방감을 준다. 이런 부조리한 상황 속에서 처음에는 봉변/성공, 고생/복, 원수/은인의 대립으로 나타났던 불쾌와 쾌는 서로 공존하면서 그 경계가 무화되고 있다.

> 다른짓은 다 할지라도 영득이(다섯살 된 아들이다)를 생각하야 안해만은 팔지 말라고 사실 말려보고 싶지 않은 것은 아니다. 그러나 내가 저를 먹여주지 못하는이상 남의 일이라구 말하기 좋아 이렇궁 저렇궁 지꺼리기도 어려운 일이다. 맞붙잡고 굶느니 안해는 다른데 가서 잘먹고 또 남편은 남편대로 그 돈으로 잘먹고 이렇게 일이 필수도 있지않으냐. 복만이의 뒤를 따라가며 나는 돌이어 나의 걱정이 더 큰 것을 알았다. (중략) 나두 올겨울에는 금점이나 좀 해볼까 그렇지 않으면 투전을 좀 배워서 노름판으로 쫓아다닐까. 그런대도 미천이 들터인데 돈은 없고 복만이같이 내팔을 안해도 없다. 우리 집에는 여편네라군 병들은 어머니밖에 없으나 나히도 늙었지만(좀 부끄럽다) 우리 아버지가 있으니까 내맘대룬 못하고-
>
> -「가을」, 193쪽

제시한다.

동일하게 '아내 팔기' 모티프가 등장하는 「가을」에서 '나'는 복만이가 호구지책으로 자신의 아내를 팔 때 계약서를 대신 써주었다가 그들 부부가 도망가자 공범으로 몰려 곤욕을 치른다. 여기서 '행동'과 '상황'의 부조화에서 유발되는 비정상적인 웃음이 문제되면서 울음(불쾌, 비극)과 웃음(쾌, 희극)이 공존하는 양상을 보이고 있다. 즉 상황은 비극적인데 그것을 표현하는 행동이 희극적으로 드러난다. 심지어 '나'는 복만의 비극적 상황을 부러워하면서 자신의 처지가 더 걱정이라고 한탄한다. 그리고는 가난 타개책으로 금점이나 투전을 고려하기도 한다. 문제는 복만과는 달리 자신에게는 밑천이 되어줄 아내마저 없다는 것이다. 더욱 곤란한 것은 집안의 유일한 여자인 어머니는 늙고 병들어서 쓸모가 없는데다가 아버지라는 임자까지 있어서 내다팔기가 여의치 않다는 것이다. 이런 공상이나 망언을 통해 어이없는 웃음이 유발되고 있다. 이로써 작가가 궁극적으로 의도하는 바는 중압감으로부터의 해방감, 즉 어떤 절망적인 상황 속에서라도 허무주의적 패배감에 빠지지 않고 삶을 영위하겠다는 자아의 의지표명이라고 할 수 있다. 때문에 도덕적인 것에 대한 모독(불쾌)이 살아 있으면서도, 여전히 현실을 극복해보겠다는 의지(쾌)도 동시에 살아 있게 된다.

이런 웃음의 본질은 대상이나 표현보다는 주체의 태도와 연결되기에 숭고와 관련된다. 현실에 대한 개입불가능성이나 변화불가능성에 연유하는 불쾌 자체를 피할 수는 없지만, 그에 대한 인식과 인정을 체험하게 됨으로써 쾌의 감정 또한 느낄 수 있다. 우습다는 것은 긴장의 당돌한 해소이며, 이런 해소는 판이하게 다른 영역으로의 예기치 않은 전환을 초래한다.[22] 때문에 비정상적인 상황에서 유발되는 김유정 소설 속의 웃음은 부정적이거나 일방적이지 않으며, 권위적으로 단죄하지도 않는다. 오히려

22 볼프강 카이저, 『언어예술작품론』, 김윤섭 옮김, 대방출판사, 1982, 45쪽.

모든 진리의 미완결 상태를 존중함으로써 언제나 이중적이고 양가적으로 존재하게 만든다.[23] 이런 웃음을 통해 숭고가 지닌 불쾌와 쾌의 공존성을 다시 한 번 확인할 수 있다.

3. 이행: 육체적 위기의 변혁성

인간의 육체는 먹고 마시는 것, 성적인 것이나 배설하는 것 등을 통해 생성과 재생을 경험하게 된다. 그리고 이런 육체적 변화가 불가능해지거나 방해를 받을 때 인간의 삶 자체가 위기에 처하게 된다. 하지만 육체 자체가 과장이나 과대 중심의 양적(量的)인 숭고와 관련 있는 폭식이나 다산(多産) 등을 통해 강력한 생명력을 지닐 수 있고 이때에는 위기가 오히려 기회로 전환된다. 「안해」에서 아내는 못생긴 얼굴 때문에 남편인 '나'에게 구박을 받다가 아들 똘똘이를 낳고 나서는 큰 체를 하게 된다. 그 이유는 나중에 늙어서 땅도 없고 일도 못하게 될 때에 이르면 장성한 아들이 부모를 먹여 살려 줄 수 있기 때문이다. 이런 이유로 아내의 육체는 '얼굴이 못생겼다'는 위기를 극복하고 '늘어난 배→많이 먹는 배→아기 낳을 배'로 이행하면서 그 지위가 오히려 점점 격상된다.

> 이러든 년이 똘똘이를 내놓고는 갑자기 세도가 댕댕해젔다. 내가 들어가도 네놈 은제 봤냔 듯이 좀체 들떠보는 법없지. 눈을 스스로 나려깔고는 잠잣코 아이에게 젖만 먹이겟다. 내가 좀 아이에 머리라도 씨담으며

---

23 게리 솔 모슨, 캐일 에머슨, 『바흐친의 산문학』, 오문석·차승기·이진형 옮김, 책세상, 2006, 745쪽.

"이자식, 밤낮 잠만 자나?"

"가만 둬, 웨 깨놓고 싶은감"하고 사정없이 내 손등을 주먹으로 갈긴다. 나는 처음에 어떻게 되는 셈인지 몰라서 멀거니 한참 처다보았다. 내 자식 내가 만지는데 주먹으로 때리는건 무슨 경오야. 허지만 잘 따저보니까 조금도 내가 어굴할것은 없다. 년이 나에게 큰체를 해야 될 권리가 잇는 것을 차차 알었다. 그래서 그때부터 내가 이년, 하면 저는 저놈, 하고 대들기로 무언중 계약되었지.

-「안해」, 171쪽

인용문에서 드러나듯이 남편인 '나'보다 열등한 위치에 있던 아내가 임신과 출산의 능력으로 인해 우월한 위치로 이행한다. 이성적이거나 비생산적인 얼굴보다는 본능적이면서 생산적인 자궁이 중시되면서, 얼굴이 못생겼다는 부정축이 자식을 잘 낳는다는 긍정축으로 바뀐 것이다. 이런 못생긴 아내의 얼굴은 나중에 "돈 있는 놈 군서방해가"(177면)지 못하는 요소로 작용하면서 또다시 긍정축으로 이행한다. 이처럼 '나'의 아내에 대한 부정적 평가와 긍정적 평가는 서로 반복·교체되면서 이 소설을 동적인 구조로 만들고 있다.[24] 그리고 아내의 육체 또한 이런 구조와 함께 끊임없이 불쾌에서 쾌의 영역으로 반복 이행하면서 긍정적 의미를 강화해 간다.

24 '나'와 아내의 관계 변화를 표로 정리해보면 다음과 같다.

시간의 변화	1단계	2단계	3단계	4단계
육체의 특성	얼굴이 예쁘지 않다	자식을 낳았다	소리를 못하면서 밥을 많이 먹는다	앞으로 자식을 더 낳을 수 있다
우열의 변화 (시간의 이행성)	아내의 열등함	아내의 우위	아내의 열등함	아내의 우위

아내의 육체가 격상되는 이유는 생성중인 육체이기 때문이다. 완벽하거나 완성된 존재가 아니라 개방되고 미완인 존재이기에 세계를 생기 있게 만들어주거나 임신과 출산이 가능한 젊은 육체의 대변자라는 것이다. 이러한 육체적 특성을 통해 숭고의 시간성과 공간성을 확인할 수 있다. 숭고한 시간은 다가올 행복한 미래에 대한 예견과 연관되고, 숭고한 공간은 아직 도달하지 못한 유토피아와 연관되면서 공히 부정적 현실을 초월할 수 있는 힘을 부여받게 된다. 따라서 긍정적 미래나 유토피아와 연관되는 육체의 숭고함은 언제나 미완성이고 생성중인 '이행'의 의미와 기능을 지닌다고 볼 수 있다.[25] 이럴 때 숭고는 완결성과 안전성, 기존성(既存性)과 기결성(旣決性)을 대변하는 미와는 다시 한 번 차이점을 지니게 된다. 숭고의 이런 이행의 시공성을 작동시키는 것은 자연과 사회, 인간의 삶에 있어서의 위기와 변혁이라는 계기들이다.

그렇다치드라도 일을시켜보면 뒷간까지도 죽어 가는 시늉으로하고 하든것이 행실을 버려논다음부터는 제가마땅히해야할 걸레질까지도순순히 할랴질않는가 그리고 고기 한메를사러 보내도일부러 주인의 안을 채이기위하야 열나절이나 있다오는 이년이 아니었든가

"자네 대리는 오곰이 붙었나?"

아씨가 하 기가 막혀서 이렇게 꾸중을 하면

"저는 세상없는 일이라도 빨리는 못다녀요!" 하고 시퉁그러진 소리로 눈귀

---

25 김유정 소설의 전반적인 공간 특성이 선형·원형·동심원·원과 선의 결합형 이동공간 중심이라거나, 한 정점에 머무르지 않고 어딘가로 끊임없이 떠나고자 하는 공간 확산형 원심지향적 공간이라는 기존연구들이 이러한 사실을 뒷받침한다.
유인순, 『김유정 문학연구』, 강원대학교출판부, 1988.
정태규, 「이효석과 김유정의 소설의 공간 인식에 대한 비교연구」, 부산대학교 석사학위논문, 1989.

가 실룩이 올라가는 이년이 아니었든가 그나 그뿐이랴 아씨가 서방님과 어쩌다 가치 자게되면 시키지도 않으련만 아닌 밤중에 슬몃이 들어와서 끓는 고래에다 불을 치지펴서 요를 태우고 알몸을 구어놓은 이년이었다.

-「정조」, 288쪽

「정조」에서도 추한 외모를 지녀 몸조차 팔 수 없을 것 같았던 행랑어멈의 "행실을 버려논" 것은 바로 주인 서방님과 잠자리를 같이 한 사건 때문이다. "그것두 외양이나 잘났음 몰라두 그 상판대기를 뭘보구? 에! 추해!"(287쪽)라는 주인아씨의 핀잔을 들을 정도로 행랑어멈의 육체는 볼품없고 초라하다. 그러나 술집을 할 밑천을 마련하기 위해 서방님에게 의도적으로 접근해 자신의 목적을 달성하자 인용문에 드러나듯이 심통이나 객기를 부리며 행랑어멈이 아닌 기생첩이나 색시첩처럼 행동하고 있다. 자신의 신분을 못생긴 행랑어멈(불쾌)에서 예쁜 첩(쾌)의 축으로 이행시킴으로써 부정적 현실을 긍정적 현실로 번역하고 있는 것이다. 이로써 행랑어멈의 육체는 행랑어멈의 입장에서 보았을 때 부정적 현실을 타개할 수 있는 긍정적 이기(利器)에 해당하는 의미상의 변혁을 보이기에 이행 중심의 숭고를 체현한다고 말할 수 있다.

4. 확장: 부정적 현시(顯示)의 도덕성

칸트에 의하면 우리가 어떤 자연의 대상 자체를 숭고하다고 말할 수는 없다. 예를 들어 폭풍우가 몰아치는 대양이 그 자체로 숭고한 것은 아니다. 그것은 단지 두려울 뿐이다. 그것을 숭고하다고 느끼는 것은 대상 자체의 특성이 아니라 그 무한함을 인정함과 동시에 그것을 극복하려 할 때의 마음 때문이다. 초월적 이성은 본래 인간의 언어와 개념을 통해서는 제시될 수 없지만, 바로 이런 불가능성이 감성적으로 제시됨으로써 인간의 마음에 소환된다. 이와 관련 있는 숭고의 본질이 바로 '부정적 현시(negative presentation)', 즉 '제시할 수 없는 것의 제시(presenting the unpresentable)'이다. 그리고 이때의 제시할 수 없는 부정성은 숭고가 지니는 무한성과 몰형식(무형식)에 연유한다. 어떤 형식을 통해 한정지을 수 없는 자연의 무질서하고도 혼돈스러운 대상들에서 발견되는 것이 숭고이기에, 이를 통해 우리는 자연이 갖는 외관상의 힘에 압도되지 않고 이에 맞서는 능력이 우리 내부에 있음을 인식할 수 있다.[26] 이런 부정적 현시 개념을 염두에 둘 때 김유정 소설의 숭고가 1930년대 현실의 공포와 불안, 결핍과 훼손에 대한 감정의 번역이었음을 다시 한 번 확인할 수 있다.

> 벽이 확나가고 네기둥쌘인 그속에힘을일흔 물방아는 을씨냥굿게모로누엇다. 거지도 고엽에홋이불우에 거적을덧쓰고 누엇다. 거푸진 신음이다. 으! 으!으흥! 석가래사이로 달ㅅ빛은 쌀쌀히흘러든다. 각금 마른닙흘새리며―
>
> "여보 자우? 이러나게유 얼핀"
>
> 게집의음성이나자 그는쑴을거리며 일어안는다. 그러고너털대는 홋적삼을 깃을염여잡고는 덜덜썬다.
>
> "인제고만 떠날테이야? 쿨룩……"
>
> 말라싸진얼골로 게집을 바라보며 그는 이러케물엇다.

---

26 박배형, 「부정적 현시로서의 숭고」, 『미학』, 제57호, 2009, 45쪽.
이런 칸트의 부정적 현시 개념을 리오타르는 자연이 아닌 아방가르드 예술 중심으로 재해석하면서 '현시할 수 없는 것이 존재한다는 것을 현시한다'는 의미로 수용한다. 즉 칸트가 부정적 '현시'에 중점을 두었다면, 리오타르는 '부정적' 현시에 초점을 둔 것이다. '포스트모던' 숭고의 창시자인 리오타르는 제시의 불가능성이 수반하는 고통을 기꺼이 감수한다. 앞의 글, 53-54쪽 참조.

십분가량지냇다. 거지는 호사하엿다. 달ㅅ빗에 번썩어리는겹옷을 입고서 집행이를설며 물방아ㅅ간을 등젓다. 골골하는 그를 부축하야 게집은뒤에 싸른다. 술집며누리다.

"옷이 너머커-좀저것엇스면……"

"잔말말고 어여갑시다 펄적……"

게집은불이나게그를재촉한다. 그러고 연해돌아다보길잇지안엇다.

-「산골나그네」, 27-28쪽

「산골나그네」에서 아내의 매춘 행위는 부도덕하고 비난받을 일이다. 그러나 병든 남편을 먹여 살리기 위한 어쩔 수 없는 행위였다는 사실을 통해 의외의 도덕성을 확보하게 된다. 이것이 바로 정신을 확장시키는 칸트의 '부정적 현시'의 기능이다. 소설 속에서 거지와 다름없는 병자 남편을 둔 아내는 남편과 먹고 살기 위해 노총각 덕돌을 속여 거짓 결혼을 한 후 옷가지와 돈을 챙겨 도망친다. 잘 먹고 잘 살기 위해서가 아니라 생존을 위해서이다. 결혼 예물로 받은 은비녀를 덕돌네 집에 그냥 두고 나온 사실로써 이런 진실이 증명된다. 은비녀가 아닌 헐벗은 남편의 옷만 있으면 가난을 견딜 수 있다는 것이다. 이토록 양심적이고 욕심 없는 선량한 생활인들의 입장에서 볼 때 합리적으로는 해결할 수 현실의 벽을 뚫기 위해서는 비합리적이고 비정상적인 방법을 사용할 수밖에 없다는 나름대로의 논리적인 사고방식을 하고 있는 것이기도 하다. 이들 부부는 주어진 악역의 '권리'를 보여줌으로써 자신들이 도덕을 모르는 것이 아니라 단지 모르는 척을 하는 것뿐임을 간접적으로 표현하고 있다. 이처럼 실현 불가능한 도덕을 비판함으로써 억압적이고 부정적인 현실이 새로운 도덕의 형태로 번역되고 있다. 계몽에 대한 계몽이 이루어진 것이다.

칸트가 "진정한 숭고는 그 어떤 감성적 영역 속에 포함될 수 있는 것이 아니라, 이성의 이념들에게만 관계된 것으로 이 이성의 이념은 어떤 적합한 표현도 가능하지 않지만, 그럼에도 불구하고 이 부적합성이 감성적으로 표현됨으로써 그 자체에 의하여 마음속에서 환기되고 활기를 띠게 되는 것"[27]이라고 말했을 때 이런 부정적 현시의 '확장' 기능을 확인할 수 있다. 표현 불가능한 부정적 현실에 대한 두려움 자체가 공포의 심연을 극복하는 주체의 이성적인 사고와 반응으로 번역되고 있기 때문이다. 그리고 이것이 바로 유한한 정신이 무한으로 고양될 수 있는 감정번역의 현장이라고 할 수 있다.[28] 「산골나그네」에서 들병이 아내가 보여준 숭고한 행동은, 따라서 우리가 좌절과 절망을 경험하면 할수록 그만큼 더 높아지고 그만큼 더 도덕적이 된다는 감정번역의 역설을 보여준다. 왜냐하면 숭고의 토대는 바로 부정적으로만 드러나는 어둠의 심연이기 때문이다. 따라서 칸트에 의하면 절망이 없는 곳에 숭고는 없다. 인간이 좌절하고 절망한다는 자체가 숭고함의 또 다른 표현이다.[29]

"왜섯수? 가치 갑시다유"

동행하길 곤하였다. 그는 아무대답없이 우두머니 섯을뿐. 그러자 산모롱이옆길에서 은식이안해가 달겨들엇다. 기가 넘어 입은 버렸으나 말이 안나왔다. 힐덕거리며 얼굴이 새빨개지드니

"왜 남의솥을 빼가는게야?" 하고 게집이게로 달라붙는다.

동리 사람들이 잔눈을 두부비며 구경을 나왔다. 멀직이 떨어져서 서로들 붙고 떨어지고 수군숙덕.

"아니야 아니야"

---

27 장-뤽 낭시 외(2005), 앞의 책, 249쪽.

28 최소인, 「숭고와 부정성」, 『철학논총』, 제58집, 2009, 417쪽.

29 김상봉(1997), 앞의 글, 271-272쪽.

은식이는 안해를 뜯어말리며 볼이 확근거렸다. 그래도 발악을 마지않는다. 악담을 퍼붓는다. 그렇지마는 들병이내외는 귀가 먹었는지 하나는 짐을 하나는 아이를 들러업은채 언덕을 늠늠히 나려가며 돌아보도 않었다. 안해는 분에 복바치어 눈우에 털썩 주저앉으며 울음을 놓았다. 은식이는 구경군 쪽으로 시선을 흘깃거리며 입맛만 다실따름. 종국에는 안해를 잡아 일으키며 울상이 되었다.

"아이야 우리솥이 아니라닌깐 그러네"

-「정분」, 345쪽

「정분」에서 들병이에게 홀려 가난한 집안 사정을 고려치 않고 생존을 위한 마지막 가재도구에 해당하는 '솥'까지 갖다 바치면서 은식은 들병이와의 도망을 꿈꾼다. 그러나 들병이의 남편을 데리고 도망가야 함을 알게 되자 망연자실해진다. 이런 아이러니한 상황에서 은식의 아내는 남편보다 솥을 찾기 위해 더욱 열을 올린다. 이에 겁먹은 은식의 반응은 들병이 부부가 들고 가는 그 솥이 자기네 솥이 아니라며 거짓말을 하는 것이다. 이런 은식의 바보 같은 행동은 순진성과 단순성을 보여준다. 하지만 바로 이런 어리석음을 통해 오히려 잘못된 현실에 대항하게 만들면서 기존의 도덕을 비판하도록 촉구한다. 더 잘 먹기 위해 들병이와 함께 떠나려는 은식, 남편을 포함한 식구들을 먹여 살리기 위해 다른 남자에게 몸을 파는 들병이, 그리고 그런 아내를 용인해야 하는 들병이의 남편 등은 모두 잘못된 현실을 이해하지 않거나 조롱하고 과장할 권리를 지닌 인물들에 해당하며, 이들을 통해 숭고의 확장 기능을 확인할 수 있다. 이해가 불가능한 그래서 제시가 불가능했던 부정적 현실이 확장된 숭고를 통해 일그러지고 왜곡된 채 부정적 방법으로 현시되는 가역반응이 일어나고 있기 때문이다.

이런 '부정적 현시'를 통해 숭고를 체험할 수 있는 인간은 긴장과 갈등을 겪으면서도 단지 그 상태에 머물지 않고 화해를 모색하게 된다. '한계'가 있는 '형식' 중심의 미와 달리 숭고는 '무한성' 중심의 '몰형식'에 중심을 둔다.[30] 무한성이나 몰형식은 규정되어 갇힌 개념이 아니라 비규정적이고 열린 개념에 가깝다. 그래서 감정주체로부터 도덕주체로의 전환을 위한 번역의 시도가 바로 숭고와 미를 구분 짓게 하는 또 다른 경계라고 볼 수 있다. '제한을 제거'함으로써 칸트의 숭고는 인간의 정신을 확장시켜준다.[31]

5. 경계의 필연성과 탈경계의 가능성

김유정 소설 속 '아내 팔기' 모티프에 나타난 숭고는 미의 감정번역과 탈경계성을 보여준다. 형태나 윤곽은 경계를 한정한다. 그리고 이것은 형식과 제한성 중심인 미가 주로 담당하는 기능이다. 반면 몰형식과 무한성 중심인 숭고는 탈경계의 영역에 존재한다. 좀 더 정확하게 이야기하면, 경계의 가장자리에서 발생하는 탈경계의 움직임을 보여주는 것이 바로 숭고이다. 이 말은 숭고의 탈경계성이 단순히 경계를 무시하거나 완전히 초월하면서 '경계-너머'를 지향하는 것이 아니라는 의미이다. 숭고는 경계선 안에서 움직인다. 때문에 경계와 탈경계의 움직임은 분리될 수 없다. 오히려 경계선 위에서 경계선을 흩트리는 것에 더 가깝다. 칸트는 이것을 '범람' 혹은 '일출(逸出)'이라고 불렀다. 경계를 지어가면서 동시에 그

30 장-뤽 낭시 외(2005), 앞의 책, 248쪽.

31 양태규, 「칸트의 『판단력비판』 중 "숭고 분석론"의 주석적 접근: '부정적 제시'의 개념을 중심으로」, 『괴테연구』, 제14집, 2002, 264-266쪽.

경계를 스스로 제거하는 것, 하지만 또다시 경계 지어지는 것에 맞추어 다시 경계를 지워가는 움직임을 끊임없이 지속할 뿐이다. 때문에 숭고는 시작되기만 할 뿐 결코 끝나지 않는다. 이런 '시작의 끝없음'은 무한한 잠재성이나 허무한 무한성을 나타내는 것이 아니라, 언제나 경계의 극대치를 넘어서려는 움직임을 보여준다. 이런 맥락에서 숭고 앞에서는 모든 것이 작지만, 이와 동시에 모든 것이 언제나 극대치이기도 하다.[32]

이것이 바로 지금까지 살펴 본 숭고의 공존성(불쾌와 쾌의 충돌), 숭고의 변혁성(불쾌에서 쾌로의 이행), 숭고의 도덕성(불쾌를 통한 쾌의 확장)이 지닌 탈경계적 특성들이자 김유정 소설 속 감정번역의 특성이다. 김유정 소설에 나타난 숭고는 경계를 긋는 동시에 그러한 경계를 벗어나려 한다. 하지만 김유정은 경계 너머로 건너가려 하지 않는다. 경계가 곧 한계임을 알기 때문이다. 경계 너머에는 아무것도 없음을 알기 때문이기도 하다. 그럼에도 불구하고 소설 속 인물들은 삶이나 도덕을 완전히 포기하지 않는다. 현실이라는 경계의 내변(內邊)과 외변(外邊)이 맞물려서 진행되는 것이 바로 숭고이다. 이런 이유로 앞에서 말했듯이 김유정은 '위'나 '아래'가 아니라 '옆'을 보는 작가일 수 있게 된다. 그리고 이 점이 바로 김유정 소설이 지닌 건강성이자 현실성이다. 김유정은 경계를 넘어 도주하지 않는다. 숭고는 경계에 머물고 경계에서 발생하기 때문이다.

이런 칸트의 숭고 개념을 포스트모던적으로 읽으려 했던 리오타르는 근대성을 파괴시킬 수 있는 힘을 근대 안에서 찾기 위해 칸트를 복권시킨다. 보편주의적이고 전체주의적인 이성의 폭력성을 극복하기 위한 비판적 이성의 계기를 칸트의 숭고 이론에서 찾으려 했기 때문이다. '하나'의 이성이 아닌 '여러 개'의 이성, 유한성을 긍정하는 이성, 보편적 정당화를

32 장-뤽 낭시, 「숭고한 봉헌」, 장-뤽 낭시 외(2005), 앞의 책, 56-82쪽.

거부하는 이성의 뿌리를 칸트 철학에서 발견함으로써 칸트를 '근대의 에필로그이자 포스트모던의 프롤로그', '근대의 완성자이자 포스트모던의 창시자'라고 규정한 것이다. 하지만 이런 리오타르의 '포스트모던적' 숭고 이론은 칸트를 전체가 아닌 절반만 번역함으로써 기형화시킨 것이다. 리오타르는 칸트를 비역사적으로 번역함으로써 개인화하고 주관화했다. 그리고 불일치와 균열 자체가 아닌 그 극복을 위해 통일과 화해를 중시한 칸트의 이성적 측면을 축소시켰다.[33] 그래서 칸트를 잘못 번역한 리오타르의 비정치적이고 추상적인 포스트모던 숭고를 바로잡기 위해 슬라보예 지젝이나 알랭 바디우, 자크 랑시에르 중심의 '정치적 숭고' 개념이 다시 제기될 수밖에 없었다.[34]

이 글에서 강조하고 있는 김유정 소설 속 '아내 팔기' 모티프에 나타나고 있는 숭고 개념은 이런 칸트에 대한 재번역 양상을 잘 반영하고 있다. 숭고 개념을 토대로 한 현실적 경계의 필연성에 대한 인정과 이상적 탈경계의 가능성에 대한 추구를 동시에 보여주고 있기 때문이다. 김유정은 숭고의 '불가능한 가능성'을 통해 부정적 현실을 극복하고자 했다. 부정적 현실의 경계 안에서 느끼는 좌절과 공포를 통해 오히려 탈경계를 향한 욕망을 환기시키는 역설적 감정번역 과정을 보여주고 있기 때문이다. 이런 이유로 김유정의 소설은 1930년대 한국소설이 맞닥뜨렸던 불화와 그 극복을 위해 노력했던 식민지 문학에서 대표적인 숭고의 위치를 보여준다고 할 수 있다.

---

33 최소인, 「칸트와 리오타르: 칸트적인, 그러나 너무나 비칸트적인」, 한국칸트학회 편, 『포스트모던 칸트』, 문학과지성사, 2006, 113-150쪽.

34 진은영, 「숭고의 윤리에서 미학의 정치로」, 이화인문과학원 편, 『탈경계 시대의 지구화와 지역화』, 이화여자대학교출판부, 2010.

제8장

명랑이데올로기의 정치성

박태원의 「명랑한 전망」론

1. '명랑'의 모호성과 정치성

박태원은 모더니스트인가? 「소설가 구보씨의 일일」(1934)을 중심으로 보여준 '고현학(考現學)'적 태도를 중심으로 판단할 때 박태원의 소설은 '모던 보이'로서의 방황과 우울을 산책자의 시점에서 형상화한 모더니즘 문학으로 간주될 수 있다. 그러나 「낙조」(1933)에서 보인 청빈과 지조 중심의 전통 지향성이나, 『천변풍경』(1936)에서 드러나는 전근대적 공동체에 대한 향수를 고려하면 모더니즘과의 모순 혹은 배리(背理)를 확인할 수 있다. 심지어 1930년대 후반부터 등장하는 「명랑한 전망」(1939)과 『여인성장』(1939)과 같은 통속소설이나, 『수호지』와 같은 중국 변역소설, 『아세아의 여명』(1941)과 『군국의 어머니』(1942)와 같은 친일소설, 월북 이후의 『갑오농민전쟁』 등으로 대표되는 역사소설류까지 떠올리면, 박태원이라는 작가 자체가 하나의 '의문부호'이자 '수수께끼'로 다가온다. 이런 박태원 소설의 '균열'을 모더니즘과 리얼리즘, 통속문학과 본격문학, 일제에 대한 협력과 저항 등의 대립 혹은 혼재 양상으로 요약할 수 있다.[1]

그러나 한 작가의 소설 세계를 파악할 때 이처럼 서로 대립되거나 모순되는 요소들의 혼재로 인한 모호성이나 다양성에만 초점을 맞춘다면, 그 작가가 지닌 사상 혹은 가치의 일관된 지향성이나 시대와의 관계 양상에 대한 천착에 소홀해지기 쉽다. '어떤' 양상을 보이는가가 아니라 '왜' 그런 양상을 보이는가에 대한 규명을 통해 작가가 지닌 문학적 혹은 정치적 (무)의식을 추출해내는 것이 작가론의 입장에서나 문학사 서술의 입장에서 보다 생산적인 접근이 될 것이기 때문이다.

가령 박태원의 경우에도 그의 소설이 보여주는 중심 좌표로 의식과 정서, 가상과 현상, 관념과 실재 등의 대립항을 설정한 후 그 사이에서 끊임없이 갈등했으면서도, 1930년대 후반부터는 의식·가상·관념 축이 약화된 반면 정서·현상·실재의 축이 전면에 드러났기 때문이라는 해석이 가능하다.[2] 혹은 박태원 소설의 '근대'와 '전통'의 문제를 반드시 이율배반적인 것으로 파악하는 수준[3]에서 더 나아가 그 둘 사이에 어떤 위계가 형성되면서 서로 번역되고 있는지를 살펴볼 필요도 있다. 1930년대 후반을 기점으로 이루어진 박태원 소설의 변모양상에서 어떤 일관성과 필연성을 찾을 수 있기 때문이다. 만약 박태원 소설의 변모가 이전에 내재해 있었던 것의 표출이라면, 1930년대 초반부터 박태원이 지향하던 세계와 1930년대 후반 신체제론에 대한 대응 양상이 서로 연결되는 계기 또한 마련될 수 있다.[4] 그

1 정은경, 「박태원이라는 균열」, 『구보학보』, 제7집, 2011, 219-220쪽 참조.

2 류보선, 「이상(李箱)과 어머니, 근대와 전근대-박태원 소설의 두 좌표」, 강진호 외, 『박태원 소설연구』, 깊은샘, 1995, 60-61쪽 참조.

3 정현숙, 「박태원 연구의 현황과 과제」, 위의 책, 25-29쪽 참조.

4 한수영, 「박태원 소설에서의 근대와 전통」, 『한국문학이론과 비평』, 제27집, 2005, 229-233쪽 참조.

의 전통 지향성이 신체제론 이후 새롭게 수용된 것이라기보다는 창작 초기부터 줄곧 모색해온 작가의식의 번역 행위로 볼 수도 있다는 것이다.[5]

이처럼 균열된 양상을 보이면서 서로 충돌하고 있는 박태원 소설의 1930년대 초반과 후반 소설을 일관된 맥락에서 파악하려고 할 때 중요한 개념이 바로 '명랑'이고, 그것을 문학화한 소설이 바로 「명랑한 전망」(1939)이라고 할 수 있다. 「명랑한 전망」은 박태원 소설에서의 명랑의 개념이 어떻게 지속되면서도 새롭게 번역되는지 확인해볼 수 있는 가장 중층적이고 복합적인 텍스트에 해당한다. 박태원의 대표작은 아닐지라도 그의 문학적 이데올로기를 확인해볼 수 있는 문제작으로 볼 수 있다. 박태원에게 있어 명랑은 단순한 감정의 '상태'가 아니라 전통과 근대를 연결 짓거나 구별 짓는 감정의 '태도'로서 기능하는 이데올로기에 가깝다. 명랑 개념 자체가 개인과 사회를 가로질러 구축되는 지극히 역사적이고 문화적인 복잡한 근대의 구성물에 다름 아니기 때문이다.[6] 특히 '번민고통(煩悶苦痛)'이라는 말이 시대의 유행어 목록에 오를 정도로 불행과 고통이 지배하던 1920년대의 감성 구조[7]와는 다른 시대적 특성을 1930년대의 명랑 개념은 보여준다. 때문에 총론이 아닌 각론의 입장에서 명랑을 구성하는 요소와 내용에 대해 접근해 본다면, 앞에서 박태원 문학의 균열로 지적된 모더니즘과 리얼리즘, 통속문학과 본격문학, 친일과 반일의 관계가 새롭게 조명될 수 있다.

기존의 논의들에서 주목한 것은 명랑 자체가 '슬픈 조선'이라는 불온성을 극복하고 건전한 내선일체를 이루기 위해 도입된 감성이기에 퇴폐·우울·애조와 반대되면서 정치적 개념으로 전유되는 과정이었다.[8] 명랑이라

---

5 정현숙, 「박태원 소설에 나타난 신체제 수용양상」, 『구보학보』, 제1집, 2006, 173쪽 참조.

6 고모리 요이치 외, 『감성의 근대』, 허보윤 외 옮김, 소명출판, 2011, 6쪽 참조.

7 손유경, 『고통과 동정』, 역사비평사, 2008, 21쪽 참조.

는 감성이 질서와 규율에 이바지하면서 '만들어지거나 발견된' 식민지 무의식을 동기화한 측면이 발견되기 때문이다.[9] 명랑은 그 이전에는 주로 날씨만 가리키는 말로만 사용되다가 1930년대 총독부의 정책을 설명하는 과정에서 주택, 보건, 위생, 치안, 교통 등의 영역에서 '밝고 깨끗한 상태'를 지칭하도록 그 의미가 확장되었다. 그리고 여기서 더 나아가 체제 순응적 감성과 가치를 가리키는 용어가 되면서, 명랑은 개인의 기질이나 성격을 드러내는 표현을 넘어서서 '좋은 것'을 의미하는 절대적 윤리가 되었다. 특히 황국 신민화 정책을 중심으로 '명랑정치'를 편 일본 제국주의의 입장에서 보면 내선일체를 표방하면서 조선의 민족의식을 말살할 수 있는 '명랑한 인격'을 양성하는 것이 중요했다.[10]

바로 이 지점에서 명랑을 다시 문제 삼을 수 있는 소설이 「명랑한 전망」이다. 과연 이 소설이 조선적인 것 혹은 민족적인 것을 배제하면서 일제가 강요한 건전한 인격을 조성하는 데에 적극적이고도 일방적으로 작용했는지에 대한 의문이 제기될 수 있기 때문이다. 특히 이 소설이 문제적인 것은 그동안 『매일신보』에 1939년 4월 9일부터 5월 21일까지 총 35회에 걸쳐 연재된 것으로 알려졌으면서도, 정작 기존 논의들에서 텍스트로 삼은 『한국근대단편소설대계』(태학사, 1988)에서는 5월 16일까지의 분량만 수록되어 있기에 누락된 부분과는 전혀 다른 결말을 가지고 기존 논의들이 이루어졌다는 점이다.[11] 5월 16일까지의 결말 부분에서는 남주인공

---

8 "조선 사회는 명랑성이 부족하다"(『삼천리』, 1935.7), "지금 총독부는 명랑정치를 표방한다"(『삼천리』, 1938.5), "명랑한 인격을 양성하자"(『별건곤』, 1938.12) 등의 구호에서 확인되는 바다.

9 박숙자, 「통쾌에서 명랑까지: 식민지 문화와 감성의 정치학」, 『한민족문화연구』, 제30집, 2009, 216쪽 참조.

10 소래섭, 『불온한 경성은 명랑하라』, 웅진 지식하우스, 2011, 70-74쪽 참조.

11 이런 사실을 맨 처음 지적한 논문이 이경훈의 「박태원 소설에 대한 몇 가지 주석」(구보학

이 돈 때문에 처자식을 버리고 돈 많은 옛 애인과 재결합하는 것으로 끝난다. 하지만 5월 21일까지 연재된 『매일신보』본을 통해 확인한 최종 결말을 보면, 이와는 달리 남주인공이 회개하면서 진정한 행복을 위해 가난한 처자식에게 되돌아가는 것으로 끝난다. 이런 정반대의 결말 중에서 어떤 것이 '명랑한 전망'이 되는지, 그리고 무엇이 진정한 '명랑성'인지에 대해 보다 심층적인 논의가 필요하다.

기존의 논의에서는 전자(前者)의 결말, 즉 돈 때문에 정략 결혼하는 것을 "산책자의 타락과 통속성"과 연결시켜 비판적으로 보거나[12] 현실에 대한 비판적인 식견을 상실한 채 "통속적 흥미에 동화"되었다고 그 한계를 지적한다.[13] 보다 긍정적으로 평가하는 경우에도 "공공성의 상실"의 측면에서 이런 결말을 내릴 수밖에 없는 '우울한' 시대 상황을 역반영한다거나[14] 명랑 아닌 명랑을 강요하는 시대에 대한 냉소를 보여주는 것[15]으로 보지만, 이 소설의 통속성 혹은 비극성은 그대로 인정하고 있다.[16] 심지어 후자(後者)의 결말, 즉 처자식에게 돌아가는 최종 결말을 고려한 경우라고 하더라도 이 소설에 대한 부정적 평가는 달라지지 않는다는 점에서 더욱 심각한 문제가 발생한다. 남주인공이 정반대의 선택을 했음에도 불구하고 '사이비 전망'이라는 점에서는 동일하다는 것이다. 즉 가난을 타개할 아무런 현실적인 대책도 없이 추상적인 명랑 개념을 중심으로 긍정적 미

회 편, 『박태원 문학의 현재와 미래』, 깊은샘, 2010)이다. 그리고 누락되었던 나머지 결말 부분은 『구보학보』 제8집(2012.12)에 소개되었다.

12 최혜실, 「'산책자'의 타락과 통속성」, 『상허학보』, 제2집, 1995.

13 김종회, 『그들의 문학과 생애, 박태원』, 한길사, 2008, 78쪽 참조.

14 류수연, 「공공적 글쓰기와 소설의 통속화」, 『구보학보』, 제3집, 2008.

15 박진숙, 「박태원의 통속소설과 시대의 '명랑성'」, 방민호 엮음, 『박태원 문학 연구의 재인식』, 예옥, 2010.

16 이 소설에 대한 모든 기존의 논의들이 현실타협적인 통속소설의 계보에 속한다는 전제 아래 '또 다른' 통속소설인 『여인성장』과 함께 논의되고 있다는 사실도 이를 뒷받침한다.

래를 보여준다고 비판한다.[17] 때문에 새롭게 추가된 결말 부분을 통해 실패에서 성공으로 그 결말의 의미가 급격하게 바뀌었음에도 불구하고 이 소설 속 '명랑한 전망'의 의미는 여전히 모호하게 남아 있다.

이런 맥락에서 이 글은 다음과 같은 과정에 집중할 것이다. 첫째는 「명랑한 전망」에서 제시하는 명랑의 의미를 보다 구체적으로 규정해본다. 둘째는 이런 명랑의 의미가 박태원 소설 전체의 흐름을 결정하는 지속과 변화 양상과 어떤 관계를 맺는지 유추해본다. 셋째는 1930년대 후반의 '명랑하라'는 시대적 요구와 신체제론과의 연관성을 재고한다. 이런 작업들을 통해 박태원 소설에서 명랑이라는 감정이 어떻게 서로 다르게 번역되면서 이데올로기화하는지, 그리고 그런 이데올로기를 통해 얻어지는 효과는 무엇인지에 대한 종합적 접근이 가능할 것이다.

2. '명랑'의 위계화와 젠더

「명랑한 전망」에서 서사 전개의 중심이 되는 갈등의 축은 남주인공 희재와 약혼 관계였던 혜경의 배신이다. 회사일로 바빠서 서로 만나지 못한 상황에서 혜경이 다른 남자와 온천으로 여행을 떠난 것이다. 이에 대해 분노와 굴욕을 참지 못해 술에 취한 희재는 평소에 자신을 흠모하던 카페 여급 애자와 그날 밤을 같이 보낸다. 그 후 혜경과 파혼한 희재는 석달이 지나 임신한 채 찾아온 애자와 동거에 들어간다. 이런 멜로드라마적 서사 전개에서 드러나는 것은 남주인공 희재의 여성에 대한 이분법적 시각이다. 성적으로 방종한 여자(혜경)와 순결을 중시하는 여자(애자)와의 대립

17 이경훈(2010), 앞의 논문 참조.

구도 속에서 희재의 감정은 급변한다. 소설의 서두에 "아름다운 여인"(1939.4.9)[18]인 혜경과 "서로 사랑하는 사이"(1939.4.9)였지만, 다른 남자와 여행을 떠났다는 사실을 확인한 후 희재는 혜경을 "천성이 지나치게 방종한"(1939.4.11) "경박한 여자"(1939.4.10)로 비난하면서 "더러운 년 음란한 년"(1939.4.11)이라고 심한 욕까지 내뱉는다. "순결을 아끼고 지킬 줄은 아는 여성"(1939.4.11)이라는 믿음이 깨졌기 때문이다. 반면 술에 취한 상태였어도 카페 여급이기에 "술이나 팔고 팁이나 받으면 그만이 아니냐"(1939.4.14)는 말로 애자의 마음을 다치게 했던 희재는 애자가 자기를 만나기 전까지 처녀였고, 자신을 진정으로 사랑하고 있다는 사실을 확인하자 애자의 결혼 제의를 승낙한다. "열다섯 밖에 안된 소녀"(1939.4.14)의 마음으로 자신을 대하는 애자에게서 희재는 혜경과는 다른 여성의 미덕을 발견한 것이다.

> ① 희재와 만나자는 날 그 시각에 차를 몰아 다른 남자와 온천으로 향하였다는 것은 분명히 희재에게 책 잡힐 일임에 틀림없다. 하지만 천지신명에 맹세지어 자기는 결코 자기의 순결을 더럽히지는 안았던 것이다. 자기와 같이 이를테면 언제든 타오르는 정열을 가슴 속에 하나 가득 가지고 있는 여성에게 희재가 이주일씩이나 서로 못 만날 것을 선언한 것이 말하자면 잘못이다. 그것이 대체 될 듯이나 한 말이냐? (중략) 젊은 남자와 같이 온천에를 간다는 그것만 가지고 이미 음란한 상상을 제멋대로 하고 아주 그들 사이에 깊은 교섭이나 있는 듯이 작정하여 버리는 것은 무슨 고루하고 비열한 사상이냐? (1939.4.25)

---

18 앞으로 「명랑한 전망」의 본문은 기존 논의에서 누락되었던 부분까지 포함시키면서 일관된 기준으로 적용하기 위해서 『매일신보』에 연재된 것(1939.4.9-5.21)을 기준으로 인용하고 해제하면서 게재된 날짜를 표기하도록 한다.

② 혜경이 같은 여자와 비교하여 볼 때 자기 말마따나 배운 것은 별로 없더라도 한 사나이의 아내로서 얼마나 애자가 믿음직하고 얌전한 여성인지 모른다. '부담'이라면 부담일지 모르지만 결코 불쾌하거나 우울한 종류의 것이 아니요 실로 유쾌하고 또 기쁜 부담이 아니겠느냐? (1939.4.19)

혜경이 김영호라는 남자와 여행을 떠난 것은 희재와 만나지 못하는 고독과 무료를 달래기 위해서였더라도 경솔한 행동임은 분명하다. 그러나 희재의 오해처럼 그 여행에서 혜경이 김영호에게 육체적 순결을 곧바로 잃어버린 것은 아니다. 그럼에도 불구하고 희재는 혜경에 대한 선입견으로 인해 사태를 보다 정확히 판단하거나 확인하지 않고 혜경의 아버지에게 일방적으로 파혼을 선언해버린다. 이런 희재의 행동은 인용문①에서처럼 "언제든 타오르는 정열을 가슴 속에 가득 가지고 있는 여성"인 혜경의 입장에서는 "고루하고 비열한 사상"의 표출일 수밖에 없다.

하지만 소설에서는 혜경의 이런 입장에 대한 이해나 인정 없이 희재의 오인에 바탕을 두고 서사가 전개된다. 이럴 때 인용문②에서처럼 "믿음직하고 얌전한 여성"인 애자와 혜경 사이의 격차는 더욱 벌어진다. 희재도 혜경에 버금가는 '애자와의 동침'이라는 배신행위를 동시에 저질렀음에도 불구하고, 그런 희재의 행동은 혜경에 대한 원한이나 복수로 합리화된다. 그렇다고 희재가 애자에 대한 책임을 적극적으로 수행하지도 않는다. 애자가 먼저 결혼 제의를 하고 난 후, 그것도 애자의 임신 사실을 확인하고 난 후에야 "유쾌하고 또 기쁜 부담"을 지려 한다.

박태원 소설에서 여성은 비대화되고 남성은 왜소화하는 경향이 강하다. 그리고 여성의 비대화는 남성의 경제적 무능력으로 인한 왜소화와 맞물려 진행된다.[19] '남성=정신', '여성=몸(성)'이라는 이분법이 작동하는 지점도 여기이다. 그리고 여성의 몸에 있어서도 '구여성=순결한 몸', '신여성=더러운 몸'이라는 이분법이 2차적으로 발생한다. 이런 이분법에 작동하고 있는 박태원의 주제의식은 이를 통한 자본주의의 도덕적 타락상에 대한 비판이다. 그리고 자본의 유입과 성적인 방종이 명랑으로 호도되는 모더니티에 대한 비판을 위해 감성의 젠더화가 일어나고 있다. 즉 '진짜명랑=건전한 구여성', '가짜명랑=퇴폐적인 신여성'이라는 도식을 통해 명랑은 여성화될 뿐만 아니라 진짜명랑과 가짜명랑으로 위계화된다.[20]

물론 자유분방하고 경박한 혜경의 성격이 긍정적인 것은 아니다. 희재와의 파혼에서도 자신이 먼저 파혼을 통고하지 못한 것만을 속상해 하고, 그 굴욕감으로 김영호를 먼저 유혹해 성급하게 결혼까지 한다. 그 후 유부남인 김영호에게 사기당한 것을 알고 나서 이혼한 후 희재와 다시 만날 때에도 스스로 떠나준 애자에 대한 무시와 멸시를 감추지 않는다. 애자가 배우지 못했을뿐더러 카페 여급이라는 천한 직업을 가졌다는 이유 때문이다. 이러한 여성과 여성의 대립 구도는 남성의 정신성을 부각시키려는 장치이자, 기존의 가부장적 전통에 대한 향수를 보여주는 증거가 된다. 그리고 이런 '모던 걸=팜므 파탈'이라는 도식은 '도시'라는 매혹과 경멸의 이중적 대상을 탐구하는 모더니즘 문학의 대표적인 특징이기도 하다.

---

19 이명희, 「박태원과 여성의식」, 강진호 외(1995), 앞의 책 참조.

20 박태원 소설에 등장하는 카페여급의 양상은 다양하다. 가령 「명랑한 전망」과 가장 비슷하면서도 다른 결말을 보여주는 「비량」의 경우, 양가집 규수 혜숙과의 혼담을 카페여급인 영자에 대한 동정과 의리로 거절했음에도 불구하고 문란한 생활을 일삼는 영자로 인해 느끼는 경제적 불구자 승호의 혐오감과 슬픔이 강조되고 있다. 또 「윤초시의 상경」에서는 카페여급 숙자가 스스로 물러나며, 「보고」에서는 카페여급과의 사랑이 이루어지기도 한다. 「성탄제」에서는 생존을 위한 부득이한 선택으로서 카페여급의 삶 그 자체에 대한 인정이 이루어지고 있다. 이런 다양한 양상에서 중요한 것은 카페여급이 신여성인가 구여성인가 혹은 그녀들의 삶을 인정하는가 부정하는가가 아니다. 박태원 소설에서 중요한 것은 카페여급이 소설 속 '명랑'의 의미를 결정하는 중요한 젠더적 인물이라는 점이다.

혜경처럼 화려하고도 퇴폐적인 욕망을 지닌 여성은 여성에게 부과된 전통적인 가치관으로부터 완전히 벗어나 있다는 점에서 부정적으로 평가되고 있다. 더욱이 혜경의 욕망은 희재의 욕망을 비추는 거울이자, 희재의 욕망에 의해 좌우되는 종속적인 욕망에 불과하다.[21] 이미 「애욕」(1934)에서 보여주었던 이런 팜므 파탈로서의 모던 걸에 대한 이미지가 「명랑한 전망」에서도 지속적으로 드러나고 있다. 문제는 이런 모던 걸의 퇴폐적 이미지가 명랑이라는 개념과 연결될 때 발생한다. 순결하고 건전한 구여성의 몸보다 낮은 가치를 지닌 더럽고 불건전한 신여성의 몸은 그 자체로 명랑의 부정축을 형성하면서 보다 확고하게 여성화된다.

박태원 소설에서 명랑이라는 단어는 「명랑한 전망」 이전에도 등장한다. 「반년간」(1934)이나 「소설가 구보씨의 일일」(1934)에 직접적으로 언급되고 있는 명랑은 밝고 상쾌한 명랑이 아니라 인위적으로 강요된 '가짜 웃음'으로서의 명랑에 가깝다. 때문에 이때의 명랑은 우울과 냉소와 연결되면서 시대를 역반영하는 '남성적' 명랑에 해당한다. 하지만 「명랑한 전망」에서 명랑이라는 단어를 통해 직접적으로 수식되는 인물은 혜경이다. "그는 젊고 어여쁘고 건강하였다. 거울 속에 그것을 분명히 느낄 때 혜경이의 마음은 언제든 명랑하였다"(1939.4.27), "부호의 영양이시고 최고교육을 받으셨고 절세의 미인이시고 영리하시고 명랑하시고 활발하신 따님"(1939.4.16) 등이 그 예이다. 이때의 명랑은 긍정적이기보다는 부정적 의미에 가깝고, 남성적이기보다는 여성적인 의미에 가깝다. 속물적이고 향락적이며 자아도취적인 여성 인물과 연결되기 때문이다. 돈이 많기에 가능한 소비 행위와 연관된다는 점에서 근대적 부르주아의 명랑성에 가깝기 때문이기도 하다.

---

21 류수연, 『뷰파인더 위의 경성:박태원과 고현학』, 소명출판, 2013, 44-51쪽 참조.

소설가 엄흥섭이 “명랑양은 현대인에게 추파를 던지는 매소부(賣笑婦)”[22]라고 명랑을 여성으로 의인화하면서 강조하고자 한 것은 명랑에 대한 유혹이 무척 강하다는 것이다.[23] 때문에 진짜 명랑이란 단지 ‘밝고 쾌활한 것’이라는 사전적 의미를 넘어 ‘불건전한 것을 표백한 감정 상태’라거나 ‘좋은 것’ 또는 ‘이상적인 것’이라는 의미[24]를 갖게 된다. 때문에 「명랑한 전망」에서도 ‘불건전한 것’(‘퇴폐적인 것’, ‘방종한 것’)과 연결된 명랑은 거부되거나 비판받아야 할 가짜명랑이 된다. 진짜명랑과 가짜명랑으로 위계화되면서 여성의 경우 불건전한 것이 명랑의 반대어가 아니라 오히려 유의어가 되는 감정번역이 발생한 것이다. 이처럼 명랑은 ‘퇴폐(혜경)’를 통해서도 여성화되고, ‘건전(애자)’을 통해서도 여성화된다. 남성들에게 명랑의 반대말이 ‘우울 ’혹은 ‘냉소’였던 것과는 다른 명랑의 젠더화 양상이라고 할 수 있다.

3. ‘명랑’의 근대화와 전통

2절에서 살펴보았듯이 박태원은 「명랑한 전망」에서 긍정적 여성인물(애자)과 부정적 여성인물(혜경)을 각각 진짜명랑과 가짜명랑의 의미에 대응시킨 후, 진짜명랑의 의미를 전통적인 여성상과 연결시켜 번역하고 있다. 이로써 젠더화된 명랑의 의미는 전통적인 가치와 연결됨과 동시에 근대의 명랑 개념에 변화를 줄 수 있는 근대적 개념으로 번역되고 있다. ‘구여성의 가치=전통적 가치=명랑의 가치’라는 등식이 새롭게 설정되었다는

22 엄흥섭, 「나의 자화상-우울·명랑·나」, 『조선일보』, 1935.2.27.
23 소래섭(2011), 앞의 책, 232-233쪽 참조.
24 박숙자(2009), 앞의 논문, 230-231쪽 참조.

것이다.

③ 애자는 또 그것이 그처럼이나 사모하던 희재의 욕구이었기 때문에 그의 스물 한 해 지켜온 처녀의 몸을 사랑하는 이 앞에서 구태여 아끼려 안하였던 것이다. (1939.4.16)

④ 저는 물론 배운 것도 없고 천한 곳에서 노는 여잡니다만 선생님을 공경하는 마음은 아무에게도지지 않으리라고 생각합니다. (1939.4.18)

⑤ 오해는 말아주세요. 그것을 가지고 선생님께 억지로 결혼하여 주실 것을 요구하거나 그럴 생각은 없습니다. 그런대야 선생님께 불행을 드리고 저도 결코 행복될 수는 없을 것이니까요. (1939.4.18)

⑥ 희재를 위하여서 이 기회에 그와 갈라서는 것이 마땅한 일인 듯싶었다. 자기와 갈라서기만 할 뿐으로 희재에게는 모든 광명과 행복이 차오르는 것을 알면서 자기가 그를 종시 붙들고 고집한다는 것이 옳지 않은 듯이 느껴졌다. 참말 자기가 희재를 사랑하고 희재의 행복을 비는 것이라면 자기는 이 기회에 마땅히 그에게서 떠나야 할 것이 아닌가? (1939.5.16)

「명랑한 전망」에서 가장 긍정적인 성격의 소유자는 애자라고 할 수 있다. 비록 배운 것 없고 가정 형편 때문에 카페 여급으로 일하지만, 자신의 감정과 도덕에 충실한 인물이기 때문이다. 인용문③에서처럼 자신이 사랑하는 남자였기에 자신의 몸을 아끼지 않고 주며, 인용문④에서처럼 공경하는 마음으로 최선을 다해 희재를 사랑하려고 노력하지만, 인용문⑤에서처럼 자신만을 위해 억지로 희재에게 결혼을 강요하지 않는다. 희재와의 동거와 출산 이후 자신의 존재를 무시하는 혜경에게 굴욕과 분노를 유일하게 표출하지만, 인용문⑥에서처럼 희재를 위해 스스로 물러난다. 희재가 보기에도 애자는 "자기를 그처럼 사랑하면서도 사랑하기 때문에 그의 의사를 존중하여 당연한 요구조차 겸사하려 하였던"(1939.4.19) 자기 희생적인 여성이다.

이런 애자가 느끼는 콤플렉스는 자신이 카페 여급이라는 점이다. 그래서 자신으로 인해 희재의 체면에 손상이 갈까 두려워 외출도 제대로 못할 정도로 노심초사한다. 이에 대해 "집안사정으로 여급 노릇 좀 한 게 왜 어때서 그래. 무슨 죄를 지었소, 의롭지 못한 짓을 했소?"(1939.4.21)라며 희재는 그 불가피성을 인정하지만, 자신의 집에서 결혼 승낙을 받지 못할 정도의 걸림돌로는 생각하는 이중성을 보인다. 이로 인해 애자는 스스로 딸 경자를 데리고 떠나면서 희재의 행복을 빌어준다. 애자가 보여주는 이런 '고난의 서사'는 근대 자본주의하에서의 개인의 무능함과 물질적 취약성, 이데올로기적 피난처의 상실을 보여준다는 점에서 전형적인 멜로드라마의 속성과 연결된다. 애자가 겪는 혼사장애의 요인은 앞에서도 설명했듯이 카페 여급이라는 신분적 제약과 연적(戀敵)인 혜경이 지닌 경제적 풍요로움이다. 이 요인들은 모두 근대자본주의하에서 발생한 새롭고도 강력한 불안과 불안정성을 대변한다.[25]

또한 「명랑한 전망」에서 이런 멜로드라마적 고난과 병적인 모더니티가 결합할 수 있는 요소는 애자와 같은 전근대적 가치의 소유자에게 가해지는 '선험적 실향의식'이다. 선험적 실향의식은 전통적 가치의 안정성과 확실성, 단일성의 상실과 연결되는 것으로, 더 이상 전통적 규범들이 사회적 접착제로 작용하지 못하는 현실에 대한 역반영이라고 할 수 있다.[26] 문제는 이런 근대자본주의하에서의 선험적 실향의식이 애자와 같은 인물이 지닌 전통적 미덕의 승리를 통해 후반부에서 일소되어 버린다는 것이다.

---

25 벤 싱어, 『멜로드라마와 모더니티』, 이위정 옮김, 문학동네, 2009, 199-201쪽 참조.
26 위의 책, 77쪽 참조.

근대적 삶이 주는 불안을 극복할 수 있다는 이데올로기적 기반을 제공하는 것이 전통의 목적이자 기능이라고 간주되기 때문이다.

하지만 더욱 중요한 것은 이런 전통의 승리를 위한 전제조건인 인격적 고귀함이나 엄숙함이 바로 박태원이 제시하고 싶은 명랑의 개념과 통한다는 사실이다. 견고한 도덕 질서에 대한 믿음이 전통적인 인의(仁義)나 자기희생의 가치와 연결될 때 진정한 근대의 승리가 가능해지고, 근대적 불안은 도덕적 확실성으로 번역될 수 있다는 것이다. 때문에 이 소설에서 가짜명랑의 면모를 보여주는 혜경에 비해, 자기희생을 통해 도덕적 에너지를 취득한 애자는 진정한 명랑의 구현자가 된다.

물론 박태원 소설에서 애자와 같은 인물을 통해 제시되는 전통 지향성은 과거로 회귀하려는 반동적 움직임이 아니다. 오히려 바람직한 근대를 구성하려는 전략으로서 작용하는 새로운 지각 양식에 해당한다. 낡은 가치가 아니라 새롭게 번역된 가치에 해당하기 때문이다. 『천변풍경』에서 자본주의적 도시의 속성과 반대되는 예외적 공간 '천변'을 통해 가능했던 전근대의 재건이 「명랑한 전망」에서는 애자라는 인물로 의인화되어 나타난 것으로 볼 수 있다. 화폐(혜경)로 인해 소외되지 않으면서 행복을 추구할 수 있는 인물이 바로 애자이기 때문이다. 『천변풍경』에서 기미꼬를 중심으로 형성된, 속악한 근대에 함몰되지 않는 전통적 가치가 「명랑한 전망」에서는 애자를 중심으로 확장되고 있다.

물론 이런 '근대 속에 재건된 전통'의 가치와 의미가 관념적인 균형과 조화에 불과한 허구이고, 현재에 대한 냉철한 관찰만을 중시하는 고현학의 후퇴에 다름 아니라고 비판할 수 있다.[27] 「명랑한 전망」에서 제시된

27 손유경, 「'소문'으로 다시 쓰는 박태원의 《천변풍경》」, 방민호 엮음(2010), 앞의 책, 262쪽 참조.

'명랑한 전망'이 사실 '올바른' 전망이기는 하지만 '전근대적인' 전망인 것도 사실이기 때문이다. 특히 1930년대 후반 대동아경영권을 내세운 일제가 서구문화를 배격하면서 강조한 아시아적 가치의 일환으로 이런 전통적 가치에 대한 용인과 장려가 이루어진 것이라면, 애자를 통한 명랑성은 그 자체로 일제의 지배이데올로기에 순응하게 만드는 위험을 피해갈 수 없다. 박태원이 쓴 친일소설인 『아시아의 여명』이나 『군국의 어머니』와 연관된다면 더욱 이런 혐의로부터 자유롭지 못하다.

하지만 흔히 위기의 시대에 전통은 언제나 새롭게 번역되면서 부각된다. 잃어버린 기원이나 회복이 어려운 가치에 대한 향수를 불러일으킴과 동시에 약화된 공동체 의식을 강화시키는 기제로 작용할 수 있기 때문이다. 특히 근대와 대립될 때의 전통의 의미는 근대에 의해 오염되지 않은 것이라는 사회적 환상을 통해 근대의 보충물로 번역되기 쉽다. 전통이 '근대 이전(以前, pre)'이 아니라 '근대 이후(以後, post)'의 '발명품'일 수 있는 이유도 여기에 있다.[28] 그렇다면 박태원 또한 근대화의 영향으로 인해 정신적 거처를 상실한 전근대적인 존재들의 이야기인 「윤초시의 상경」(1939), 「최노인전 초록」(1939), 「골목안」(1939) 등과의 연장선상에서 「명랑한 전망」에서도 '친숙한 것과의 재회'를 시도했다고 볼 수 있다. 그것도 소극적인 관음증이 아닌 적극적인 노출증의 차원에서 전통을 호출한 후 다시 번역했다는 것이다. 근대를 되받아 쓰는 전통은, 때문에 '전근대'가 아닌 '반근대'의 기제로 작용하게 된다.

이런 전통의 번역 과정에서 박태원 소설의 명랑 개념 또한 번역된다. 근대 혹은 자본주의의 폐해에 대한 대안으로서 제시된 명랑은 유토피아적 개념임과 동시에 사회적 상징으로서 근대의 역설을 체화한다. 즉 명랑

---

28 레이 초우, 『원시적 열정』, 정재서 옮김, 이산, 2004, 45쪽 참조.

자체가 전통과 근대라는 두 의미 작용의 합성어로 작용하기 때문이다. 박태원은 전통을 근대에 새롭게 위치지우는 전략으로 순결·희생·의리·명분 등의 전통적 가치를 활용한다. 이런 전통적 가치는 그 자체로 긍정적 가치에 대한 확신과 신념을 통해 명랑의 긍정축을 형성한다. 명랑할 수 없는 현실 속으로 명랑했던 과거의 가치들이 귀환하는 것이다. 따라서 이때의 전통은 '또 다른 시대'의 것이 아니라 '동시대'의 것이 된다.[29] 바로 이 점이 1940년대 이후에도 지속적으로 추구한 박태원의 문학 이데올로기라고 할 수 있다. 친일이나 반일 문제와 상관없이, 그리고 신체제론의 도입 이전부터 박태원 문학의 지향점이 무엇인지 유추해볼 수 있는 대목인 것이다.

4. '명랑'의 이성화와 윤리

「명랑한 전망」에 대한 논의에서 가장 논쟁적일 수 있는 것이 바로 혜경이 아닌 애자를 선택하는 희재의 결정으로 끝맺는, 그동안 누락되었지만 새롭게 강조해야 할 결말이다. 혜경과 재결합하는 것이 반어적 혹은 패배적 의미에서의 '명랑한' 결말이 아니라, 애자를 되찾는 것이 이 소설의 최종적이고도 진정한 명랑의 의미이자 작가의 주제의식이기 때문이다. 희재는 아무리 자신이 부귀영화를 누린다고 하더라도 그것은 "나의 처자와 내 일신의 행복을 바꾼 것"(1939.5.19) 혹은 "부귀영화와 같은 것 앞에 무릎을 꿇은 것"(1939.5.21)과 다름없다고 뒤늦게 반성한다. 또한 물질적으로는 풍요롭더라도 자기중심적이고 향락적인 혜경과의 미래가 행복할 수 없다는 사실을 절감한다. 그래서 희재는 결국 혜경과의 '안전한 생활'이

29 위의 책, 289쪽 참조.

아닌 애자와의 '불안한 생활'을 최종 선택한다. 연재 마지막회에서 서술된 희재의 감정이 "형언하지 못할 감격"인 것은 자신이 이런 갈등과 유혹을 이겨내고 올바른 선택을 내렸다는 데서 오는 자기위안과 자기확신에 다름 아니다.

> ⑦ 내가 죄 없는 내 아내 애자를 그렇게 버림으로써 그에게 다시없는 모욕을 주었는데 이제 혜경이가 욕을 한다고 성낼 권리가 내게 어디 있겠소? 모두가 내 책임이요 내 잘못이요. 혜경이 말마따나 다시 직업을 잃은 나는 또 전당질을 하고 구차한 꼴을 보일지도 모르는 일이나 그래도 그렇게 하더라도 애자와 또 경자를 위하여 함께 살아나가는 것이 옳다고 깨달았소. (중략) (애자! 내 이제는 결코 다시 두 번 애자를 저버리지 않겠소. 간난고초가 비록 우리 앞에 있더라도 우리는 함께 손 붙들고 굳게 나갑시다. 우리의 사랑만 굳을 때 우리의 앞길에 행복과 광명은 저절로 전개될 것이 아니겠소? 이제 지난날의 모든 잘못을 사죄하고 애자와 경자를 위하여 힘껏 노력하리다!) (1939.5.21)

「소설가 구보씨의 일일」에서 구보가 고현학적 산책을 통해 발견한 것은 도시에서의 삶이 근본적으로 물질주의적 소비행위로부터 자유로울 수 없다는 사실이었다. 그리고 구보가 내린 결론은 "이제 나는 생활을 가지리라"는 다짐이었다. 그리고 거기서 "조그만 한 개의 행복"을 갖는 것이었다. 그가 고독했던 이유가 자본주의로부터의 소외이기에, 그러한 소외로부터 벗어나 행복해지기 위해 삶 속으로 직접 들어가 살아보겠다는 처방을 내린 것이다. 「명랑한 전망」에서 희재의 고통과 갈등은 바로 이런 '생활의 행복'이 위협받는 데서 발생한 것이다. 무엇보다도 "자기 살림살이가 대체 어떻게 되어가는 것인지 갈피를 잡을 수 없을 때 세상형편이야

어떠한 것이든 도무지 문제가 아니었다"(1939.5.6)라는 언급에서 드러나듯이, 박태원은 개인의 생활이 보장되어야 세상에 대한 관심과 참여가 가능하다고 생각했던 것으로 보인다. 개인과 사회의 관계를 '대립'이 아닌 '선후'의 문제로 파악한 것이다. 인용문⑦이 바로 그동안 누락되었던 「명랑한 전망」의 최종 결말인데, 여기서 새롭게 주목되어야 할 것은 자본주의로의 맹목적 편입이나 투항이 아니라 자본주의에 대한 도전과 응전이 보인다는 측면이다. 통속적이고 속물적인 결말이기보다는 도덕적이고 윤리적인 결말로 볼 수 있기 때문이다.

이런 희재의 자본주의에 대한 대응방식에서 커다란 역할을 하는 것이 바로 '죄의식'이다. 죄의식은 불만이나 비판, 저항보다는 자책과 부끄러움, 반성과 연관되는 개념이다. 외부를 향한 공격보다는 내부에서의 인내와 금욕이 중심이 된다는 점에서 나르시시즘적인 감정이라고도 할 수 있다. 희재가 처음에 혜경이라는 근대의 기호가 제공하는 성적이고 물질적인 매혹을 쉽게 거부하지 못했듯이, 근대라는 공간에서 죄를 짓지 않기란 힘들다. 이 점이 바로 「명랑한 전망」에서 리얼리즘적인 현실 인식이나 모더니즘 문학으로서의 내면 성찰이 이루어지고 있는 측면이라고 할 수 있다. 죄와 죄의식은 다르다. 죄가 없어도 죄의식을 느낄 수 있고, 죄가 있어도 죄의식이 없을 수 있다.[30] 희재의 경우는 죄보다 죄의식이 더 큰 경우에 해당한다.

소설 속에서 가장 많은 성격의 변화를 보이는 인물이 희재이다. 희재는 애자와의 관계에서 행복감을 느끼지만, 실직으로 인해 경제적 곤란이 닥쳐오자 애자와의 관계를 혜경의 배신으로 인한 '경솔한 반동'이 아니었는지 후회한다. 하지만 혜경과의 재회를 통해 혜경의 속물성과 부덕함을 확

30 칼루 싱, 『죄책감』, 이제이북스, 김숙진 옮김, 2004, 15쪽 참조.

인하게 되자 애자에 대한 애정과 책임을 회복한다. 인용문⑦에 나타나 있듯이 "모두가 내 책임이요 내 잘못"이라고 통렬하게 반성하고 있기 때문이다. 애자와의 관계에서 희재의 죄의식을 더욱 강력하게 발동시키는 것은 애자를 다시 카페에 나갈 수밖에 없게 만든 자신의 경제적 무능력이다. 실직으로 인한 가난이 자신의 개인적인 죄가 아닌 사회적 재난이라는 의식이 무의식적으로 작용한 결과, 희재는 죄보다는 죄의식에 더 예민하게 반응하고 있다. 이런 죄의식이 보다 전면적으로 강조된 것이 바로 「명랑한 전망」 이후에 쓰여진, '자화상 연작'이라고 일컬어지는 「음우(陰雨)」(1940), 「투도(偸盜)」(1941), 「채가(債家)」(1941) 등의 작품이다. 이들 작품에서 박태원은 「명랑한 전망」에서 이루어진 '전망'이 현실 속에서 얼마나 이루어지기 힘든 것인지 리얼하게 형상화하고 있다.

하지만 이런 죄의식이 '우울'과 다른 것은, 우울의 경우에는 욕망이 부재한다는 사실이다. 죄의식은 자신의 욕망에 대한 인정과, 그런 욕망에 대한 부끄러움을 객관적이고도 합리적으로 인정해야 가능하다. 이와 동시에 죄를 지은 '가해자'에서 죄의식으로 고통 받는 '피해자'로의 전환이 일어나야 가능한 감정 기제이기도 하다. 희재는 애자를 버린 가해자이지만, 그로 인해 고통 받는 피해자이기도 하다. 그리고 그런 고통이 스스로를 어쩌지 못하는 불가항력적인 죄(실직)로 인한 것이라는 점에서 근대자본주의의 '희생자'이기도 하다. 이런 '가해자→피해자→희생자'로의 변화를 통해 구성되는 희재의 죄의식은 사랑 없이 부귀영화를 추구하려 했던 자신의 부도덕하고 비열한 행동을 윤리적인 책임의 실천으로 바꾸었다는 점에서 중요한 이데올로기이다. 그리고 이런 윤리적 책임의식으로서의 죄의식 자체가 바로 박태원이 추구했던 명랑의 개념과 통한다는 점이 더욱 중요하다. 명랑이 '건전'의 다른 이름이라면, 이런 죄의식을 매개로 해서 죄와 명랑은 서로 연결될 수 있기 때문이다.

물론 이처럼 죄의식을 통한 윤리적 책임이나 미래에 대한 낙관적 전망을 명랑의 개념으로 번역할 때 발생하는 위험 또한 많이 지적되어 왔다. 바로 일제가 권장했던 명랑의 공동체로의 재통합 기능과 체제순응적인 포섭 기능, 소시민들의 감정적 배설 기능과 통하기 때문이다. 명랑이 식민 체제의 지배이데올로기로 작용했다는 사실이 이를 증명해준다. 하지만 이런 부정적인 시각의 유효성을 인정하더라도, 「명랑한 전망」에서 죄의식을 통해서 명랑을 추구하려는 근대적 주체의 자율성과 자기통제력의 면모 또한 함께 고려되어야 할 것이다. 명랑은 퇴폐적인 감정을 배격하고 통제하는 적극적이고도 긍정적인 기능을 담당한다는 점에서 '이성'의 측면과도 맞닿아 있다고 볼 수 있다. 명랑을 진정한 명랑이게끔 하는 데에 감정의 병폐를 제거하고 통제하려는 자율성과 성찰성이 중요하기 때문이다. 따라서 퇴폐나 쾌락이라는 민낯을 가리면서 그것을 통제하거나 연출할 수 있는 '마음의 화장법'으로서의 명랑의 이성적 측면이 부각되어야 한다.[31] 이 소설의 결말을 감정적 자아의 선택에 토대를 둔 낭만적이고 비약적인 결말이 아니라, 이성적 자아의 통제에 토대를 둔 현실적이고 윤리적인 결말이라고 해석할 수 있는 이유도 여기에 있다. 이런 명랑의 이성화를 통해 박태원은 근대의 부정성에 대해 반기를 들려고 했던 것이다.

5. '명랑'이라는 숭고한 이데올로기

박태원은 1941년 1월에 자신의 문학활동 방침을 밝히면서 "건전하고

31 소래섭은 이러한 명랑의 이성적 측면을 김기림에게서 예외적으로 발견하고 있지만, 박태원 또한 이런 측면을 공유한다면 일본에 의해 강요된 명랑이 아닌 그에 대한 대항담론으로서의 명랑의 의의를 보다 거시적이고 총체적으로 살펴볼 수도 있을 것이다. 소래섭(2011), 앞의 책, 256-266쪽 참조.

명랑한 것을 써보려 합니다"(『삼천리』, 1941.1)라고 밝히고 있다. 하지만 박태원은 이미 「명랑한 전망」이라는 소설을 1939년에 발표했다. 반대로 박태원은 앞에서도 언급했듯이 이런 방침을 밝힌 후에 발표한 '자화상 연작', 즉 「음우(陰雨)」, 「투도(偸盜)」, 「채가(債家)」 등을 통해 작가로서의 양심과 모럴의 추구가 일상생활에서 불가능하기에 '명랑할 수 없음'을 여전히 문학화했다. 명랑할 수 없음을 통해 명랑의 의미와 가치를 환기시킴과 동시에, 실제의 생활 속에서 명랑이라는 이데올로기 자체가 얼마나 구현되기 힘든 것인지를 네거티브 필름으로 보여준 것이다. 이를 통해 일제의 신체제론과 박태원 소설이 일대일 대응관계를 갖지 않는다는 반증으로서 제공될 수 있는 것이 바로 '자화상 연작'이다. 이런 시기상의 불일치와 모순, 부정적 현실에 대한 번역과 재번역의 이중성을 모두 고려할 때 박태원 소설에서 명랑이라는 이데올로기는 어떤 선언이나 외부의 논리와는 별도로 1930년대 초반과 후반을 관통하는 박태원 문학 내부의 동력이라는 측면에서 접근할 필요가 있다. "구보는 오늘 처음으로 명랑한, 혹은 명랑을 가장한 웃음을 웃었다"(「소설가 구보씨의 일일」)에서 드러나듯이, 박태원에게 명랑은 모더니즘의 이면 혹은 그림자 자체일 수도 있다. 혹은 비가 새거나 도둑이 들고, 빚 때문에 쪼들리는 '자화상' 속에서 왜 명랑한 작품을 쓰거나 쓰지 못하는지 고백하게 만드는 심리적 방어 기제일 수도 있다.[32] 그 사이에서 「명랑한 전망」은 진정으로 '명랑한' 전망이 무엇이어야 하는지 적극적이고도 직접적으로 제시하려고 한 것이다.

'명랑'과 '비명랑(가짜명랑)'의 길항관계에 토대를 둔 소설 창작의 궤적

---

32 배개화, 「문장지 시절의 박태원: 신체제 대응양상을 중심으로」, 『우리말글』, 44호, 2008, 271-278쪽 참조.

속에서 박태원에게 중요했던 것은 명랑의 이데올로기화였을 수 있다. 명랑의 진정한 명랑함을 추구하기 위해 박태원은 가짜명랑의 개념을 대변하는 퇴폐적 신여성(혜경)의 모습을 등장시켜 위계화하기도 하고(2절), 긍정적 가치를 지닌 구여성(애자)을 통해 전통적 가치를 재맥락화함으로써 명랑의 개념을 근대적으로 번역하기도 하며(3절), 구여성과 신여성 사이에서 갈등하고 죄의식을 느끼는 근대적 남성주체(희재)를 매개로 이성적인 책임 윤리와 결합시키기도 한다(4절). 이러한 양상들을 통해 명랑은 기존의 논의에서처럼 명랑하지 못한 현실을 (역)반영하는 문학 외적 논리가 아니라, 젠더(2절)·전통(3절)·윤리(4절)와 길항관계를 이루는 문학 내적 논리가 된다.

박태원 소설에서 명랑은 이처럼 명랑하지 않은 것들과의 대비를 통해 '여러 개의 명랑'으로 번역된다. 때문에 이에 대한 평가도 다양할 수밖에 없다. 명랑을 보편적인 동양 윤리로 파악함으로써 휴머니즘과 파시즘을 결합시킨 관념어로 변질시켰다는 것[33], 역사적 범주를 고려하지 않는 윤리적 내면으로 후퇴시켰다는 것[34], 비현실적인 사이비 전망에 불과하다는 것[35] 등은 대표적인 부정적 평가들이다. 이런 부정적 시각에는 명랑 개념 자체가 통합 혹은 일체에 대한 열망을 제공하는 '파시즘적 황홀'[36]에 불과하다거나, 부정적 '불쾌'는 소거한 채 도덕적 '쾌'만을 일방적으로 추구하는 '유사-숭고'[37]에 다름 아니라는 우려와 비판이 포함되어 있다.

---

33 정현숙(2006), 앞의 논문, 180쪽 참조.

34 한수영(2005), 앞의 논문, 249쪽 참조.

35 이경훈(2010), 앞의 논문, 368쪽 참조.

36 박현수, 「파시즘적 황홀과 숭고미학」, 구모룡 외, 『파시즘 미학의 본질』, 예옥, 2009, 133쪽 참조.

37 벤 싱어(2009), 앞의 책, 77쪽 참조.

그럼에도 불구하고 만약 박태원의 일본 식민지 시기 소설들을 관통하는 일관되고도 지속적인 이데올로기로서 명랑을 간주할 수 있다면, 다음과 같은 사항들도 함께 고려하는 것이 보다 생산적인 논의를 가능하게 할 것이다. 첫째 박태원은 명랑에 대한 단일한 시각에서 벗어나 명랑의 인공성·허구성·윤리성·사회성 등에 대한 입체적인 번역 작업을 수행했다는 것, 둘째 이런 번역 과정을 통해 명랑은 순응적·소극적·억압적 개념에서 벗어나 비판적·적극적·반성적 개념으로 전환될 수 있었다는 것, 셋째 일본의 제국주의적인 신체제론에 의해 외부로부터 주입되기 전부터 박태원은 명랑의 개념을 소설 내부의 창작원리로 적극 도입함으로써 역사적 맥락과의 접점으로 활용했다는 것 등이다. 그리고 일제가 신체제론을 중심으로 요구했던 명랑의 개념을 따르는 척하면서도 정반대의 목적과 의미로 번역함으로써 근대자본주의와 일제의 식민화 전략에 대한 대항 이데올로기를 구축했다고도 볼 수 있다. 이런 명랑의 입체성·적극성·역사성을 통해 박태원 소설의 '균열'이 더욱 커질 수 있다. 하지만 이런 양상들에 대한 규명을 통해 명랑이라는 이데올로기가 박태원 문학 전반에 걸쳐 적극적으로 번역되는 양상에 주목할 수 있게 된다.

박태원은 명랑이라는 '숭고한 대상'의 위험성을 알고도 여전히 명랑이라는 환상을 포기하지 않았다. 오히려 명랑이 지닌 위험성과 한계를 적극 활용하면서 그 공백과 결핍을 생산적으로 번역했다.[38] 이런 과정 속에서 박태원은 모더니즘과 리얼리즘, 통속문학과 본격문학, 일제에 대한 협력과 저항이라는 이분법적 대립 구도를 벗어나 그 경계 위에서 양 극단 모두를 아우를 수 있었을 것이다. 때문에 이런 명랑의 번역 양상을 통해 우

38 슬라보예 지젝, 『이데올로기라는 숭고한 대상』, 이수련 옮김, 인간사랑, 2002, 68~69쪽 참조.

리는 박태원 문학을 단선적 혹은 단절적으로 파악하지 않을 수 있게 된다. 박태원 소설 자체가 다른 동시대 작가에게 '명랑한 전망'을 제공하는 이데올로기로 감정번역되었기 때문이다.

제9장

21세기 분노의 문학과 정념기호학

김사과의 『미나』론

1. 탈감정사회와 분노의 문학

21세기는 '감정의 시대'라는 말을 확인시켜주듯이 감정민주주의, 감정자본주의, 감정노동, 감정관리, 감정독재, 감정수업, 감정교육, 감성경영, 감성디자인 등 감정(감성)과 관련된 용어들이 유행하고 있다. 합리적 이성을 우선시하는 근대이데올로기로 인해 위험하고 미숙하며 열등한 타자 취급을 받았던 감정의 복권이 이루어진 것이다. 물론 이런 감정의 유행에 대한 비판적 시각도 동시에 제기되고 있다. 소비자본주의나 신자유주의의 물결 아래 생명에 대한 통치가 이루어진 것처럼 이제는 감정에 대한 관리까지 이루어지는 것으로 보기 때문이다.[1] 이런 맥락에서라면 지금과 같은 감정의 호황은 경제 가치나 심리 정치에 복무하게 하려는 통치술의

1 이수형, 「문학과 감정 논의에 대한 (재)검토」, 『문학과 사회』, 2015, 여름호, 61쪽 참조.

또 다른 모습에 다름 아니게 된다는 것이다.[2]

새롭게 제기되고 있는 '탈감정사회(postemotionalal society)'에 대한 논의도 이런 측면에서 이해할 수 있다. 탈감정사회란 "이전 시대라면 사람들의 마음을 움직였을 사건과 위기에 대해 사람들이 반응을 하지 않는 사회"[3]를 말한다. '탈'감정사회라고해서 감정이 존재하지 않는 것은 아니다. 여전히 감정은 존재한다. 하지만 열정은 사라지고, 감정은 청소되며, 인위적으로 대량생산되면서 쉽게 조작된다. 소위 '감정의 맥도날드화'[4]가 이루어진다는 것이다. 이런 무관심이나 무기력이라는 감정의 늪에서 벗어나 적극적인 동참이나 참여를 위해 오히려 '분노하라'[5]고 외치는 시대가 바로 21세기라고 할 수 있다. 원초적인 불만을 배설하자거나 폭력적인 과잉 반응을 보이자는 것이 아니라, 감정을 표현할 수 있는 통로를 마련함으로써 '감정의 주인'이 되자는 것이다.[6]

이런 탈감정사회 논의와 연결될 수 있는 문학의 중심에 김사과의 소설들이 있다. 1984년생 젊은 소설가 김사과는 2005년 등단작인 「영이」에서 "나는 읽는 당신을 원하지 않는다. 느끼는 당신을 원한다. 아주 오래 느끼는 당신을 원한다. 당신은 오래 느껴야 한다"[7]라고 선언한다. 그리고 독자에게 그런 '오래 지속되는 느낌'을 주기 위해 '분노의 문학'을 주로 창작한다. "분노라는 바이러스의 감염자들"[8]이 보여주는 "비등점을 초과한 분노의 정념"[9]을 여과 없이 표출하는 '앙팡 테리블' 혹은 '앙팡 스키조'가 바로

2 한병철, 『심리 정치』, 문학과지성사, 2015, 61쪽 참조.

3 스테판 G. 메스트로비치, 『탈감정사회』, 박형신 옮김, 한울, 2014, 12쪽.

4 앞의 책, 16쪽.

5 스테판 에셀, 『분노하라』, 임희근 옮김, 돌베개, 2011, 15쪽.

6 소영현, 이하나, 최기숙, 『감정의 인문학』, 봄아필, 2013, 107쪽 참조.

7 김사과, 『02영이』, 창비, 2010, 25쪽.

8 김영찬(해설), 「앙팡 스키조」, 『02영이』, 창비, 2010, 248쪽.

젊은 작가 김사과이다. "내 취미는 반항이다"[10]라거나 "나는 목표를 알 수 없는 분노를 가지고 있으며 그것이 나의 문장과 글을 구성한다"[11]라고 외치면서 "분노로써 반응하고 분열증으로 싸우는 소설"[12]을 주고 창작하고 있기 때문이다.

21세기 들어서 김사과의 소설뿐만 아니라 편혜영, 백가흠, 김애란, 박솔뫼, 김이설 등 젊은 작가들의 작품 속에서도 1920년대 초반 박영희나 최서해, 김기진 등을 중심으로 등장했었던 신경향파 문학 속 극한적인 빈궁이나, 홍건한 피, 폭력, 광기, 살인 등의 폭력적 요소들이 재소환되고 있기에 이들의 문학은 '돌아온 신경향파'의 문학으로도 불린다.[13] 하지만 21세기 신경향파문학은 이전처럼 재난이나 파국 자체에 대한 구체적인 반응이나 극단적인 비판에는 관심이 없다. 더 이상 재난이나 파국이 특별하지 않다는 것, 그리고 재난이나 파국 그 자체보다 더 절망적인 것이 재난이나 파국조차도 계급에 따라 다른 양상을 보인다는 것, 그렇다면 이런 재난이나 파국을 받아들이는 태도 혹은 자세가 더 중요하다고 생각하기 때문이다.[14]

이 글에서는 김사과의 첫 장편소설인 『미나』(2008)를 중심으로 21세기 신경향파의 특징인 '분노의 문학'에 대해 주목해보고자 한다. 『미나』는 한 여고생이 친구 여고생을 죽였다는 실제 신문 기사 한 줄에서 모티프를 얻어 창작된 소설로서, 『풀이 눕는다』(2009)나 『테러의 시』(2012)와 함께 '분노의 정념 3부작'으로 불린다.[15] 분노를 본격적으로 표출하기 시작한 첫

9 정홍수, 「현실의 귀환, 그리고」, 『흔들리는 사이 언뜻 보이는 푸른별』, 문학동네, 2014, 47쪽.

10 김사과, 「내 취미는 반항이다」, 『문장웹진』, 2008, 10.

11 김사과, 「뒷문」, 『문장웹진』, 2007, 5.

12 류보선, 「한국소설의 새로운 발명품들」, 『문학동네』, 2011, 봄호, 505쪽.

13 김형중, 「돌아온 신경향파」, 『자음과 모음』, 2010, 봄호, 653-657쪽 참조.

14 정여울, 「구원없는 세계에서 살아남기」, 『문학과 사회』, 2010, 여름호, 334-335쪽 참조.

장편소설이기에 김사과 문학 속 분노가 어떤 출발점을 보이는지 확인할 수 있다. 또한 『미나』를 통해 21세기적인 분노의 문학을 대변하는 김사과 소설 속 분노의 의미와 그 시대성을 함께 확인할 수도 있다. 무엇보다도 이 소설은 첫 소설집인 『02영이』(2010)에 실린 단편소설들과도 폭력이나 살인, 광기, 죽음 등 묵시록적 주제를 공유하기에 작가론적 측면에서 김사과 소설의 기원이나 원천을 규명할 수 있게 된다.

이런 '분노의 문학'을 규명하는 데에 '정념기호학'이 유의미한 방법론과 시각을 제시해 줄 수 있다. 어휘, 구문, 텍스트, 담론 등을 포괄하는 기호를 대상으로 논리적이고 체계적인 분석이 중심을 이루었던 기존의 기호학과는 달리, 정념기호학은 그런 기호의 의미나 구조를 생성하는 정념의 근원이나 생성 과정에 대해 새롭게 주목한다. 정념이란 "정신의 어떤 움직임에 의해 일어나고 지속되며 강화되는 느낌이나 지각 혹은 감동"[16]을 의미하고, 이런 정념으로서의 분노를 기호학의 입장에서 살펴볼 수 있다는 것이

---

15 이경재, 「21세기를 담아내는 세 가지 방식-김사과의 정념3부작을 중심으로」, 『비등하는 역사, 결빙의 현실』, 푸른사상, 2013, 219쪽 참조.

16 홍정표, 『정념기호학』, 한국외국어대학교출판부, 2014, 41쪽.
정념에 대한 정의는 다양하다. "이성과 대립적 관계에 위치하고 있으며 비합리적 속성을 지니고 있고, 인간의 육체에 귀속되어 있어, 격렬하게 느끼는 쾌감이나 고통"(백선기, 「영화에서 표출된 정념의 기호와 그 함축적 의미」, 『기호학연구』 28, 2010, 137쪽)으로 정의할 수 있으나, 보다 세분화시켜 살펴보면 일반적으로 정념이라는 용어보다 더 익숙한 '감정(sentiment)'은 유쾌하거나 고통스러운 정동의 규칙적이고 일상적인 상태를 의미하고, '정서(emotion)'는 돌발적이고 급작스러운 반응 혹은 운동으로서 강렬한 강도와 짧은 지속을 특징으로 하며, '정념(passion)'은 지속적이고 강렬한 정서로서, 강력하다는 점에서는 정서와 비슷하지만 지성화된 것이라는 점에서는 구분되는 인위적이고 지속적인 정서라고 볼 수 있다.(박인철, 「테오듈 리보의 정념 이론」, 『기호학연구』 28, 2010) 하지만 감정, 감성, 정동, 정념 등의 개념에 대해 확실하거나 일관되게 사용하지 않는 경우가 대부분이고, 정념기호학을 '감정기호학'이라고 지칭하는 경우도 있으므로, 이 글에서는 정념을 위의 모든 개념뿐만 아니라 정동, 열정, 성향, 감성, 감정 등의 개념을 모두 포괄하는 총칭적인 용어로 사용한다.

다. 문학텍스트에 나타난 희로애락의 문제와 '구조'에서 '감정'으로의 변화를 동시에 살펴보는 데에 적절한 것이 바로 정념기호학이다. 그 시발점으로 알지르다스 J. 그레마스(Algridas J. Greimas)가 수제자인 자크 퐁타뉴(Jacques Fontanille)와 함께 쓴 『정념기호학(*Semiotics des Passion*)』(1991)을 든다. 이 책은 내용이 관념적이고 가설적인 데다가 난해하기까지 해서 전공자들조차도 온전한 이해가 쉽지 않지만, 이후 파리 기호학파의 새로운 방향성을 가늠하게 해준다는 점에서 중요하게 평가된다.[17]

이런 정념기호학의 시각을 토대로 21세기적 탈감정사회에서 파괴적인 폭력을 유발하면서도 창조적인 저항의식을 보여주기도 하는 양가적 정념으로서의 분노에 대해 김사과의 소설 『미나』를 중심으로 규명해보는 것이 이 글의 목적이다. 기호로서 작용하는 분노의 어휘의미론적 층위에서의 분석(2절)과, 5단계의 통사적 서사 전개를 보이는 정념도식에 대한 규명(3절), 심층구조보다 더 심층에 위치한 최저 층위인 선조건 층위에서 긴장을 최대치로 폭발시키는 양상에 대한 정념적 해석(4절)을 통해 정념기호학의 구체적인 양상을 분석해볼 것이다. 이로써 어느 특정 어휘나 선조적인 통사구조가 아니라, 작품 전체의 존재 층위에서 기호의 상징적 지배소로 작용하고 있는 분노라는 정념의 기호학적 의의를 확인해보는 것이 목적이다.

2. 분노의 사전적(辭典的) 정의와 어휘의미론적 접근

그레마스는 "서사기호학에서 정념기호학으로 넘어가기 위한 과도기적

---

17 김성도, 『구조에서 감성으로』, 고려대학교출판부, 2002, 369쪽 참조.

논문"[18]에 해당하는 「분노에 관하여」[19]를 『정념기호학』을 쓰기 전에 먼저 집필했다. 이 논문에서는 분노에 관한 어휘의미론적 접근을 주로 시도하고 있으나, 구조 혹은 행위에서 정념으로 기호학의 연구대상이 변화되는 과도기적인 양상을 함께 고찰할 수 있다. 뚜렷하게 명시화되지는 않았지만 매우 복잡한 서술적 구조들을 응축해주는 정념의 어휘소들(lexèmes)에 대한 접근을 보여주고 있기 때문이다.[20] 분노에 관한 사전적(辭典的) 정의에 해당하는 '공격성에 동반된 거친 불만족'이라는 의미에서 출발해 그와 연관되는 어휘소들의 통사적 구성인 '실망감·불만족·공격성'에 관한 논의가 구체적으로 이루어지고 있다. "분노에 관한 세 가지 분할체(segment)"[21]에 해당하는 것이 이 세 가지 어휘소들이다. 또한 이런 분할체들의 시발점으로서 '기대'라는 정념을 전제하면서, 이를 가치대상과 연관시키는 '단순 기대'와 또 다른 주체와의 관계를 중시하는 '신용적 기다림'으로 양분하여 분노와 관련된 어휘들을 구체적으로 분석하고 있다.

『미나』는 주인공이자 주체인 수정과 그런 수정의 가치 대상이자 또 다른 주체이기도 한 미나와의 관계가 연접(결합)에서 이접(분리)으로 변화되면서 수정이 분노의 감정으로 인해 미나를 살해하기까지에 이르는 정념 자체가 주요 내용인 소설이다. 때문에 이를 앞의 세 가지 분할체와 연관

---

18 홍정표(2014), 앞의 책, 55쪽.
"서사기호학과 정념기호학의 차이는 담화나 텍스트에서 서사기호학은 서사구조를 기호학적으로 밝히는 것이고, 정념기호학은 정념구조를 기호학적으로 규명하는 것이다. 이 두 구조는 모두 불변의 규칙성(형식적인 뼈대)을 지니고 있다는 점에서 공통점이 있다."(같은 책, 11쪽)

19 A. J. 그레마스, 『의미에 관하여』, 김성도 편역, 인간사랑, 1997, 464-494쪽.

20 이 글에서 앞으로 제시될 분노의 어휘의미론적 접근에 관한 이론 소개 및 분석은 ①그레마스의 「분노에 관하여」(『의미에 관하여』, 464-494쪽) ②김성도(2002), 앞의 책, 329-401쪽, ③홍정표(2014), 앞의 책, 55-98쪽 등의 내용을 바탕으로 한 것이다.

21 홍정표(2014), 앞의 책, 63쪽.

된 어휘의미론적 접근과 연결시켜 통합체적이고 통사적인 연속적 시퀀스(séquences)로 재구조화하면 다음과 같다.

1) 단순 기대 (S: 수정 O: 미나)

기대(연접)	$S \rightarrow (S \cap O)$
불만족(비연접)	$S \nrightarrow (S \cap O)$
분노(연접)	$S \rightarrow (S \cup O)$

2) 신용적 기다림 (S: 수정 S: 미나)

기대	S_1 의무 $[S_2 \rightarrow (S_1 \cap S_2)]$
불만족	S_1 지식 $[S_2 \rightarrow (S_1 \cup S_2)]$
분노	S_1 의지 $[S_1 \rightarrow (S_1 \cup S_2)]$

S: 주체, O: 대상, →:행동의 함수, [ ]: 행동의 발화체, ( ):상태의 발화체, ∩: 연접, ∪:이접

이런 측면에서 '기대'와 '분노' 사이에서 시퀀스의 중심축이 되는 '불만족'과 그것을 전후로 한 '실망감'과 '공격성'을 통해 분노의 의미를 보다 구체적으로 소설 속에서 살펴볼 수 있다. 기대의 실패로서의 '실망감', 실망의 확대로서의 '불만족', 불만족의 강화로서의 '공격성'이 정념의 덩어리로 작용하면서 '상태(être)주체'였던 수정을 '행위(faire)주체'로 변모시키고 있기 때문이다.

실망감

시간이 지나고 수정은 약간씩 지루해지지만 그렇다고 긴장을 놓칠 수는 없다. 마침내 수정은 화가 나기 시작한다. 그러나 여느 때나 다름없이 하강은 계속된다. 수정은 합리적으로 사고하려고 노력한다. 그리하여 극복과 교훈을 얻으려고 노력하지만 그것은 어쩐지 돌벽에 달걀흰자를 바르는 식으로 우습게 느껴진다.

'이제 나는 어떻게 하지.'

수정은 미나가 자신에게 던졌으나 피했던 질문을 자기자신에게 던지는 처지가 되었다. (95쪽)[22]

『미나』에서 수정과 미나 사이에 문제가 생기기 시작한 것은 미나와 친한 사이였던 박지예의 자살 때문이다. 박지예는 성적 부진으로 우울해하다가 도서관 빌딩에서 떨어져 자살한다. 이로 인해 미나는 불면증에 시달리고 무단결석을 자주 하다가 결국 자퇴한 후 대안학교에 입학한다. 이런 미나의 행보에 수정은 당황하면서 불안을 느낀다. 미나의 행동에 대한 동감이나 걱정 때문이 아니라, "자유롭고 아름다우며 적당히 풍요로운"(50쪽) 미나의 삶 자체가 흔들리고 있기 때문이다. 자신에게 질투심과 좌절감을 동시에 안겨주었던 미나의 삶에 균열이 일어나는 것에 대해 수정은 실망감을 느끼면서 미나에게 점점 더 큰 실망감을 느낄 수밖에 없게 된다.

불만족

갑자기 수정은 자신이 더 이상 미나를 사랑하지 않는다는 것을 깨닫는다. 사랑이 비밀스러운 이유는 비밀만이 사랑을 유지시키기 때문이다. 미나의 비밀을 손에 넣었으니 수정은 이제 더 이상 미나를 사랑할 수 없다. 수정은 이제 미나를 정리하며 또 잊는다. 이제 그녀가 미나를 경멸할 수 있다는 의

22 김사과, 『미나』, 창비, 2008. 앞으로 소설의 본문 인용은 이 책에 의거해서 쪽수를 제시한다.

미다. 수정은 미나를 지우며, 계속해서 젤리를 씹어먹는다. 평소처럼 모든 불필요한 기억들이 빠르게 지워져간다. (125쪽)

수정에게 있어 박지예의 자살이나 미나의 동요는 멍청하고 비합리적인 행동이다. 비실용적이고 비효율적이며 비생산적이기 때문이다. 합리주의자인 수정의 입장에서 볼 때 어차피 인생은 짜증내봐야 소용없고, 학교는 규율과 통제 중심으로 돌아가야 학교답다. 미나의 부모나 자신의 부모 모두 경제적 풍요로움을 누리면서 속류 부르주아의 삶을 영위하고 있다. 이런 현실을 인정하면서 균형 감각을 유지해왔던 미나가 갑자기 느끼는 혼란에 대해 수정은 강한 '불만족'을 느낀다. "너는 박지예의 자살을 과장해. 너는 너의 괴로움을 과장해"(283쪽)라고 생각하기 때문이다. 수정은 이미 "자본의 논리(최소의 투입으로 최대의 산출물을 쟁취하는 효율성과 속도의 논리)를 신체 깊숙이 각인한 싸이보그"[23]화 되었기에 미나가 지닌 인간다움이 오히려 불만족스러운 것이다.

공격성

"너는 박지예가 죽었다고 자퇴했잖아. 수업도 안 받고 시험지도 백지로 냈어. 어떻게 그럴 수가 있을까? 나는 생각해봤어. 나도 이런 거 싫어 미나야. 내가 꼭 너를 많이 좋아하는 거 같잖아. 하지만 아니야. 알잖아. 나는 아무도 안 좋아해. 다 싫어. 다 싫어. 나는 아무것도 필요없어. 나는 있지. 니가 완전히 혐오스러워. 니가 가진 모든 게 다 싫어. 다. 그래서 너를 죽여버리고 싶

---

23 정여울, 「구원 없는 희생제의, 그 끔찍한 악몽의 세계」, 『창작과 비평』, 2008, 여름호, 408쪽.

어졌어. 너한테서 너무 더러운 냄새가 나서 나는 너한테 가까이 다가가기가 겁이 나. 너는 더러워. 그리고 나는 깨끗해. 나는 더러운 게 싫어. 그리고 너는 더러워. 너는 모든 더러운 걸 상징하고 있어. 그것들이 다 나한테 달라붙을 까봐 겁이 나. 싫어. 화가 나. 그리고 너는 나이를 먹을수록 더 더러워지는 것 같아."(284쪽)

수정이 생각하기에 인생의 패배자들은 감정에 휘둘리고 세상에 불만을 가지면서 자신의 슬픔을 과장하는 사람들이다. 때문에 수정은 이들에게 "죽일 사람이 너무 많다는 게 문제다"(102쪽)라거나, 사귀던 남자친구에게도 갑자기 "이제 다시는 나한테 연락하지마. 죽여버릴거야. 진짜로"(209쪽)라며 공격성을 드러낸다. 학원에서 라이팅(작문)을 가르쳤던 강사가 미국으로 돌아간다고 하자 "미국 가서 총 맞아 죽어버려라"(210쪽)라며 욕을 한다. 수정은 박지예에 대해서도 "자살 안했으면 내가 죽였을 거야"(282쪽)라고 말하거나, 박지예로 인해 침몰해가는 미나에 대해서도 인용문에서처럼 "너를 죽여버리고 싶어졌어"라고 말한다. 이제 수정과 미나는 결합관계가 아닌 투쟁관계가 된 것이다. 이런 공격성의 이면에는 "그것들이 다 나한테 달라붙을까봐 겁이 나"라는 말에서 드러나듯이 자신도 그런 감정에 전염될 것 같은 공포심이 존재한다. 질투가 자조의 이면일 수 있듯이 공격성 또한 공포감의 다른 얼굴일 수 있다. 수정은 미나로 인해 존엄성과 자존심에 상처를 입었다고 생각하기에 살해로까지 이어지는 공격성을 보인다.

이렇듯 어휘의미론적 측면에서 본 분노의 정념은 실망감, 불만족, 공격성 등의 어휘소들과 관련 있다. 이런 어휘소들은 모두 분노의 주체인 수정이 분노의 대상인 미나에 대해 느끼고 반응하는 정념으로 정리된다. 이는 소설의 제목이 '수정'이 아니라 '미나'인 것에서도 증명된다. 분노는 자신에 대한 긍정이자 상대에 대한 파괴와 연결되기 때문이다. 주체 내부가 아니라 외부 상황이 더 문제일 때 발생하는 정념이 분노이다. 또한 분노는 대상의 변화나 인정이 필요하다는 점에서 다시 대상(객체) 의지적이거나 상호주체적인 정념이기도 하다. 분노를 해결하기 위해서는 주체 내부와 외부가 서로 소통해야 한다거나, 주체와 객체(또 다른 주체)가 상호주체적으로 소통해야만 한다는 사실을 실망감이나 불만족, 공격성 등의 어휘소들을 통해 역설적으로 보여준다고 할 수 있다.

3. 정념도식과 분노의 통사론적 전개 양상

분노의 어휘의미론적 접근으로 인해 분노의 정의나 성분, 유형 등에 대한 규명이 가능하다면, 그레마스와 퐁타뉴가 『정념기호학』에서 제시한 정념도식 5단계를 통해서는 서사진행상황과 연결된 정념의 행위구조를 보다 구체적으로 파악할 수 있다. 2절의 어휘의미론적 접근이 정념의 의미를 분명하게 해준다면, 3절의 통사론적 접근은 정념의 효과를 산출할 수 있게 해준다. 분노의 의미 자체가 아니라 그 의미생성행로에 대한 파악을 가능하게 해주는 것이 바로 정념도식이다.[24] 서사기호학에서 중시하는 것이 서사도식이라면, 정념기호학에서 중시하는 것은 정념도식이다. 대부분의 서사에서 일반화될 수 있는 5단계의 정념도식을 통해 순행적인 서사내용을 분절해서 파악할 수 있기 때문이다. 다음의 표처럼 정념도식 5단계를 관련된 요소 중심으로 정리한 후 각 단계에 대해 구체적으로 살펴보자.[25]

24 홍정표(2014), 앞의 책, 94쪽 참조.

단계	정념도식	서사도식	주체	대상과의 관계	정념의 예시
1단계	형성화	계약(조종)	긴장주체 (실현된 주체)	연접	불안, 흥분, 동요
2단계	장치화	역량	인지 · 탐색주체 (잠재된 주체)	비연접	걱정, 두려움
3단계	정념화	수행	정념주체 (현실화된 주체)	이접	괴로움, 증오, 분노
4단계	정동화	결과	신체주체 (가능화된 주체)	비이접	놀라움, 격정, 전율, 홍조, 창백함
5단계	도덕화	승인(검증)	평가주체	연접 혹은 이접	긍정 혹은 부정

형성화: 수정은 자신이 미나에게 분노할까봐 불안해하다

> 지난밤 P학교 박지예가 독서실 옥상에서 뛰어내려 자살했다. (중략) 죽기 직전, 그러니까 어젯밤 지예는 미나에게 죽고 싶다고 메시지를 보냈다. (중략) 수정은 수시로 미나의 얼굴을 들여다보며 미나의 눈치를 살핀다. (중략) 수정이 미나에게 힘내라고 문자를 보내자 미나는 주머니에서 휴대폰을 꺼내 전원을 끈 뒤 가방에 쑤셔넣는다. 수정은 당황한다. (29-31쪽)

정념도식 중 1단계인 '형성화(constitution)'는 선천적 기질이나 후천적 습관에 의해 주체에게 가해진 자극에 대한 반응이 나타나면서 정념을 형성하는 단계이다. 충격을 받은 주체가 심적 평정을 잃어버리는 단계에 해당한다. 『미나』에서 수정은 가장 친했던 친구 미나가 "친구의 자살 소식

25 정념도식 5단계와 관련된 이론이나 용어, 실제 분석은 ① A. J. 그레마스, J. 퐁타뉴, 『정념의 기호학』, 유기환, 최용호, 신정아 옮김, 강, 2014, 357-379쪽, ② 홍정표(2014), 앞의 책, 157-186쪽, ③ 백승국, 「이문열의 〈시인〉의 정념기호학적 분석」, 『한국학연구』, 19호, 2003, ④ 백승국, 이혜지, 김강석, 「감성문화콘텐츠의 정념기호학적 고찰」, 『기호학연구』, 35호, 2013 등에 바탕을 두고 이루어진 것이다.

을 전해들은 여학생의 완벽한 상징"(33쪽)을 보여주기 시작하자 긴장한다. 박지예의 자살이 미나의 일상에 변화를 주면서 자신과의 관계도 소원해지려고 하기 때문이다.

장치화: 수정은 미나에 대한 자신의 분노가 사라지기를 원하다

> 수정이 그런 모멸적인 훈련에 열광한 것은 수정이 수용소의 인간이기 때문이다. (중략) 다시 말해서 완벽하게 체제순응적인 인간이다. 도시는 점점 더 수용소의 담장을 높이 쌓아가고 있으며 수정은 그런 세계에서 빠져 나가고 싶은 생각이 전혀 없다. 그저 빨리 세계의 가장 높은 곳으로 기어 올라가서 아무도 자신을 함부로 여길 수 없을 만큼 높이 올라가서 모두를 함부로 여기는 사람이 되고 싶다. 그녀는 발밑에다 대고 너는 여기에 들어올 수 없다고 외치는 사람이 되고 싶다. 그러기 위해 수용소는 계속해서 수용소다워야 하며 학교는 계속해서 지옥의 입술처럼 붉고 두꺼워야 한다. 선생들은 학생들에게 계속해서 복종과 순응의 미덕을 가르쳐야 한다. (72쪽)

2단계인 '장치화(disposition)'는 불안함을 보였던 1단계 형성화의 주체가 인지 혹은 탐색의 주체가 되어 그 원인에 대해 조사를 벌이는 단계로서, 여러 가지 양태적 장치들(의지vouloir, 능력pouvoir, 지식savoir, 의무devoir)이 주로 개입하게 된다. 『미나』에서 수정이 방황하는 미나를 보면서도 그것을 무시하는 이유는 수정 자체가 '수용소의 인간'이자 '체제순응적인 인간'이기에 수용소나 학교가 요구하는 "복종과 순응의 미덕"을 원하기 때문이다. 그런 수정에게 미나는 분노감을 유발시키는 장애물이지만, 자신의 평정심 유지에 도움이 되지 않는 그런 분노조차 효율적으로 제거하기 위해 수정은 "나는 네 관심이 필요해"(154쪽)라며 미나에 대한 자신의 분노를 억누르기 위해 노력한다.

정념화: 수정은 혼란스러워 하는 미나에게 분노를 느끼다

> 너 같은 쓰레기들 때문에 세상이 이렇게 점점 더 거지 같아져 가는 거야. 어떻게 늙은이들을 공경할 수가 있어? 너는 니가 고개를 숙이고 굽실거리는 사이에 그들이 너한테서 가장 중요한 것을 빼앗아가는 걸 모르고 있어. 다 빼앗기고 남은 건 하나도 없이. 상처만 남아서 썩어가는 거. 끔찍하지 않니? 그런 게 어른의 삶이야! 그리고 너는 그런 걸 좋아해! 그래서 이런 거지같음이 사라지지 않고 지속되고 심지어 점점 확대되어가. 너 때문에 세상은 점점 더 더러워져 가고 있다고. (298-299쪽)

정념화(pathémisation)는 시퀀스에서 가장 중요한 단계로서, 앞 단계에서 경험한 정념들이 실제로 실현됨으로써 정념적 사건이 발생함과 동시에 정념의 변형이 이루어지는 단계이다. 이 단계에서 주체의 심적 변화가 가장 강렬하게 일어난다. 『미나』에서 수정과 미나의 관계는 더 이상 돌이킬 수 없이 어긋난다. 둘의 가치관이 달라졌기 때문이다. 수정이 보기에 미나의 잘못은 10대의 순수한 삶을 위협하는 타락한 어른의 세계와 점점 닮아간다는 데에 있다. 수정은 미나의 슬픔과 일탈에서 결국 허식과 위선만을 느낀다. 이런 분노는 미나 가족과 함께 으젠느 앗제의 사진전을 보고서 자신은 아무런 감동을 느끼지 못한 데 반해 미나 가족의 고상한 반응에서 "전후 20세기 유럽의 프티부르주아처럼 되길 원하는 극동아시아의 프티부르주아의 요란한 푸닥거리"(270쪽)를 발견했던 때의 분노와도 연결된다. 때문에 미나에 대한 수정의 분노는 어른들의 속물성과 위선에 대한 거부이기도 하다. 문제는 이런 어들들의 타락상이나 불합리성을 '알고서도' 그대로 모방함으로써 편안하게 체제 내에 안착하려는 수정의 태도이다. 스스로 괴물이 되어 괴물의 괴물성을 인정하려는 것이다. 거기에 동조하지 않는 미나는 수정에게 가장 강력한 분노를 유발시키는 대상이다.

정동화: 수정이 미나에게 폭력(살인)을 가하다

> 수정이 미나를 찌르기 시작한다. 힘껏 밀어 넣은 칼끝에서 전해지는 미나의 살과 뼈, 혈관과 근육을, 수정은 눈을 감고, 그것의 소리와 진동을 느낀다. 입이 벌어지고 가느다란 미소가 흘러나온다. 잘린 혈관에서 피가 솟구친다. 수정의 셔츠를 향해, 쐐기 모양으로 창에 달라붙는다. 느낌표 모양으로 공작새의 날개를 찌른다. 굵은 선을 그리며 바닥을 향해 기어내린다. 미나가 지르는 비명과 날카로운 금속 조각에 찢기는 살의 소음은 너무나도 멀리서 들려와서 수정은 그것을 믿을 수가 없다. 수정은 미나의 벌어진 입을 바라보며 반복하여 찌른다. 하지만 믿을 수가 없다. (306-307쪽)

정동화(émotion) 단계는 모든 정념이 신체적 반응을 통해 발현되는 단계로서, 신체의 외부와 내부를 매개하는 신체기호학이 중심이 되는 단계이다. 분노에 관한 어휘들 중 2절의 '공격성'의 의미에서 살펴보았듯이 수정은 미나처럼 "불량품"(303쪽)이나 "쓰레기"(307쪽)가 되는 삶을 보여주는 인간들에 대해 자주 살의(殺意)를 느낀다. 그리고 미나에 대한 살의와 관련되는 '공포'와 '혐오'라는 양가감정이 각각 수정에게 '눈물흘리다'와 '비웃다'라는 신체적 반응을 불러온다. 의외로 수정은 미나처럼 될 것 같은 공포로 인해 눈물을 흘리기도 하는 약자이고, 자신의 공격에 겁을 먹은 미나에 대한 우월감으로 인해 조소를 보내는 강자이기도 하다. 수정이 미나를 칼로 찌르자, 미나는 피를 흘리며 죽어간다. 인용문은 이런 복합적인 신체 반응이 최고조에 이른 부분으로서, 정념기호학에서 가장 특수하면서도 지배적인 특징에 해당하는 신체적 반응을 가장 리얼하고도 충격적으로 형상화하고 있다.

도덕화: 수정의 미나에 대한 살인은 비도덕적이다

> 결국 삶은 수정을 질식시킬 것이다. 그녀는 개별적으로 질식될 것이다. 그녀는 아무것도 하지 않을 것이다. 결국 가장 더러운 것들이 그녀를 물들이게 될 것이다. 그녀가 가장 원하는 것을 빼앗아갈 것이다. 그녀는 그런 식으로 키워졌다. 지배자들에 의해.
>
> 그렇게, 그녀는 살아남을 것이다. 도망치는 미친 쥐들의 등에 올라타, 그녀는 살아남을 것이다. 승리할 것이다. 압사당한 채로, 그녀는 가장 높은 탑의 꼭대기에서 빛을 발하게 될 것이다. 질식된 채로. (88쪽)

마지막 단계인 '도덕화(moralization)'는 정념적 행위에 대한 긍정 혹은 부정의 평가를 내리면서 의미생성행로의 종결 혹은 완료가 일어나는 단계이자, 부정적 정념에 대한 확산이나 전염을 막는 것이 목표가 되는 단계이다. 수정에 의해 죽임을 당한 것은 미나이다. 그런데 인용문은 제3자 평가행위자(서술자)의 시각을 빌려 마치 수정이 삶에 질식당하고 삶을 강탈당한 것처럼 묘사하고 있다. 살아남은 수정이 승리한 것처럼 보이지만 그런 승리가 압사나 질식사를 동반한다면 오히려 승리가 아닌 패배에 다름 아니다. 수정의 살인 또한 광인이나 정신병자의 병적 행위에 불과하게 된다. 미나는 죽어가면서 수정에게 말한다. "착하게 살아. (중략) 니가 생각하는 것처럼 이 세상이 그렇게 씨발스러운 데가 아니라고!"(287쪽) 정상적인 사회적 잣대로 평가하면 수정의 미나에 대한 살인은 도덕이 아니라 비도덕에 해당하는 것일 수밖에 없고, 이런 수정의 정념은 극단적인 폭력 행위이기에 도덕적으로 비난받아야 한다.

이상으로 정념 도식 5단계를 중심으로 소설의 종합적인 시퀀스를 정리해보았다. 그런데 그레마스가 양태성에 관한 이론을 완성하기 위해 정념 문제를 다루게 되었다고 밝혔을 정도로 정념은 양태성에 기초하고 있으며, 양태성은 정념 분석 내에서 중요한 분석 도구이다.[26] 양태성은 불어에서 '이다(être)'와 '하다(faire)'처럼 "다른 서술어들을 파악하게 해주는 서술어들의 부류"[27]를 지칭한다. 그리고 정념도식 5단계와 양태성 모두 "주인공의 서사 행로에 따른 정념의 발생과 확장, 그리고 소멸의 과정을 논리적으로 설명하는 정념 장치"[28]에 해당한다. 또한 분노의 정념 효과는 의지·능력·지식·의무 등의 네 가지 양태 중 하나의 고립된 양태가 아니라 두 가지 이상의 교차나 조합 등에서 산출된다. 일단 분노의 양태구조를 4개의 양태범주 중심으로 기호 사각형 구조를 통해 정리해보면 다음과 같다.

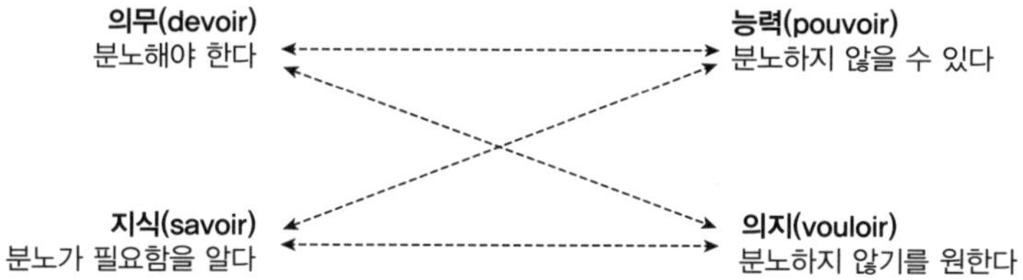

〈분노의 양태구조〉[29]

26 홍정표(2014), 앞의 책, 148쪽 참조.

27 김성도(2002), 앞의 책, 391쪽.

28 백승국·이혜지·김강석(2013), 앞의 논문, 126쪽.

29 백선기(2010), 앞의 논문, 144쪽 참조.

『미나』에 나타난 분노는 '의지'와 '의무' 등의 두 가지 양태 중심이라고 볼 수 있는데, '분노하지 않기를 원하다(의지)'에서 '분노해야 한다(의무)'라는 양태로의 변화로 5단계의 최종 흐름을 파악할 수 있기 때문이다. 의무보다 의지가 더 강하면 비도덕적 구조를 보여주고, 의지보다 의무가 더 강하면 도덕적 구조를 형성한다.[30] 『미나』에서는 '분노해야 한다'라는 의무가 부적절한 살인으로 종결되어 비도적적인 구조로 최종 결말을 맺는다. 그런데 만약 '분노하지 않기를 원하다'라는 의지가 더 강하게 실현되어 수정과 미나가 화해에 이르는 결말로 소설이 끝났다면, 이 소설의 '도덕화' 단계를 과연 긍정적으로 평가할 수 있을까에 대한 의문이 계속 남는다. 수정은 과연 비난받기만 해야 마땅한 존재인가라는 '불편한 질문'이 계속 사라지지 않는다는 것이 이 소설의 특징이다. 그래서 소설의 끝이 다시 처음으로 되돌아가는 듯한 느낌을 받게 된다. 이런 느낌이 다음에 중점적으로 논의하게 될 '선조건 층위'를 새롭게 구성하게 만들었다고 할 수 있다.

4. 선조건 층위에서의 긴장도식과 분노의 폭발

정념기호학에서 문제 삼는 정념은 "주체에 의해서 획득되고, 상실되고, 지연된 가치들의 기호학"[31]이다. 이처럼 '가치의 기호학'으로서의 정념기호학을 중시할 때 정념도식의 5단계 중 마지막 단계인 '도덕화'가 다시 부각될 수 있다. 그리고 이럴 때 비로소 정념기호학은 단순한 서사나 담화

30 홍정표(2014), 앞의 책, 256쪽 참조.

31 김성도(2002), 앞의 책, 339쪽.

구조를 넘어 미학이나 정치학, 문화 등과도 유기적으로 접목된다. 지금까지 2절과 3절에서 구체적으로 접근해보았던 내용들은 여전히 담화적이기에 역사적인 층위에서 분노의 '가치'를 논하기에는 한계가 있기 때문이다. 사회적 상황이나 제도와 정념이 맺는 관계를 중심으로 정념의 논의를 보완해야 할 필요성이 여기서 제기된다. "정념 자체의 생성과정이 아닌 정념 생성이 사회와 맺게 되는 연계성에 주목하는 시도들이 별로 없었다"[32]는 정념기호학 자체의 반성과도 연관되는 지점이다.

더욱이 『미나』처럼 도덕화의 단계에서 혼란과 모순을 보여주는 경우는 시대 상황과 연결되는 가치 판단의 문제가 더욱 중요해진다. 도덕과 비도덕의 경계가 모호해지면서 '수정의 미나 살해'라는 극단적이고도 폭력적인 정념적 사건을 제대로 평가해야 할 난제가 여전히 남아 있기 때문이다. 그저 21세기 자본주의의 폐해나 병리적 징후로 간주하여 도적적인 반성을 촉구하고 있다는 단순한 평가로는 이 소설이 지닌 불온성과 파급력을 제대로 부각시킬 수 없다. 분노라는 정념이 발생하게 된 배경이나 살인이라는 행위를 초래한 맥락, '분노 자본'으로까지 명명될 수 있을 정도로 소설 속 분노가 어떻게 에너지를 가지게 되었는지에 대한 재질문이 필요하기 때문이다. 왜 수정의 분노는 해답이 아닌 질문으로 남아 있는가. 왜 수정의 분노는 무차별적 증오에서 정당한 반항으로 재평가될 여지를 제공하는가. 왜 수정의 폭력적 행위는 "극단적인 수동성의 상황에 내몰린 존재들의 가학적 자기방어"[33]로도 볼 수 있는가.

① 하지만 사실 정말 멍청한 것은 수정이다. 그리고 그것은 수정이 어리기

32 백선기(2010), 앞의 논문, 141쪽.

33 심진경, 「무서운 소설, 무서운 아이들」, 『자음과 모음』, 2012, 봄호, 81쪽.

때문이 아니라 학원에 다니기 때문이다. P시의 사교육 시장은 붕괴된 P시의 공립학교 시스템을 비웃으며 학생들을 계급에 따라 분리하여 양질의 교육을 제공했다. 그러나 그것은 대안이 아니라 붕괴된 P시의 공립학교 시스템에 기생하는 거대한 시장일 뿐이었다. (23-24쪽)

② 너는 정말로 악마였어. (중략) 너에게서 악의 빛이 보인다. (중략) 세상은 선한 정신으로 이루어져 있다……너의 눈으로 보기엔 그렇겠지. 악마에게 악은 선이고 또 선은 악이잖아. 그래 너는 개선의 여지가 없어. 왜냐하면 참말로 악이니까. 완전한 악. 그래서 너는 죽어야 해. 내 손으로 너를 없애고야 말겠다. 처음에 나는 너랑 내가 비슷한 종류의 인간인 줄 알았어. 내가 완전히 정신이 나가 있었던 거지. 너랑 나는 완전히 달라. 너는 악이니까. 나는 선이니까. 너는 악마니까. 나는 천사고. (288-298쪽)

수정은 자신의 행동에 대한 충분한 이유와 근거를 댈 수 있을 정도로 논리적이다. 미나에 대한 분노와 살인도 스스로의 논리와 가치 판단에 의한 자발적인 행위이다. 수정이 보기에 미나의 덕목으로 간주되는 모든 것들은 오히려 "완전한 악"에 해당한다. 인용문①에서처럼 학원으로 대변되는 사교육 시장의 경제논리에 의해 계급은 더욱 분리되고 고착화된다. 번역가 겸 소설가로서 가난한 지식인이었던 미나의 아버지도 3년 전 로또에 당첨된 후 부동산과 펀드에 투자해 겨우 중산층의 삶에 편입된 것이다. 하지만 여전히 빚에 허덕이고 있고, 유행만을 맹목적으로 추수하는 속물의 삶을 살고 있다. 그러나 수정이 보기에 이런 삶을 영위하는 것조차 "형벌이 아니라 혜택"(85쪽)이기에 그런 "고통스러운 교환"(85쪽)을 감당해야 한다. 쓸 데 없는 자의식이나 지적 허영은 오히려 '악'이다. 수정이 분서갱유를 옹호하면서 "책이라면 문제집만 빼고 다 필요없어. 다 불태워 버려야 해"(271쪽)라고 주장하는 이유도 여기에 있다. 이런 '혜택'과 '교환'

을 거부하려는 미나는, 때문에 수정이 보기에는 오히려 '악마'이다. 인용문②에서 "악마에게 악은 선이고 또 선은 악"이라는 말에서 드러나듯이 수정의 가치관에서 선과 악은 전도된다. 수정에게는 악을 처벌하려는 악은 '도덕을 넘어선 도덕', '선을 환기시켜주는 악'일 수 있기 때문이다. 이런 이유로 미나에 대한 수정의 폭력은 정당화되고 신념화된다. 그래서 수정은 당당하게 말한다. "나 같은 사람을 원하는 세상에 내가 원하는 것. 그것은 정상적인 거지 비정상인 것이 아냐."(301쪽)

이런 선과 악이 전도된 도덕관념에서 소설 속의 긴장감은 최고조에 달한다. 그리고 이때의 긴장은 선과 악의 급격한 자리바꿈과 혼란스러운 결합에 연유한다. 1999년에 퐁타뉴가 단독으로 쓴 『담화 기호학 Sémiotique du Discours』에서는 새로운 정념도식이 제시되는데 그것이 바로 이와 연관되는 '긴장도식'이다.[34] 긴장도식은 정념기호학에서만 독특하게 설정될 수 있는 '선조건 층위'에서 형성된다. 선조건 층위는 "인간의 사고나 행위가 있기 전에 감각과 지각이 이루어지는 층위"[35]이기에 의미생성행로의 분석층위인 '심층-표층-담화'의 3층위 중에서 심층 층위보다 더 심층에 있는 최저 심층 층위이다. 이처럼 새롭게 설정된 선조건 층위는 가상체 안에서의 긴장과 감(感), 조작 등의 개념을 중심으로 파악이 가능하다. 그리고 분노의 정념과 연관지을 때 중요한 긴장현시요소는 다음처럼 '강도'와 '범위'로 분절될 수 있다.

---

34 새로운 정념 분석의 틀로서 제시되는 선조건 층위나 긴장도식과 관련된 이론이나 분석은 ① 자크 퐁타니유, 「열정과 감동」, 『기호학과 문학』, 김치수·장인봉 옮김, 이화여자대학교 출판부, 2003, 96-133쪽, ② 홍정표(2014), 앞의 책, 247-293쪽 참조.

35 홍정표(2014), 앞의 책, 100쪽.

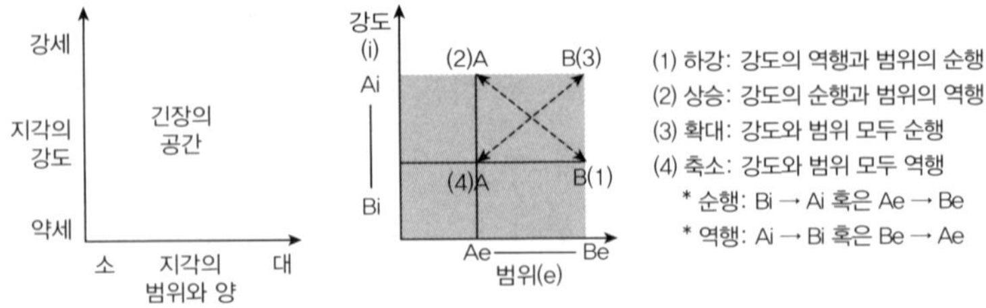

〈긴장도식〉

이런 긴장도식을 『미나』에 적용하여 제시하면 다음과 같다. 분노와 도덕을 중심으로 파악한 긴장도식은 폭력(살인)이 오히려 선으로 평가되는 모순과 전도 현상을 긴장의 '상승'과 '확대' 추구 양상을 통해 설명하기 위한 것이다.

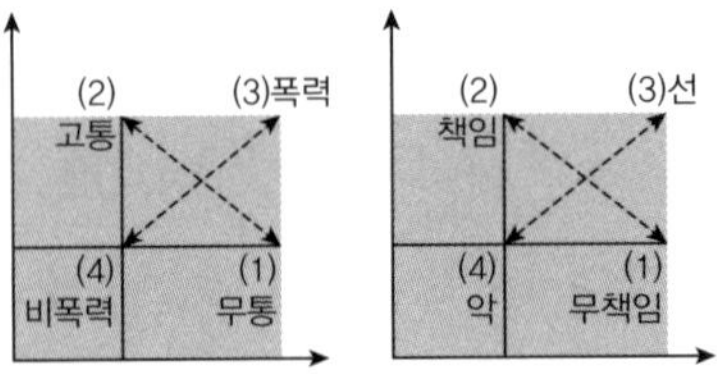

〈분노의 긴장도식〉 〈도덕의 긴장도식〉

⇒

긴장도식	분노	도덕
(1) 하강	무통	무책임
(2) 상승	고통	책임
(3) 확대	폭력	선
(4) 축소	비폭력	악

일단 '무통(無痛)'은 고뇌와 아픔, 불안, 공포를 느끼지 못하는 것으로 '고통'과 대비되는 개념이다. 이와 연관되어 자기 존재와 문명의 기반을 무너뜨리지 않기 위해 진짜 고통을 회피하는 것을 '무통문명'이라고 한다.[36] 정보화와 자본주의를 포위하고 있는 무통문명 중심의 사회에서는 고통에 대한 감수성이 지극히 저하(긴장의 하강)되기에, '무책임'에 가까운 무통보다는 오히려 고통이라는 정념에 적극적으로 반응하는 것(긴장의 상

36 모리오카 마사히로, 『무통문명』, 이창익·조성윤 옮김, 모멘토, 2005, 27쪽 참조.

승)이 더 '책임' 있는 행동이라고 할 수 있다. 『미나』에서 수정이 어른들의 속물성과 타락을 비판하면서 아이들의 순수함과 무모함을 옹호하는 것도 이 때문이다. "아이들은 무통신체를 계속 자극하여 다시 아픔의 감각이 되돌아오기를 바라는 것은 아닐까? 이것저것 계속 찌르고 피를 흘리고, 그 피의 아픔에서 '어른'들이 각성해 주기를 바라는 것은 아닐까?"[37] 때문에 무통신체를 칼로 찌르는 수정의 '폭력'이 오히려 '선'이 되고(긴장의 확대), 무통신체에 만족하며 안주하려는 미나의 '비폭력'이 오히려 '악'이 되는 것이다(긴장의 축소).

그러나 무엇보다도 중요한 것은 서사기호학에서는 '잠재화 → 현실화 → 실현화'의 세 층위가 중심이었다면, 정념기호학에서는 긴장도식을 중심으로 하는 선조건 층위의 설정으로 인해 '가능화(potentialism)'라는 기호학적 존재층위가 새롭게 추가될 수 있다는 점이다. 또한 『정념기호학』에서는 '잠재화 → 현실화 → 가능화 → 실현화'로 설정함으로써 행위 실현을 위한 전단계로서의 정념으로 그 의미가 한정되었지만, 『정념기호학』 이후로는 '가능화 → 잠재화 → 현실화 → (가능화) → 실현화(→ 가능화)'로 파악됨으로써 정념의 존재층위가 다변화된다.[38] 이런 가능화의 위치(변화)가 이룬 의의는 첫째 텍스트에 분명하게 드러나지 않는 정념에 대해서도 논의가 가능해졌다는 점, 둘째 정념이 행위의 전제조건만이 아닌 지속적이고 순환적인 조건으로 인정된다는 점, 셋째 행위의 처음이나 끝, 시발점이자 종착점으로서 '왜'라는 행위의 이유와 가치에 대해서도 논의할 수 있다는 점 등이다. 실현화 '이전'이기도 하고 그 '이후'이기도 한 가능화의 존재층위로 인해 정념은 행위나 가치의 구성요소이자 영향조건일 수 있

37 위의 책, 106쪽.

38 최용호(2014), 『정념의 기호학』(해제), 32-34쪽 참조.

게 되는 것이다.

이런 의의를 통해 정념기호학의 진정한 연구목적이나 실용성을 재확인할 수 있게 된다. 『미나』에서 중요한 것은 수정이 미나를 살해했다는 사건 자체가 아니다. 도대체 '왜' 그런 살해에 이르게 되었는지 '살해의 선조건(이유)' 혹은 '실현화의 계기'로서의 정념에 대해 분석하거나, 그런 정념의 사회역사적 맥락을 함께 논의하는 것이 더욱 생산적이고 유의미하다. 수정의 미나에 대한 살인이 분노의 '끝'이 아닌 또 다른 분노의 '시작'이라면 더욱 그렇다. "담론들의 정념은 결코 세계의 장식이 아니라 제반 지식과 정념과 행동들이 서로 상충되며 대결하는 일체의 독사(doxa)들로 얽히고 설킨 연단"[39]에 해당하기 때문이다.

이런 긴장도식과 가능화 층위를 고려할 때 분노의 '폭발'이라는 측면도 중요하게 부각될 수 있다. 긴장의 형태로 가능화 층위에 머물러 있던 분노가 폭력적이고도 도덕적인 에너지, 즉 반항과 저항의 동력으로 작용할 수 있는 이면에 폭발의 기제가 자리 잡고 있다고 볼 수 있기 때문이다. 흔히 분노는 '마음의 격발'이나 '펄펄 끓는 그릇 속의 액체나 가스'로 비유되면서 모두 강력한 폭발성과 연관된다.[40] 이때의 힘(力)이나 열(熱)과 연관되는 에너지를 통해 불복종이나 전복, 변혁을 추구할 수 있다. 이런 폭발적 에너지가 기호학자인 유리 로트만(Yuri M. Lotman)에게는 창조적 행위에 필요한 '영감(靈感)'의 개념 중심으로 논의되고 있지만, "기호학적 지층에 뚫린 창문"[41]에 해당한다는 점에서는 분노와도 연관지을 수 있다.

특히 『미나』에서는 분노의 폭발을 통해 무통/고통, 비폭력/폭력, 무책

---

39 김성도(2002), 앞의 책, 421쪽.

40 김경호, 「분노한다 고로 살아간다」, 최유준 외, 『우리시대의 분노』, 전남대학교출판부, 2013, 267쪽.

41 유리 로트만, 『문화와 폭발』, 김수환 옮김, 아카넷, 2014, 47쪽.

임/책임, 악/선이라는 대립되거나 모순된 것들이 최대치의 긴장을 조성하면서 서로의 위치가 전도된다. 즉 분노의 폭발로 인해 결합할 수 없었던 것들이 결합되고, 변역 불가능했던 것들이 번역되는 예측불가능성을 보인다는 것이다.[42] 때문에 모든 것이 개방되어 있고, 어느 것이든 가능해질 수 있는 분노의 폭발은 "서로에게 낯선 언어들, 즉 수용하는 문화의 언어와 수용되는 문화의 언어가 서로 충돌하는 순간"[43]과 연결된다.

무엇보다도 파국·중단·정지 등 일련의 급작스러운 전이를 자극하는 계기들 속에서 폭발의 국면은 "모순적 가능성들의 분산이 아니라 반대로 최대한의 집중"[44]을 보여줌으로써 대립되는 것들의 동일시나 선택의 윤리를 촉구한다. 이런 맥락에서라면 수정의 미나에 대한 분노의 폭발은 친구에 대한 살인이라는 사건 자체로 이해되어서는 안 된다. 오히려 그런 사건을 가능케 해주는 '어떤 조건의 급작스러운 개시'나 '열린 가능성의 시작'으로 이해해야 한다.[45] 이것이 바로 퐁테뉴가 정념기호에서 선조건 층위나 가능화 단계와 연관되는 긴장도식을 나중에 추가한 이유이기도 하다.[46] 우리 모두가 분노의 주체이자 대상이고, 자본주의의 괴물이자 희생양이며, 가해자이자 피해자라는 뜻이기도 하다. 수정은 미나일 수 있

---

42 위의 책, 40-47쪽, 209쪽 참조.

43 위의 책, 228쪽.

44 김수환, 『사유하는 구조: 유리 로트만의 기호학 연구』, 문학과지성사, 2011, 415쪽.

45 위의 책, 415-422쪽 참조.

46 이런 측면에서 분노와 같은 다양한 정념의 기호들을 기호가 아닌 '기호계(semiosphere)'의 측면에서 논의하는 것도 유효할 수 있다. 로트만에 의하면 기호계는 고립된 정적 세계가 아닌 다양성과 역동성을 지닌 기호의 연속체로서, "상이한 언어와 다양한 기호 체계의 단순한 축적이 아니라 그것들의 존재와 기능을 위해 '선재하는' 기호학적 조건이다. 즉 모든 구체적 기호 작용에 앞서 존재하는 단일하고 총체적인 메커니즘"(유리 로트만, 『기호계』, 김수환 옮김, 문학과 지성사, 2008, 337쪽)이라면 선조건 층위나 가능화, 긴장의 폭발 개념 등과 연관될 수 있기 때문이다. 이런 연관성에 대한 보다 정밀한 검증은 후속 연구를 기약한다.

고, 미나 또한 수정일 수 있기 때문이다. "이 세계가 끊임없이 수많은 수정들을 양산하고 있으며 거기에는 예외가 없다"[47]는 것이다. 이럴 때 김사과를 "지옥불에 타 죽고 싶지 않아서 지옥을 그리는 작가"[48]로 평가하는 것도 가능해진다.

5. 정념기호학과 자본주의에 대한 분노

김사과는 다음처럼 말한다. "난 자본주의 체제에 대해 무척 회의적이다. 왜냐하면 자본주의 체제가 별로 인간 본성에 맞지 않는다고 생각하기 때문이다. 이 체제는 계속해서 인간에게 불필요한 고통을 가져다 줄 것이다. 그래서 난 계속해서 이 체제에 의문을 제기할 것이고 자본주의가 아닌 다른 가능성을 상상해보려고 한다."[49] 이 작가의 첫 장편소설인 『미나』는 자본주의로 인한 고통과 이에 대한 반항의 가능성에 대해 강력하게 주장하고 있는 소설이다. 보다 정확하게 표현하자면 분노의 정념을 통해 자본주의의 한계에 대한 '격렬한 반응'을 폭력적으로 형상화한 소설이라는 것이다. 때문에 자본주의에 대한 반항 여부나 폭력의 정도가 중요한 것이 아니라 분노의 이유나 목적의 규명이 더 중요하다고 할 수 있다. 서사기호학이 아닌 정념기호학적 접근이 유효했던 것도 바로 이 지점이다.

이런 김사과의 소설에 대해 "세계의 병적 징후에 대한 충격적인 보고이긴 해도 자본주의 현실에 대한 너무 단순한 비판"[50]을 한다거나, "세계에

---

47 정여울(2008), 앞의 글, 409쪽.

48 남궁선, 「끝없이 쏟아내는 아이」, 『문학동네』, 2009, 겨울호, 135쪽.

49 김사과, 「소설가 김사과의 창작노트」, 『오늘의 문예비평』, 2009, 여름호, 194쪽.

대한 방향 없는 분노의 표출과 무기력한 응시의 악순환"[51]에 불과하다는 비판을 가할 수 있다. 그러나 "부패한 세계를 파괴함으로써 재건하고자 하는 급진적 혁명에의 의지"[52] 혹은 "사회의 초고압 송전망에 포위된 채 출구를 찾지 못하는 아이들에게 주어진 파괴적이고도 절박한 자기생존기술"[53]을 보여준다는 긍정적인 평가 또한 가능하다. 이런 양가적이고 모순적인 평가를 정념이라는 기호의 생성 과정 및 연속성을 통해 체계적으로 살펴볼 수 있는 방법론이 바로 정념기호학이다. 특히 분노라는 정념 자체가 긍정과 부정의 가치를 동시에 담보하고 있다는 점에서 분노는 더욱 정념기호학의 대상으로서 복합적이고도 입체적인 의미와 의의를 지닌다고 볼 수 있다.

소비자본주의에 대한 무관심이나 냉소와 같은 '정념의 부재(apathy)'가 만연해있는 2010년대 전후의 한국문학에서 김사과 소설로 대표되는 분노의 정념은 계몽주의적인 봉합이나 휴머니즘적인 애도를 통해 어설프게 도덕이나 윤리와 타협하지 않으면서 오히려 폭력에는 폭력으로 맞서는 이이제이(以夷制夷)의 저항을 보여준다. 논리와 구조를 중시하는 기존의 기호학이 불편하고 낯설지만 무시할 수 없는 것이 바로 정념기호학의 대상으로서의 분노라는 정념이자 분노의 문학이다. 더 이상 자본의 억압과 비인간성에 대해 순응하지 않겠다는 가장 도덕적 감정번역이 이런 분노의 정념기호학에서 시작될 수 있기 때문이다.

50 정홍수(2014), 앞의 글, 50쪽.

51 복도훈, 「세계의 끝, 끝의 서사」, 『자음과 모음』, 2011, 가을호 , 413쪽.

52 강유정, 「이어폰을 낀 혁명가」, 『미나』(해설), 320쪽.

53 김예림, 「조로 혹은 변사(變死)하는 아이들을 위한 비망록」, 『오늘의 문예비평』, 2009, 여름호, 207쪽.

| 제4부 |

젠더번역과 횡단하는 여성성

제10장

여성지식인소설의 모방과 전유

박화성의 『북국의 여명』론

1. 지식인소설과 여성지식인소설

한국근대문학사에서 지식인소설에 대한 논의는 의외로 한정적이다. 그 이유로 첫째 지식인 개념 자체가 가져다주는 갖가지 혼란,[1] 둘째 지식인과 소설이라는 별개의 단어가 아무런 마찰 없이 지식인소설이라는 하나의 개념으로 접합될 수 있는지의 여부, 셋째 지식인소설의 구체적 예를 우리 문학에서 넉넉하게 확인할 수 있는가에 대한 의문 등을 들 수 있

1 지식인 개념은 드레퓌스 사건으로 인해 형성된 때로부터 오늘날 교육 체제 발달로 인한 지식인의 양성에 이르기까지 그 본질과 기능 면에서 대단히 많은 변화의 과정을 겪었다고 할 수 있다. 하지만 그 개념 자체가 시대나 사회, 역사적인 환경의 변화에 따라 변화한다는 대전제 아래 1930년대 한국 사회의 특성을 고려하여 ①일본 유학생 혹은 전문학교 이상의 학력을 가지고 있거나 그럴 개연성이 인정되는 인물, ②그 학력에 걸맞는 사고의 수준을 보여주는 인물로 정의한다.
김기주, 「1930년대 소설의 지식인 인물 연구」, 동국대학교 석사학위논문, 1987, 13-18쪽 참조.

다.[2] 하지만 조남현은 이런 지식인소설이 갖추어야 할 요건을 대략 세 가지로 제시하고 있다. 지식인이 주요인물로 등장할 것, 대체로 현실적 요구와 이상(理想) 사이의 갈등이 주요 플롯일 것, 지식인의 본질과 역할 등에 관한 사유와 각성이 포함되어야 할 것 등이 바로 그것이다.[3] 혹은 지식인만이 느낄 수 있거나, 생각할 수 있고, 판단할 수 있으며, 그에 따라 회의와 갈등에 빠질 수밖에 없는 상황의 묘사가 일어나는 소설을 지식인소설로 정의하기도 한다.[4]

그러나 이런 정리에도 불구하고 기존의 지식인소설에 대한 논의는 식민 치하나 전쟁 체험을 배경으로 한 소설들에 편중되어 있다. 그리고 여전히 지식인들의 사회에 대한 풍자나 자신들의 능력에 대한 자조 중심이라는 내용적 특성을 강조한다. 지식인들의 가치를 인정할 수 없게 만드는 외부적 현실에 대한 직·간접적 비판이나, 그런 외부적 현실에 적극적으로 맞서지 못하는 자신들에 대한 불만과 회의를 주로 그려야 한다는 것이다. 지식인소설이 자전소설, 예술가소설, 고백소설, 심리소설, 풍자소설 등의 특성을 갖는 것도 이런 맥락에서 이해될 수 있다.

더욱 심각한 문제는 이런 지식인소설에 대한 논의가 유진오, 채만식, 이효석, 이무영, 김성한, 장용학, 오상원, 손창섭, 최인훈, 이청준, 이문열, 조정래 등 남성작가의 작품 중심으로 이루어지고 있다는 사실이다.[5] 지식

---

2 김태현, 「지식인 문학론」, 『세계의 문학』, 1987, 봄호, 233쪽.

3 조남현, 「지식인소설연구」, 일지사, 1984, 12쪽.

4 송재영, 「지식인소설의 전개」, 『현대소설의 옹호』, 문학과지성사, 1979, 21쪽.

5 지금까지 이루어진 한국지식인소설에 대한 대표적 논의를 정리해보면 다음과 같다.
송재영, 「지식인소설의 전개」, 『현대소설의 옹호』, 문학과지성사, 1979.
이상섭, 「한국지식인의 소설적 실패」, 『언어와 상상』, 문학과지성사, 1980.
조남현, 『지식인소설 연구』, 일지사, 1984.
유혜숙, 「이무영 소설 연구-1930년대 지식인 소설을 중심으로」, 성균관대학교 석사학위논문, 1986.

인의 범주에 여성이 포함되기에는 한국근대문학사 자체가 지나치게 남성작가 중심적이었기 때문이다. '작가'로서의 여성에 대한 인정과 평가가 제대로 이루어지지 않는 상태에서 '지식인'으로서의 여성에 대한 관심이 적었던 것은 어쩌면 당연한 일이었을 것이다. 문학의 주변부나 황무지에서 타자화된 채 존재했었던 여성문학 중에서도 그나마 남성과 가장 동등한 위치에 있을 수 있는 여성지식인소설에 대한 주목이 시급히 이루어져야 하는 이유 또한 여기에 있다.[6] 문화번역이 주체와 타자, 남성과 여성의 문제로 전유되면서 서로 간의 침투와 협상 및 재현과 변형의 과정을 중시하기에,[7] 여성지식인의 정체성을 젠더번역의 측면에서 새롭게 고찰할 수 있다는 것이다.

박화성(1904~1988)은 해방 이전의 여성작가 중에서 강경애와 더불어 문학사 속에 편입되었던 대표적인 여성작가이다.[8] 박화성이 주로 창작활

박미경, 「채만식 소설의 지식인상 연구」, 성균관대학교 석사학위논문, 1986.
김태현, 「지식인 문학론」, 『세계의 문학』, 1987, 봄호.
변정화. 「1930년대 한국단편소설연구－결핍양상의 양면성을 중심으로」, 숙명여자대학교 박사학위논문, 1987.
김기주, 「1930년대 소설의 지식인 인물연구」, 동국대학교 석사학위논문, 1987.
한승옥, 「식민지 지식인의 비극적 세계인식」, 『한국현대장편소설연구』, 민음사, 1989.
김병익, 「새로운 지식인 문학을 기다리며」, 『문학과 사회』, 1990, 여름호.
이은자, 『1950년대 한국지식인소설연구』, 태학사, 1995.

6 기존의 여성문학에 대한 논의 중에서 여성지식인 소설에 주목한 것으로는 임금복의 논문이 있다. 그러나 이 논문에서도 백신애, 강경애, 최정희 소설에 나타난 남·녀 지식인 유형을 단순하게 분류한 데에서 그치고 있다. 이에 대해서는 임금복, 『현대 여성소설의 페미니즘 정신사』(새미, 2000)의 2부 '일제시대 여성작가의 지식인 의식'을 참조할 것.

7 박소연, 「문화번역 및 번역된 젠더에서 바라본 식민 여성」, 『여성문학연구』, 제35호, 2015, 292-293쪽 참조.

8 대표적으로 박화성을 언급하고 있는 국문학사를 살펴보면 다음과 같다.
백철, 『신문학사조사』, 백양당, 1949, 344-350쪽.
김해성, 『여성과 문학』, 대광문화사, 1985, 327-332쪽.
이재선, 『한국현대소설사』, 홍성사, 1979, 428-444쪽.

동을 한 1930년대는 강경애, 백신애, 이선희, 장덕조, 최정희 등의 여성 소설가들이 대거 등장하면서 '여류선각자'라는 이름만으로도 주목받던 그 이전 시대와는 달리 작품 자체의 문학성으로 인정받던 시기였다.[9] 박화성은 '여성성 기피'나 '여성성 소실',[10] '생남주의(生男主義)'[11]의 작가라는 비판을 받기도 했으나 나혜석·김일엽·김명순 등의 이전 여성작가들과는 달리 민족이나 사회문제를 주로 다룬 대표적 여성작가로 주목받았다. 그리고 강경애가 주로 하층민 여성을 다루었다면, 박화성은 고등교육을 받은 지식인 여성들도 등장시켜 주로 그녀들의 사회활동 또한 문제 삼았다.

박화성의 『북국의 여명』(『조선중앙일보』, 1935.4.1~1935.12.4)은 이런 맥락에서 중요하게 부각될 수 있는 자전적인 여성지식인소설이다. 나혜석의 「경희」나 김명순의 「탄실이와 주영이」, 강경애의 「원고료 이백원」, 최정희의 「흉가」 등과 더불어 자전적 소설의 계보에 속하면서도 다른 소설들과는 달리 그동안 거의 주목받지 못했기 때문이다. 더구나 다른 여성작가들의 단편소설들에 비해 보다 본격적으로 사회 속에 진출한 여성의 공적 자아를 문제 삼을 수 있었던 장편소설이라는 점에서 보다 풍부한 논의가 가능한 텍스트라고 할 수 있다.[12]

김윤식, 『한국문학사논고』, 법문사, 1973, 228-254쪽.

9 윤옥희, 「1930년대 여성작가 연구」, 성균관대학교 박사학위논문, 1996, 4쪽.

10 김문집, 「여류작가의 성적 귀환론」, 『사해공론』, 1937, 3.

11 안회남, 「소설가 박화성론」, 『여성』, 1938, 2.

12 이 작품에 최초로 주목한 후 원본의 발굴과 가치평가에 주력한 연구자가 서정자이다. 서정자는 박사학위논문에서 이 작품에 대한 언급과 분석을 최초로 시도했고, 조선 중앙일보에 연재되었던 원본을 발굴해 단행본으로 출간했다. 그리고 박화성 탄생 100주년을 맞아 『박화성 전집』(전 20권, 푸른사상, 2004)을 기획·출간하기도 했다. 앞으로 소설의 본문 인용은 최초의 단행본판인 『북국의 여명』(푸른사상, 2003)에 의거해서 쪽수를 제시한다.
서정자, 「일제 강점기 한국여류 소설 연구」, 숙명여자대학교 박사학위논문, 1987, 38-45

이에 이 글에서는 박화성의 『북국의 여명』에 나타난 '지식인'으로서의 모습과 '여성'으로서의 여성 주인공의 모습이 어떻게 구현되고 있는지 살펴보고자 한다. 이것은 여성지식인이 남성지식인과 어떻게 같으면서도 다르게 당대의 현실이나 자아를 번역했는지에 대한 관심이라고 할 수 있다. 이런 관심을 통해 박화성의 여성소설이 지닌 특성의 규명에도 도움을 줄 수 있을 뿐만 아니라 식민지 치하에서 지식인인 여성이 현실과 관계 맺는 양상 또한 살펴볼 수 있다는 점에서 의미 있는 작업이 될 것이다.[13]

2. '지식인'으로서의 '여성'

피해자 여성에서 지도자 여성으로

일제 식민지 치하의 여성들은 성적·경제적·민족적 문제로 인해 삼중고에 시달렸다. 주로 지식인남성이 아닌 하층민여성으로서 일본 제국주의의 지배를 받아야 했기 때문이다. 따라서 봉건적인 가부장제로 시달리

쪽 참조.

13 이명주는 박화성이 보여준 지식인상을 세 부류로 나누고 있다. ① 학생의 신분이면서 식민지하의 어려운 현실을 인식함으로써 지식인의 계몽의지를 보이는 부류, ② 20년대에 형성된 학생운동의 영향으로 고향에 돌아와 있지만 저항성을 굽히지 않고 의식적 행위를 통하여 미래를 개척하려는 부류, ③ 부유한 지식인의 피상적인 계몽의지와 달리 삶의 현장에서 민중과 함께 생활하면서 불합리한 조건을 해결하기 위한 쟁의를 유발시키는 부류 등이다. 하지만 이때의 지식인은 거의 '남성' 지식인이다. 한편 정영자는 ① 현실을 직시하는 여성, ② 자신을 발견하는 여성, ③ 개척정신과 성장에 뜻을 가진 여성, ④ 현재의 사회가 요구하는 여성 등으로 박화성의 여성인물들을 제시하고 있다. 때문에 지식인소설적 측면과 여성소설적 측면이 서로의 연관성이 배제된 채 별도로 논의되고 있는 한계를 보인다.
이명주, 「박화성 초기작품 연구」, 경남대학교 석사학위논문, 1988, 48쪽.
정영자, 「한국여성문학연구」, 동아대학교 박사학위논문, 1987, 104쪽 참조.

는 구여성의 모습을 통해 남성중심적인 유교문화를 비판하거나, '최후의 식민지'로서 여성이 겪는 경제적 고난을 통해 일제에 수탈당하는 조국의 모습을 형상화하는 것이 여성문학의 주요 테마였다. 이럴 때 여성문학은 '피해자 페미니즘(victim feminism)'을 중심으로 남성과 여성을 이분법적인 대립 구조 속에서 파악하면서 타자인 여성들의 피해의식을 고발하는 것이 중요한 흐름이 된다. '침략 당한 조선=식민지 조선'이라는 등식[14]이나 '가해자 남성/피해자 여성'이라는 이분법적 대립을 중심으로 여성에 대한 담론이 형성되기 때문이다.

박화성의 『북국의 여명』은 여성문학의 이런 피해자 의식에서 벗어나 보다 적극적이고 긍정적인 '강한 여성'을 보여주고 있다는 점에서 소중한 소설이다.[15] 작가가 연재를 시작하면서 밝히고 있듯이 "한 여자(女子)의 파란 많은 반생(半生)"(작가의 말)을 그리면서도 그런 운명을 개척하고 이상을 달성하는 과정 또한 문제 삼고 있기 때문이다. 그리고 그런 과정이 감정적이고 개인적인 차원이 아닌 교육제도적인 측면이나 사회적인 입장에서 다루어지고 있다는 점이 특이하다. 즉 이 소설의 주인공 효순은 일본 유학까지 다녀온 지식인여성으로서, 가르치고 배우는 일에 커다란 가치를 둔다. 작가가 가장 크게 영향을 받았다고 밝힌 이광수의 『무정』에 나온 남주인공 이형식의 여성형이라고 할 수 있는 인물이 바로 효순이다.

그래서인지 이 소설에서는 효순이 보통 공립학교에서 7년간 교원생활을 한 경험이나 어렵게 떠난 일본 유학시절의 경험이 지나치다 싶을 정도로 자세하게 언급되고 있다. 그만큼 그녀의 인생에서 교사나 학생으로서 겪은 교육이 자아정체성의 형성에 중요한 계기나 목적으로 작용했다는

14 김은실, 「민족주의 담론과 여성」, 『한국여성학』, 10집, 1994, 40-43쪽.

15 배경화, 「박화성 소설에 나타난 여성상 연구」, 한국교원대학교 석사학위논문, 2000, 2쪽 참조.

의미이기도 하다. 그리고 그녀는 교사의 신분이건 학생의 신분이건 간에 "교육 사업은 신성한 것이다. 봉사적이고 헌신적이라야 한다"(135쪽)는 신념 아래 열심히 가르치거나 배운다. 그녀에게는 잘 가르치는 일이 잘 배우는 일이기 때문이다. 여기서 근대 교육 자체가 신분의 질곡에서 벗어나거나 신분상승을 도모하는 수단이 아니라 새로운 자기를 발견하고 공동체에 자기를 투신해가는 디딤돌이었음을 확인하게 된다.[16]

> 효순의 즐거움과 위안을 그 학생들의 성장에 있었다. 그가 그의 학생들을 가르치느라고 정성을 들이는 동안 날마다 효순 스스로가 자라나고 커갔다. 천성이 강직하고 착실한 효순의 마음의 싹에 그 어머니의 자연한 가르침은 뿌리가 되었고 학교에서의 배움은 거울이 되어 있었거늘 거기에다가 C읍과 A읍 그리고 K읍 생활의 비, 바람, 햇빛, 이런 것들을 고루고루 맞아 본 그 어린 생명은 무럭무럭 병 없이 자라날 수밖에 없었다. (173쪽)

이처럼 학생들을 가르치는 '지도자'적 교사로서 느끼는 효순의 성취감은 다른 무엇과도 비교할 수 없을 정도로 크다. 때문에 가세가 기울어 연기된 데다가 오빠인 백남혁의 학비조달 문제로 더 지연된 자신의 일본 유학으로 인해 그녀가 속을 썩이는 이유는 "이 세상에서 제일 잘나고 위대하고 훌륭한 여자가 되리라"(158쪽)는 그녀의 당찬 포부 때문이다. 그래서 그녀는 주변 남성들의 잦은 구애에도 불구하고 "멀고 먼 자기의 앞길을 생각하고 용감히 거절"(168쪽)한다. 그리고 단정하면서도 성실한 자세로 학생들을 가르침으로써 남교원들이나 학부모들이 여교원을 부정적으로 보는 당대의 시각을 교정시키려고 노력한다.

16 이상경, 「신여성의 자화상」, 문옥표 외, 『신여성』, 청년사, 2003, 225쪽.

특히 효순은 구여성의 교육에 힘을 쏟는다. 야학 활동을 통해 집안에만 있던 여성들을 학교로 끌어내오려는 것이다. 그 대표적인 예가 백숙희와 이경채의 경우이다. 백숙희는 어린 나이에 아버지 같은 사람의 후취로 들어간 여성이다. 효순은 그녀에게 볼만한 책과 잡지를 주고 여러 가지의 세상 사는 이야기도 들려준다. 이경채 또한 부잣집 후첩으로 보내려는 어머니를 피해 결혼을 약속한 갑돌이와 도망쳐 결혼했다가 남편이 죽자 기생이 된 여성이다. 그녀 또한 백숙희처럼 효순의 교육에 의해 기생을 그만두고 상급학교에 진학한다. 이들에게 효순은 "인제 정말 공부를 하더라도 당신이나 어느 한 사람 때문에 공부하거니 말고 공부해서 좋은 사람이 되어 가지고 많은 사람을 위해서 좋은 일을 해 보려니 하는 결심을 가지고 공부해야 되오"(204쪽)라며 당부한다.

이처럼 작가는 여주인공 효순과 그녀의 주변에 있는 영숙, 숙희, 경채, 순정 등의 다양한 여성인물들을 통해 당대 여성들의 삶을 보여주면서 교육을 통해 구도덕과 봉건 사상으로부터 벗어난 여성상을 옹호하고 있다. 그리고 동경 유학 체험과 독서회 활동에 대한 구체적인 묘사를 통해 여성의 지식 획득 과정을 실감나게 묘사하고 있다. 특히 박화성은 민족문제를 다룰 때에는 대표작으로 평가받고 있는 「홍수전후」나 「고향없는 사람들」에서처럼 하층민이나 약자를 주로 등장시키지만, 계급문제를 다룰 때에는 지식인이나 지도자를 함께 등장시킨다는 특성을 보여준다. 그런데 『북국의 여명』에서는 의외로 학생이나 교사로서의 여성이 겪는 체험에 대한 기록이 드문 상황에서 지식인이나 지도자인 '특별한 신분'으로서의 여성지식인이 겪는 일상을 자세하게 보여주고 있다.

이렇게 볼 때 『북국의 여명』에서 작가 박화성은 효순이라는 분신을 통해 사회운동과 항일운동을 펼치는 민족적 계몽주의자로서의 여성의 면모를 뚜렷이 부각시키고 있다고 할 수 있다. 강경애의 『인간문제』(1934)가

하층여성의 시련과 정체성 탐색에 주력했다면, 박화성의 『북국의 여명』은 여성지식인의 자각과 실천을 문제삼음으로써 근대여성지식인의 탄생을 구체적으로 보여주기 때문이다.[17] 가장 영향을 많이 받았다고 작가 스스로 밝히고 있는 이광수의 '문사(文士)의 문학'처럼[18] 몽매한 민족이나 무지한 여성을 지도자의 입장에서 가르치려는 태도를 보이는 것이다. 이로써 이 소설은 봉건적이고 수동적인 전근대적 여성의 역할에서 벗어난 새로운 유형의 여성상을 보여준다고 할 수 있다.[19]

신여성에서 현대여성으로

박화성 이전에 활동했던 나혜석, 김일엽, 김명순 등의 초기 여성작가들은 자유연애를 주창하면서 사적이고 감정적인 차원에서 여성해방을 부르짖었다. 때문에 '작품없는 문인'이라는 오해를 받을 정도로 각자의 사생활로서만 주목받은 경향이 강했다. 이런 여성들을 지칭하기 위해 1910년대부터 조금씩 사용되다가 1920년대 도시 중심의 지식인사회에서 대중적인 용어가 된 '신여성'이라는 용어는 교육을 받은 선각자적인 여성이라는 의미를 지니면서 부각되기 시작했다.[20] 그후 신여성은 신시대의 유일한

---

17 박화성 스스로도 자전적 수필들에서 이런 입장을 직접적으로 언급하고 있다. 대표적인 예가 "어려서부터의 나의 큰 이상(理想)은 어떻게 하여서든지 저 원수를 이 땅에서 몰아내는 것과, 내가 우리나라에서 가장 큰 일군이 돼야 되겠다는 야망에 가까운 포부였으므로 자라남에 따라 항일정신은 골수에 박히고 면학의 열도 최고도에 이르고 있었다"라는 언급이다. 박화성, 「한국여류 문단의 幣」, 『순간과 영원 사이』, 중앙출판공사, 1974, 250쪽.

18 박화성, 「春園의 두글자」, 『추억의 파문』, 국민문고사, 1969, 310쪽.
_____, 「나의 교유록」, 『순간과 영원 사이』, 중앙출판공사, 1974, 192-193쪽.
_____, 「문단교유기」, 위의 책, 202-203쪽.

19 변신원, 「동반자 작가가 본 빈궁과 여성의 현실」, 한국여성소설 연구회, 『페미니즘과 소설비평』, 한길사, 1995, 174쪽.

20 '신여성'이라는 용어는 원래 영국의 'new women'에서 유래했는데, 반(半)남장차림으로

선구자나 창작자로 숭배되면서 근대에 대한 열렬한 동경의 상징으로 기능했다. 하지만 교육과 학식을 토대로 자신의 존재 가치와 여성으로서의 시대적 사명을 인식하고 실천하는 여성이라는 초기의 긍정적 의미보다는 허황되고 사치스러우며 도덕적으로 희박하고 행동에 비해 사려 깊은 사상이 부족하다는 부정적 의미가 점차 강화되었다.[21] 때문에 박화성은 이 소설에서 개인적이고 성적인 문제에 주로 치중하면서, '아름다운 인형'에 만족하는 신여성에서 벗어나 사회생활의 개척과 지적 성장을 이룬 진정한 '현대여성'[22]으로 거듭나기를 촉구하고 있다. 작가 스스로도 페미니즘이 결혼제도나 민족주의와 분리되었을 때 여성이 겪는 비난과 불행을 이전 세대 신여성들의 비참한 말로를 통해 확인했기 때문이다.

이런 이유로 박화성은 동반자작가로 평가되는 점에서도 확인되듯이 사회주의 사상의 영향을 받아 계급평등이나 민족해방의 문제를 적극적으로 문학화했다.[23] 때문에 소설 속에서 '문학을 위한 사상'이 아니라 '사상을 위한 문학'의 양상을 강조하면서 연애에 몰두하는 여성들에 대해 강한

여성의 투표권을 요구하거나 남성처럼 담배 피우는 모습으로 상징되었다. 이를 일본에서는 '신부인', '신여성', '신여자' 등으로 번역해 사용했다. 이후 일본에 유학중이던 한국 유학생들을 중심으로 한국에서도 사용되었다.

이임하, 『계집은 어떻게 여성이 되었나』, 서해문집, 2004, 65쪽.

21 이배용, 「일제 시기 신여성의 역사적 성격」, 문옥표 외(2003), 앞의 책, 21-59쪽 참조.

22 '현대여성'이라는 용어는 1930년대 후반 '신여성' 대신에 널리 쓰이게 된 용어로 좀 더 중립적이고 전통과 조화를 강조하는 절충적 성격을 띠고 있다. 또한 유행이나 사치, 허영 등 외형적으로만 신생활을 추구하는 '신여성'의 부정적 측면을 경계하면서 '뿌리 있는 교양', '현대적 의식'을 강조한다.

이상경(2003), 앞의 글, 233쪽.

박화성의 단편소설 「비탈」에서도 현 사회에 대해 관심이 없는 신여성 수옥에게 남주인공 정찬이 "현사회를 짊어진 한 사람, 다시 말해서 사회 생활의 개척과 성장을 맡은 한 분자"로서의 '현대여성'이 될 것을 요구하고 있다. 참된 의미의 '현대여성'이란 '현실이 요구하는 여성'이라는 것이다.

23 변신원, 『박화성 소설 연구』, 국학자료원, 2001, 104쪽.

거부 반응을 나타내고 있다. 자신의 유학 생활이나 혁명 활동에 방해가 되는 연애를 부정하는 "아이 귀찮아. 여자가 되면 다 이렇게 사랑이란 문제 때문에 성화를 받게 되나? 다른 생각도 할 틈이 없어 야단인데…"(99쪽)라거나 "아아 나는 왜 하필 여자가 됐던고?"(331쪽)라는 말을 함으로써 이런 의식을 분명히 드러낸다.

이처럼 남녀간의 순수한 사랑보다는 더 가치 있는 것을 추구하는 효순이기에 "동지 이외의 남자들은 다 꼴도 보기 싫다"(332쪽)라며 '주의자 연애'의 전형을 보여준다. 효순의 첫사랑인 리창우, 약혼자였던 최진, 결혼한 김진호 모두 사회주의 활동에 가담했던 남성지식인들이다. 효순의 연애관도 첫째 두뇌가 명석한 사람, 둘째 존경할 수 있는 사람, 셋째 진정으로 사랑할 수 있는 사람이다. 효순에게는 남성을 판단하는 제일 조건이 사회주의적 정열과 혁명에의 의지이다. "일에 대한 열성과 동지를 획득하는 기쁨"(364쪽)을 중시하는 것이다. 다른 '주의자 연애'에서의 '남성=사회, 여성=사랑'이라는 이분법적 등식을 전도시켜 '여성=사회'라는 새로운 등식으로 번역한 것도 이런 인식과 연관된다. 이를 통해 박화성은 '자유연애'라는 화두가 지극히 당연시되던 시대에 '이념적 동지애'라는 새로운 화두가 그 자리를 대신했음을 알려주고 있다.

> 아무리 정열적이요 이지적이요 총명하다는 효순이지마는 이때까지의 세계가 겨우 교회나 학교나 학교에서 모이는 여러 가지 회석에 제한되어 있던 그가 무한히 넓은—그리고 그 세계란 열과 힘과 희망과 참다운 멋과 삶다운 삶을 요구하는 소리로 가득차 있는 만큼—세계속에 뛰어들고 보니 효순의 여태껏 저축되어 있던 힘과 열이 한꺼번에 벅차 오른 듯 그의 신경은 긴장되고 그의 감정은 감격한 나머지에 흥분이 되어 영어단어로 가득 차있던 그의 머리는 언제나 "나도 일해 보겠다."는 새로운 욕망으로 가득하였다. (362-363쪽)

이런 자아관과 세계관을 가지고 있기 때문에 효순은 자신의 활동을 방해하는 남성들과는 가차 없이 헤어진다. 그 예로 자신의 의식화에 결정적으로 기여한 첫사랑 리창우가 불의의 익사 사고로 죽자 그의 뜻을 이어받아 더욱 더 열심히 활동할 것을 다짐한다. 그리고 동지로서 함께 진보를 이루자고 약속한 약혼자 최진이 자신의 실제 운동을 반대하자 그에게 파혼을 통고한다. 그 후 김진호와 결혼한 것도 그의 투철한 투쟁의식 때문이었고, 그가 여러 차례의 투옥 후 변절하자 그와도 이혼할 결심을 한다. 그리고 늙은 노모와 어린 자식들을 두고 "자유롭고 활발하게 활약할 무대"(417쪽)인 북국(만주국)으로 희망차게 떠나는 것이 이 소설의 결말이다.

이처럼 효순은 사적이고 내면적인 문제에 주력했던 신여성이 아닌 사회나 민족, 교육 등의 문제로 관심의 폭을 넓혔던 현대여성으로서의 면모를 확실하게 보여준다. 실제로도 박화성은 강경애와 더불어 1930년을 전후한 신간회의 성립과 해체, 노동자와 농민을 중심으로 한 공산당 재건운동, 노동자와 농민의 노동운동, 치열한 학생운동, KAPF의 결성과 해체 등을 겪으면서 그런 사회적 분위기로부터 직접적인 영향을 받았다고 할 수 있다.[24] 때문에 이런 박화성 소설 속 지도자적 인물의 형상화를 일본 복본주의(福本主義)의 영향으로 인해 직업혁명가가 되어 노동자들에게 혁명의식을 주입시켜야 한다는 인텔리겐챠 중심의 이론을 펼친 것이라거나, 프롤레타리아 리얼리즘 창작 방법론으로 전환하기 이전의 프로문학의 한 양상을 보여주는 것으로 평가하기도 한다.[25]

하지만 무엇보다도 박화성의 여성지식인 인물은 남편과 시부모에게 고분고분하기만 하면 되던 전근대적 여성이나 개인적 자유에 함몰되었던

24 서정자(1987), 앞의 논문, 9-13쪽 참조.

25 위의 논문, 33-34쪽 참조.

신여성을 새롭게 번역해, 근대 국가의 형성에 이바지하는 국민적 주체로서의 여성의 역할을 인정했다는데에 커다란 의의가 있다. 실제적인 '남편'이 아니라 추상적인 '국가'가 가장(家長)으로 부상한 현실을 상징적으로 보여주는 존재들이 바로 이 소설 속의 여성지식인이라는 것이다. 물론 이것은 신여성을 대중적 투쟁 의식이 없는 안일하고 이기적인 소부르주아로 번역했기 때문에 가능한 일이기도 했다. 신여성의 전철을 밟지 않기 위한 노력이 효순을 현대여성으로 재탄생시킨 측면이 있기 때문이다.

3. '여성'으로서의 '지식인'

가부장적 여성과 여성성의 퇴행

앞에서 살펴 본 바와 같이 박화성의 『북국의 여명』에서는 남성과 동등한 위치의 지식인으로서 자리 매김한 여성의 모습이 관념적이면서도 구체적으로 드러나고 있다. 이때 '관념적'이라 함은 공적이고 사회적인 자아로서 지식인이 해야 할 의무나 역할이 절대적 명제로서 그냥 주어지기에 개인이 느끼는 세계와의 갈등이 원천적으로 배제되고 있다는 의미이다. 그리고 '구체적'이라 함은 그동안 여성작가에서는 거의 볼 수 없었거나 보조적 위치에 머물렀던 여성의 사회 활동이 작가의 실제 경험을 바탕으로 자세하게 그려지고 있다는 의미이다. 이런 모순적인 양상을 보이는 것은 박화성 자체가 의지적이고 이상적인 차원에서 여성을 번역하고 있다는 증거이기도 하다.

하지만 이런 여성작가임에도 불구하고 박화성은 '여성'으로서의 한계를 완전히 극복하지 못한 양상을 보인다. 사회적으로 진취적이고 적극적인 면모나 활동을 보여주는 효순과 같은 여성에게서도 가부장적인 면모를 발견할 수 있기 때문이다. 이 소설에서 효순은 남성들의 지도를 받아야 할 '어린애'로 그려지면서 열등한 위치에 있다. 이로써 여성의 지식인적 성격 자체가 남성들의 지도 때문에 가능하다는 역설이 발생한다. 효순의 첫사랑인 리창우는 유부남인 자신과의 불가능한 사랑을 투사시킬 다른 곳을 찾자며 효순을 교육시킨다. 이로 인해 효순은 자신이 그 동안 아는 척하고 다닌 것을 반성하며 "정말 나야말로 그에 비하면 참말 어린애지. 알아야 할 것을 알고나 있어야 말이지"(191면)라고 반성한다.

연하인 김준호와 사랑에 빠진 것도 그의 지도자적 성격 때문이다.

> 처음에는 효순이가 준호에게 대하여 선배의 행세를 톡톡히 하였지마는 그와의 접촉한 시간이 많아질수록 차차 효순의 머리가 준호에게 향하여 수그러지게 되었다. 그 진중한 태도 진지한 표정 풍부한 학식, 무한히 넓은 듯한 도량, 그의 예술적 소양, 문학적 소질, 대를 쪼개는 듯이 당당한 언론, 그 중의 어느 것 하나이건 효순의 환심을 사지 않는 것이 없었다. 이러한 준호의 모든 장점은 효순이를 머리에서부터 내려 누르기에 넉넉하였다. 그래서 효순이는 선배로서의 태도를 빼앗긴 지가 오래이었고 지금은 준호의 앞에서 그의 존재와 학식은 어린애와 같다고 스스로 느끼고 있었다. (393쪽)

이처럼 효순은 자신을 남성들로부터 교육받아야 할 "어린애"로 묘사하고 있다. 지적 성숙이나 이념의 실천 과정에서 자신을 이끌어주는 선생으로 남성을 간주하는 것이다. 이렇듯 민족이나 계급문제에 대해 첨예하게 인식하고 있는 (남)선생이 무지하고 몰지각한 (여)학생을 훈계하면서 인식과 실천의 길로 이끄는 교육과 각성의 플롯은 「논갈 때」, 「신혼여행」, 「비탈」, 「호박」, 「헐어진 청년회관」 등 박화성의 다른 단편 소설에서도 드러나는 주요 특성이기도 하다. 교육을 담당하는 '우월한 남성'과, 그런 남성으로부터 교육을 받아야 하는 '열등한 여성'이라는 이분법적 대립 구도가 반복되고 있기 때문이다. 혹은 적극적으로 사회 활동을 하는 남성인물을 도와주는 보조자로서의 여성인물이 주로 등장하기도 한다.

이와 더불어 효순이 지닌 보수적 성 관념 자체에서도 가부장제의 흔적을 찾아볼 수 있다. 효순은 경제적인 문제로 돈 많은 남성과 결혼하려는 순정을 말리면서 "결혼하지 않으면 안된다는 특별한 조건이 없다면야… 가령 말하면 처녀성을 빼앗겼다든지…"(282쪽)라고 말한다. 이 말은 여성이 처녀성을 빼앗겼다면 반드시 결혼해야 한다는 효순의 보수적인 의식을 보여준다. 효순 스스로도 자신의 병 간호를 위해 한 방에서 같이 며칠 밤을 샜다는 이유로 사랑하지도 않는 최진과 약혼한다. "남자와 한 방에서 며칠 동안을 동숙하였으면 마땅히 약혼하여야 하는 게다"(338쪽)라는 생각을 가지고 있기 때문이다.

그래서 최진으로부터 오히려 다음과 같은 비판을 받는다. "만일 효순씨가 진정 그렇게 하셨다면 효순씨는 너무나 우매한 여성이십니다. 자녀 낳고 사는 부부간에도 서로 싫으면 이혼하는 세상인데 우리야 무슨 책임질 만한 아무런 조건도 가지지 않는 이상에 무슨 까닭으로 맘에 없는 약혼을 하신단 말입니까?"(341쪽) 사회주의 활동에 대해서는 기회주의적이고 온건한 태도를 보였던 최진이 여성문제나 성문제에 있어서는 효순보다 더 개방적이고 진보적인 생각을 지니고 있는 것이 특이하다. 효순의 이러한 보수적인 생각에는 이전의 신여성들이 성적 방탕으로 인해 비난받았던 사실에 대한 작가 박화성의 보수화된 젠더번역이 일어난 것으로 볼 수 있다.

심지어 효순은 소위 '주의자 연애'를 하는 사람들 사이의 성적인 문란이나 방종에 대해서도 비판적인 입장을 취한다. 실천 운동을 하는 사람들이성문제를 초월한 것처럼 한 방에서 같이 뒹구는 것을 이상하게 생각하는 자신이 봉건적이고 인습적이라는 사실을 인정하면서도 "그렇지만 내 생각 같아서는 그렇지 않고라도 일을 해 나갈 수 가 있을 것 같은데요"(343쪽)라며 자신의 생각을 포기하지 않는다. 물론 이런 문제가 부각된 것 자체가 당시 사회주의 여성해방론의 주요 논점이 성도덕에 관한 것이었음을 보여주는 증거이기도 하다. 그러나 효순은 전통적 여성의 유약성이나 보수성을 비판하면서도 다시 가부장적 여성성으로 퇴행하는 모순을 범하고 있다.

이런 맥락에서 효순이 보여주는 사회 참여 활동이 의식 없는 대중을 각성시켜야겠다는 선민의식이나 이론의 순수성을 신봉하는 매우 관념적이고 신념적인 수준에 머문 이유를 파악할 수 있게 된다. 그녀에게는 당위나 도덕이 현실이나 경험보다 우선한다. 이런 그녀의 성격을 중심으로 이야기가 전개되기에 이 소설은 기존의 프롤레타리아 소설들처럼 갈등의 부재나 도식적 결말을 보여주게 되는 것이다. 그리고 이에 대한 반성이나 KAPF 해체와 같은 시대적 상황 변화로 인해 이 소설 이후부터 박화성은 「한귀」나 「중굿날」, 「고향없는 사람들」, 「춘소」 등 보다 현장감 있고 하층민이나 농민 중심의 '현장소설'을 썼다고 볼 수 있다.[26]

아니무스적 여성과 여성성의 약화

『북국의 여명』에서 여주인공 효순은 첫사랑의 상대였던 리창우의 영향으로 사회화와 의식화가 이루어진 후 식민지 현실에서 벗어나기 위해 적극적으로 행동한다. 자신과의 사랑을 사회주의적 이념의 실천으로 승화시키려던 리창우가 죽자, "내 뼈가 되고 피가 되고 살이 되고 생각이

26 위의 논문, 38쪽.

되는 공부를 부지런히 부지런히 하겠습니다. 그리하여 당신이 다 못하고 간 말을 내가 받아 소리치며 당신의 하고자 하던 일을 내가 맡아하겠습니다. 안심하고 가십시오"(261쪽)라며 그의 유지를 받들려는 의지를 보인다.

그런데 문제는 이처럼 효순이 용감한 여성이 되어 "나는 외로워할 사람이 아니다"(287쪽)라며 자신을 채찍질하는 모습 속에서 리창우의 모습을 발견할 수 있다는 점이다. 즉 효순은 '여자-리창우'가 되어 그의 분신처럼 사고하고 행동한다. 그래서 이런 효순의 '전위'로서의 전형성을 부각시키기 위해 마치 들러리로 등장한 듯한 남성들을 가르치거나 변화시킨다. 처음과는 다르게 효순이 남성들보다 우월한 입장에 서게 되는 것이다. 마치 자신이 보아온 남성들처럼 자신의 역할과 가치를 모방하면서 그것을 그대로 번역하고 있는 형국이다.

대표적인 예로 일본유학 중인 자신을 찾아와 구애하는 최진을 효순은 다음처럼 엄하게 꾸짖는다.

> 최선생이 이번에 이렇게 오신 것은 온전히 개인의 감정을 만족시키기 위해서 오신 것이에요. 차라리 방학을 이용해서 외롭고 처량한 가운데 있는 상현씨 면회를 가시던지 여기 왕래하시는 그 경비로다가 희생된 사람들에게 책이라도 사서 차입해 주셨으면 얼마나 값있었겠어요? 난 조금도 기쁘지 않아요. 부러 이 먼데를 찾아오신 그 정성에 오히려 반항하고 싶어요. (321쪽)

물론 사회주의 활동을 하다가 투옥된 남편 김준호를 위해 효순은 열심히 옥바라지를 한다. 여가장으로서 집안을 책임지면서 경제적 고통에 시달리기도 한다. 그러나 그러한 자신의 행동이 '아내'나 '가정주부'로서가 아니라 남편의 '동지'로서 감옥 안이 아닌 집안에서 행하는 수난이나 투쟁이라고 생각한다. 그리고 김준호와의 사이에서 생긴 자식들에 대해서도 "모든 남성에게는 사자처럼 강하게 보였건만 이 작은 생명에게 나는 한 유약한 어미가 되고 마는구나"(440쪽)라며 모성애를 느끼기도 한다. 하지만 남편이 변절하자 자신이 남편의 죄를 속죄하기 위해 노모와 어린 자식들이 있는 고국을 버리고 북국으로 향한다. 어머니나 아내가 아닌 투사로서의 길을 택한 것이다.

이렇게 볼 때 효순의 행동은 여성의 고유성이나 차이성에 바탕을 둔 여성주의적 입장이 아니라 남성의 남성성을 대등하게 소유하려는 남성주의적 입장을 보여준다고 할 수 있다. 이럴 때 효순은 '아니무스(animus)'적 여성에 해당한다. '남성 속의 여성'을 의미하는 아니마(anima)와 달리 아니무스는 '여성속의 남성성'을 말한다.[27] 박화성의 소설 속 여성들은 주체적 자각에 의한 것이 아니라 남성의 지도를 받음으로써 남성성을 획득한다. 그래서 이런 아니무스적 성격으로 인해 여성과 남성의 차이가 없어지는 것이 아니라 오히려 여성이 남성화되기 쉽다. 때문에 당대에서도 박화성은 "남성에게 지지 않는 늠름한 여유"[28]가 있다거나 "여류문단의 한 이채(異彩)"[29]라는 평가를 받을 수 있었던 것이다. 이 소설에서 보여지는 지식인여성의 본격적인 출현이라는 중요한 여성문학적인 의미가 단지 프롤레타리아 혁명을 달성하기 위한 투사의 확보라는 의미로 축소될 위험에 처하는 것도 바로 이런 이유 때문이다.

박화성에게 있어서 여성은 이처럼 여성 자체가 아니라 억압받는 피지배계층이라는 이유로 관심의 대상이 된 측면이 강하다. 따라서 박화성은 지식인 전위로서의 여성인물을 그릴 때에도 계급의 이익을 위해 여성의

---

27 이부영, 『아니마와 아니무스』, 한길사, 2001, 31쪽.

28 이청, 「여류작품총관」, 『신가정』, 1935, 12.

29 양주동, 「여류문인」, 『신가정』, 1934, 2.

이익을 희생해야 한다는 강박에 빠져 있다. 그래서 하층민여성이 아닌 지식인여성을 등장시켜 관념적이고 도식적인 원론의 확인을 반복하는 경향이 강하다는 것이다. 때문에 주체적이 될수록 남성적이 되는 아이러니가 발생하는 것이 박화성 소설의 여성지식인이 남성지식인을 번역할 때 처하게 되는 딜레마라고 할 수 있다.

그런데 이 소설에서 보여지는 효순의 아니무스적 여성성은 등단작인 「추석전야」(1925)에서부터 드러난다고 할 수 있다. 이 소설의 여주인공 영신도 사회적 문제로 관심의 영역을 확장시키고 있다. 이를 통해 그 이전의 여성작가들처럼 개인적인 체험이나 신변잡기적인 주제에 머물러 있어서는 안 된다는 박화성의 문학관이나 세계관을 엿볼 수 있다.[30] 박화성 자체가 성(性)을 초월한 문학을 희구하면서 '여류'라는 장식을 붙이는 관행에 대해 강력하게 비판하고 있기 때문이다.[31] 박화성은 "한 작품을 써 놓고 보니 여성이기 때문에 정말 남성이 집허보지 못할 곳을 집혓더라는 그 말은 정당하나 미리부터 여성다운 작품을 쓰려고 노력하라는 말은 참 틀린 소린 줄 압니다"[32]고 밝히며 남성의 문학이 따로 없는 것처럼 여성의 문학도 별도로 존재하는 것은 아니라고 강조하고 있다.

박화성에게는 아니무스적 여성 자체가 특권을 누리는 '남성'이 되는 것이 아니라 남성과 다름없는 '작가'나 '인간'이 되는 길이었을 수 있다. 하지만 남성화되지 않으면 지식인이나 작가로서 평가받지 못했던 당대의 시대상황이나 문단상황을 고려한다면, 박화성의 아니무스적 여성성은 여성성이 아닌 남성성으로 파악해야 할 한계에 부딪힌다. 앞의 소설 분석에서 구체적으로 살펴보았듯이 효순의 인식은 여성적 주체로서 형성되는 독자

30 서정자, 「박화성론」, 숙명여자대학교 석사학위논문, 1980, 70쪽.

31 박화성, 「여류작가 방문기」, 『삼천리』, 1936, 8.

32 위의 글, 150쪽 참조.

적인 과정을 거치기보다는 남성에게 지도받은 내용을 그대로 다른 남성들에게 실천하는 과정을 보여주는 것에 더 가깝기 때문이다. 이럴 때는 남성과 여성이 서로 동등한 관계를 형성하는 것이 아니라 우열만 바뀐 채 남성과 여성의 차별은 그대로 유지된다. 그리고 그런 점이 바로 효순의 아니무스적 여성성이 역설적으로 가부장적 여성성과 만나게 되는 이유라고 할 수 있다.

이런 맥락에서 흔히 박화성 소설 속의 여성인물들이 수동적이고 나약한 여성(「논갈 때」의 혜선, 「신혼여행」의 복주)과 능동적이고 신념에 찬 활동가(「비탈」의 주희, 「헐어진 청년회관」의 효주)로 이분화되는 양상[33]에 대해서도 설명할 수 있게 된다. 박화성 소설의 여성인물들은 '여성'과 '여성'으로 대립하는 것이 아니라 '여성'과 '남성화된 여성(=남성)'으로 대립하는 것으로 볼 수 있기 때문이다. 또한 박화성 자체가 '계급 해방이 여성 해방'[34]이라고 생각했기에 여성의 억압적 현실보다는 계급문제나 민족문제의 차원에서 여성문제를 주로 다루었기 때문이라고도 할 수 있다.

4. 여성지식인소설의 이중번역

박화성의 『북국의 여명』은 해방 이전의 여성작가가 쓴 장편소설로서는 유일하게 지식인으로서의 여성이 겪는 인식과 체험을 구체적으로 형상화하고 있다. 1930년대 식민지 조선의 현실은 자작농의 감소와 소작농이나 지주의 증가로 인한 농촌의 계층 분화, 소작농의 몰락에 의한 화전민과 해

33 임성희, 「박화성단편소설연구」, 연세대학교 석사학위논문, 1990, 36쪽.
34 박화성, 「계급해방이 여성해방」, 『신여성』, 1933, 2.

외 이주민의 증가, 노동자들의 급속한 증가와 더욱 열악해진 노동 조건, 실업자의 증가 등으로 요약된다. 이러한 사회·경제적 배경 속에서 여성의 사회 참여 운동은 대부분 지식인여성으로 국한될 수밖에 없다. 기독교 계통의 학교나 관립여학교, 사립여학교의 설립과 여학생 수의 증가 현상이 이를 뒷받침한다.[35] 『북국의 여명』은 1920-30년대 식민지 조선의 이런 현실을 구체적으로 수용하고 실천하는 근대적 여성지식인의 탄생을 보여주는 여성소설이자 성장소설이며, 지식인소설이라고 할 수 있다.

흔히 1930년대가 지식인소설의 개화기라고 일컬어지는 이유는 지식인들의 자아성찰에 대한 요구가 높아진 점과, 소설 양식을 그만큼 무게 있는 것으로 보게 되었다는 점, 실제로 당시 사회에서 지식인이 차지하는 비중이 커졌다는 점, 1930년대 초반부터 나타났던 여러 문인들의 전향 선언 같은 요인에 의해 지식인들의 삶에 많은 충격과 변화가 있었다는 점 등을 들 수 있다.[36] 박화성의 『북국의 여명』은 계급 사상에 이해를 가진 여성지식인을 등장시켜 당대의 지식인들이 지녔던 변혁에의 적극적인 의지를 보여주고 있다. 물론 그런 여성인물의 성격이 행위보다는 관념에 더 기울어져 있기에 구체적인 현장에서의 체험 묘사가 부족한 '의지의 문학'이나 '호소의 문학'에 머물렀다는 비판을 받을 수 있다. 하지만 박화성은 이 소설에서 자의식 과잉, 현실도피적 성향, 공동체 의식의 결여, 생활감각의 부재 등으로 대변되는 부정적 (남성)지식인상과는 다른 긍정적인 (여성)지식인상을 본격적으로 형상화하고 있다.

그럼에도 불구하고 이 소설은 여성문학적 관점에서 보았을 때 한계가 있는 것도 사실이다. 희생자나 피해자로서의 여성상에서 벗어나 계몽적

35 이영숙, 「1930년대 여성작가의 여성문제 인식에 관한 연구」, 이화여자대학교 석사학위논문, 1988, 20-21쪽.

36 조남현(1984), 앞의 책, 134쪽.

인 지도자로서의 여성을 그린다거나 현실적이고 사회적인 문제에 관심을 보이는 현대여성으로서의 면모를 강조하면서도 지식인여성 또한 여성일 수밖에 없다는 사실도 동시에 보여주고 있기 때문이다. 그리고 남성관이나 성도덕에 있어서 아직도 전통적이거나 보수적인 성향을 고수할 뿐만 아니라 남성화된 여성을 통해 오히려 남성성을 강화시키는 모순을 보여주기도 한다. 아무리 남성처럼 많이 배우고 열심히 사회활동을 해도 지식인으로서의 면모를 남성들처럼 확실하게 보여주지는 못한다는 것이다.

이처럼 박화성이 보여준 여성지식인으로서의 의식이 이중적일 수밖에 없는 이유는 당시에 요구되었던 민족주의 자체가 이중적이었기 때문일 것이다. 1930년대의 민족주의는 반식민주의적 색채를 보여주는 여성지식인들을 공적인 영역으로 끌어들였다는 점에서 커다란 의의가 있다. 민족주의와 젠더의 결합이나 연대를 통해 여성 해방을 위한 투쟁을 민족해방을 위한 투쟁의 일부가 되게 함으로써 여성들의 사회적 지위를 향상시키는 데에 도움을 주었기 때문이다.[37] 하지만 이와 동시에 민족주의 자체가 남성적 가치나 성격을 '국민'의 정형으로 간주했기에 가부장적 여성이나 남성화된 여성만을 주로 인정하는 한계를 보이기도 했다. 즉 민족주의 담론 자체가 가부장제를 강화한 측면이 있었기에 여성이 국민으로 인정되는 데에는 더 많은 장애가 있었을 것이다.[38] 그래서 박화성의 여성주의적 입장은 주로 민족주의나 사회주의 담론 속에 포함되거나 수렴되는 한계를 보이기도 한다.

결국 『북국의 여명』은 지식인이라는 '이상'과 여성이라는 '현실', 민족이라는 '관념'과 여성이라는 '실제', 국가라는 '공적 자아'와 여성이라는 '사

---

37 송연옥, 「민주주의와 페미니즘의 불행한 결말」, 『페미니즘 연구』, 2001, 창간호, 53-70쪽 참조.

38 정현백, 『민족과 페미니즘』, 당대, 2003, 13-51쪽 참조.

적 자아' 사이에서 갈등하거나 분열을 일으키는 여성지식인의 이중번역 양상을 보여주는 의미 있는 '여성텍스트(woman-text)'라고 할 수 있다. '타협 불가능한 차이'를 인정해야만 가능한 것이 문화번역이기에 원본에 얼룩을 만들고 교란을 일으키려는 시도를 통해 새로운 문화의 장(場)을 마련하려는 시도를 멈 출 수는 없기 때문이다.[39] 이런 까닭에 '리얼리스트'가 아닌 '아이디얼리스트'라고 평가받기도 하는 박화성은[40] 리얼할수록 아이디얼해지기에 차라리 리얼리스트이기도 하고 아이디얼리스트이기도 하다고 평가되어야 할 것이다. 리얼해질수록 더욱 아이디얼해지기 때문이다. 혹은 이상적으로는 민족을 계몽하는 지식으로서의 활동을 희구하지만, 실제적으로는 여성으로서의 한계를 경험할 수밖에 없었음을 동시에 보여주고 있기 때문이기도 하다. 이를 통해 박화성은 당대의 여성지식인이 처한 '양면적 진리'나 '겹침의 상황'을 효과적으로 번역해냈다고 할 수 있다.[41] 여성지식인이라는 존재 자체가 여성과 지식인의 사이에서 방황하는 불안정하면서도 유동적인 구성체임을 확인할 수 있는 것도 이 때문이다. 남성지식인에 대한 여성지식인의 모방과 전유를 통한 모순적이고 양가적인 이중번역이 박화성의 여성지식인소설이 지닌 빛과 그림자를 형성한다. 이를 통해 박화성은 젠더번역에서 가장 위험한 것이 바로 투명하고 명확하게 번역함으로써 번역의 불투명성과 불명확성에 대한 사유를 촉발하지 않는 번역이고, 번역불가능성에 대한 가능성을 인정하지 않는 번역이라는 역설(逆說)을 역설(力說)하고 있다.

39 정혜욱, 「주디스 버틀러와 문화번역의 과제」, 『비평과 이론』, 제20권 1호, 2015, 봄호, 144쪽 참조.

40 서정자, 「한 이상주의자의 여성 뛰어넘기」, 『한국여성소설과 비평』, 푸른사상, 2001, 428쪽.

41 김미현, 『한국여성소설과 페미니즘』, 신구문화사, 1996, 385쪽.

제11장

성장을 위한 생존, 생존을 위한 (반)성장

이선희의 여성성장소설

1. 여성적 글쓰기와 여성성장소설

여성정체성에 대한 자각은 여성작가로 하여금 그 이전과 다른 글쓰기를 시도하게 한다. 이런 여성적 글쓰기[1]에 대한 전제는 여성텍스트(woman-text)의 개념을 토대로 한 것이다. 여성텍스트는 여성들의 특수성이나 잠재력, 여성성의 영역을 탐구하는 것이 목적이다.[2] 이러한 여성텍스트를 통한 여성적 글쓰기는 의식적인 '위반'이나 의도적인 '해체'를

1 여성적 글쓰기라고 해서 여성작가에게만 가능한 것이 아니라 남성작가들도 여성적 글쓰기를 할 수 있다. 엘렌 시수는 그러한 예로 모더니즘 계열의 남성작가 중에서 제임스 조이스, 장 주네, 프란츠 카프카를 들고 있다.
Hélène Cixous, "Castration or Decapiration", p. 488(정정호, 「성차와 '여성적 글쓰기'의 정치적 (무)의식: 엘렌 시수의 새로운 글쓰기 전략」, 『현대비평과 이론』, 1992, 가을·겨울호, 165쪽에서 재인용).

2 정정호(1992), 앞의 글, 166쪽 참조.

지향하면서 잉태(임신-출산까지의 상태), 산고, 분만과 유사하게 진행된다.[3] 그리고 여성작가의 분신이라고 할 수 있는 소설 속의 여성인물들은 자신을 둘러싸고 있는 억압에 대한 충격적인 이해를 통해 진정한 자아의 발견에 이른다. 즉 심리적 변화를 통해 새로운 자아를 잉태하게 된 여성 주인공은 산고를 겪고 새로운 자아를 분만함으로써 과거의 무자각적인 여성이 아니라 성숙된 인간으로 다시 태어나게 된다는 것이다.

이러한 이해에 기반을 둔 여성적 글쓰기의 대표적 형태로 성장소설이 제시될 수 있다. 성장소설[4]은 기존의 수많은 장르를 포괄하는 개념이라고 할 수 있다.[5] 장르의 개념 설정에서는 그 변이항에 대한 거부가 아니라 그

---

3 엘레인 쇼월터, 「황무지에 있는 페미니스트비평」, 김열규 외 공저, 『페미니즘과 문학』, 문예출판사, 1988, 29쪽.

4 성장소설의 원어는 독일어의 Bildungsroman(영어의 novel of formation, formation novel)이다. 그런데 이 용어를 '성장소설'로 번역하기도 하고(한용환·김경수·장경렬), '교양소설'로 번역하기도 하며(이명섭·오한진·최상규) '형성소설'로 번역하기도 한다(권택영·최동호·장영규·안중은·김소식). 이런 양상에서 볼 수 있듯이 Bildungsroman의 장르 설정에는 많은 어려움이 따른다. 원래 독일의 Bildungsroman은 주인공의 교양과정을 보편적이고 조화로운 완성 단계까지 서술한 교양소설(Bildungsroman), 주인공의 내면적 성장과정을 취급한 발전소설(Entwickelungsroman), 그리고 일정한 목적을 향한 주인공의 성장과정을 교육적 측면에서 서술한 교육소설(Erziehungsroman) 등 세 가지 개념의 모호한 연합 속에서 비평가들에 의해 달리 불렸다. 그러다가 고전주의 이후에는 교양소설의 범주 속에서 '한 인간의 발전과정을 일정한 의미와 목적 속에서 전개하고 있는 것'으로 특징지어졌다. 그후 다시 교양소설의 개념 속으로 시대소설이나 역사소설, 사회소설, 예술가소설, 통과제의소설, 청년소설 등의 요소가 침투하게 된다. 때문에 그러한 여러 가지 복합적인 요소 중에서 어떤 요소를 강조하느냐에 따라 그 양상이 달라질 수 있다.
한용환, 『소설학사전』, 고려원, 1992, 241쪽; 장경렬, 「反성장소설로서의 성장소설」, 『작가세계』, 1991, 겨울호; 김경수, 「여성성장소설의 제의적 국면」, 『문학과 편견』, 세계사, 1994; 이명섭 편, 『세계문학비평용어사전』, 을유문화사, 1985, 428-429쪽; 오한진, 『독일 교양소설연구』, 문학과지성사, 1989; M. H. Abrams, *A Glossary of Literary Terms*(최상규 역, 대방출판사, 1985; 권택영·최동호 역, 새문사, 1985; 장영규·안중은·김소식 역, 대구대학교출판부, 1985)

5 물론 독일적인 성장소설이 사회로의 편입이나 유토피아적인 비전을 내세우는 데 비해, 프

것까지 수용할 수 있는 융통성이 필요하기 때문이다.[6] 하지만 성장소설이 이처럼 여러 가지 변이항을 포함하는 가변적인 장르일지라도 최소한 "구체적인 체험을 통한 자아와 세계에 대한 인식의 변화과정을 담고 있다는 점",[7] "유년기에서 소년기를 거쳐 성인의 세계로 입문하는 한 인물이 겪는 내면적 갈등과 정신적 성장, 자신을 둘러싸고 있는 세계에 대한 각성의 과정을 주로 담고 있다는 점"[8] 등을 최대공약수로 제시할 수 있을 것이다.[9]

랑스나 영국을 중심으로 하는 성장소설은 개인과 사회와의 불화 및 현실의 부정성이 강조된다는 차이점이 지적될 수 있다. 그러나 이러한 차이점은 성장의 긍정적인 측면과 부정적인 결과를 모두 문제시했을 때 발생하는 차이거나 동일한 사회현실에 대한 서로 다른 문학적 대응방식일 수 있다. 이러한 점들을 고려한다면 '성장소설'이라는 용어를 보다 포괄적이고 보편적이며 확장된 개념으로 사용해야 바람직할 것이다.

6 Marianne Hirsch, "The Novel of Formation", *Genre*, 1979, Fall, pp.293~312 참조. 여기서 Hirsch는 성장소설의 일반적인 특징을 일곱 가지로 제시한다. ① 한 명의 인물에 포커스를 맞추면서 전인적인 인격 형성을 목표로 하는 개인의 이야기이다. ② 전기적이기도 하고 사회적이기도 하지만, 사회의 변화를 나타내려고 하는 것은 아니기에 사회소설과는 구별된다. ③ 의미 있는 경험이나 진정한 가치를 찾는 탐색이야기의 변형이며, 이때의 성장은 개인적인 요구와 확고한 사회질서 사이의 수많은 대립을 통해 구성되는 점진적인 과정을 통해 얻어진다. ④ 첫번째의 관심사는 개인의 발전이고, 발생하는 모든 사건보다는 그 개인의 인생을 결정하는 특정 사건에 대해 관심을 갖는다. 그리고 현재 유지되고 있는 사회에 대한 용인이 이미 예정되어 있는 결론이다. ⑤ 3인칭이건 1인칭이건 서술자는 미숙한 주인공에 대해 아이러니적인 태도를 취한다. ⑥ 교육자, 동료, 연인 등 몇몇의 고정된 기능을 수행하는 다른 인물들이 등장한다. ⑦ 주인공의 교육을 통해 독자까지도 교육시키는 교훈소설로 간주될 수 있다.

한편 Felski는 성장소설의 특징으로 ① 전기적(biographical), ② 변증법적(dialectical), ③ 역사적(historical), ④ 목적론적(teleological) 등의 네 가지를 들고 있다.

Rita Felski, *Beyond Feminist Aesthetics*, Harvard Univ. Press, 1989, p. 135 참조.

7 오한진(1989), 앞의 책, 49쪽.

8 한용환(1992), 앞의 책, 241쪽 참조.

9 이런 측면에서 성장소설은 특히 이니시에이션소설과 깊은 관련을 갖는다. 이니시에이션소설은 외부세계에 대한 무지로부터 중대한 인식으로의 통과과정이나 진정한 자아의 발견과 거기에서 얻어지는 인생 및 사회화의 통합을 기술한다. 또 어린 주인공에게 주변세계나 자기자신에 대한 인식과 성격, 또는 그 두 가지에 모두 중대한 변화가 일어났다는 것을 깨닫게 해준다.

그런데 보통 성장소설이라고 했을 때는 아무리 광의의 개념을 취하더라도 남성에게만 가능한 사회적 선택의 영역을 상정하기 쉽다. 때문에 성장소설에서의 전형적인 인물은 남성만을 지칭하는 경우가 대부분이다. 즉 성장소설에서는 삶의 오류로부터 진리로, 혼돈으로부터 선명함으로, 무의식에서 의식으로, 자연으로부터 정신으로 성장되어가는 과정을 문제 삼지만,[10] 이런 작업이 남성주인공의 경우에만 해당되고 여성주인공의 경우에는 해당되지 않는다는 것이다. 여성주인공의 경우에는 성장의 결과가 선명함이나 의식, 정신에의 도달로 연결되지 않으므로 성장소설의 핵심인 자아정체성을 확립해나갈 때 남성주인공과는 다른 변이항을 형성하게 된다. 때문에 남성성장소설에서 남성의 성장을 기본형이자 보편형으로 간주하는 것은 성장의 주체가 여성일 경우에는 '가장 투명하고 자명한 번역 속에 가장 큰 배반이 있을 수 있다'[11]는 번역 의식을 촉발시킬 수 있다.

권터 그라스의 『양철북』 이후 남성성장소설은 사라졌다는 견해도 있지만 이와는 대조적으로 해방되려는 여성들의 욕망이 강해짐에 따라 여성성장소설에 대한 관심은 오히려 고조되고 있다. 때문에 성장소설이라는 장르가 여성적 글쓰기 중에서 새롭게 부각될 수 있다.[12] 결국 어떻게 젠더

모르데카이 마르쿠스, 「'이니시에이션 소설'이란 무엇인가」, 김병욱 편, 『현대소설의 이론』, 최상규 역, 대방출판사, 1983, 462-464쪽 참조.

10 오한진(1989), 앞의 책, 27쪽.

11 정혜욱, 「주디스 버틀러와 문화번역의 과제」, 『비평과 이론』, 제20권 1호, 2015, 봄호, 151쪽.

12 Felski에 의하면 여성의 자기발견의 서사를 페미니스트 성장소설(Feminist Bildungsroman)과 각성소설(The Novel of Awakening)로 대별할 수 있다. 페미니스트 성장소설이 내적 세계에서 외적 세계로 지향해 가면서 사회적 자아(public self) 발견의 여정을 보여주는 소설임에 반해서, 각성소설은 숨겨진 여성적 자아(female self)를 찾기 위하여 외적 세계보다 내적 세계를 지향하면서 각성 자체의 순수하게 내향적이고 개인적인 체험을 중시하는 소설이다. 그러나 이러한 분류가 두 가지의 경향이 서로 반대라거나 상호배제적

(Gender)가 성장의 문학적 재현을 규정짓는가, 여성의 성장을 나타내는 유용한 틀은 무엇인가, 여성의 성장을 방해하는 심리적이고 사회적인 힘은 무엇인가 등의 문제에 관심을 보이면서,[13] 여성성장소설은 남성적인 유형을 현실적으로 번역하면서 그 고유의 틀을 마련할 수 있다는 것이다.[14] 이런 맥락에서 여성들이 남성들의 성장을 번역함으로써 다양한 체험이나 정신적인 위기를 통해 세계 내에서 자신의 정체성을 확인해나가는 과정에 초점을 맞추는 작업이 필요하다.[15]

이처럼 남성성장소설을 젠더적으로 번역한 여성성장소설을 문제 삼을 때 그 적절한 모형을 보여주는 선구적인 여성소설가가 이선희이다. 이선희는 1930년대 후반에 들어서면서 유물론적 페미니즘이 쇠퇴하고 문학내적인 실지 회복을 문학 안에서 실현하자는 페미니즘이 부각되는 상황을

이라는 것이 아니라 서로의 상호작용을 염두에 둔 것이므로 이 둘 사이의 절대적이거나 명확한 구분은 불가능하다고 덧붙이고 있다(Rita Felski(1989), 앞의 책, pp. 127-128 참조). 모건(Ellan morgan)도 여성해방문학의 기법으로 성장소설이 중요하게 작용할 것이라고 지적하고 있다(한국여성연구회 편역, 『여성해방문학의 원리』, 창작과비평사, 1990, 91쪽 참조). 또한 바흐친은 성장소설을 시련소설이나 여행소설, 일대기소설의 속성을 갖고 있으면서 실제 역사적 시기와의 관련성을 갖는 것으로 보았다. 성장소설에서 인간의 개인적 발현은 불가분하게 역사적 발현과 관련되기에 사적인 일이 아니라는 것이다(M. M. Bakhin, *Speech Genre & Other Essays*, Austin: University of Texas Press, 1986, pp. 10-55 참조).

13 Elizabeth Abel, Marianne Hirsch, Elizabeth Langland ed., *The Voyage In: Fiction of Female Development*, U.P. New England, Hannover and London, 1983, p. 4, p. 7 참조.

14 위의 책, 3-4쪽 참조.
David H. Miles는 남성성장소설의 변화에 주목했는데, 그에 의하면 남성성장소설은 외적 세계에서 내적 세계로, 모험소설에서 고백소설로 변화했다는 것이다. 그리고 패러디적으로 여성성장소설은 내적 세계에서 외적 세계로, 내성(內省)에서 행동으로, 고백에서 모험의 방향으로 변화했다고 보고 있다. 이런 변화는 성장소설의 개념을 확장시키는 하나의 전통이 되었다(앞의 책, 13-14쪽 참조).

15 장경렬(1991), 앞의 글, 78쪽 참조.

대표한다.[16] 여성해방적 주제보다는 여성들의 내면 심리를 탐구하는 경향을 보이면서 존재확인의 문제를 제시하는 데에 역점을 두었기 때문이다.

하지만 그녀는 "공상과 엑조티시즘을 지닌 작가",[17] "여성들의 피해자의식과 여성으로서의 보편적인 존재확인에 대한 문제에 관심이 있었던 작가"[18], "도피적인 엑조티시즘에 의한 작품 모랄의 부족을 특징으로 하는 작가"[19]라는 평가를 제외하고는 문학사에서 거의 주목받지 못했다. 더욱이 이러한 평가들은 이선희의 작품을 전체적으로 고찰한 후에 이루어진 것이기보다는 일부 작품을 중심으로 특정 논리를 뒷받침하기 위해 이루어졌던 것이라고 할 수 있다. 이선희의 소설은 여성문학 내에서도 소외된 목소리로 존재해온 것이다.

그러나 그녀의 소설은 시대를 앞서가는 대변인으로서가 아니라 시대를 아프게 경험하는 주변인으로서의 여성심리를 치열하게 탐구한다. 그러한 작업 속에서 그녀가 주목하는 바는 자아소멸과 자아실현, 내적 자유와 외적 억압, 의식과 경험 사이의 화해할 수 없는 간극(間隙)이다. 그 속에서 평형감각을 유지하려고 하지만 당대의 현실적 억압 때문에 이선희의 자의식은 분열된다. 이런 점에서 이 글은 그녀가 추구했던 여성으로서의 삶이 현실적인 조건의 검열을 받으면서 어떻게 굴절되었는지 살펴보는 것을 목적으로 한다. 그리고 이런 양상을 여성성장소설의 측면에서 살펴봄으로써 여성성장소설의 젠더번역 양상을 확인해보는 작업이 병행될

16 서정자, 「일제강점기 한국여류소설연구」, 숙명여자대학교 박사학위논문, 1987 참조. ① 외향성의 작가: 운동의 관점에서 써야 한다는 강박관념으로 준비된 전망을 향한 창작방법의 도식성을 보여주는 박화성·강경애·김말봉 등. ② 내향성의 작가: 여성주의문학을 추구하면서 모성과 여성의 역할을 강조하는 최정희·백신애·이선희 등.

17 백철, 『조선신문학사조사』(현대편), 백양당, 1949, 339-340쪽 참조.

18 이재선, 『한국현대소설사』, 홍성사, 1979, 440쪽.

19 김영덕, 「한국근대의 여성과 문학」, 『한국여성사』 2, 이화여대출판부, 1972, 397쪽 참조.

것이다. 이를 통해 여성작가들의 성장을 중심으로 한 젠더번역이 남성작가들의 성장이라는 '원본'과의 이상적인 등가를 통해 그 원본을 덮어버리려는 것이 아니라 원본의 기원과 출처를 더욱 확장시키려는 시도라는 점을 확인해보고자 한다.[20]

2. 여행과 회상의 발견구조

이선희 소설의 여성인물들은 어떤 사건을 계기로 익숙하던 세계를 떠나 새로운 세계로 이동하면서 자신의 모습을 뒤돌아보는 기회를 갖게 된다. 여성으로서 받아야 했던 억압을 깨닫기 위해서는 끊임없이 자신의 모습을 조명해보거나 수동적이고 의존적이었던 자아를 적극적이고 주체적인 자아로 세우는 작업[21]을 수행하는 것이다. 때문에 이선희의 소설에는 '길' 위에서 시작되는 소설이 많다.[22] '길'은 '집'과 반대되는 공간으로서 여행(가출, 외출)의 행위와 연관되는 장소이다. 여행의 유용성은 삶의 새로운 가능성을 열어보인다는 점이다. 이런 이유로 엘렌 모어스(Ellen Moers)는 문학적 여성주의의 전체 역사를 'walking(집 밖으로의 여행)'이라는 은유에 의해 설명한다.[23] 여성의 경험 중에서도 감금으로부터

---

20 이상빈, 「문화번역과 젠더번역에 관한 이론적 고찰」, 『통번역학연구』, 제16권 3호, 2012. 7, 31쪽 참조.

21 송지현, 「1930년대 한국소설에 있어서의 여성자아 정립양상 연구」, 전남대학교 박사학위논문, 1991, 59쪽 참조.

22 예외적으로 '길'의 공간이 배제되면서 처음부터 성장 자체의 가능성이 부정되는 소설이 「숫장수의 처」이다. 고립된 산골에서 남편하고 단둘이 살아가면서 아내는 자아인식의 도구가 될 수 있는 거울도 없이 세상과 분리된 채 원시인처럼 살아간다. 그러기에 이 소설은 성장소설 이전 단계를 보여주는 상징적 콩트로 읽힐 수 있다.

23 Ellen Moers, *Literary Woman*, N. Y. Doubleday Company, 1976, p. 130 참조.

의 탈출과 진정한 자아를 추구하는 심리적 여행이 특히 중요하다는 것이다.

여성인물들은 자기충족을 향한 여행을 통해 내적인 가능성들을 인식한다.[24] 때문에 이런 행위들은 단순히 하나의 장소에서 다른 장소로 이동한다는 공간적인 의미만을 갖는 것이 아니라 이전과는 다르게 생각하게 된다는 정신적인 의미도 갖게 된다. 또한 여성에게 있어서 여행의 행위는 이니시에이션의 체험으로서 '분리'의 필요성을 상징하고 있다. 지금까지의 가족적 배경이나 자기 자신의 존재양식으로부터 떠나서 자유롭게 되고 싶은 소망이 여행으로 가시화되는 것이다.[25]

그런데 이런 행위들이 과거에 대한 회상과 맞물려 진행된다는 데에 이선희 소설의 특징이 있다. 과거는 기계적인 기억 속에서가 아닌 감정이 이입된 회상을 통해 보존되면서[26] 현재의 모습이 발생하도록 한 근원의 역할을 한다. 때문에 회상을 통해 현재화된 과거는 자아의 현 위치를 발견하게 한다.[27] 회상을 통해 과거가 재해석됨으로써 한 인물이 자아정체

---

24 니나 바임은 다양한 여성 주인공들의 자기충족을 향한 여행을 융(Jung)식의 통과의례와 비교한다. 그녀는 "합리적이거나 아니면 그렇지 못한 기대를 만족시키는 데 있어서의 세계의 실패가 여주인공으로 하여금 내적인 가능성들에로 각성시킨다"고 말한다.

25 조세프 L. 헨더슨, 「고대신화와 현대인」, C. G. 융 편, 『존재와 상징』, 소영환 옮김, 동천사 1983, 151쪽.
존 로센블랫도 실비아 플라스의 문학 세계를 논하면서 자아와 파괴적인 타자 사이의 만남이 여행 혹은 항해를 통해 다다르게 되는 상징적 공간에서 일어난다고 고찰한다(존 로센블랫, 「실비아 플라스: 이니시에이션의 드라마」, 「페미니즘과 문학」, 201쪽).

26 H. 베르그송, 『물질과 기억』, 홍경실 옮김, 교보문고, 1991, 88쪽.

27 신은경은 이러한 회상의 구조를 다음과 같이 요약한다.

```
(과거)        시간의 흐름              기억행위          (현재)
  |              ↓                      ↓                |
경험생성 ---------------- 소멸 ---------------- 과거경험의 재구성
  |                                                      |
혼란된 경험                              선택적 수용에 의해 질서화된 경험
```

성을 형성하는 데에 영향을 미치는 것이다.

이런 회상의 시간은 상하의 수직운동을 통한 시간이 아니라 전후의 수평적 움직임을 통한 시간이다. 시간의 수직성이 초현실적인 것을 의미한다면, 시간의 수평성은 인간의 구체적인 행동세계를 나타낸다고 할 수 있다.[28] 때문에 현실의 억압을 밝히기 위해서는 수평적인 시간의 움직임이 필요한 것이다. 그리고 시간의 수평적 움직임 중에서도 좌에서 우로의 방향이 미래에 대한 기대·외부세계·관찰·행동·외향성의 축을 나타낸다면, 우에서 좌로의 방향은 과거에 대한 회상·내부세계·무의식·내향성을 나타낸다.[29] 때문에 자아의 현 위치를 발견하려는 인물들을 우에서 좌로의 방향으로 움직일 수밖에 없다.

「계산서」[30]에서 '나'는 '헤프고 미욱한 주부'로 있었던 '모조가정, 소형가정'을 벗어나 중국땅으로 남편과의 복잡한 문제를 정리하기 위해 여행을 떠난다. 그리고 『여인명령』에서도 자신의 결혼 생활과 아들의 장래문제를 해결하기 위해 옛애인을 찾아 떠나는 여주인공의 행적이 중요사건으로 등장하고 있고, 「연지」의 여주인공도 불완전했던 결혼 생활을 청산하고 옛애인과 새로운 생활을 위해 미지의 곳으로 떠난다. 이런 상황은 남편과의 관계를 정리해보려고 바다로 여행을 떠나는 『처의 설계』에서도 반복적으로 나타난다. 이 작품들에 나타나는 떠남의 행위들은 모두 잘못된 과거를 수정하기 위한 결단의 몸짓이라고 할 수 있다.

그런데 이런 행위들은 곧 과거에 대한 회상을 유발시킨다. 이선희의 소

신은경, 「여성성의 구현으로서의 여성텍스트와 여성문체」, 『문학정신』, 1991, 12, 100쪽.

28 이승훈, 『시론』, 고려원, 1992, 407쪽 참조.

29 위의 책, 408쪽 참조.

30 앞으로 소설의 본문 인용은 『처의 설계』, 『여인명령』, 「연지」는 『월북작가 대표문학 5』(서음출판사, 1989)에서, 그 나머지 작품은 『한국근대단편문학대계 20』(태학사, 1990)에 의거해서 쪽수를 제시한다.

설에서 가장 전형적으로 회상구조를 보여주는 소설이 『여인명령』이다. 장편소설이기 때문에 보다 폭넓은 회상의 시간을 확보할 수 있기 때문일 것이다. 이 소설은 아래와 같은 여주인공의 회상을 출발점으로 삼아 서사가 진행된다.

> 숙채는 이 방 이 천정 그리고 이 냄새—이것들은 그때의 이야기를 그대로 써노흔 증서와 가태서 지나간 날을 다시 되푸리하지 안흘 수 업슴을 슬퍼햇다. 십 년 전 그때—숙채는 단 한번 이 섬에 다녀간 일이 잇다. 그가 병으로 약을 한 짐 질머지고 이 섬으로 왓슬 때다.
>
> -『여인명령』, 143쪽

여주인공 숙채는 십 년 전에 방문했던 방을 다시 찾는다. 그 방은 그때의 이야기를 그대로 "써노흔 증서"처럼 변함없이 존재한다. 하지만 그 공간이 십 년이라는 세월의 흐름 속에서 그녀에게 일어난 일련의 부정적 사건을 회상시키기에 숙채에게는 슬픈 공간이 된다.

이러한 회상구조는 이 소설 이외에도 「계산서」나 『처의 설계』 등 이선희의 거의 모든 다른 소설들에서도 나타난다. 현재는 공동(空洞)이며 미래로부터도 버림받을 것 같은 불길한 예감에 사로잡힌 여성들은 문제의 근원지인 과거로 떠난다. 현재의 시간에서 여성으로 살아가는 일이 억압의 매듭이라면, 과연 어디서부터 꼬이기 시작했는지를 알기 위해 과거를 더듬어 보는 것이 필요하기 때문이다. 여성인물들이 방문한 자신들의 과거 속에는 온갖 억압과 불행의 잔재가 그대로 담겨 있다. 그리고 그러한 부정적 감정은 대개 남성들의 외도나 무관심, 또는 본처와 애인(첩)의 갈등 관계에 기인한다.

이처럼 과거에 대한 회상 행위 속에서 현재의 부정성이 다시 한번 확인된다. 이런 확인을 통해 분명해진 것은 불행한 현재를 잉태하게 한 과거 속에도 안주할 수 없다는 것이다. 즉 과거로의 여행이 낭만적인 향수나 자아정체성을 확보할 수 있는 안락한 여행이 아니라 불평등한 현재를 각성시키는 고행의 의미를 갖는다. 따라서 자신의 모습을 처절하게 인식한 여성인물들은 다시 현재로 되돌아오는 수밖에 없다. 즉 이선희의 소설은 과거에 대한 회상에서 끝나는 것이 아니라 현재로 다시 돌아와서 끝난다. 과거와 현재 사이는 편도가 아닌 왕복 구간인 것이다. 이 과정에서 여행과 회상의 행위는 성장을 가능하게 하는 계기를 마련해준다.

3. 위기와 전환의 갈등구조

집으로부터의 '떠남'을 통해 가능했던 과거에 대한 회상 속에서 자신의 모습을 뒤돌아본 여성인물들은 갈등에 빠진다. 자아정체성에 위기를 느끼고 그러한 위기에서 벗어나려 하기 때문이다. 이러한 위기를 통해 전환의 계기를 만드는 것이 여성성장소설의 과정이라고 할 수 있다. 어려움이나 갈등을 통해 성장이나 발달을 위한 기회를 제공받을 수 있기 때문이다. 회상을 통한 과거로의 여행이 중요한 이유는 똑같은 실수를 되풀이하는 것을 막는 데에 있다.[31] 이런 각성과 다짐이 '위기'와 '전환'을 통한 순간적이고 충격적인 자각의 과정을 통해 달성된다.

이선희는 그 누구보다도 현실과 이상 간의 괴리로 괴로워했던 소설가라고 할 수 있다. 감정의 기복이 심한 이중적 성격이었고, 가장 고치고 싶

31 캐롤 길리간, 『심리이론과 여성의 발달』, 허란주 옮김, 철학과 현실사, 1994, 212-213쪽 참조.

은 버릇이 몇 시간이고 멍하니 앉아서 공상에 빠지는 것이라고 스스로 지적한 사실로 볼 때 이선희는 공상이나 명상을 통해 현실에서 벗어나려는 욕구가 남달랐음을 알 수 있다.[32] 이런 작가였기에 문학에서도 가장 중요한 요소로 '낭만성'을 꼽는다. 당시의 문단상황이 자연주의, 심리주의 등을 거쳐 유물변증법적 창작방법이나 마르크스주의적 리얼리즘을 높이 평가하면서 발자크나 모파상을 높이 평가했었다면,[33] 이선희는 그런 창작방법은 남성작가에게 돌리고 여성작가의 작품은 "선이 부드럽고 읽어서 매끈매끈하고 낭만적이어야 한다"[34]고 주장한다. 하지만 이런 낭만성의 추구가 현실원칙에 어긋나면서 커다란 갈등을 일으키고 있다. 여성인물들의 위기는 바로 이런 갈등을 첨예하게 느끼고 있다는 데에서 발생한다. 대표적인 예로 「가등」에서는 식은 사랑/정열적 사랑, 무능력한 사랑/야심찬 사랑 사이에서, 「계산서」에서는 온전한 사랑/깨어진 사랑, 믿음의 사랑/배신의 사랑 사이에서 갈등하는 여성의 심리가 섬세하게 묘사되고 있다.

그러나 이런 '사랑'에 있어서의 갈등양상보다 더욱 중요한 것이 '결혼'을 통해 발생하는 모성성과 자아정체성 사이의 갈등이라고 할 수 있다. 남성성장소설이 유년시절에서부터 성년에 이르기까지의 보다 긴 시간대를 확보하는 것에 비해 여성성장소설은 유년의 체험이 큰 의미를 지니지 못하고 순간적 각성이 이루어지는 짧은 시간이 강조된다.[35] 그리고 특히 결혼이 여성성장의 중요한 계기가 된다. 결혼이라는 문턱을 넘으면서 비로소 여성은 자신이 처한 억압적 환경이 어떠한 것인지를 직접적으로 체험하

32 여류작가 방문기, 「정열과 낭만 속에 잠긴 이선희 여사」, 『삼천리』, 1936. 11, 358쪽 참조.
33 위의 글, 357쪽 참조.
34 위의 글, 358쪽 참조.
35 Elizabeth Abel, Marianne Hirsch, Elizabeth Langland(1983), 앞의 책, 11쪽 참조.

게 된다. 더구나 그 결혼이 전통적 가부장제가 낳은 파행적 형태일 때 그 속에서 여성이 체험하는 가부장제의 모순은 보다 강하게 드러날 수밖에 없다.[36]

이런 여성인물들에게 유년의 기억은 여행이나 회상의 계기로 작용하지 못한다. 오히려 이미 성인이 된 후에 겪는 남성과의 사랑이나 결혼의 문제가 자아정체성 자각의 중요한 계기로 작용하는 것이다. 과거 여성의 서사에서는 궁극적인 목적이나 최종 도달점이었던 결혼이 여성성장소설의 서사에서는 문제의 시작이나 결핍, 불충분성을 나타내는 표지가 된다.[37] 자아정체성에 대한 인식의 출발점이 바로 결혼이 되는 것이다. 그래서 결혼생활 속에서 소외된 여성의 부정적인 이미지를 묘사하는 것에서부터 소설이 시작되는 경우가 많다. 집과 여성의 관계는 어미닭과 달걀의 관계가 아니라 달걀껍질과 노른자 속의 배아에 가까워, 배아가 병아리로 자라기 위해서는 껍질이 깨어져야 하듯이 여성의 정체성을 확립하기 위해 가정을 달걀껍질처럼 깨져야 할 때가 더 많다는 것이다.[38]

여성이 처한 상황의 핵심적 구조물로서 생산·출산·성관계·자녀양육의 네 가지를 들 수 있다.[39] 이 네 가지는 서로 결합되면서 여성의 지위를 복합적인 것으로 만든다.[40] 이 중에서 특히 여성의 도덕적 인식을 구성하

---

36 서정자,「페미니스트 성장소설과 자기발견의 체험」,『한국여성학』, 7호, 1991, 45쪽, 57쪽 참조.

37 Rita Felski(1989), 앞의 책, 128쪽 참조.

38 김열규 외(1988), 앞의 책, 8-9쪽 참조.

39 줄리엣 미첼,「여성의 지위」, 이효재 편,『여성해방의 이론과 현실』, 창작과 비평사, 1980, 71쪽.

40 흔히 여성들의 성장의 목표는 어떻게 자기자신을 돌보는지에 대해 배우는 데 있는 것이 아니라 자신들이 보호받을 수 있는 공간이 어디 있는가를 찾고 그 후에는 다른 사람들을 어떻게 보살피는가를 찾는 데에 있었다(Elizabeth Abel, Marianne Hirsch, Elizabeth Langland ed.(1983), 앞의 책, 8쪽 참조).

는 것이 자녀양육(육아)의 문제로서 이것은 곧 모성 체험과 연결된다. 흔히 여성의 성욕은 모성애로 대체될 수 있다고 정의된다.[41] 그리고 모성의 찬양은 필연적으로 여성이 성에 대해 초월적인 자세를 갖도록 기대한다.[42] 그런데 이선희는 「연지」나 『여인명령』에서 제도로서의 모성이 아니라 체험으로서의 모성, 물화(物化)된 모성이 아니라 관계로서의 모성을 구체적으로 형상화한다. 그리고 그러한 모성을 '입술'이 가지는 이중성을 통해 문제삼는다. '하나가 아닌 둘', '하나 속의 둘', '하나이면서 둘'인 입술은 보수적인 모성성과 진보적인 자아정체성 사이의 갈등을 시각적으로 제시하는 데에 효과적이다.[43]

「연지」의 주인공 금녀는 후처로 들어와 3년 동안 결혼생활을 하면서 전처 아들과 자기가 낳은 딸을 기른다. "남편과 (전처)아들과 전처의 친정어머니, 시누이 이러케 모혀있는 그 방안"(343쪽)이 곧 금녀의 전세계였다. 그런 답답하고 한정된 공간 속에서 행하는 엄마 노릇에 금녀는 피곤함을 느낀다. 연적(戀敵)인 전처의 존재를 상기시키는 전처 아이에 대해 본능적인 질투심을 느끼기 때문이다. 그래서 금녀는 '본능'과 '이성' 사이에서 갈등한다. 여기서 '본능'은 자기가 낳은 자식이 너무나 사랑스럽다는 사실과 이러한 이치로 전처 자식에 대해서는 제자식에게 느끼는 모성애를 똑같이 느낄 수 없다는 것을 의미한다. 반면 '이성'은 어머니 없는 전처 자식을 제자식처럼 사랑해주고 거둬주는 미덕과 자비를 베풀어야 한다는

---

41 L. Blend, "Purity Motherhood, Pleasure or Threat?-Definitions of Female Sexuality 1900~1970's," Sue Cartledge & Joarma Ryan ed., *Sex and Love: New Thought on Old Contradictions*, London: The Women's Press, p. 9 (박혜란, 「성으로 본 여성의 실상: 80년대 단편소설을 중심으로」, 이화여자대학교 석사학위논문, 14쪽에서 재인용).

42 변신원, 「페미니즘 비평」, 『시문학』, 1991, 6, 101-102쪽 참조.

43 토릴 모이, 『성과 텍스트의 정치학』, 임옥희·이명호·정경심 공역, 한신문화사, 1994, 170쪽 참조.

사실을 의미한다. 이 두 가지 사이에서 느끼는 갈등은 『장화홍련전』에 나오는 계모에 대한 금녀의 가치평가에서도 나타난다. 자신도 전처 아들을 죽이고 싶다는 충동을 느껴 보았기 때문에 흔히 동정받지 못하는 그 계모가 악한 사람만은 아니라는 것이다. 여기서 금녀의 절박한 심정을 엿볼 수 있다.

하지만 남성은 어머니인 여성에게 모성적 측면을 강조하면서 상호의존적인 관계의 수용과 자원의 베품을 성숙함의 징표로 수여한다.[44] 이러한 태도는 금녀의 옛애인으로서 그녀를 가장 잘 이해해 줄 것 같은 명재조차도 남성적 시각을 지녔기에 전처 아들에게 느끼는 금녀의 미움을 이해하지 못하는 것에서 증명된다. 때문에 금녀는 모성성과 자아정체성 사이의 갈등을 마치 "두 개의 기름 업는 물체가 쉬지 안코 마찰을 해서 그 마찰면이 푹푹푹 다러 들어가는 느낌"(349쪽)으로 표현한다. 또한 이선희는 일상적인 삶에서 부딪히게 되는 아주 미묘한 사건들을 통해 이러한 상황을 실감나게 묘사한다. 백화점에서 자신의 구두를 사는 일에는 무심하던 남편이 전처 아들의 자전거 사는 일에 몰두할 때 느끼는 분노가 그 한 예이다.

이러한 갈등은 명재 때문에 더욱 심화된다. 금녀는 지금 남편과의 결혼 생활이 전처의 생활을 연장하는 것과 다름없다고 생각하므로 명재를 통해 자신만의 결혼 생활을 갖고 싶어한다. 하지만 이때 금녀의 위치 자체가 모순적이어서 그녀의 갈등은 해소되지 못한다. 금녀가 전처 자식을 싫어하는 것처럼 명재도 자신의 딸을 미워할 수 있다는 동일원리를 적용한다면, 피해자였던 금녀가 명재에게는 가해자가 되기에 서로의 위치가 전도되는 것이다.

---

44 캐롤 길리간(1994), 앞의 책, 46쪽.

하지만 이선희는 이렇게 한 여성의 내부에 존재하는 내면적 갈등을 문제삼는 데서 멈추지 않고, 여기서 더 나아가 여성과 여성 사이에서도 집 밖의 여성/집 안의 여성, 유혹하는 여성/정숙한 여성, 애인/아내 등의 이분법이 존재함을 문제삼는다. 남성과 여성 사이의 대립보다 여성과 여성 사이의 대립이 더욱 심각하다는 것이다. 흔히 타락한 여성의 웅크린 자세의 배후에는 항상 집을 지키는 천사가 당당하게 막아서서 버티고 있다.[45] 그런데 이선희는 유혹하는 집 밖의 여성으로서 모든 남성의 애인이 되는 여성과 정숙한 집 안의 여성으로서 아내의 자리를 지키는 여성 간의 이분법적인 대립 구도 자체가 자신들의 지배를 영속화시키기 위한 남성들의 억압장치일 수 있다고 비판한다.

『여인명령』은 숙채라는 여주인공의 삶을 결혼이나 모성의 문제와 연관시켜 서술해 나간 장편소설이다. 여기서 이선희는 여주인공 숙채와 안나라는 대조적 여성을 등장시킨다. 전직 영화배우인 안나는 '빠 안나'의 주인이다. 숙채는 자신이 어려웠을 때 도움을 주어 자신에게는 '거리의 등불'과 같은 존재인 안나를 좋아한다. "안나처럼 방종하고 사치하고 요사스럽고 또 안나처럼 순진한 여인"이 없기 때문이다. 이러한 그녀의 특징이 '연지 바른 입술'로 비유된다. 연지는 맨입술에 덧칠하기 위해 필요한 것이다. 원래의 입술에 무엇인가를 덧바른다는 것은 여성만의 특징이며 특히 자신을 아름답게 꾸미려는 여성에게 더 흔한 특징이다. 때문에 전통적인 사고방식을 가진 숙채보다는 "한사람의 남편 없고 그 만흔 남편은 한사람의

---

45 노르마 부르드 & 메어리 D. 개러드 편저, 『미술과 페미니즘—굴절된 여성의 이미지』, 호승희 옮김, 동문선, 1994, 14쪽 참조.
EVA(에바=이브)와 AVE(아베마리아)는 문자의 철자법이 서로 전도될 수 있다. 즉 AVE로 시작되는 기쁜 계시를 가져다주는 천사는 죄 깊은 EVA의 이름을 뒤집은 것이다(위의 책, 147쪽 참조).

예외도 업시 죄다 다른 여인의 남편"인 안나에게 더 잘 어울리는 특징이다. 연지 바른 여성의 입술에서 남성들의 성적 욕망이 야기될 수 있으므로 모든 남성의 연인인 안나의 상징으로서 연지바른 입술이 등장한다.

숙채는 안나의 이런 특징을 이해하고 옹호한다. 그런 직업과 특성을 가질 수밖에 없는 것은 안나 스스로의 선택이 아니라 주변의 상황 때문에 어쩔 수 없는 일이었다는 것, 그리고 여성에게도 자손을 낳는 실용적 기능뿐만 아니라 요사스럽더라도 아름다움 그 자체를 나타내는 미학적 기능도 필요하다는 것을 인식했기 때문이다. 이런 생각은 정숙한 현모양처인 여성만을 높이 평가했던 기존관념에서 벗어나 자유롭고 분방하며 아름다움 자체를 추구하는 여성을 인정했다는 데 그 의의가 있다. 하지만 이런 안나와 비교할 때 숙채는 한 남성과의 사랑이나 모성적인 존재로서의 책임감을 가장 우선시한다는 점에서 맨입술을 지닌 전형적인 가정 내의 여성이라고 할 수 있다. 그리고 그러한 갈등을 여성의 입술이라는 육체를 통해서 효과적으로 형상화했다는 데에 이선희 소설만의 특징이 있다.[46]

이처럼 이선희는 낭만과 현실, 자아정체성과 모성성 사이에서 갈등하는 여성인물들을 통해 그 두 세계의 경계선에 위치해 있었던 당대 여성들을 문제삼는다. 그리고 이런 갈등을 '입술'의 이중적인 상징으로 나타낸다. 연지 바른 입술은 맨 입술과 대립되면서 남성과 대립될 때는 여성적인 모성성의 징표로 나타나고, 여성끼리의 대립을 나타낼 때는 자유롭고

46 이상의 논의를 정리해보면 다음과 같다.

작품	인물	육체구조	의미	갈등양상
「연지」	금녀	맨 입술(남성적)	자아정체성	내부적 갈등 (동일한 여성의 심리 안에 존재)
		연지 바른 입술	모성성	
『여인명령』	숙채	맨 입술(여성적)	모성성	외부적 갈등 (여성과 다른 여성 사이에 존재)
	안나	연지 바른 입술	자아정체성	

독립적인 자아정체성의 징표로 나타난다. 그런 육체적 상징을 통해 이상적으로는 낭만성과 자아정체성을 추구하지만 상황적으로는 현실과 모성성에 발목 잡혀 있는 위치에서 어떤 선택과 결정을 내려야 하는가가 중요한 성장의 과정으로 제시되는 것이다. 이선희는 당대의 현실에서 여성으로 살아간다는 것이 얼마나 힘든 일인가를 이런 위기적 상황을 통해 각성시키려고 한다.

4. 회귀와 미해결의 현실구조

그렇다면 이런 갈등을 통해 성장의 과정을 겪었던 여성인물들이 어떤 결론에 도달하게 되는가가 중요해진다. 이런 의문을 풀기 위해서는 소설의 결말을 살펴보아야 한다. 소설에서 결말은 작품 자체의 구조적 틀을 최종적으로 확인시켜준다는 측면에서뿐만이 아니라 작가의 사회에 대한 태도의 발현이라는 측면에서도 매우 중요한 기능을 한다. 즉 결말은 일련의 사건이 언어로 구체화된 텍스트에서 최후로 제시되는 정보이기에 이전까지 주어진 선행정보를 이해하고 해석하게 하며, 더 나아가서는 추구했던 가치까지 최종 평가하게 한다.[47]

그런데 이선희의 소설에서는 주로 집으로의 귀환이 이루어지거나 현실적인 억압에 순응하는 '회귀'의 결과를 보여준다. '떠남'의 행위가 집으로 다시 되돌아옴을 전제로 한 잠정적 일탈 행위라거나 현실의 억압구조가 쉽게 해결될 간단한 문제가 아니라는 사실을 염두에 두더라도 이런 결말구조는 여성성장소설이 가지게 될 특성을 암시하므로 엄밀한 규명을

47 김현, 「현대소설의 담화론적 연구: 2, 30년대 소설을 중심으로」, 서강대학교 박사학위논문, 14-15쪽 참조.

요구하는 문제라고 할 수 있다.

앞에서 살펴본 모성성과 자아정체성 사이의 갈등에서 결국은 모성을 택하게 되는 결말이 이런 좌절된 여성의식을 전형적으로 보여준다. 「연지」에서 금녀는 자신의 본능에 충실하면서 사랑을 추구하는 자아정체성보다는 어머니로서의 의무에 충실하면서 희생과 봉사를 대변하는 모성성을 최종적으로 선택한다. 이러한 결말은 이중적 의미를 갖는다. 즉 금녀가 자신의 본능에 눈뜨고 그것을 인정했었던 것처럼 타인인 명재의 본능에 대해서도 이해했다는 측면에서는 진보적인 결말이다. 하지만 그럼으로써 오히려 자신을 모성의 굴레 속으로 다시 밀어넣는다는 점에서는 보수적인 결말이다. '젖을 먹이는 행복한 어머니'라는 이미지를 만들어내면서 여성으로서 누릴 수 있는 유일하게 명예로운 위치는 '어머니'뿐이라는 사실을 재확인시키는 것이다. 이상적으로는 서로 대립되는 개념이 아닌 모성성과 자아정체성이 현실적으로는 서로 배타적이어서 둘 중의 하나를 선택하도록 강요하기 때문이다.

『여인명령』에서도 숙채는 무의식적으로 여성 본래의 가치는 가족 가운데서 자신의 역할을 지키는 것에 있다고 생각한다. 때문에 숙채는 첫사랑인 유원이 감옥에 들어가 있는 동안 다른 남자와 결혼하지만, 그 남편이 이미 시골에 법적 부인이 있는 유부남이었던 것을 뒤늦게 알고서도 쉽게 이혼을 감행하지 못한다. 그리고 남편의 갑작스런 죽음 때문에 아직 호적에 오르지 못한 자식을 위해 옛애인의 호적을 빌리면서도 그 아이는 남편 집안의 자식이라고 강조하며 죽어간다. 가문의 대를 잇게 해주는 것이 여성으로서의 본분이라고 생각한 것이다. 그리고 모성의 위치를 굳게 지키는 것이 여성의 숙명이요 스스로에게 내려지는 마음속의 명령이라고 여기면서 옛애인의 청혼도 거절하는 보수성을 보인다.

이렇게 이선희의 소설에서 여주인공이 본능과 충동을 항상 억제하는 것은 그들이 도덕적으로 무장되어 있기 때문이다. 여성들의 도덕 판단은 책임과 보살핌의 개념이 핵심적이다.[48] 여성들은 혁명적인 것보다는 엄숙하고 제한된 영역에서 자신을 지키는 것이 지선(至善)이라고 생각한다. 그리고 처음에는 타인들의 시선이 그런 삶을 선택하도록 만들지만 나중에는 여성들 스스로가 자신을 구속하며 남성에 의한 식민성을 철저하게 고수하게 된다.

이런 여성 의식의 사회적 배경을 고려해보자면, 1930년대 후반에 일군의 작가들이 모성성을 탐구한 것은 결혼 거부 내지 남편의 사랑에 기초한 결합이라는 신도덕(엘렌케이사상 등)이 필연적으로 몰고왔을 사생아 문제와 아동보호 문제의 해결에 적극적인 관심을 가진 결과라고 할 수 있다.[49] 즉 모성이 저급한 일로 간주되는 것을 막기 위해 이선희를 비롯한 여성작가들은 이상적인 '새로운 어머니상'을 만들어내면서 현실을 역(逆)으로 번역했을 수 있다는 것이다. 때문에 이 소설은 다음과 같은 이유로 모성성을 선택하면서 끝나게 된다.

> 당신에게 이러한 청을 가지고 오다니 세상에도 없는 몰염치한 일이라 할지 모르나 이러한 정을 가지고 온 나는 벌써 과거의 유원씨가 알든 숙채가 아니고 다만 저 아이의 어머니로써 온 것입니다. (중략) 그런데 또 한 가지는 저 아이가 성장한 뒤에라도 행여 당신이 정말 아버지인 체해서는 안돼요. 저 애는 비록 이러한 불행을 겪는다 해도 제 혈통과 명예를 완전히 보전해야 할 겝니다. (중략) 나는 한 어미로써 아들에게 할 수 잇는 한의 '완전'을 주랴는 겝니다.
>
> –『여인명령』, 337쪽

48 캐롤 길리간(1994), 앞의 책, 186쪽.

49 서정자(1991), 앞의 글, 36쪽.

이렇게 모성성과 자아정체성 중에서 모성성을 선택할 수밖에 없었던 여성의 현실은 전통적 여성과 진보적 여성의 갈등구조가 신여성의 패배로 끝나는 사실에서도 확인된다. 이선희가 추구하는 바는 신여성으로 대표되는 적극적인 사고와 자유로운 삶이다. 때문에 이선희는 「도장」에서는 순종적이고 어리석은 만동서의 전통적인 부덕(婦德)을 비판한다. 만동서는 자신이 민적에 오른 아내이기에 작은 동서(첩)보다 우위에 있다고 생각하지만, 남편의 술수에 속아 이혼 서류에 도장을 찍게 된다. 그녀는 자신의 삶보다 남편과의 관계 유지 자체를 더욱 중시했기에 스스로 불행을 자초하는 인물이다.

그런데 이선희는 이런 보수성에 입각한 전통적인 여성을 비판했으면서도 이와 반대되는 신여성 또한 긍정적이거나 미래지향적으로 그려내지 못한다. 「돌아가는 길」에서 례경은 애인의 본처를 죽이고 싶도록 미워하지만 애인의 마음이 자신과 다름을 알고 스스로 떠난다. 둘 다 '부모가 정해준 사람'이나 '정당한 아내'가 우위라는 관습의 벽을 뚫지 못한 것이다. 『처의 설계』에서도 소라는 남편 청재의 경제적 무능력과 외도로 인해 이혼까지 생각하지만 특별한 능력이 없기 때문에 다시 남편을 받아들이게 된다. 「매소부」의 채금도 가족들을 위해 몸을 팔아가며 돈을 벌었지만 자신을 일개 더러운 창녀로 취급하는 가족들을 떠나 자살하려고 결심한다. 그러나 평소에는 자신을 위해 죽겠다던 남성들이 실제상황에서는 그 실천을 거부하는 현실을 한탄하며 길에 쓰러진다. 그 길에 펼쳐진 어둠을 통해 그녀가 확인할 수 있는 것은 "녀자로 태어나서는 남의 안해가 되고 정절부인이 되는 것이 제일 유복한 팔자인 가브다"라는 사실이다.

이런 소설들을 통해 이선희가 말하려고 하는 바가 진보적인 사고를 하는 신여성들의 허위의식에 대한 비판인가, 아니면 자유연애를 선호하고 전통적인 결혼제도를 부정하는 여성해방사상이 기존의 윤리나 도덕에 패배할 수밖에 없는 가혹한 현실에 대한 비판인가. 이선희의 소설에서는 이런 문제에 대한 명확한 의견이 제시되어 있지 않기에 그에 대한 대답 또한 불명확하다. 이런 결정의 어려움은 「계산서」나 「탕자」, 「오후십일시」처럼 미해결의 열린 결말로 끝나는 소설이 있음으로써 더욱 가중된다.

「계산서」에서 '나'는 남편과의 관계를 어떻게 정리할 것인지에 대해 다음처럼 언급한다.

> 나는 아직 살인을 하지 않은 채 이곳으로 왔다. 받을 것을 다 못 받고 그대로 주저안는 것이 모든 안해된 자의 약점이요 애교인 모양이다.
>
> 나는 얼마동안 이곳에 더 머므를 것이다. 내 계산서를 완전히 청산할 때까지 이땅에 더 있을 것이다.
>
> 이땅은 마적이 있어서 좋고 돼지가 죽은 아히 시체를 묻고 뜯어먹는다는 이야기가 있어서 좋고 죽음 같은 고독이 있어서 좋다.
>
> -「계산서」, 37쪽

당시의 여성해방론에서는 "사회가 여자에게 요구하는 도덕이나 품행과 똑같은 양의 것이 남자에게도 요구되어야 하고 똑같은 한 가지의 위반이나 파멸에 대하여 남녀가 평등하게 벌을 받어야 한다"[50]라는 계산서 의식이 강조되었다. 때문에 당시의 신문이나 잡지에는 이러한 주장을 담은 글이 많이 발표되었을 것이다. 이선희 또한 이에 영향을 받아 「계산서」에서 교통사고를 당해 다리를 잃어버린 자기를 배신하고 외도를 한 남편도 자신처럼 다리를 잃어버리거나 심지어는 목숨을 내놓아야 한다는 계산서

50 최화성, 『조성여성독본』, 백우사, 1949, 58-59쪽 참조(서정자, 위의 글, 152쪽에서 재인용).

를 작성한다. 그러나 이런 과격한 계산서가 청구되었음에도 불구하고 "받을 것을 다 못 받고 그대로 주저안는 것이 모든 안해된 자의 약점이요 애교인 모양이다"라는 주인공의 자포자기적인 발언으로 작품이 끝난다.[51] 때문에 제시된 인용문에 나타난 "계산서를 완전히 청산한다"는 의미가 남편을 이해하고 자신의 마음을 다스려 집으로 귀환한다는 의미인지, 아니면 남편의 외도나 몰이해에 맞서 끝까지 싸우겠다는 의미인지 불확실해지는 것이다.

「탕자」에서도 '나'는 약혼자가 있는 현실세계로 귀환할지 아니면 등대지기가 있는 낭만의 세계로 여행을 계속할지에 대해 결정하지 못한 상태에서 "아직 회개할 때가 되지 못한 탕자와 같이 육지로 도라갈 줄 모르면서 가방고리만 점점 더 꼭 감아쥐"고 서 있다. 또 「오후십일시」에서도 애인을 만나고 밤늦게 돌아온 딸의 시간과 아버지의 시간 사이에 심리적 차이가 있음을 제시하면서 끝날 뿐 그것이 어떤 결과를 가져오는지에 대해서는 언급되지 않는다.

이렇게 미완의 형태로 결말을 처리하는 것은 여성적 글쓰기의 중요한 특성인 모순적 양면성을 드러내는 기법의 활용이라고 할 수 있다. '열린 결말'로 나타나는 미해결적인 태도는 삶에 대해 권위 있는 해설이나 답변을 하지 않으면서 있는 그대로의 경험을 보여준다. 미래에 대한 진보적 시각이나 완결된 형태의 삶은 남성들의 중심화된 목소리로만 실현되고, 이와 반대되는 영원한 미해결의 불안정성이 여성성에 더 가까이 있다는 것이다. 분열된 주체의 다양성, 잠재성, 불확실성을 그대로 보여줌으로써 단정적인 표현이나 고정된 판단에서 벗어나 여성으로서의 독특한 자아정

51 최초의 여성문학 평론가 임순득은 「계산서」가 훌륭한 여성해방소설이지만 노라 이전의 단계라고 진단하고 있다.
서정자(1991), 앞의 글 참조.

체성을 형성하려는 것이기도 하다.[52] 때문에 이선희의 소설에 나타난 여성은 집 밖과 집 안, 과거와 현재, 자아정체성과 모성성 사이에서 방황하고 있다. 억압으로부터의 탈출을 꿈꾸었으나 좌절될 수밖에 없는 상황 속에서 씌어졌기에 이선희는 아직 결정되지 못하고 모호한 채로 남아 있는 여성의 현실을 여성성장소설의 결말구조에 담아 번역한 것이라고 볼 수 있다.

5. 나선(螺線)의 성장구조와 생존의 서사

지금까지의 논의를 통해 우리는 다음과 같은 질문을 해볼 수 있다. 회상을 통해 과거로의 여행을 떠나 여러 가지 체험을 한 후 현재로 다시 돌아온 여성들에게 현실은 그 이전과 같은 의미일까? 그에 대한 답변은 이중적이다. 현실은 변화되어 있기도 하고 옛날 그대로이기도 하기 때문이다. 자신만의 시간과 공간을 경험한 후의 여성은 현실의 부조화에 대해 훨신 더 민감한 촉수를 갖게 된다. 때문에 보다 적극적으로 자신의 삶에 대해 책임지려는 모습을 보인다. 이런 의미에서는 변화된 현실을 느끼게 한다. 그러나 여전히 가부장제의 성벽은 굳건하게 유지되고 있다. 따라서 여성들은 현실에 순응하면서 전통적인 여성으로 집 안에서만 살게 된다. 이런 의미로 볼 때에 현실은 변화되지 않은 모습 그대로이다. 여성 인물들은 '떠남'의 행위를 통해 이상적인 자신의 성적 정체성을 찾으려고 했으나 오히려 도저히 벗어날 수 없는 가부장적 사회질서에 대한 확인에 도달

---

52 김성례, 「여성의 자기 진술의 양식과 문체의 발견을 위하여」, 『또하나의 문화』, 9호, 1992, 126-127쪽; 마리나 야겔로, 『언어와 여성』, 강주헌 옮김, 여성사, 1994, 43쪽 참조.

하게 된다. 자아의 발견과 성숙을 지향하지만 1930년대의 현실이 갖는 억압 때문에 그 결말이 대부분 실패로 끝나는 것이다.

이런 여성 성장의 과정은 원(圓)이 아닌 나선(螺線) 모양의 운동성을 보여준다. 원의 움직임처럼 한바퀴 돌아 같은 장소로 돌아오거나 직선의 움직임처럼 계속 앞으로만 나아가는 것이 아니라, 나선의 움직임은 동일한 모습을 하고 있지만 다른 장소에 가 있다. 이처럼 위기를 통해 발전적 전환이 가능하다는 것과, 패배를 인정해야 새로운 방식을 발견할 수 있다는 사실을 동시에 보여주는 것이 바로 나선의 움직임이다. 때문에 여성의 나선형적 성장의 모습은 직선적 움직임을 통해 다른 관점에 이르게 되는 발전의 모습과, 순환적인 반복성을 통해 변화없이 정지된 선 위에 있게 되는 패배의 모습을 동시에 보여주는 이중성을 갖게 된다. 이것이 여성의 성장 경험이 갖는 특수성이자 한계이다. 그리고 이런 나선적 성장의 모습은 '중심 없이 흩어지는 운동성'을 강조하는 '산종(散種)으로서의 번역'과도 연결되면서, 하나의 특수한 종(種)에 불과한 특성을 마치 보편적인 것처럼 여기는 헤게모니에 대한 의심을 촉발시킨다.[53]

또한 이선희의 소설을 중심으로 살펴본 여성성장소설의 또다른 특성은 유년에서 성인에 이르는 시기가 아닌 성인기 이후의 짧고 집중된 시간 속에서 '사랑'과 '결혼', '모성'이라는 계기를 통해 인생의 뒤늦은 시기에, 그것도 불충분하게 나타난다는 것이다. 이런 특성은 남성인물의 성장이 주로 단계적·점진적으로 이루어지는 면이 강한 데 비해[54] 여성인물의 성

---

53 모리니카 타카아키, 「산종으로서의 번역」, 사카이 나오키·존솔로몬 편, 『번역, 생정치, 식민지적 차이』, 윤여일 옮김, 문화과학사, 2012, 56-59쪽 참조.

54 사람(남성)이 성장하는 데는 혁명적인 성장이 있을 수 없어서 점진적으로 성장하게 마련이다. 삶의 현실이란 비약이 있을 수 없으며, 과격한 변화없이 점진적 성장을 통해 이루어져야 자연질서와도 일치하기 때문이다.
오한진(1989), 앞의 책, 107쪽, 110쪽 참조.

장은 순간적·집약적으로 이루어지는 면이 강하다는 특성을 보여주는 번역 양상이라고 할 수 있다.

더욱 중요한 것은 남성성장소설의 주인공들이 사회와의 조화나 이성, 전체성의 개념을 획득해가는 '발전'의 서사를 경험한다면, 여성성장소설의 주인공들은 내면심리로의 복귀나 혼돈, 실패의 결과에 만족해야 하는 '생존의 서사'를 경험하게 된다는 점이다.[55] 여성성장소설에서는 내적 자아와 외적 세계 사이의 불화에 대한 강조나 통합 불가능성의 확인으로 끝나기 쉽다는 것이다. 여성성장소설에서 주인공에게는 물리적인 억압과 사회적인 방해요소 때문에[56] 새로운 공간을 찾기보다는 빼앗긴 공간을 확보하는 문제가 더욱 중요하다. 이런 의미에서 여성성장소설은 '생존의 서사'인 것이다.

이런 생존의 서사는 기존의 남성성장소설의 개념에 비추어 보면 오히려 반성장소설적인 특성을 갖는다고 할 수도 있다.[57] 세계와의 외적 시련을 통한 내적 각성의 성취, 즉 여성 젠더(gender)의 발견이라는 관점에서는 성장소설로 분류가 가능하겠지만, 그 결과가 전락(轉落)의 플롯을 갖게 되어 전락소설(story of degeneration)의 성격을 띠게 된다는 것이다. 특히 가부장제와 자본주의, 반민족적 파시즘으로 규정되는 삼중 억압하의 1930년대라는 시대상황 속에서 내적 각성을 넘어 세계와 진정한 화합과 조화를 이루는 자아완성의 성취는 여성들에게 사실상 불가능했다고 볼 수 있다. 즉 각성된 여성일지라도 아직 각성되지 않은 현실 속에서는 패

---

55 전통적으로 남성영웅들은 성공한다. 그러나 여주인공은 운이 좋을 경우에만 단순히 살아남았으며, 이것이 린다 하우가 여성성장소설을 '생존의 서사'라고 생각한 이유이다. Linda Howe, "Narrative of Survival", *Literary Review*, 26, 1982, pp.177-184; K. K. 루트벤, 『페미니스트 문학비평』, 김경수 옮김, 문학과 비평사, 1989, 151-152쪽 참조.

56 위의 책, 77-78쪽 참조.

57 장경렬(1991), 앞의 글, 77-87쪽 참조.

배할 수밖에 없으며, 이럴 때의 여성성장소설은 자아성취의 기록이기보다는 사회에 대한 부적응의 기록이 되기 쉽다는 것이다.[58]

그런데 이렇게 이상적인 가치를 추구하다가 좌절하는 서사구조를 갖는 것이 여성성장소설만의 특징은 아니다. 남성성장소설도 20세기에 들어서서는 부정적인 결말로 끝나는 경우가 많다. 20세기는 부정적 현실이 너무 강하게 압도하기 때문에[59] 그러한 상황 속에서는 어떠한 성장도 불가능하다고 볼 수 있다.[60] 이런 특성을 무시하고 젠더정체성의 구별에만 입각해 남성성장소설과 여성성장소설을 대립적으로만 파악하는 것도 위험하다. 특히 문화번역의 과정에서 반드시 확보되어야 할 혼종적이고 유동적인 시각을 간과하게 된다면 더욱 문제는 심각하다.[61] 그러나 그럼에도 불구하고 여성성장소설을 '생존의 서사'로 변역할 수 있는 이유는 다른 20세기의 소설처럼 세계의 폭력성이 사회적이고 경제적인 문제에서 연유하기도 하지만 그런 문제보다는 '가부장제'라는 관습적인 이데올로기와 남성의 횡포에 기인한다는 특수성 때문이다.

---

58 송명희, 앞의 서정자(1991)의 논문에 대한 논평, 『한국여성학』, 72쪽 참조.

59 이와 연관되어 김병익은 주로 남성작가의 소설을 대상으로 하여 문화적 의미를 중시하는 맥락에서 우리나라 성장소설의 특징으로 다음의 사항을 지적한다. ① 우리에게는 개인적·내면적 성장과 발전을 유도 또는 의식케 할 문화적 요소가 희박하다. ② 그처럼 개인적 성장을 가로막은 것은 국가적 비극(일제시대나 6·25)과 명분주의적인 유교체제였다. ③ 따라서 개인의 각성은 밖으로부터 주어진 충격으로 이루어진다. ④ 그러므로 자아의 각성은 문화적·내면적 형태로서가 아니라 사건적·외형적 형태로 이루어진다. ⑤ 그것은 소년기 세계의 아름다움과 성인 세계의 추함과 단절·대비된다. 이것은 곧 현재에 대한 부정적 인식을 유도한다. ⑥ 때문에 현재에 긍정될 수 있는 문화가치가 없을뿐더러 그것을 비판한 기존체계도 갖고 있지 못하다. ⑦ 그것은 개인의 각성이 보편적 이념으로 확장될 가능성을 제거하고 여전히 개인주의적·주관적 결단으로만 멈추게 한다. ⑧ 이런 현상은 아마도 문화적 전통·정통 간의 단절을 뜻한다.
김병익, 「성장소설의 문화적 의미」, 『세계의 문학』, 1981, 여름호, 89-90쪽 참조.

60 오한진(1991), 앞의 책, 46쪽 참조.

61 박선주, 「(부)적절한 만남」, 『안과 밖』, 23권, 2012, 301쪽 참조.

또한 패배하는 결말을 비슷하게 보일지라도 남성성장소설의 경우는 그 결말이 '자아'와 '세계'의 조화나 발전의 추구라는 기본형의 변이형이라고 할 수 있다. 아무리 20세기 이후 세계의 폭력성이 증대했어도 자아와 세계와의 상치성 극복이나 세계에 대한 낯설음의 해소, 윤리적 원리의 실현이 남성성장소설의 기본과제이다.[62] 때문에 남성성장소설이 단편화되고 불연속적인 측면을 강조하더라도 그것은 자아의 순수성이나 삶의 총체성, 은폐된 진실을 찾기 위한 노력을 내포한 것이다. 즉 시대 자체가 총체성을 상실했다는 것을 나타냄과 동시에 거기서 벗어나야 한다는 인식을 촉구하기에 결국은 '발전의 서사'라고 볼 수 있다.

그러나 여성성장소설의 경우는 좌절과 패배의 확인이 변이형이 아닌 기본형이라는 데에 남성성장소설과의 차이점이 있다. 여성에게는 남성에게 주어지는 발전의 기회조차 원천적으로 봉쇄되는 경우가 많기 때문에 성장 자체가 심리적이고 내성적인 차원에 머무를 수밖에 없다는 것이다. 여성주인공들은 어떤 포부이든지 간에 그것을 단지 표현하기 위해 투쟁해야 한다.[63] 이런 의미에서 여성의 성장은 제한적이고 비사회적이라고 할 수 있다. 곧 성장에 필요한 통과의례에서 보이는 '분리-전이-통합'의 3단계 중에서[64] '분리'의 과정이 특히 강조되어 나타나지만 그 후 '전이'의 과정을 겪어도 '통합'이라는 결과를 통한 사회로의 복귀가 직접적으로 이루어지기 어렵다는 것이다.

이런 이유로 여성이 인간으로서 갖게 되는 욕망은 무시하면서 여성으로서의 역할과 가치만을 강요하는 사회 속에서 여성이 아닌 인간의 가치를 찾으려는 고난의 과정이 바로 여성성장소설이라고 할 수 있다. 때문에

---

62 위의 논문, 18쪽, 46쪽 참조.

63 Elizabeth Abel, Marianne Hirsch, Elizabeth Langland ed.(1983), 앞의 책, 6-7쪽 참조.

64 A. 반겐넵, 『통과의례』, 전경수 옮김, 을유문화사, 1985, 6쪽, 13쪽 참조.

여성성장소설에서의 여성주인공의 탐색을 "조건지워진 감금으로부터의 탈출과 진정한 자아를 추구하는 심리적인 여행"[65]이라고 정의내릴 수 있을 것이다. 여성들은 세계를 지배하거나 제어하기 위해 여행을 떠나지 않고 세계를 이해하기 위해 여행을 떠난다. 그러므로 여성인물들의 성장을 문제삼을 때에는 그들이 무엇을 이룩했는지에 대해 묻지 말고, 그들에게 어떤 일이 일어났는지에 대해서나 그들이 어느 정도로 성장의 어려움을 인식시켜주었는지에 대해 물어야 할 것이다.

이런 점에서 여성성장소설은 표면상으로는 사회적인 관습을 그대로 받아들이는 것 같지만 그 이면에는 그러한 관습에 저항하는 잠재성이 내재해 있다고 볼 수 있다. 때문에 표면적으로 드러난 결과의 실패만을 중시하지 말고 그러한 해결 뒤에 있는 현실비판적인 요소의 핍진성이나 현실인식의 투철함에도 주목해야 한다. 이와 더불어 성장의 개념을 사회로의 복귀나 부정적인 현실에 대한 대응능력의 가시적인 향상으로 제한하지 않고, 사회적 억압에 대한 인식과 개인의 한계에 대한 지각을 포함시킨다면 고통이나 전락의 확인도 성장의 범주에 포함시킬 수 있을 것이다. 성장의 개념을 어떻게 번역하느냐에 따라 그에 대한 해석과 평가가 이처럼 달라질 수 있다. 이선희 소설은 성장소설의 이런 젠더번역양상을 살펴보는 데에 징후로 기능하는 문제적 여성텍스트이다.

---

65 K. K. 루트벤(1989), 앞의 책, 263쪽 참조.

제12장

안티고네와 여성언어의 수행성(遂行性)

오정희의 「저녁의 게임」론

1. 안티고네적 여성언어의 번역술(飜譯術)

여성문학에서는 신화나 고전 작품 속 여성을 통해 여성성이나 모성성의 변화된 의미를 규명함으로써 그 현재적 의미를 재조명한다. 대표적인 예가 안티고네(Antigone)라고 할 수 있다. 오이디푸스의 딸인 안티고네는 어머니와 결혼할 것이라는 신탁을 피하지 못해 몰락의 길에 들어선 아버지를 끝까지 보살폈을 뿐 아니라, 매장이 금지된 오빠 폴뤼네이케스를 매장해줌으로써 삼촌이자 왕인 크레온과 대립한 후 자살에 이른 여성이다. 이런 안티고네의 삶 그 자체에 이미 복합적인 의미가 내포되어 있기에 흔히 안티고네에 대한 해석을 "문화적 시금석"[1]으로 간주하기도 한다.

대표적인 예를 들면, 조지 W. 헤겔(Georg. W. F. Hegel)은 공동체의 관

1 한정숙, 『여성은 이렇게 말했다』, 도서출판 길, 2008, 137쪽.

점에서 안티고네를 국가법에 대항하면서 친족법(가족법)을 주장한 '공공의 적'이라고 비판한다. 반면 자크 라캉(Jacques Lacan)은 억압적인 상징 질서로부터의 '급진적 분리'를 감행한 윤리적 주체로 안티고네를 상정한다. 또한 페미니스트 이론가인 루스 이리가레이(Luce Irigaray)는 안티고네를 남성의 중심적 법에 맞서 싸운 여성적 법의 대표이자 여전사로 자리매김한다. 하지만 주디스 버틀러(Judith Butler)는 라캉의 입장을 관념적이라고 비판하고, 이리가레이의 주장도 이분법적이고 본질주의적이라고 비판한다. 버틀러에 의하면 안티고네는 친족 규범과 젠더 규범을 모두 위반한 불순한 주체이다. 안티고네 자체가 아빠가 오빠이기도 하고, 오빠가 조카이기도 한 근친상간의 산물이기에 친족법을 대표할 수 없다. 또한 남성 중심적인 국가법에 저항하면서도 '남자답다' 혹은 '아들같다'는 칭송을 듣는 '남성적' 여성이기에 젠더 규범 또한 교란시킨다. 그 때문에 안티고네는 그 어떤 최종적인 동일시도 거부하는 모호하면서도 비순수한 주체라는 것이다.[2]

흥미로운 것은 버틀러가 주장한 안티고네의 이런 모호하고도 불순한 정체성이 안티고네가 발화하는 '언어'의 측면에서도 확인된다는 사실이다. 안티고네는 법으로 금지된 오빠의 매장 여부에 대해 묻는 크레온(국가, 법, 남성)의 질문에 "나는 내 행동을 부인하지 않겠습니다(I will not deny my deed)"라고 대답한다. 이런 대답은 나는 억지로 부인하기를 거부할 것이라는 말이자, 내가 부인하지 않게 될 것이 '나의 행위(my deed)'라는 말이다. 이것은 부인을 행하기를 거부하는 것이지만, 딱히 그 행위를 주장하는 것도 아니다. '제가 그 행동을 했습니다'라고 단호하게 그 행위를 인정하는 것은 아니기 때문이다.

이처럼 안티고네는 긍정문 속에서 부정문을 발화한다. 그녀는 할 수 있

2 주디스 버틀러, 『안티고네의 주장』, 조현순 옮김, 동문선, 2005, 13-22쪽.

는 일을 하지 않은 것이 아니라, 하지 않는 것을 하겠다고 말한다. 이것은 '긍정의 부정'이 아니라 '부정의 긍정'이다. 즉, 부정의 거부를 통해 이중 부정을 보여 준다. 그리고 크레온의 명령에 따르기를 거부하면서도, 거부하던 바로 그 통치권의 말투를 사용한다. 그럼으로써 권위에 대한 저항과 수용을 동시에 보여준다. 강력한 저항도, 분명한 거부도 모두 확실하게 보여주지 않음으로써 모호하고 미결정인 채로 남아 있는 것이 바로 안티고네의 언어이다.[3]

이런 안티고네의 여성언어적 특성에 주목할 때 남성 중심의 언어를 교란시키는 오정희 소설 속 여성언어의 특수성과 보편성을 동시에 규명할 수 있다. 기존 연구에서는 주로 오정희 소설에 대해 그로테스크·트라우마·일탈·광기·죽음 등의 이상(異常) 심리 및 신경증적 욕망 등의 내용적 측면에만 주목하거나, 그 반대로 아이러니·애매성·불확실성·이중성 등의 문체적 측면에만 주목했다. 혹은 이런 내용과 표현을 직접적으로 대응시키면서 여성문학적 의의를 규명하는 데에만 초점을 맞추었다. 억압당하는 여성들을 통해 가부장적 이데올로기에 의한 상처 혹은 그에 대한 저항을 보여준다는 것이다.[4] 하지만 이 글에서는 오정희 소설 중에서 제3회 이상문학상을 수상한 그녀의 대표작이자 수수께끼와 같은 혼란스러운 서사문법을 전형적으로 보여주고 있는 「저녁의 게임」(1979)[5]을 중심으로 오정희 소설의 언어가 지니는 안티고네적 특성을 규명해봄으로써 기존 연구의 한계를 극복해보려 한다. 남성성과 여성성을 이분법적인 대립관계

---

3 위의 책, 23-30쪽.

4 오정희 소설 연구 관련 대표적인 논문과 참고 문헌, 서지 사항 등은 『오정희 깊이 읽기』(우찬제 엮음, 문학과지성사, 2007)를 참조할 것.

5 오정희, 「저녁의 게임」, 『유년의 뜰』, 문학과지성사, 1981, 앞으로 소설의 본문 인용은 이 책에 의거해서 쪽수를 제시한다.

에서만 파악하거나, 여성문학적 의의를 무조건 환원론적 입장에서 인정하는 기존 논의들을 통해서는 오정희 소설의 남성언어에 대한 언어번역 양상이 지닌 중층성과 복합성, 모순과 갈등, 모호성과 불확실성에 대해 있는 그대로 주목할 수 없기 때문이다.

좀 더 구체적으로 부연하면, 안티고네적 여성언어의 특성과 오정희 소설의 언어번역 양상의 연관성에 주목할 때 다음과 같은 시도가 가능하다. 첫째 오정희 소설의 특성으로 알려진 난해함의 여성적 근원이나 그 심리적 메커니즘을 보다 심층적으로 규명해볼 수 있다. 오정희 소설에 대해 '휴화산의 내부'[6], '빛과 어둠의 이중 문체'[7], '개와 늑대 사이의 시간'[8] 등으로 요약될 수 있는 날카로운 접근들이 이미 이루어졌다. 그리고 이런 평가에서 드러나듯이 오정희 소설에서는 정반대되는 의미들(휴화산·빛·개/내부·어둠·늑대)이 공존하면서 삶에 대한 입체적 시각을 보여주는 측면이 강하다. 하지만 오정희 소설의 특성을 단지 표면/이면, 긍정/부정, 일상/내면 등의 대립항들이 공존하는 '양상'에서가 아니라 서로 적극적인 길항작용을 통해 서로에게 침투하고 서로를 오염시키는 '행위'에서 찾기 위해서는 그 원인과 과정에 좀더 주목할 필요가 있다. 정태적 양상이 아닌 동태적 행위의 차원에서 대립적 의미들에 접근할 때에만 오정희 소설의 모호함과 불확실성을 그 자체로 젠더번역할 수 있는 독법이 마련될 수 있기 때문이다.

두 번째로는 안티고네적 여성언어를 통해 '여성적 글쓰기'로 논의되는 오정희 소설의 여성언어적 특성이 본질적이고 통일적인 것이 아님을 밝혀낼 수 있을 것이다. 오정희 소설에서 여성인물들은 여성언어가 별도로

---

6 이남호, 「휴화산의 내부」, 『문학의 위족2』, 민음사, 1990, 123-131쪽.

7 황도경, 「빛과 어둠의 이중 문체」, 『문학사상』, 1991, 1, 328-352쪽.

8 김화영, 「개와 늑대 사이의 시간」, 『문학동네』, 1996, 가을호, 469-503쪽.

존재하지는 않는다는 것, 여성언어조차도 분열과 변화를 일으킨다는 것, 여성언어 자체가 남성언어와 이분법적인 대립만을 보여주는 것이 아니라 상호 교차되면서 서로에게 오염된 언어를 생산한다는 것 등을 여실히 보여 준다. 이런 양상들을 통해 여성언어를 젠더번역의 측면과 연결시켜 고찰함으로써 여성언어의 불안정성과 모호성, 미결정성과 불확실성에 대한 새로운 의미 부여가 가능해질 것이다.

2. 가부장적 '호명(呼名)'의 패러디

장님이 된 아버지를 버리지 않고 끝까지 돌보는 안티고네의 모습은 효녀 심청을 연상케 한다.[9] 「저녁의 게임」에서도 어머니가 기도원과 정신병원을 전전하다가 죽은 후 마치 아무 일도 없었던 듯 일상을 유지하는 아버지를 견디지 못해 아버지와의 "더러운 게임"(115쪽)을 그만 두고 가출한 오빠와 달리, 딸인 '나'는 아버지와 함께 생활하며 그 곁을 지키고 있다. 이 소설의 대부분도 이런 아버지와 딸이 함께 영위하고 있는 죽음과 다름없는 무의미한 일상에 대한 치밀하고도 세세한 묘사에 할당되어 있다.[10] 그런데 이처럼 "모든 것은 어제와 다름없이 잘 되었다"(102쪽)는 말로 대변되는 일상에 미묘한 균열을 일으키면서 아버지와 '나' 사이의 대립과 갈등을 보여주는 두 가지 행위가 바로 '거짓말하기'와 '화투치기'이다.

먼저 '거짓말하기'는 아버지와 '나'가 주고받는 대화에서 잘 드러난다. '나'는 "얘야, 까치가 어느 쪽을 보고 우니?"(104쪽)라는 아버지의 질문에

9 한정숙(2008), 앞의 책, 141쪽.

10 김미현, 「죽음과 삶의 이중주」, 『문학사상』, 1999. 3, 141-145쪽.

"잘 안보인다니까요"(105쪽)라며 거짓말을 한다. 아버지 또한 그날 새로 걸어 놓은 목욕탕 수건을 보고 "더럽고 축축하더라"(106쪽)라는 거짓말을 하며 새 수건을 찾는다. 또 "이걸 봐라, 벌써 며칠 째나 편지함에 있던 거다"(116쪽)라며 전기세 고지서를 들이미는 아버지의 말 또한 거짓말이다. 아버지는 집 나간 오빠의 소식을 기다리며 하루에 열 번쯤 우편함을 열어보기 때문이다. 이처럼 이들 부녀는 서로 질문하고 그에 대답하지만 거짓말을 통해 속마음을 감추거나 속이면서 서로 어긋나는 말들을 나눈다.

이렇게 볼 때 질문에 대답을 한다는 면에서 아버지와 '나'는 서로 연결되어 있다. 하지만 거짓으로 대답을 주고받는다는 점에서 아버지와 '나'는 서로 단절되어 있다. 지배이데올로기는 자신의 이데올로기를 재생산하기 위해 체제에 유리하도록 개인을 주체로 호명한다. 그리고 이런 호명에 응할 때에는 그런 지배이데올로기의 종속에서 벗어날 수 없다.[11] 아버지는 '나'를 충성스러운 '가부장제의 딸'로 호명한다. '나'는 이런 아버지의 이데올로기적 호명에 응답함으로써 충성스러운 '효녀'의 역할을 수행한다. 하지만 '나'는 아버지의 호명을 '삐딱하게' 수행한다. 아버지의 호명에 완전히 복종하지 않고 잉여 부분을 남김으로써 완전한 복종도 하지 않고 완전한 저항도 하지 않는 불확실하고 미결정적인 딸의 정체성을 보여주고 있기 때문이다.[12]

다음으로 '화투치기'는 소설의 제목인 '저녁의 게임'을 직접적으로 지칭하면서, 앞의 '거짓말하기'보다 더 심각하고 첨예화된 부녀지간의 갈등을 보여준다. 부녀는 매일 저녁식사 후 화투를 친다. 그러나 화투는 닳고 닳아 뒷면만으로도 무슨 패인지 알 정도이다. 더구나 아버지는 틈만 나면

---

11 다이안 맥도넬, 『담론이란 무엇인가』, 임상훈 옮김, 한울, 1992, 49-52쪽.

12 조현준, 『주디스 버틀러의 젠더정체성 이론』, 한국학술정보, 2007, 207쪽.

'나'의 패를 훔쳐본다. "아버지와 나는 낡고 너덜너덜해진 각본으로 끊임없이 연극을 하고 있었다."(112쪽) 겉으로는 평화롭고 사이좋은 관계를 유지하는 듯하지만, 속으로는 불화와 갈등이 내포되어 있는 것이 이들 부녀지간이다. 그 때문에 화투치기는 아버지와 '나'가 죽음과도 같은 일상을 견디는 놀이이자, 서로의 상처와 고통을 숨기면서도 드러내는 상황극이라고 할 수 있다.

이처럼 "공범끼리의 적의와 친밀감"(116쪽)으로 아버지와 '나'가 위험한 연극을 할 수밖에 없는 이유는 '나'의 어머니 때문이다. 소설 속에 흩어져 있는 정보를 종합해볼 때 어머니는 오빠와 '나'를 낳은 후 정신이상 증세를 보이다가 '나'의 어린 기형아 동생을 목 졸라 죽인 후 정신병원에서 죽는다. 문제는 이런 어머니의 죽음과 무관하지 않은 아버지를 바라보는 '나'가 어머니의 딸로서 느끼는 감정이다. '나'는 어머니의 죽음이 불가항력적인 운명의 폭력성 때문임을 '의식'으로는 이해한다. 그러나 '무의식'의 차원에서는 아버지와 자신이 어머니의 고통에 무관심했다는 죄책감에 시달린다. 이런 '나'의 분열된 감정이 자신과 거울 관계에 있는 아버지와의 은닉된 논쟁으로 드러난다. 그 때문에 소설 속 '나'의 언어는 자신에게 부과된 가부장적 호명에 '저항'하기도 하고 '복종'하기도 하는 안티고네적 언어와 유사하다.

① 심한 짓을 했다고 생각하지 않으세요? 모르는 소리야, 달리 무슨 수가 있었니. 넌 아직 어렸고 또 무슨 일을 저지를지 몰랐어. 갓난애도 그렇게 없애지 않았니? 넌 마치 네 엄마가 그렇게 된 게 모두 내 탓이라는 투로구나. 잘 보살펴드릴 수도 있었어요. 외려 네 엄마에겐 그곳이 편한 곳이야. 친구들도 있고 가족이란 생각하듯 그렇게 대단한 건 아니야. 너부터도 내심 네 엄마를 가까이서 보지 않아도 된다는 걸 다행스럽게 생각하고 있지 않니? 그

전에 번번이 네 혼담이 깨지던 것도 에미 탓이라고 원망했을걸. (113-114쪽)

② 나도 오빠처럼 훌쩍 나가 버릴 수 있을까. 침몰하는 선체에서 구명 조끼를 입고 결사적으로 탈출하듯 그렇게 달아나버릴 수 있을까. 나는 매조를 먹을까 칠띠를 깨뜨릴까에 긴장되어 있는 아버지의 얼굴을 새삼스럽게 바라보았다. 좁고 긴 얼굴, 매처럼 구부러진 코 끝은 볼의 살이 빠짐에 따라 더욱 길게 늘어져 보였다. 아가, 날 데려가 다오. 여긴 무섭고 쓸쓸하단다. 그러나 어디나 마찬가지예요. 화투는 아버지의 손에서 내 손으로 옮겨갔다. (115쪽)

인용문①에서 어머니의 죽음에 대해 변명하는 아버지를 '나'는 "심한 짓을 했다고 생각하지 않으세요?"라거나 "잘 보살펴드릴 수도 있었어요"라고 말하며 비난한다. 이것은 '아버지의 딸'이 아닌 '어머니의 딸'로서의 언어이다. 하지만 '나'의 또 다른 내면 속에는 아버지처럼 병들고 공포스러운 어머니를 방기하고픈 마음이 있었음을 숨길 수 없다. 이런 무의식을 아버지에게 들킨 후 '나'는 아버지처럼 말하는 데에 장애를 덜 느끼게 되므로 인용문②에서처럼 자조적으로 말하게 된다. "아가, 날 데려가 다오. 여긴 무섭고 쓸쓸하단다"라는 어머니의 구명(求命)에의 요구를 "어디나 마찬가지예요"라며 거절할 수 있게 되는 것이다. 이런 '나'의 말은 "네 엄마에겐 그곳이 편한 곳이야"라거나 "가족이란 생각하듯 그렇게 대단한 건 아니야"라는 아버지의 말에 이미 오염된 딸로서의 말이라고 할 수 있다. 이 소설의 중층성은 이처럼 가부장적인 아버지에 대한 일방적인 비판이나 책임 전가가 아니라, 허약하고 무정한 딸 자신이 스스로에게 느끼는 어머니에 대한 죄책감까지 건드린다는 데에서 확보된다.

여기서 중요한 것이 안티고네가 보여준 '반복 복종'의 행위이다. 안티고네는 아버지(국가)의 법에 복종한다. 그러나 복종하면서도 그 법을 전복시킬 가능성을 포기하지 않는다. 법 '바깥'이 아닌 법 '안'에서 법에 대한 복종을 반복함으로써 법의 재의미화를 모색하기 때문이다. 규범을 반복하지만, 그 반복에서 일관성을 박탈함으로써 새로운 의미를 창출할 가능성을 동시에 만들어내는 것이 바로 반복 복종 개념이다.[13] 소설 속 '나' 또한 '나'가 반대하는 아버지의 목소리를 전유(專有)함으로써 자기 자신의 진짜 언어를 발화하고 있다. "그게 어디 우리 탓인가요?"(113쪽)나 "정말 그게 우리 탓인가"(113쪽)라며 각각 아버지와 자기 자신에게 내뱉는 '나'의 말들은 어머니의 죽음에 대해 책임을 회피하려는 아버지의 말을 반복하면서도 '정말 우리 탓이 아닌 것은 아니지 않을까요?'라는 무의식적 저항을 동시에 내포하고 있기 때문이다.

또한 안티고네적 '나'의 언어는 침묵을 강요하는 아버지의 언어를 차용하고 활용한다는 점에서 '패러디(parody)'의 언어이기도 하다. '비슷하지만 똑같지는 않게 반복하는', 즉 '차이를 가진 반복'을 통해 원본에 대한 모방(계승)과 저항(도전)을 동시에 보여주는 것이 패러디이기 때문이다.[14] 가부장적 이데올로기에 기반한 아버지의 언어를 비틀면서 자신의 언어를 드러내려는 것이 바로 패러디의 언어가 지닌 정치성(精緻性)이다. 반대되는 것을 포함하는 '이중 거부'가 바로 반복 복종과 패러디의 공통점이기 때문에 가능한 전략이다.

이러한 패러디적 여성언어의 전략은 지배이데올로기의 호명에 저항하는 방법 중에서 '반동일화(反同一化가)'가 아닌 '비동일화(非同一化)'와도 연결될 수 있다. 반동일화는 무조건 지배이데올로기에 저항하지만 사실은 그와 공모하기 쉽다. 반면 비동일화는 지배이데올로기에 '편승하는 동시에 저항하는' 제3의 방법이다.[15] 그 때문에 원본을 '모방하면서 동시에 비

---

13 주디스 버틀러(2005), 앞의 책, 30쪽.

14 린다 허천, 『패러디 이론』, 김상구·윤여복 옮김, 문예출판사, 1992, 12-17쪽.

15 다이안 맥도넬(1992), 앞의 책, 53-54쪽.

트는' 패러디의 방법과 유사하다. '나'는 아버지의 호명에 무조건 저항하는 것이 아니라 복종하는 듯하면서 동시에 저항하는 유동성과 불확실성을 보여준다. 그 때문에 안티고네와 '나'는 가부장적 이데올로기에 대해 반동일화가 아닌 비동일화에 기초한 언어 전략을 모두 구사한다고 할 수 있다.

3. 모성적 '노래'의 복화술(複話術)

영어권에서는 어머니를 뜻하는 단어인 'mother'를 '(m)other'로 표기해 최초의 타자로서의 어머니의 위치를 나타낸다. 주체가 경험하는 최초의 타자가 바로 어머니이기 때문이다.[16] 프로이트 정신분석학은 부친 살해의 숙명에서 출발한다. 하지만 멜라니 클라인(Melanie Klein)은 프로이트적 아버지의 위치에 어머니를 세운다. 자식들은 최초의 욕망을 불러일으키는 원초적 어머니로부터 욕망을 철회하고 거리두기를 함으로써 독립적 주체를 형성하면서 언어를 습득하게 된다고 보기 때문이다.[17] 그런데 「저녁의 게임」 속 '나'는 어머니와의 완전한 분리에 실패함으로써 언어가 아닌 '노래'의 단계에 머무르면서 온전한 주체에 이르지 못하고 있다. 노래는 언어화 이전의 단계, 어머니와의 비분리 단계를 나타내는 '언어 이전의 언어'이기에 불완전한 언어에 해당한다.

「저녁의 게임」에서 어머니의 노래에 대한 '나'의 체험은 '자장가'와 '비명'으로 양극화되어 있다. 자장가는 평화로운 노래이고, 비명은 처절한 노

16 전영백, 「크리스테바와 멜랑콜리 미학」, 『세잔의 사과』, 한길아트, 2008, 79쪽.

17 줄리아 크리스테바, 『정신병, 모친살해, 그리고 창조성: 멜라니 클라인』, 박선영 옮김, 아난케, 2006, 214-224쪽.

래이다. '나'는 어머니의 이 두 노래 사이에서 우울증을 앓고 있다. 어머니의 자장가도 비명처럼 들리기 때문이다. 평화로운 자장가가 허락되지 못할 때, 즉 아이에 대한 모성적 베풂이 불가능할 때 어머니들의 노래는 딸들에게는 모두 비명일 수밖에 없다. 그리고 어머니의 자장가에서 비명을 동시에 듣는 딸들은 우울증을 앓을 수밖에 없다. 우울증은 어머니에 대한 애도에 실패할 때 발생한다. 애도는 사랑하던 대상에 대한 리비도를 회수해서 일시적으로 내투사(introjection)했다가 최종적으로 슬픔을 극복하게 되는 반면, 우울증의 경우에는 리비도의 회수 과정에서 대상 자체가 주체의 몸에 합체(corporation)되어버림으로써 슬픔의 극복이 불가능해진다. 특히 금지되거나 배제된 대상에 대한 애정은 그것이 억압되기 때문에 더욱더 극복이 불가능한 우울증적 동일시를 초래한다.[18] '나'의 어머니에 대한 사랑도 가부장제의 질서 안에서는 억압되고 금지되어야 할 것이다. 그래서 상실했지만 완전히 떠나보내지 못한 어머니가 '나'의 자아를 우울증적 주체로 만든다. 그리고 반대되는 것을 동시에 내포하면서 비논리적이고 모순적인 양상을 보여주는 우울증적 언어를 발화하게 한다.[19] 흔히 의식의 흐름 수법에 토대를 둔 자동기술적 언어를 사용하기에 애매모호하고 난해하다는 평가를 받아온 오정희 소설의 문체적 특성도 여기에 기인한다고 할 수 있다.

이런 우울증적 언어가 여성적인 복화술(腹話術)과 연관될 수 있는 것은

---

18 조현준(2007), 앞의 책, 229쪽.

19 김승희는 박인환과 고은의 전후시를 대상으로 애도와 우울증의 언어를 연구하면서 애도적 언어의 특성으로는 '호격의 근원적 절규, 의인법, 호격, 이름의 반복, 작별의 허구를 반복하기' 등을, 우울증적 언어의 특성으로는 '모순어법, 비논리, 역설, 뒤죽박죽의 언어' 등을 들고 있다.
김승희, 「전후시의 언술 특성: 애도와 우울증의 언어」, 『한국시학연구』, 제23호, 2008, 123-152쪽.

'이중적 발성'(double-voicing)의 성격 때문이다. 여성의 복화술은 여성이 질서와 무질서에 동시적으로 협력 관계를 맺고 있기에 가능하다. 그래서 여성들은 말하지 않으면서도 어떤 목소리가 들리게 하거나, '이렇게' 말한 것을 '저렇게' 듣도록 만들 수 있다. 이처럼 '다르게 들리기'라는 '불일치'의 효과[20]가 가능한 것은 어머니처럼 힘없는 자에게는 '억압 받는 자의 수사학'에 해당하는 복화술을 통해서 지배이데올로기에 대한 전복을 꾀할 수 있는 기회가 허락되기 때문이다.[21]

③「밤에 우는 건 나빠. 애들이 극성을 떨면 꼭 집안에 좋지 않은 일이 생기거든.」

「저도 몹시 울었다면서요?」

수국 껍질을 모아들이며 나는 아버지의 말을 받았다.

잘자라, 내 아기 밤새 편히 쉬고 아침이 창 앞에 다가올 때까지.

「네 에민 목청이 좋았었지.」

그건 사실이었다. 유치원 보모였다는 어머니는 퍽 많은 노래를 알고 있었고 목소리가 고왔던 만큼 노래 부르기를 즐겨했다.

자장자장 우리 아가, 금자둥이 은자둥이 구슬 같은 눈을 감고 별빛 같은 눈을 감고 꿈나라로 가거라.(111쪽)

④ 네 아버지의 생활이 문란해서 그런 거야. 머리통이 물주머니처럼 무르고 크게 부풀어오른, 연골체의 갓난아이를 가리키며 어머니는 조숙한 중학생이었던 오빠에게 노래하듯 말했다. 란도셀의 끈이 끊어져 통통 골이 나서

---

20 엘리자베스 D. 하비, 『복화술의 목소리』, 정인숙·고현숙·박연성 옮김, 문학동네, 2006, 13-14쪽, 67쪽, 117-118쪽 참조.

21 잉그리트 자멜, 『페미니즘 언어학과 대화분석』, 권영수·김종수 옮김, 대구가톨릭대학교 출판부, 2003, 43쪽.

집에 돌아왔을 때 어머니는 햇빛이 드는 창가에 거울을 놓고 앉아 머리를 빗고 있었다. 아기는? 내가 묻자 어머니는 고드름처럼 차가운 손가락을 목덜미에 얹으며 말했다. 인형을 사 줄께. 병원에서 호송차가 왔을 때 어머니는 식탁 아래로 기어들었다. 아가, 난 싫어. 좀 말려 줘. 그리고는 호송인들에게 반짝 어깨를 들리워 나가며 내가 안 보일 때 까지 고개를 비틀어 보이며 소리쳤다. (113쪽)

인용문③에 등장하는 "잘 자라, 내 아기 밤새 편히 쉬고 아침이 창 앞에 다가올 때까지"와 "자장자장 우리 아가, 금자둥이 은자둥이 구슬 같은 눈을 감고 별빛 같은 눈을 감고 꿈나라로 가거라"는 넉 달 전 이층에 세 들어 온 여자가 자신의 우는 아이를 달래는 노랫소리이다. 하지만 아버지와 '나' 모두에게 여자의 자장가는 어머니의 자장가를 연상시킨다. 그리고 그 노래소리는 노래 자체가 아니라 인용문④에서처럼 비명의 복화술로 전달된다. "네 아버지의 생활이 문란해서 그런거야"라는 비난과 원망의 말을 어머니가 "노래하듯" 오빠에게 전달하고 있기 때문이다. 이때의 자장가와 비명은 어머니가 성 생활이 문란했던 남편과 그로 인해 기형으로 태어난 자식에 대해 갖는 양가적인 감정의 여성언어적 표현이라고 할 수 있다.

「저녁의 게임」에서는 "네 엄마에게 다산(多産)은 무리였어. 아주 조그만 여자였거든"(113쪽)이나, "동자혼(童子魂)이 쓰인 거라더군"(113쪽), "돼년들보다 더 더러웠지. 죽자고 목욕을 안해도 향수는 꼭 뿌리곤 했어. 워낙 사치하고 허영심이 많았거든"(120쪽)이라는 아버지의 어머니에 대한 가부장적 복화술 또한 등장한다. 어머니에 대해 객관적 진술을 하는 듯하면서도, 어머니의 병적이고 그로테스크한 면을 부각시켜 가부장적인 교훈을 피력하거나 여성의 욕망을 폄하함으로써 남성중심적 이데올로기를 효과적으로 전달하려고 하기 때문이다.

하지만 소설 속에서 어머니에 의해 전유된 여성의 복화술적 목소리는 이런 아버지의 복화술을 재도용한다. 어머니의 노래는 아버지의 언어를 효과적으로 침묵시키고, 이층 여자로 하여금 어머니를 대신해서 말하게 하며, 단정적이고 논리적인 남성언어를 허물어뜨린다.[22] 그 때문에 이 소설 속에 오염되지 않은 언어는 없다. 젠더에 따라 서로 다른 목적을 지닌 이면(裏面)의 말들, 말로 되지 않을 것 같은 말들, 분열된 무의식의 말들이 복화술을 통해 중층적으로 언표화되고 있기 때문이다.

4. 여성적 '웃음'의 도착화(倒錯化)

「저녁의 게임」에서 '나'는 2절에서 살펴본 것처럼 아버지에 투사된 '나'의 어머니에 대한 죄의식이나, 3절에서 드러나듯이 어머니에 대한 우울증적 동일시 때문에 정체성을 형성하는 데에 혼란을 겪고 있다. 그리고 이처럼 어머니에 대한 모호하고 미결정적인, 그렇기에 상황에 따라 다르게 수행되는 딸로서의 정체성은 '나'의 여성으로서의 정체성에도 영향을 미친다. '나'가 남성과 맺는 관계가 '나'와 어머니와의 관계를 또다시 반복하는 양상을 띠기 때문이다. '나'에게 남자는 또 다른 어머니인 것이다. 소설 속에서 '나'와 관련 있는 남자는 두 명이다. '나'보다 훨씬 어렸던 십년 전의 열아홉 살 '그애'와, 지금 현재 '나'의 집 근처 공사장에서 인부로 일하는 '그'가 그들이다. '나'는 이 두 명의 남자와 만날 때 모두 '마른 꽃 냄새'를 맡는다. 그런데 그 마른 꽃 냄새는 어머니가 자신을 구해달라고 '나'에게 보낸 편지들에서 나는 냄새이자, 죽은 어머니의 시체에서 나던 냄새

22 엘리자베스 D. 하비(2006), 앞의 책, 282쪽.

이기도 하다.

이처럼 남자들과의 관계 속에서 반복 재생산되는 '나'의 어머니와의 우울증적 동일시를 통해 볼 때 소설 속 '나'의 우울증은 장소보다는 시간에 좌우됨을 알 수 있다. 우울증적 대상인 어머니는 '나'의 기억의 산물이기에 주관적 구축물에 해당한다. 그런 기억 속에서 과거는 흘러가지 않고, 선/후라는 개념도 무의미해진다.[23] 어머니의 죽음 이후 '나'의 시간은 정지된 듯 흘러가고 어떤 목표를 향해서도 나아가지 못하는 형국이다. 어머니의 자장가를 현재 시간으로 불러냄으로써 어머니와의 동일시를 이룬 것처럼, 어머니의 마른 꽃 냄새를 자신이 만나는 남자들에게 부여함으로써 '나'는 다시 한 번 어머니를 부활시킨다.

어머니와 겹쳐지는 두 남자와 '나'와의 우발적이고도 일탈적인 성적(性的) 만남은 언어의 반복을 통해서도 확인된다. '나'는 '그애'와 "리본이 안 어울려요. 그래 나는 붉은 리본을 묶기에는 너무 나이를 먹었어. 미치광이나 창부뿐이지"(114쪽)라는 말을 나눈다. 그리고 '그'와 성교를 나누며 '나'는 그 때의 말을 "꽃이 안 어울려요. 그래 꽃을 꽂기에는 너무 늙었어. 미친 여자나 창부가 아니면 머리에 꽃을 꽂지 않지"(118쪽)로 변주해서 다시 기억해낸다. 여기서 "미치광이"나 "미친 여자"는 '나'의 어머니를, "창부"는 '나'를 연상시키면서 어머니와 '나'와의 친연성을 암시한다고 할 수 있다. 그리고 '나'와 어울리지 않는 두 남자와의 관계 자체가 어머니의 불행한 죽음으로 인한 외상(外傷)으로부터 연유했음을 유추하게 한다.[24] '나'

23 줄리아 크리스테바, 『검은 태양: 우울증과 멜랑콜리』, 김인환 옮김, 동문선, 2004, 80-81쪽 참조.

24 황도경 또한 "오정희 인물들의 기이하고 파격적인 성적 관계는 사실 죽은 이들과 닮은 등가물을 통해 그들에게로 돌아가려는 꿈을 담고 있다. 그들의 성관계를 묘사하는 대목들이 대개 물이나 달, 어머니 등의 모성 상징과 연결되어 나타나고 있다는 것도 이들의 뒤틀리고 일그러진 성관계를 단순히 성적 윤리의 파괴라는 차원에서 바라볼 수 없게 한다"고 날

는 남자들과의 관계에서 창녀가 됨으로써 어머니와 다시 한 번 조우하고 있기 때문이다.

다음의 인용문에서 '나'가 남자들과의 관계를 통해 어머니를 성적(性的)으로 전유하는 양상이 잘 드러난다.

⑤「돈이 좀 있으면 줘.」

그가 멈칫 했다. 나는 내처 말했다.

「몸이 좋지 않아서 약을 먹어야 돼. 많이 달라곤 안 해.」

그가 이 사이로 찌익 침을 뱉으며 낮게, 빌어먹을이라고 중얼거렸다.

「첨부터 순순히 굴더라니, 세금 안 내는 장사니 좀 싸겠지.」

그가 부시럭거리며 담배를 꺼내 입에 물고 불을 붙이는 시늉으로 성냥을 그어 길게 오는 불꽃을 내 얼굴 가까이 대었다. 나는 불꽃을 보며 길게 입을 벌려 웃어 보였다.(119쪽)

⑥ 나는 찬 방바닥에 몸을 뉘었다. 아버지가 아직 방에 들어가는 기척이 없다는 걸 떠올리며 나는 빈 집에서처럼 스커트를 끌어올리고 스웨터도 겨드랑이까지 걷어 올렸다. 자박자박 여전히 아이를 재우는 여자의 발소리는 머리 위에서 들려왔다. 금자동아 은자동아 세상에서 귀한 아기. 나는 누운 채 손을 뻗어 스위치를 내렸다. 방은 조용한 어둠 속에 가라앉기 시작했다. 이윽고 집 전체가 수렁 같은 어둠 속으로 삐그덕거리며 서서히 잠겨들기 시작했다. 여자는 침몰하는 배의 마스트에 꽂힌, 구조를 청하는 낡은 헝겊 조

카롭게 지적하고 있다. 하지만 황도경은 오정희 소설의 뒤틀린 성이 "생명 부재의 현실과 그에 비례해 더욱 커지는 강한 생명력에의 욕구를 나타낸다"고 결론내림으로써 오정희 소설의 성을 일원론적으로 파악하면서 '모성=생명'이라는 전형적 도식으로 다시 회귀하는 측면이 있다.

황도경,「뒤틀린 성(性), 부서진 육체」,『욕망의 그늘』, 하늘연못, 1999, 70쪽.

가리처럼 밤새 헛되고헛되이 펄럭일 것이다. 나는 내리누르는 수압으로 자신이 산산이 해체되어 가는 절박감에 입을 벌리고 가쁜 숨을 내쉬며 문득 사내의 성냥 불빛에서처럼 입을 길게 벌 리고 희미하게 웃어 보였다. (120쪽)

인용문⑤에서 '나'는 '그'와 성 관계를 맺은 후 "돈이 좀 있으면 줘"라고 말함으로써 스스로를 창녀로 만든다. '그'와의 관계가 성적 만족이나 낭만적 사랑이 아닌 존재론적 일탈 자체에 있음을 나타내는 말이기도 하다. 이처럼 남자에게 돈을 요구하는 이유로 '나'가 밝히고 있는 "몸이 좋지 않아서 약을 먹어야 돼"는 사실 정신병자가 된 어머니가 과거에 했던 말이다. 이로써 '나'의 말은 어머니의 말과 겹쳐지고, '미친 여자'와 '창부'의 이미지 또한 합쳐진다. 그 때문에 인용문⑤의 끝에서 웃는 '나'의 웃음은 어머니나 자신을 미친 여자나 창부로 만든 남자들이나 가부장적 이데올로기에 대한 조소(嘲笑)라고 할 수 있다.[25] 성적으로 문란했던 아버지의 행위를 그대로 모방함으로써 그런 아버지의 부당함을 고발하려는 반항적 웃음이기 때문이다.

인용문⑥은 '나'가 집으로 돌아온 후 자위(自慰)하는 장면이다. '나'가 자위를 할 때 들리는 소리는 이층 여자 혹은 어머니의 "금자동아 은자동아 세상에서 귀한 아기"라는 자장가이다. 이 소리는 또다시 '나'의 성행위가 어머니와의 우울증적 동일시와 관련 있음을 나타내는 증거에 해당한다. 인용문⑥에서 두 번 나타나는 3인칭 대명사 '여자'는 이층 여자임과 동시에 어머니일 수도 있기 때문이다. 따라서 어머니를 성적으로 전유한 '나'의 반응인 인용문⑥에서의 웃음은 자기처벌이나 죄책감의 표현이라고 할 수 있다. 이런 이유로 인용문⑤에서 보였던 조소와는 달리 "사내의 성냥

---

25 엘렌 식수, 『메두사의 웃음/출구』, 박혜영 옮김, 동문선, 2004, 210쪽.

불빛에서처럼" 웃어 보이는 인용문⑥에서의 웃음은 실소(失笑)라고 할 수 있다. "자신이 산산이 해체되어 가는 절박감"에서 나오는 웃음이기 때문이다. 저항이 아닌 좌절의 웃음인 것이다.[26]

결국 소설 속에서 여성적 웃음은 성적 웃음이 되고, 성적 웃음은 또다시 모성적 웃음으로 전유되면서 가부장적 질서에 대한 저항과 좌절 사이의 애매모호한 거리를 체감하게 하는 '몸의 언어'로 작용하고 있다. 조소와 실소 사이에서 균열을 일으키고 있는 욕망의 도착성(倒錯性)을 그대로 보여주면서 남성중심적 질서에 대한 공격과 그로 인한 여성의 상처를 동시에 문제 삼는 웃음이기 때문이다. 즉, 사디즘과 마조히즘을 오고 가는 도착적 성욕을 통해 남자 혹은 어머니에 대한 적대와 연대 사이에서 불안하게 떠돌고 있는 것이 바로 '나'의 (여)성적 웃음이라고 할 수 있다.

5. 우울증적 여성언어의 수행성

안티고네는 언제나 자신이 의도한 것 이상을 의미하는 언어를 수행한다. 앞에서 살펴보았듯이 안티고네의 주장 자체가 가부장적 이데올로기에 대한 분명한 긍정도 아니고 완벽한 부정도 아니기에 겉으로 드러난 언

---

26 이런 맥락에서 「저녁의 게임」에 나타난 여성 섹슈얼리티를 수태나 성교와는 무관한 여성만의 독자적인 섹슈얼리티가 긍정된 경우로 고평(高評)하면서 이 소설의 결말('나'의 자위행위)을 어머니와의 정신적 연대를 통해 나름대로 아버지의 질서에 맞서고자 하는 자위(自衛) 행위로 본 김경수의 논문(「가부장제와 여성의 섹슈얼리티-오정희의 〈저녁의 게임〉론」, 『현대소설연구』, 제22집, 2004)은 이 소설이 지닌 저항적 측면을 정치하게 지적하고 있어 시사하는 바가 크다. 하지만 '나'의 웃음이 지닌 자조(自嘲)적 성격을 다소 과소평가하고 있다. 그리고 오정희 소설이 지닌 대항담론적 성격을 가능성의 측면에서 조심스럽게 지적하고 있지만 다소 과대평가한 측면도 있다. 거부나 비판 자체가 저항일 수는 없다. 오정희 소설은 저항과 수용 사이에서 불안하게 흔들리고 있기 때문이다.

어의 의미를 교란시키면서 새롭게 번역될 가능성을 제시하기 때문이다. 안티고네가 일관성을 상실한 비순수의 언어 행위를 실천하고 있기 때문이기도 하다.[27] 그리고 이런 젠더번역의 특성은 안티고네가 남자(아버지, 오빠)를 자신 안에 합체한 '남자 같은' 여자이자, 어머니에 대한 애도에 실패한 퀴어(queer)적 젠더주체로서 모순되고 혼란스러운 우울증적 언어를 발화한다는 사실과도 관련 있다.

오정희의 소설 「저녁의 게임」에서도 '나'는 어머니와의 분리에 토대를 둔 애도에 실패했기 때문에 '아버지(2절)-어머니(3절)-남자(4절)'와의 관계에서 각각 '효녀-광녀(狂女)-창녀'의 경계를 아슬아슬하게 넘나들면서 불순한 우울증적 언어를 발설하고 있다. 효녀가 되라는 가부장적 아버지의 호명에 따르는 듯 거스르면서 패러디적 언어를 구사하고(2절), 자신을 구해달라는 어머니의 애원을 간과했다는 죄책감으로 인해 자장가마저 비명으로 바꾸는 어머니의 복화술을 들어야만 한다(3절). 어머니와의 관계를 되비추는 남자들과의 일탈적 성행위 때 유발되는 '나'의 웃음 또한 가부장적 질서에 대한 거부와 저항 사이를 불안하게 왕래하도록 만든다(4절). 우울증적 여성언어를 통해 정반대되는 의미들의 전유와 교차, 침해와 오염, 통합과 분리 동시에 일어나는 번역이 수시로 행해지고 있기 때문이다.

이런 우울증적 여성언어는 '수행성(performativity)'의 개념과 연결되면서 좀 더 구체적인 의미를 지니게 된다. 수행성 개념은 영국 철학자인 J. L. 오스틴(J. L. Austin)의 화용론(話用論, speech act theory)에 근거를 둔 것으로서, 진위(眞僞)를 기술하는 진술적(constative) 언어가 아닌, 행동이 수반되는 언어가 강조된다.[28] 단순히 정보를 전달하면서 진위를 중시하는

---

27 조현순, 「모호한 욕망의 주체, 비순수의 우울한 젠더주체 안티고네: 딸이면서 여동생, 여자이면서 남자?」, 『안티고네의 주장』(역자해설), 164-165쪽.

28 임옥희, 「언어의 수행성과 젠더의 가장 무도회」, 『주디스 버틀러 읽기』, 여이연, 2006,

진술문이 아니라 구체적인 실천 행위를 유발하는 수행문에 주목한다면, 우울증적 여성언어의 번역 양상을 이해할 수 있게 된다. 수행적 언어는 고정되거나 일원적인 본질적 주체의 상정이 불가능함을 알려주기 때문이다. 이런 맥락에서 수행성과 우울증은 본질적 정체성이나 순수한 의미를 거부하면서 재의미화와 재배치를 강조한다는 점에서 문화번역 행위와 맞물리게 된다. 수행성과 우울증 모두 자신만의 독자성이나 순수성을 주장할 수 없기 때문이다. 그런 점에서 오정희 소설의 안티고네적 여성인물들은 우울증적 여성언어의 수행성을 잘 번역하고 있다고 할 수 있다.

또한 여성언어의 수행성은 기존의 '여성적 글쓰기' 개념이 빠지기 쉬웠던 위험과 오해로부터 벗어날 수 있는 근거를 마련해준다. 버틀러의 안티고네적 젠더정체성이 강조하는 것처럼 젠더 개념 자체가 '환상'에 불과하기에 공통적 범주나 본질적인 속성일 수 없다면 본질적인 여성언어 또한 없다. 남성성과 여성성 자체가 이미 서로의 내부에 이질적 타자로서 상대를 '구성적 외부(constitutive outside)'로 내포하고 있기 때문이다. 그렇다면 여성 범주의 일관성이나 통일성에 대한 주장은 젠더정체성에서의 수많은 문화적·사회적·정치적 다양성을 거부한다는 문제점이 있다. 여성 범주의 다양성 안에서만 구체적인 여성'들'의 배치가 구성될 수 있기 때문이다.[29] 따라서 여성언어는 존재(being)하지 않고 수행(doing)될 뿐이다. 그러기에 상황이 변화됨에 따라 중단 없이 지속적으로 여성언어는 번역되

54-60쪽 참조.

버틀러는 '수행(perfoemance)'과 '수행성(perfomativity)'을 구분하면서 전자보다 후자를 강조한다. 수행이 어떤 주체를 전제로 하면서 자유로운 유희나 연극적 자기 재현을 의미한다면, 수행성은 좀더 탈주체적인 측면에서 주체의 자율성 부분을 더 약화시키고 주체를 형성하는 제도나 담론의 효과를 더욱 강조한다.

조현준(2007), 앞의 책, 462쪽.

29 주디스 버틀러, 『젠더 트러블』, 조현준 옮김, 문학동네, 2008, 111쪽.

어야 한다.

오정희의 「저녁의 게임」 속 '나'의 언어에도 아버지의 호명, 어머니의 노래, 일탈적 자아의 웃음 등이 혼재하면서 여성언어의 수행성을 잘 보여 주고 있다. 여성언어 안에 남성언어가 침투해 있기도 하고, 아버지의 딸처럼 이야기하다가 어머니의 딸임이 상기되기도 하며, 가부장적 질서에 저항하다가도 그것을 그대로 번역하는 태도를 보이기도 한다. 오정희가 지향하는 여성성 혹은 문학성은 남성/여성, 긍정/부정, 저항/수용 등 대립하는 두 항의 어느 한 쪽에 치우쳐 있거나 둘 사이의 성급한 화해를 통해 통합되거나 고정되는 것이 아니라, 두 항의 중간에 낀 '사이 공간(in-between)'에서 끊임없이 번역되어야 하기 때문이다. '둘 중 하나'가 아니라 '둘 다'이거나 '둘 다 아닌' 미결정성과 불확실성이 삶과 젠더, 그리고 언어의 본질이라는 것이다.

이처럼 오정희는 초기 소설에 속하는 「저녁의 게임」에서부터 우울증적 여성언어를 통해 이런 젠더수행성을 입체적으로 보여줌으로써 이후의 소설들까지 아우를 수 있는 징후나 단서를 제공하고 있다. 그리고 오정희 소설 속 우울증적 여성언어의 수행성은 여성언어의 절대성과 본질성을 거부하면서 그 구분불가능성과 잠재성을 통해 오히려 여성언어의 번역가능성을 확장시키고 있다. 여성언어는 '부재하는 것'이 아니라 '변화하는 것'이라는 작가의식을 통해 여성성과 여성언어의 도식성과 허상을 깨뜨려주었다는 데에 오정희 소설 언어의 젠더번역이 지니는 의의 또한 역설적으로 존재한다.

| 참고문헌 |

들어가며: 바벨탑 이후의 문학과 번역 트러블(trouble)

김용규, 『혼종문화론』, 소명출판, 2013.

김현미, 『글로벌 시대의 문화번역』, 또하나의 문화, 2005.

박헌호 편저, 『센티멘탈 이광수』, 소명출판, 2013.

이명호, 「문화번역의 정치성」, 『비평과 이론』, 2010, 봄/여름호.

______, 「문화번역이라는 문제 설정」, 『세계의 문학』, 2011, 가을호.

정혜욱, 『번역과 문화연구』, 경성대학교출판부, 2010.

______, 「문화번역의 사적 전개 양상과 의의」, 『세계의 문학』, 2011, 가을호.

______, 「주디스 버틀러와 문화번역의 과제」. 『비평과 이론』. 2015, 봄호.

조재룡, 『번역의 유령들』, 문학과지성사, 2011.

______, 『번역하는 문장들』, 문학과지성사, 2015.

네스트로 가르시아 칸클리니, 『혼종문화』, 이성훈 옮김, 그린비, 2011.

로렌스 베누티, 『번역의 윤리』, 임호경 옮김, 열린책들, 2006.

Román Álvarez & M. Carmen-África Vidal 엮음, 『번역, 권력, 전복』, 윤일환 옮김, 동인, 2007.

로버트 J. C. 영, 김용규 옮김, 『백색신화』, 경성대학교출판부, 2008.

모리나카 타카아키, 「산종으로서의 번역」, 사카이 나오키·존 솔로몬 편, 『번역, 생정치, 식민지적 차이』, 윤여일 옮김, 문화과학사, 2012.

발터 벤야민, 『언어 일반과 인간의 언어에 대하여/번역자의 과제 외』(발터 벤야민 선집 6), 최성만 옮김, 도서출판 길, 2008.

앙트완 베르만, 『낯선 것으로부터 오는 시련: 독일 낭만주의 문화와 번역』, 윤성우·이향 옮김, 철학과 현실사, 2009.
자크 데리다, 「바벨탑으로부터」, Rainer Schulte & Jokn Biguenet 엮음, 『번역이론』, 이재성 옮김, 동인, 2009.
주디스 버틀러, 『젠더 트러블』, 조현준 옮김, 문학동네, 2008.

제1장 근대의 결핍과 환승(換乘) 중인 근대: 박완서의 「엄마의 말뚝1」론

권영민 외, 『박완서론』, 삼인행, 1991.
김경수, 「여성 삶의 복원에 대하여: 「엄마의 말뚝1·2·3」 연작론」, 이경호·권명아 엮음, 『박완서 문학의 길찾기』, 세계사, 2000.
김윤식, 『작가와의 대화』, 문학동네, 1996.
김현미, 『글로벌 시대의 문화번역』, 또 하나의 문화, 2005.
박혜경, 『박완서의 「엄마의 말뚝」을 읽는다』, 열림원, 2003.
송명희·박영혜, 「박완서의 근대 체험과 토포필리아」, 『한국문학이론과 비평』, 제20집, 2003.
송미영, 「'문밖의식'으로 바라본 도시화」, 『여성문학연구』, 제25호, 2011.
안숙원, 「「엄마의 말뚝1·2·3」 연작소설과 모녀관계의 은유/환유 체계」, 서강여성문학회 편, 『한국문학과 모성성』, 태학사, 1998.
이명호, 「문화번역의 정치성」, 『비평과 이론』, 2010, 봄/여름호.
조재룡, 『번역의 유령들』, 문학과지성사, 2011.
최경희, 「「엄마의 말뚝1」과 여성의 근대성」, 『민족문학사연구』, 9호, 1996.
______, 「어머니의 법과 이름으로」, 이경호·권명아 엮음, 『박완서 문학의 길찾기』, 세계사, 2000.
황도경, 「정체성 확인의 글쓰기」, 『이화어문논집』, 13집, 1994.
더글러스 로빈슨, 『번역과 제국』, 정혜욱 옮김, 동문선, 2002.
레이 초우, 『원시적 열정』, 정재서 옮김, 이산, 2004.
사카이 나오키, 『번역과 주체』, 후지이 다케시 옮김, 이산, 2005.

제2장 미적 근대성의 진폭(振幅)과 경계사유: 이효석의 『벽공무한』론

강아람, 「이효석 소설의 정치성 연구」, 이화여자대학교 석사학위논문, 2012.

고봉만, 「조지 브러멀의 댄디즘에 대하여」, 『프랑스문화예술연구』, 31집, 2010.
권명아, 『식민지 이후를 사유하다』, 책세상, 2009.
김건형, 「이효석 문학에 나타난 개체성의 미학 연구」, 서울대학교 석사학위논문, 2014.
김미란, 「감각의 순례와 중심의 재정위」, 『상호학보』, 38집, 2013.
김수환, 「'경계' 개념에 대한 문화기호학적 접근」, 『지구지역 시대의 문화 경계』(이화인문과학원 편), 이화여자대학교출판부, 2009.
_____, 「전체성과 그 잉여들」, 『탈경계 시대의 지구화와 지역화』(이화인문과학원 편), 이화여자대학교 출판부, 2010.
김양선, 「이효석 소설에 나타난 식민지 무의식의 양상」, 『현대소설연구』, 27호, 2005.
_____, 「공모와 저항의 경계, 이효석의 국민문학론」, 『작가세계』, 2007, 겨울호.
김예림, 「근대적 미와 전체주의」, 김철·신형기 외, 『문학 속의 파시즘』, 삼인, 2001.
김윤식, 『일제말기 한국작가의 일본어글쓰기론』, 서울대출판부, 2003.
김재용, 「일제말 이효석문학과 우회적 저항」, 『한국근대문학연구』, 24호, 2011.
김주리, 「이효석 문학의 서구지향성이 갖는 의미 고찰」, 『민족문학사연구』, 24호, 2004.
김현미, 『글로벌 시대의 문화번역』, 또하나의 문화, 2005.
김형수, 「이효석, '비협력'과 '주저하는 협력' 사이의 문학」, 『인문학논총』, 제5권 1호, 2005.
방민호, 「이효석과 하얼빈」, 『현대소설연구』, 35호, 2007.
백문임, 「정치의 심미화: 파시즘의 미학」, 김철·신형기 외 지음, 『문학 속의 파시즘』, 삼인, 2001.
서지영, 『경성의 모던걸』, 여이연, 2013.
오태영, 「'조선' 로컬리티와 (탈)식민 상상력」, 『사이間SAI』, 제4호, 2008.
윤대석, 「제의와 테크놀로지로서의 서양 근대음악」, 『상호학보』, 23호, 2008.
이경훈, 「식민지와 관광지」, 『사이間SAI』, 제6호, 2009.
이광호, 『미적 근대성과 한국문학사』, 민음사, 2001.
이다혜, 「발터 벤야민의 산보객 개념 분석」, 서울대학교 석사학위논문, 2007.
이상옥, 『이효석의 삶과 문학』, 집문당, 2004.
이현식, 「이효석을 다시 보자」, 『이효석문학의 재인식』(문학과사상 연구회 편), 소명출판, 2012.
임종국, 『친일문학론』, 평화출판사, 1966.

정실비, 「일제말기 이효석 소설에 나타난 고향 표상의 변전」, 『한국근대문학연구』, 25호, 2012.
정여울, 「이효석 텍스트의 공간적 표상과 미의식연구」, 서울대학교 박사학위논문, 2012.
정혜욱, 『번역과 문화연구』, 경성대학교출판부, 2010.
한민주, 『낭만의 테러』, 푸른사상사, 2008.
리타 펠스키, 『근대성과 젠더』, 김영찬 외 옮김, 자음과 모음, 2010.
사카이 나오키·니시타니 오사무, 『세계사의 해체』, 차승기·홍종욱 옮김, 역사비평사, 2009.
미셸 푸코 외, 『자유를 향한 참을 수 없는 열망』, 정일준 편역, 새물결, 1999.
월터 D. 미뇰료, 『로컬 히스토리/글로벌 디자인』, 이성훈 옮김, 에코 리브르, 2013.
자크 랑시에르, 『감성의 분할』, 오윤성 옮김, 도서출판 b, 2008.
호미 바바, 『문화의 위치』, 나병철 옮김, 소명출판, 2003.

제3장 1960년대 청년문학의 근대성: 박경리의 『녹지대』론

강수미, 『아이스테시스: 발터 벤야민과 사유하는 미학』, 글항아리, 2011.
권보드래 외, 『아프레걸 사상계를 읽다』, 동국대학교출판부, 2009.
권보드래·천정환, 『1960년을 묻다』, 천년의 상상, 2012.
권용선, 『세계와 역사의 몽타주, 벤야민의 아케이드 프로젝트』, 그린비, 2009.
김양선, 「지적 해부와 민감성 사이, 전후 현실에 대한 젠더화된 인식: 박경리의 전후 단편소 설을 중심으로」, 『현대문학이론연구』 제47집, 2011.
김영찬, 『근대의 불안과 모더니즘』, 소명출판, 2006.
김홍중, 『마음의 사회학』, 문학동네, 2009.
방민호(해설), 「한국판 '비트 걸(beat girl)'의 감각과 지향」, 『녹지대』 2권, 현대문학, 2012.
백철, 「비트 제네레이션 소고」, 『조선일보』, 1959. 12. 14.
소영현, 『문학청년의 탄생』, 푸른역사, 2008.
______, 『부랑청년 전성시대』, 푸른역사, 2008.
손유경, 『고통과 동정』, 역사비평사, 2008.
이상진, 「여성의 존엄과 소외, 그리고 사랑: 1960년대 박경리 소설의 여성주의적 연구」,

『현대문학의 연구』, 6집, 1996.
임철규, 『왜 유토피아인가』, 한길사, 2009.
정의진, 「발터 벤야민의 알레고리론의 역사 시학적 함의」, 『비평문학』 제41호, 2011.
최문규, 『파편과 형세: 발터 벤야민의 미학』, 서강대학교출판부, 2012.
최성민, 「'청년' 개념과 청년 담론 서사의 변화양상」, 『현대문학이론연구』, 50호, 2012.
홍준기(엮음), 『발터 벤야민: 모더니티와 도시』, 라움, 2010.
발터 벤야민, 『독일비애극의 원천』, 조만영 옮김, 새물결, 2008.
______, 『보들레르의 파리』, 조형준 옮김, 새물결, 2008.
______, 「역사의 개념에 대하여」, 『발터 벤야민 선집5』, 최성만 옮김, 도서출판 길, 2008.
테리 이글턴, 『발터 벤야민 또는 혁명적 비평을 위하여』, 김정아 옮김, 이앤플러스, 2012.
프랑코 모레티, 『세상의 이치－유럽 문화 속의 교양소설』, 성은애 옮김, 문학동네, 2005.

제4장 전쟁 · 전통 · 동양의 번역과 '한국'으로의 회귀: 황석영의 『손님』론

고인환, 「황석영의 『손님』 연구: 탈식민주의 담론의 현재적 가능성을 중심으로」, 『동아시아 문화연구』, 제39집, 2005.
권성우, 「서사의 창조적 갱신과 리얼리즘의 퇴행 사이」, 『한민족 문화연구』, 제24집, 2004.
김미영, 「황석영 소설에 나타난 탈식민주의 고찰」, 『한국언어문화』, 제26집, 2004.
김현미, 『글로벌 시대의 문화번역』, 또하나의 문화, 2005.
김형수, 「분단의 형이상학을 넘어 민족의 해원에 이르는 길」, 『사림어문연구』, 제14집, 2001.
김재용, 「냉전적 분단구조 해체의 소설적 탐구」, 『실천문학』, 2001, 가을호.
김병익, 「이념과 상잔, 민족의 해원」, 『문학동네』, 2001, 가을호.
서동진, 「분단·이동·모더니티」, 『문학동네』, 2006, 여름호.
성민엽, 「이데올로기 너머의 화해와 그 원리」, 『창작과 비평』, 2001, 겨울호.
양진오, 「한반도의 민족문제에 관한 장기지속적인 성찰」, 『문학과 사회』, 2002, 가을호.
오연경, 「식인(食人) 주체와 유령들」, 『철학·사상·문화』, 제9호, 2010.
오태호 엮음, 『황석영』, 글누림, 2010.

유종호, 『과거라는 이름의 천국』, 현대문학, 2011.
이명호, 「문화번역의 정치성: 이국성의 해방과 이웃되기」, 『비평과 이론』, 2010, 봄/여름호.
이봉일, 『이데올로기의 유령을 넘어서』, 월인, 2002.
임기현, 『황석영 소설의 탈식민성』, 역락, 2010.
정혜욱, 『번역과 문화연구』, 경성대학교출판부, 2010.
조성면, 『경계를 넘고 간극을 메우며』, 깊은샘, 2009.
조재룡, 『번역의 유령들』, 문학과 지성사, 2011.
최영석, 「강신(降神)과 축귀(逐鬼)」, 『작가세계』, 2004, 봄호.
최원식 · 임홍배 엮음, 『황석영 문학의 세계』, 창비, 2003.
황국명, 『우리 소설의 터무니』, 세종출판사, 2005.
황석영, 「황석영이 황석영을 말하다」, 『작가세계』, 2004, 봄호.
황석영 · 심진경, 「한국문학은 살아 있다」, 『창작과 비평』, 2007, 가을호.
황석영 · 이문재, 「새로운 문명적 대안과 문학론을 위하여」, 『문학동네』, 1999, 봄호.
현길언, 「종교와 이념」, 『문학과 종교』, 제7호, 2002.
______, 「위장된 민족주의와 가짜 화해」, 『본질과 현상』, 2005, 겨울호.
네스트로 가르시아 칸클리니, 『혼종문화』, 이성훈 옮김, 그린비, 2011.
레이 초우, 『원시적 열정』, 정재서 옮김, 이산, 2004.
로버트 J. C. 영, 『백색신화』, 김용규 옮김, 경성대학교출판부, 2008.
로아 파킨스 사모라, 『마술적 사실주의』, 우석균 옮김, 한국문화사, 2001.
릴라 간디, 『포스트식민주의란 무엇인가』, 이영욱 옮김, 현실문화연구, 2000.
발터 벤야민, 『언어 일반과 인간의 언어에 대하여/번역자의 과제 외』(발터 벤야민 선집 6), 최성만 옮김, 길, 2008.
사카이 나오키, 『번역과 주체』, 후지이 다케시 옮김, 이산, 2005.
자크 데리다, 『마르크스의 유령들』, 진태원 옮김, 이제이북스, 2007.

제5장 타자의 역설과 자기번역: 2000년대 탈북자 소설을 중심으로

강영안, 『타인의 얼굴』, 문학과지성사, 2005.
고봉준, 「연대는 가능한가」, 『작가와 비평』, 2007년, 상반기.
김상구 외, 『타자의 타자성과 그 담론적 전략들』, 부산대학교출판부, 2004.
김애령, 「이방인과 환대의 윤리」, 『철학과 현상학 연구』, 39집, 2008.

_____, 「여성, 타자의 은유: 레비나스의 경우」, 『한국여성철학』, 제9권, 2008.
김연숙, 『레비나스: 타자윤리학』, 인간사랑, 2001.
김영하, 「만약 이 소설이 잘 읽힌다면」, 『작가세계』, 2006, 가을호.
김이은, 「그가 몸을 바꾸다」, 『작가세계』, 2006, 가을호.
김재희, 「외국인, 새로운 정치적 대상」, 『세계의 문학』, 2008, 가을호.
복도훈, 「연대의 환상, 적대의 현실」, 『문학동네』, 2006, 겨울호.
박구용, 『우리 안의 타자』, 철학과 현실사, 2003.
박성창, 「문학·국경·세계화」, 『세계의 문학』, 2008, 봄호,
서나연, 「카프카와 예외상태」, 연세대학교 석사학위논문, 2006.
서동욱, 「피부 주체」, 『문학과 사회』, 2008, 겨울호.
서유경, 「아렌트의 정치윤리학적 관점에서 본 레비나스 타자 개념의 문제」, 『정치사상 연 구』, 2007, 봄호.
신옥희, 「여성학적 시각에서 본 레비나스: 타자성의 윤리」, 『철학과 현실』, 1996, 여름호.
신형철, 「만유인력의 소설학」, 『몰락의 에티카』, 문학동네, 2008.
심진경, 「한국문학은 살아있다: 소설가 황석영과의 대화」, 『창작과 비평』, 2007, 가을호.
유홍·홍철기, 「조르지오 아감벤의 포스트모던 정치철학」, 『정치사상연구』, 2007, 가을호.
이혜령, 「탈국경의 상상과 21세기 한국소설의 역사지리지」, 『한국소설과 골상학적 타자들』, 소명출판, 2007.
이희원, 「레비니스, 타자 윤리학, 페미니즘」, 『영미문학 페미니즘』, 제17권 1호, 2009.
황정아, 「보편주의와 공동체」, 『안과 밖』, 21권, 2006.
_____, 「묻혀버린 질문」, 『창작과 비평』, 2009, 여름호.
가라타니 고진, 『윤리21』, 송태욱 옮김, 사회평론, 2001.
가야트리 스피박, 「다문화주의의 문제점」, 『스피박의 대담』, 이경순 옮김, 갈무리, 2006.
나카무로 유지로, 『공통 감각론』, 양일모·고동혁 옮김, 민음사, 2003.
디디에 앙지외, 『피부 자아』, 권정아·안석 옮김, 인간희극, 2008.
리처드 커니, 『이방인·신·괴물』, 이지영 옮김, 개마고원, 2004.
마르코 마르트리엘로, 『현대사회와 다문화주의』, 윤진 옮김, 한울, 2002.
슬라보예 지젝, 『환상의 돌림병』, 김종구 옮김, 인간사랑, 2002.
_____, 「반인권론」, 『창작과 비평』, 김영희 옮김, 2006, 여름호.

알랭 바디우, 『윤리학』, 이종영 옮김, 동문선, 2001.
______, 『사도 바울』, 현성환 옮김, 새물결, 2008.
엠마뉴엘 레비나스, 『시간과 타자』, 강영안 옮김, 문예출판사, 1996.
______, 『윤리와 무한』, 양명수 옮김, 다산글방, 2000.
자크 데리다, 『환대에 대하여』, 남수인 옮김, 동문선, 2004.
조르지오 아감벤, 『호모 사케르』, 박진우 옮김, 새물결, 2008.
콜린 레이비스, 『엠마뉴엘 레비나스』, 김성호 옮김, 다산글방, 2001.
페터 슬로터다이크, 『냉소적 이성 비판』, 이진우·박미애 옮김, 에코 리브르, 2005.
호미 바바, 『문화의 위치』, 나병철 옮김, 소명출판, 2002.

제6장 모국어(母國語), 모국(母國)과 국어(國語) 사이: 이창래의 『영원한 이방인』론

고부응, 「이창래의 『원어민』: 비어 있는 기표의 정체성」, 『영어영문학』, 163호, 2002.
김선영, 「이창래의 『네이티브 스피커』에 나타난 창조적 이중의식」, 경북대학교 국제대학원 석사학위논문, 2011.
김용규, 『혼종문화론』, 소명출판, 2013.
박수정, 「이창래 소설의 백인성의 신화와 해체」, 부산대학교 박사학위논문, 2010.
방정민, 「이창래 소설 『네이티브 스피커(Native Speaker)』 연구」, 『비교문학』, 48호, 2009.
설병수, 「크레올화(Creolization), 그 다층적 맥락 읽기」, 『아프리카연구』, 27호, 2010.
왕철, 「『네이티브 스피커』에서의 엿보기의 의미」, 『현대영미소설』, 3호, 1996.
우제원, 「Ralph Ellison의 Invisible Man과 이창래의 Native Speaker의 인물 정체성 비교: 주인공 화자들의 언어 찾기 과정을 중심으로」, 서울대학교 석사학위논문, 2004.
윤성호, 『언더독의 글쓰기: 아시아계 미국문학의 지형도』, 서울대학교출판문화원, 2012.
이선주, 『경계인들의 목소리』, 그린비, 2013.
임진희, 「아시아계 미국문학에 나타난 언어의 재정의를 통한 탈식민적 정체성의 추구 연구」, 『영어영문학』, 45권 3호, 1999.
장경렬, 「정체성의 위기, 언어의 안과 밖에서: 이창래의 소설 『네이티브 스피커』 읽기」, 『문학판』, 2002, 여름호.
정혜욱, 『번역과 문화연구』, 경성대학교출판부, 2010.
조규익, 「바벨탑에서의 자아 찾기: 『네이티브 스피커』의 외연과 내포」, 『어문연구』, 130

號, 2006.
네스트로 가르시아 칸클리니, 『혼종문화』, 이성훈 옮김, 그린비, 2011.
사카이 나오키·존 솔로몬 편, 『번역, 생정치, 식민지적 차이』, 문화과학사, 2012.
월터 D. 미뇰로, 『로컬 히스토리/글로벌 디자인』, 이성훈 옮김, 에코 리브르, 2013.
피터 버크, 『문화 혼종성』, 강상우 옮김, 이음, 2012.
호미 바바, 『문화의 위치』, 나병철 옮김, 소명출판, 2002.

제7장 숭고의 위치와 탈경계성: 김유정 소설의 '아내팔기' 모티프를 중심으로

김상봉, 「칸트와 숭고의 개념」, 『칸트연구』, 3권1호, 1997.
김석수, 「칸트의 반성적 판단력과 현대철학」, 한국칸트학회 편, 『칸트와 미학』, 민음사, 1997.
김광명, 「칸트 미학에 있어 '숭고'의 문제」, 『미학』, 17권 1호, 1992.
김경화, 「블레이크의 숭고와 카니발적 세계관」, 『19세기 영어권 문학』, 제10권 2호, 2006.
라영균, 「미적 범주로서의 추」, 『세계문학비교연구』, 2009, 겨울호.
박배형, 「부정적 현시로서의 숭고」, 『미학』, 제57호, 2009.
박정규, 「아이러니와 변이된 상실감의 미학」, 『호서문학』, 제13집, 1987.
안성찬, 『숭고의 미학: 파괴와 혁신의 문화적 동력』, 유로서적, 2004.
양태규, 「칸트의 『판단력비판』 중 "숭고 분석론"의 주석적 접근: '부정적 제시'의 개념을 중심으로 」, 『괴테연구』, 제14집, 2002.
유인순, 『김유정 문학연구』, 강원대학교출판부, 1988.
임중빈, 「닫힌 사회의 희화」, 『부정의 미학』, 한얼문고, 1972.
정태규, 「이효석과 김유정의 소설의 공간 인식에 대한 비교연구」, 부산대학교 석사학위 논문, 1989.
진은영, 「숭고의 윤리에서 미학의 정치로」, 이화인문과학원편, 『탈경계 시대의 지구화와 지역화』, 이화여자대학교출판부, 2010.
최소인, 「칸트와 리오타르: 칸트적인, 그러나 너무나 비칸트적인」, 한국칸트학회 편, 『포스트모던 칸트』, 문학과지성사, 2006.
______, 「숭고와 부정성」, 『철학논총』, 제58집, 2009.
최준호, 「칸트의 숭고함과 타자의 존엄성」, 『철학』, 제64호, 2000.

하선규, 「칸트 미학의 현대적 쟁점들(I)」, 『미학』, 65호.
한상무, 「김유정 소설에 나타난 부부 윤리」, 김유정학회 편, 『김유정의 귀환』, 소명출판, 2012.
게리 솔 모슨, 캐일 에머슨, 『바흐친의 산문학』, 오문석·차승기·이진형 옮김, 책세상, 2006.
볼프강 카이저, 『언어예술작품론』, 김윤섭 옮김, 대방출판사, 1982.
임마뉴엘 칸트, 『판단력비판』, 백종현 옮김, 아카넷, 2009.
장-뤽 낭시 외, 『숭고에 대하여』, 김예령 옮김, 문학과지성사, 2005.

제8장　명랑이데올로기의 정치성: 박태원의 「명랑한 전망」론

강진호 외, 『박태원 소설연구』, 깊은샘, 1995.
구모룡 외, 『파시즘 미학의 본질』, 예옥, 2009.
구보학회 편, 『박태원 문학의 현재와 미래』, 깊은샘, 2010.
김종회, 『그들의 문학과 생애, 박태원』, 한길사, 2008.
류수연, 「공공적 글쓰기와 소설의 통속화」, 『구보학보』, 제3집, 2008.
______, 『뷰파인더 위의 경성: 박태원과 고현학』, 소명출판, 2013.
박숙자, 「통쾌에서 명랑까지: 식민지 문화와 감성의 정치학」, 『한민족문화연구』, 제30집, 2009.
방민호 엮음, 『박태원 문학 연구의 재인식』, 예옥, 2010.
배개화, 「문장지 시절의 박태원: 신체제 대응양상을 중심으로」, 『우리말글』, 44호, 2008.
소래섭, 『불온한 경성은 명랑하라』, 웅진 지식하우스, 2011.
손유경, 『고통과 동정』, 역사비평사, 2008.
정은경, 「박태원이라는 균열」, 『구보학보』, 제7집, 2011.
정현숙, 「박태원 소설에 나타난 신체제 수용양상」. 『구보학보』, 제1집, 2006.
최혜실, 「'산책자'의 타락과 통속성」, 『상허학보』, 제2집, 1995.
한수영, 「박태원 소설에서의 근대와 전통」, 『한국문학이론과 비평』, 제27집, 2005.
고모리 요이치 외, 『감성의 근대』, 허보윤 외 옮김, 소명출판, 2011.
레이 초우, 『원시적 열정』, 정재서 옮김, 이산, 2004.
벤 싱어, 『멜로드라마와 모더니티』, 이위정 옮김, 문학동네, 2009.
슬라보예 지젝, 『이데올로기라는 숭고한 대상』, 이수련 옮김, 인간사랑, 2002,

칼루 싱, 『죄책감』, 김숙진 옮김, 이제이북스, 2004.

제9장 21세기 분노의 문학과 정념기호학: 김사과의 『미나』론

김사과, 「뒷문」, 『문장웹진』, 2007, 5.
______, 「내 취미는 반항이다」, 『문장웹진』, 2008, 10.
김수환, 『사유하는 구조: 유리 로트만의 기호학 연구』, 문학과지성사, 2011.
김성도, 『구조에서 감성으로』, 고려대학교출판부, 2002.
김영찬(해설), 「앙팡 스키조」, 『02영이』, 창비, 2010.
김형중, 「돌아온 신경향파」, 『자음과 모음』, 2010, 봄호.
남궁선, 「끝없이 쏟아내는 아이」, 『문학동네』, 2009, 겨울호.
류보선, 「한국소설의 새로운 발명품들」, 『문학동네』, 2011, 봄호.
박인철, 「테오듈 리보의 정념 이론」, 『기호학연구』, 28호, 2010.
백선기, 「영화에서 표출된 정념의 기호와 그 함축적 의미」, 『기호학연구』, 28호, 2010.
백승국, 「이문열의 〈시인〉의 정념기호학적 분석」, 『한국학연구』, 19호, 2003.
백승국, 이혜지, 김강석, 「감성문화콘텐츠의 정념기호학적 고찰」, 『기호학연구』, 35호, 2013.
소영현, 이하나, 최기숙, 『감정의 인문학』, 봄아필, 2013.
심진경, 「무서운 소설, 무서운 아이들」, 『자음과 모음』, 2012, 봄호.
이경재, 「21세기를 담아내는 세 가지 방식-김사과의 정념 3부작을 중심으로」, 『비등하는 역사, 결빙의 현실』, 푸른사상, 2013.
이수형, 「문학과 감정 논의에 대한 (재)검토」, 『문학과 사회』, 2015, 여름호.
정여울, 「구원 없는 희생제의, 그 끔찍한 악몽의 세계」, 『창작과 비평』, 2008, 여름호.
______, 「구원없는 세계에서 살아남기」, 『문학과 사회』, 2010, 여름호.
정홍수, 「현실의 귀환, 그리고」, 『흔들리는 사이 언뜻 보이는 푸른별』, 문학동네, 2014.
한병철, 『심리 정치』, 문학과지성사, 2015.
최유준 외, 『우리시대의 분노』, 전남대학교출판부, 2013.
홍정표, 『정념기호학』, 한국외국어대학교출판부, 2014.
A. J. 그레마스, 『의미에 관하여』, 김성도 편역, 인간사랑, 1997.
A. J. 그레마스, J. 퐁타뉴, 『정념의 기호학』, 유기환, 최용호, 신정아 옮김, 강, 2014.
모리오카 마사히로, 『무통문명』, 이창익·조성윤 옮김, 모멘토, 2005.

스테판 G. 메스트로비치, 『탈감정사회』, 박형신 옮김, 한울, 2014.
스테판 에셀, 『분노하라』, 임희근 옮김, 돌베개, 2011.
유리 로트만, 『기호계』, 김수환 옮김, 문학과지성사, 2008.
______, 『문화와 폭발』, 김수환 옮김, 아카넷, 2014.
자크 퐁타니유, 『기호학과 문학』, 김치수·장인봉 옮김, 이화여자대학교출판부, 2003.

제10장 여성지식인소설의 모방과 전유: 박화성의 『북국의 여명』론

김기주, 「1930년대 소설의 지식인 인물 연구」, 동국대학교 석사학위논문, 1987.
김문집, 「여류작가의 성적 귀환론」, 『사해공론』, 1937. 3.
김미현, 『한국여성소설과 페미니즘』, 신구문화사, 1996.
김병익, 「새로운 지식인 문학을 기다리며」, 『문학과 사회』, 1990, 여름호.
김윤식, 『한국문학사논고』, 법문사, 1973.
김은실, 「민족주의 담론과 여성」, 『한국여성학』, 10집, 1994.
김태현, 「지식인 문학론」, 『세계의 문학』, 1987, 봄호.
김해성, 『여성과 문학』, 대광문화사, 1985.
송재영, 「지식인 소설의 전개」, 『현대소설의 옹호』, 문학과지성사, 1979.
박미경, 「채만식 소설의 지식인상 연구」, 성균관대학교 석사학위논문, 1986.
박소연, 「문화번역 및 번역된 젠더에서 바라본 식민 여성」, 『여성문학연구』, 제35호, 2015.
박화성, 「계급해방이 여성해방」, 『신여성』, 1933, 2.
______, 「여류작가 방문기」, 『삼천리』, 1936, 8.
______, 「春園의 두글자」, 『추억의 파문』, 국민문고사, 1969.
______, 「한국여류 문단의 幣」, 『순간과 영원 사이』, 중앙출판공사, 1974.
배경화, 「박화성 소설에 나타난 여성상 연구」, 한국교원대학교 석사학위논문, 2000.
백철, 『신문학사조사』, 백양당, 1949.
변신원, 「동반자 작가가 본 빈궁과 여성의 현실」, 한국여성소설 연구회, 『페미니즘과 소설비평』, 한길사, 1995.
______, 『박화성 소설 연구』, 국학자료원, 2001.
변정화. 「1930년대 한국 단편소설연구-결핍양상의 양면성을 중심으로」, 숙명여자대학교 박사학위논문, 1987.

서정자, 「박화성론」, 숙명여자대학교 석사학위논문, 1980.
______, 「일제 강점기 한국여류 소설 연구」, 숙명여자대학교 박사학위논문, 1987.
______, 「한 이상주의자의 여성 뛰어넘기」, 『한국여성소설과 비평』, 푸른사상, 2001.
송연옥, 「민주주의와 페미니즘의 불행한 결말」, 『페미니즘 연구』, 2001, 창간호.
안회남, 「소설가 박화성론」, 『여성』, 1938, 2.
양주동, 「여류문인」, 『신가정』, 1934, 2.
유혜숙, 「이무영 소설 연구-1930년대 지식인 소설을 중심으로」, 성균관대학교 석사학위논문, 1986.
윤옥희, 「1930년대 여성작가 연구」, 성균관대학교 박사학위논문, 1996.
이상경, 「신여성의 자화상」, 문옥표 외, 『신여성』, 청년사, 2003.
이명주, 「박화성 초기작품 연구」, 경남대학교 석사학위논문, 1988.
이상섭, 「한국지식인의 소설적 실패」, 『언어와 상상』, 문학과지성사, 1980.
이배용, 「일제 시기 신여성의 역사적 성격」, 문옥표 외, 『신여성』, 청년사, 2003.
이부영, 『아니마와 아니무스』, 한길사, 2001.
이영숙, 「1930년대 여성작가의 여성문제 인식에 관한 연구」, 이화여자대학교 석사학위논문, 1988.
이은자, 『1950년대 한국지식인 소설연구』, 태학사, 1995.
이임하, 『계집은 어떻게 여성이 되었나』, 서해문집, 2004.
이재선, 『한국현대소설사』, 홍성사, 1979.
이청, 「여류작품총관」, 『신가정』, 1935, 12.
임금복, 『현대 여성소설의 페미니즘 정신사』, 새미, 2000.
임성희, 「박화성단편소설연구」, 연세대학교 석사학위논문, 1990.
정영자, 「한국여성문학연구」, 동아대학교 박사학위논문, 1987.
정현백, 『민족과 페미니즘』, 당대, 2003.
정혜욱, 「주디스 버틀러와 문화번역의 과제」, 『비평과 이론』, 제20권 1호, 2015, 봄호.
조남현, 『지식인소설 연구』, 일지사, 1984.
한승옥, 「식민지 지식인의 비극적 세계인식」, 『한국현대장편소설연구』, 민음사, 1989.

제11장 성장을 위한 생존, 생존을 위한 (반)성장: 이선희의 여성성장소설

김경수, 「여성성장소설의 제의적 국면」, 『문학과 편견』, 세계사, 1994.

김병익, 「성장소설의 문화적 의미」, 『세계의 문학』, 1981, 여름호.
김성례, 「여성의 자기 진술의 양식과 문체의 발견을 위하여」, 『또하나의 문화』, 9호, 1992.
김영덕, 「한국근대의 여성과 문학」, 『한국여성사』 2, 이화여대출판부, 1972.
김현, 「현대소설의 담화론적 연구: 2, 30년대 소설을 중심으로」, 서강대학교 박사학위논문.
박선주, 「(부)적절한 만남」, 『안과 밖』, 23권, 2012.
박혜란, 「성으로 본 여성의 실상: 80년대 단편소설을 중심으로」, 이화여자대학교 석사학위논문,
백철, 『조선신문학사조사』(현대편), 백양당, 1949.
변신원, 「페미니즘 비평」, 『시문학』, 1991, 6.
서정자, 「일제강점기 한국여류소설연구」, 숙명여자대학교 박사학위논문, 1987.
______, 「페미니스트 성장소설과 자기발견의 체험」, 『한국여성학』, 7호, 1991.
송지현, 「1930년대 한국소설에 있어서의 여성자아 정립양상 연구」, 전남대학교 박사학위논문, 1991.
신은경, 「여성성의 구현으로서의 여성텍스트와 여성문체」, 『문학정신』, 1991, 12.
여류작가 방문기, 「정열과 낭만 속에 잠긴 이선희 여사」, 『삼천리』, 1936, 11.
오한진, 『독일교양소설연구』, 문학과지성사, 1989.
이명섭 편, 『세계문학비평용어사전』, 을유문화사, 1985.
이상빈, 「문화번역과 젠더번역에 관한 이론적 고찰」, 『통번역학연구』, 제16권 3호, 2012.
이승훈, 『시론』, 고려원, 1992.
이재선, 『한국현대소설사』, 홍성사, 1979.
장경렬, 「反성장소설로서의 성장소설」, 『작가세계』, 1991, 겨울호.
정정호, 「성차와 '여성적 글쓰기'의 정치적 (무)의식: 엘렌 시수의 새로운 글쓰기 전략」, 『현대비평과 이론』, 1992, 가을·겨울호.
정혜욱, 「주디스 버틀러와 문화번역의 과제」, 『비평과 이론』, 제20권 1호, 2015, 봄호.
한국여성연구회 편역, 『여성해방문학의 원리』, 창작과비평사, 1990.
한용환, 『소설학사전』, 고려원, 1992.
노르마 부르드 & 메어리 D.개러드 편저, 『미술과 페미니즘-굴절된 여성의 이미지』, 호

승희 옮김, 동문선, 1994.
마리나 야겔로, 『언어와 여성』, 강주헌 옮김, 여성사, 1994.
모르데카이 마르쿠스, 「'이니시에이션 소설'이란 무엇인가」, 김병욱 편, 『현대소설의 이론』, 대방출판사, 1983.
모리니카 타카아키, 「산종으로서의 번역」, 사카이 나오키·존솔로몬 편, 『번역, 생정치, 식민지적 차이』, 윤여일 옮김, 문화과학사, 2012.
A. 반겐넵, 『통과의례』, 전경수 옮김, 을유문화사, 1985.
엘레인 쇼월터, 「황무지에 있는 페미니스트비평」, 김열규 외 공저, 『페미니즘과 문학』, 문예출판사, 1988.
조세프 L. 헨더슨, 「고대신화와 현대인」, C.G. 융 편, 『존재와 상징』, 소영환 옮김, 동천사, 1983.
존 로센블랫, 「실비아 플라스: 이니시에이션의 드라마」, 김열규 외 공저, 『페미니즘과 문학』, 문예출판사, 1988.
줄리엣 미첼, 「여성의 지위」, 이효재 편, 『여성해방의 이론과 현실』, 창작과 비평사, 1980.
H. 베르그송, 『물질과 기억』, 홍경실 옮김, 교보문고, 1991.
캐롤 길리간, 『심리이론과 여성의 발달』, 허란주 옮김, 철학과 현실사, 1994.
토릴 모이, 『성과 텍스트의 정치학』, 임옥희·이명호·정경심 공역, 한신문화사, 1994.
Elizabeth Abel, Marianne Hirsch, Elizabeth Langland ed., *The Voyage In: Fiction of Female Development*, U.P. New England, Hannover and London, 1983.
Ellen Moers, *Literary Woman*, N. Y. Doubleday Company, 1976.
M.H. Abrams, *A Glossary of Literary Terms*(최상규 옮김, 대방출판사, 1985; 권택영·최동호 옮김, 새문사, 1985; 장영규·안중은·김소식 옮김, 대구대학교출판부, 1985)
Marianne Hirsch, "The Novel of Formation", *Genre*, 1979, Fall.
M.M.Bakhin, *Speech Genre & Other Essays*, Austin: University of Texas Press, 1986.
Rita Felski, *Beyond Feminist Aesthetics*, Harvard Univ. Press, 1989.

제12장 안티고네와 여성언어의 수행성: 오정희의 「저녁의 게임」론

김경수, 「가부장제와 여성의 섹슈얼리티」, 『현대소설연구』, 제22집, 2004.

김미현, 「죽음과 삶의 이중주」, 『문학사상』, 1999, 3.
김승희, 「전후시의 언술 특성: 애도와 우울증의 언어」, 『한국시학연구』, 제23호, 2008.
김화영, 「개와 늑대 사이의 시간」, 『문학동네』, 1996, 가을호.
우찬제(엮음), 『오정희 깊이 읽기』, 문학과지성사, 2007.
이남호, 「휴화산의 내부」, 『문학의 위족 2』, 민음사, 1990.
임옥희, 『주디스 버틀러 읽기』, 여이연, 2006.
전영백, 『세잔의 사과』, 한길아트, 2008.
조현준, 『주디스 버틀러의 젠더정체성 이론』, 한국학술정보, 2007.
한정숙, 『여성은 이렇게 말했다』, 도서출판 길, 2008.
황도경, 「빛과 어둠의 이중문체」, 『문학사상』 1999, 1.
______, 『뒤틀린 성, 부서진 육체, 욕망의 그늘』, 하늘연못, 1999.
다이안 맥도넬, 『담론이란 무엇인가』, 임상훈 옮김, 한울, 1992.
엘렌 식수, 『매두사의 웃음/출구』, 박혜영 옮김, 동문선, 2004.
엘리자베스 D. 하비, 『복화술의 목소리』, 정인숙·고현숙·박연성 옮김, 문학동네, 2006.
잉크리트 자멜, 『페미니즘 언어학과 대화분석』, 권영수·김종갑 옮김, 동문선, 2004.
주디스 버틀러, 『안티고네의 주장』, 조현순 옮김, 동문선, 2005.
______, 『젠더 트러블』, 조현준 옮김, 문학동네, 2006.
줄리아 크리스테바, 『검은 태양: 우울증과 멜랑콜리』, 김인환 옮김, 동문선, 2004.
______, 『정신병, 모친살해, 그리고 창조성: 멜라니 클라인』, 박선영 옮김, 아난케, 2006.

| 찾아보기 |

번역 트러블: 한국소설과 문화번역

펴낸날 초판 1쇄 2016년 4월 8일
지은이 김미현
펴낸이 김훈순
펴낸곳 이화여자대학교출판문화원
주소 서울특별시 서대문구 이화여대길 52(우03760)
등록 1954년 7월 6일 제9-61호
전화 02) 3277-2965(편집), 362-6076(마케팅)
팩스 02) 312-4312
전자우편 press@ewha.ac.kr
홈페이지 www.ewhapress.com
책임편집 민지영
디자인 신성기획
찍은곳 (주)현문자현

ISBN 979-11-5890-157-8 93810
값 23,000원

이 도서의 국립중앙도서관 출판예정도서목록(CIP)은 서지정보유통지원시스템 홈페이지(http://seoji.nl.go.kr)와 국가자료공동목록시스템(http://www.nl.go.kr/kolisnet)에서 이용하실 수 있습니다. (CIP제어번호: CIP2016007715)